La Basílica de la Sagrada Familia

Antoni Gaudí

Josep Maria Carandell | Pere Vivas

AF234992

Triangle›Books

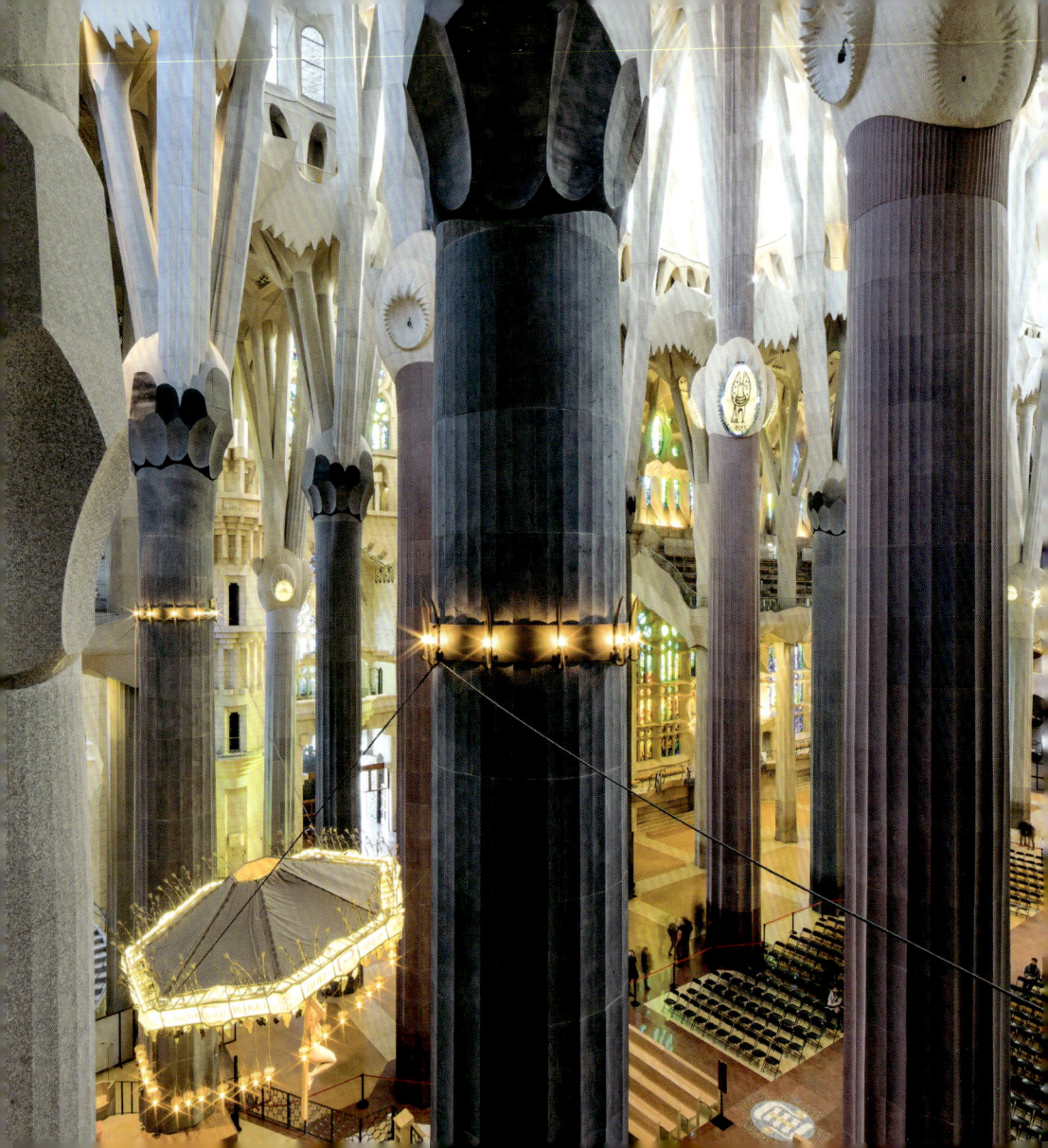

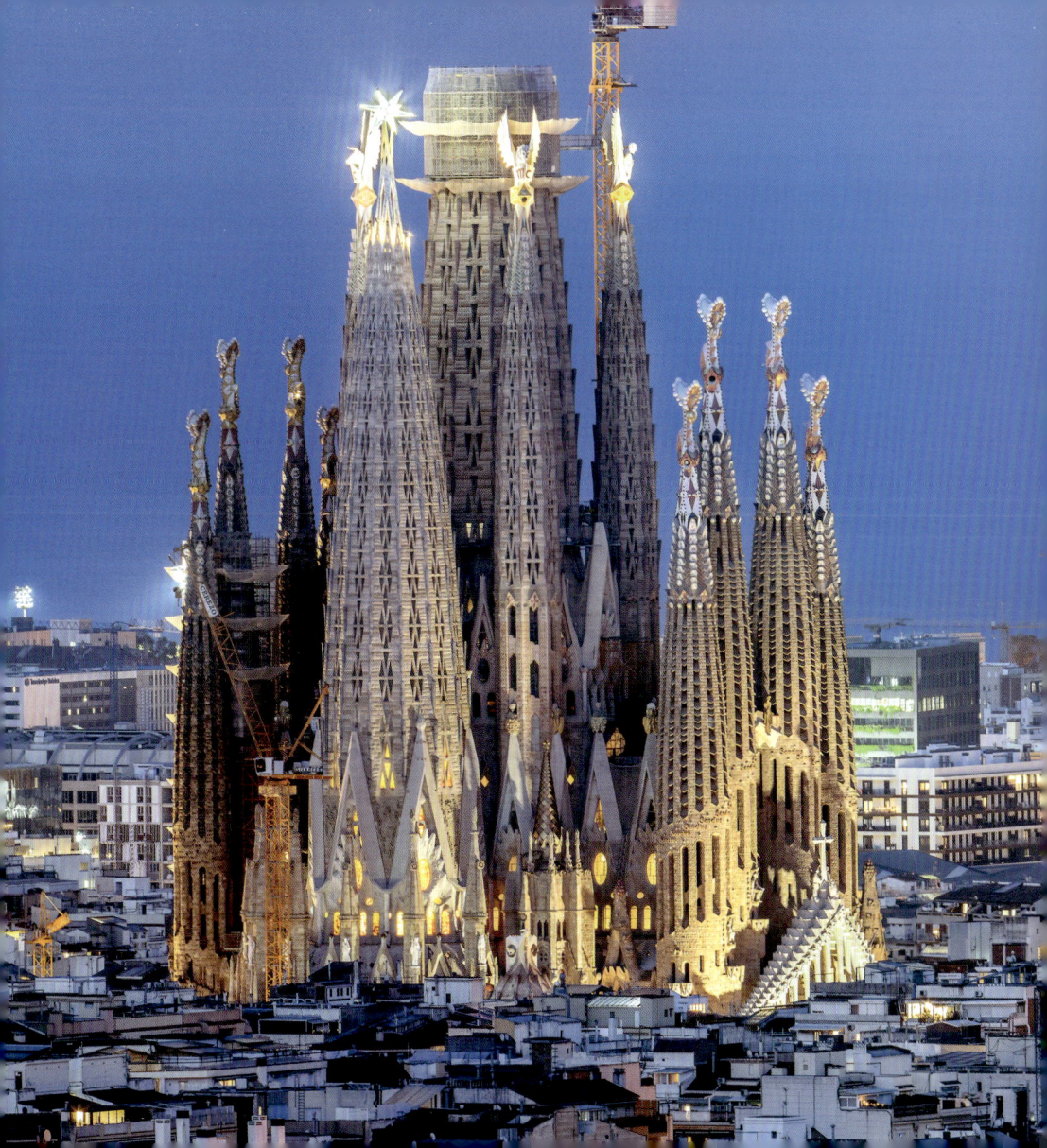

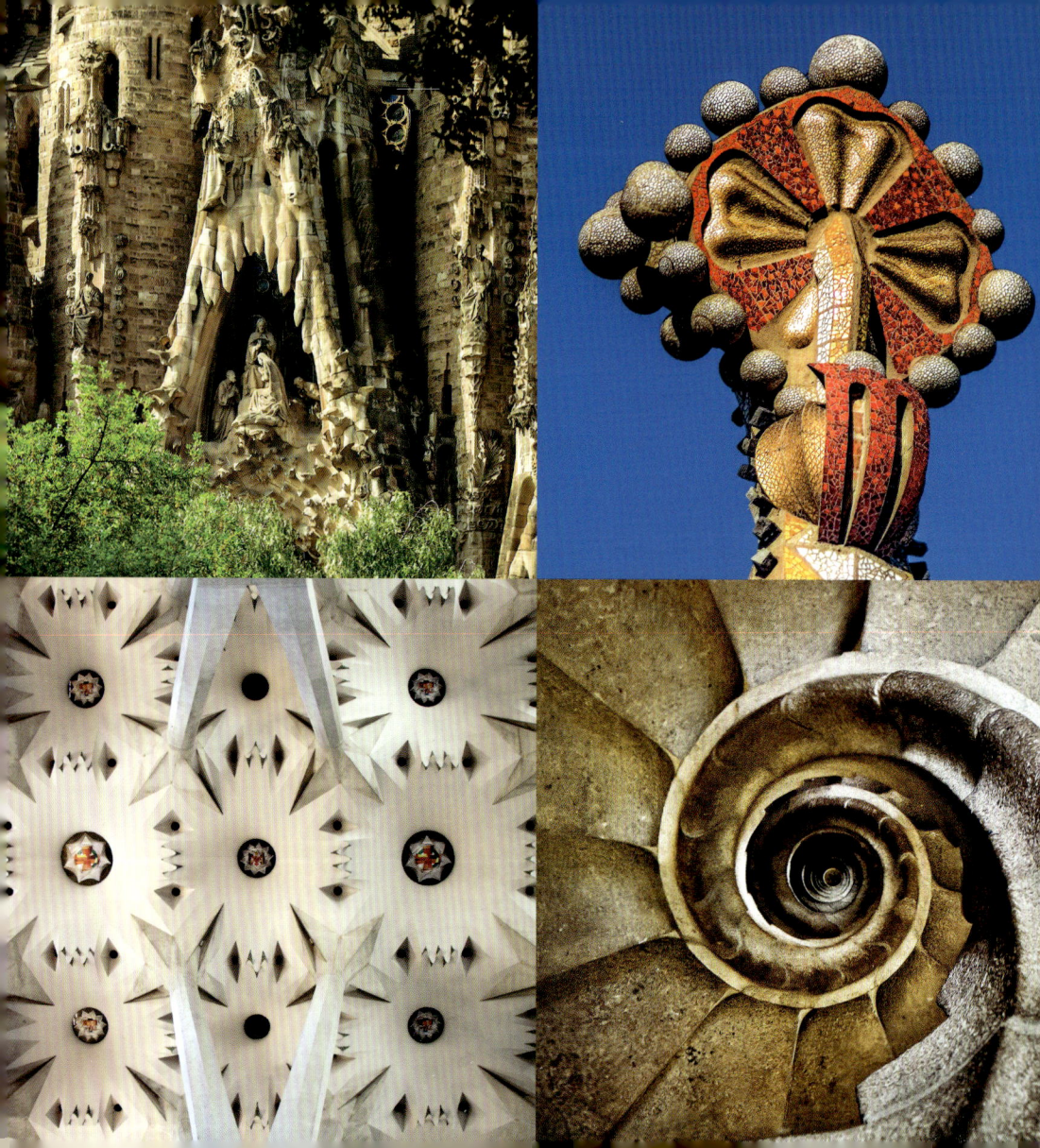

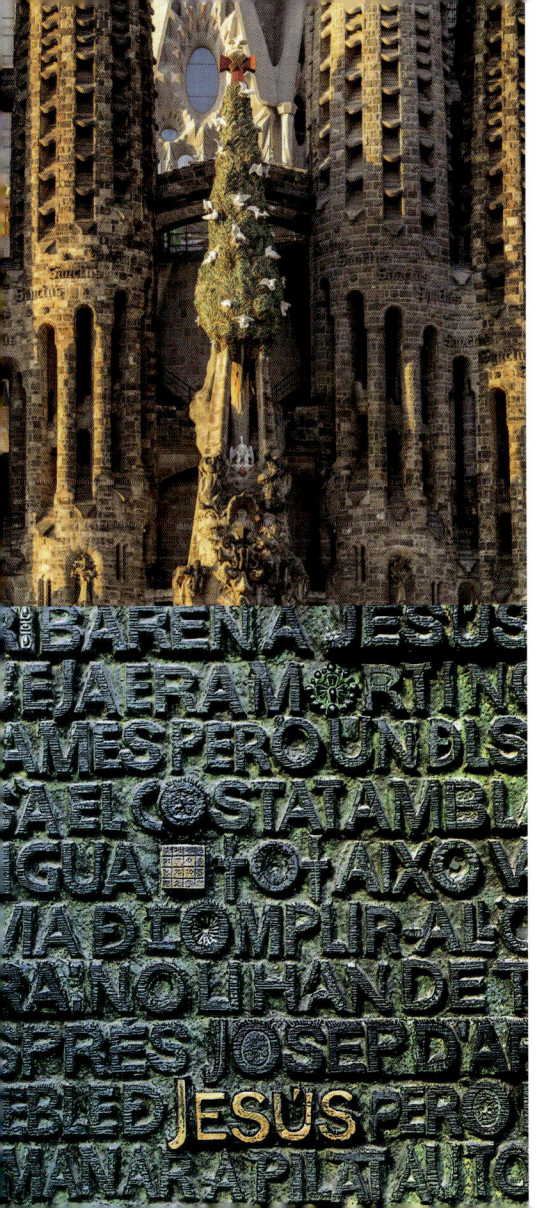

Sumario

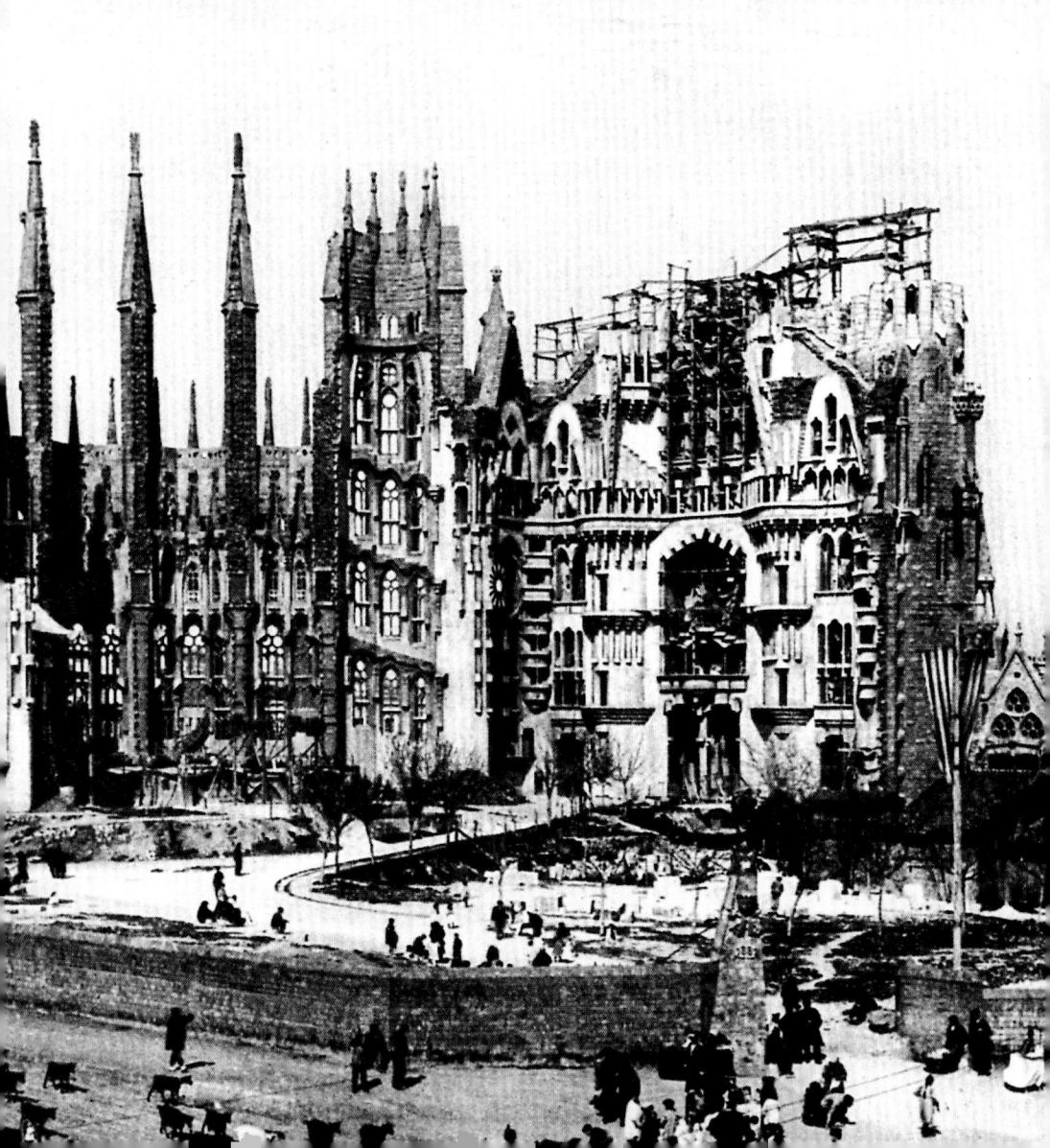

La Basílica de la Sagrada Familia

La tercera catedral

Hasta mediados del siglo XIX, Barcelona era una antigua ciudad amurallada situada en una pequeña llanura junto al mar. A sus espaldas tenía un gran espacio, protegido por una sierra de poca altura, en el que estaban prohibidas las construcciones por motivos de defensa militar. Fue en esta zona donde, a partir de 1860, se empezó a construir el Eixample, de anchas y modernas calles formando cuadrícula.

El librero Josep M. Bocabella, presidente de la Asociación Espiritual de Devotos de San José, hubiese querido un lugar céntrico de la ciudad para ubicar el templo que desde hacía mucho tiempo quería construir para dedicarlo a la Sagrada Familia; pero tuvo que contentarse con uno que estaba en el Eixample, en el llamado Poblet (Sant Martí de Provençals), donde el paisaje tradicional de huertos y casas de payés contrastaba con un pequeño núcleo de casitas de la nueva población obrera, dependiente de la pujante industria textil. Tenía la ventaja de que el terreno era más barato porque esa manzana formaba parte de unos terrenos destinados a un velódromo (y no a viviendas) que nunca se construyó. De manera que pudo comprarlo por 170.000 pesetas que había reunido a través de las aportaciones recibidas.

Francisco de Paula del Villar, por entonces uno de los arquitectos más afamados en la construcción de iglesias, se ofreció voluntaria y gratuitamente a Bocabella para realizar los planos del templo expiatorio. Del Villar proyectó una iglesia de estilo neogótico, cuya cripta comenzó enseguida a construir, pero fuertes desavenencias con Bocabella le obligaron a dimitir. Poco después, en 1883, el joven arquitecto Antoni Gaudí, nacido en Reus en 1852, ocupó su puesto. Gaudí, el famoso autor de grandes obras como el Palau Güell, las casas Batlló y Milà, la cripta de la Colònia Güell o el Park Güell, tiene en la Sagrada Familia —como Goethe en el *Fausto*— la que puede llamarse obra de su vida, puesto que trabajó

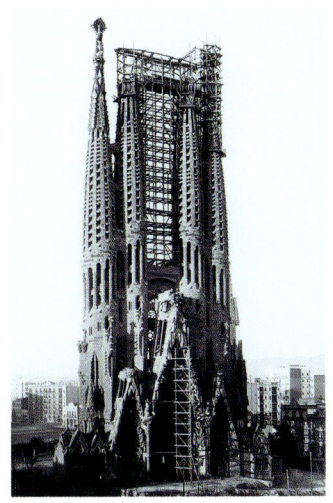

Fachada del Nacimiento en 1925
La primera torre, dedicada a San Bernabé, se finalizó en 1925 poco antes de la muerte de Gaudí.

← **Interior del templo en 1904**
En la fotografía se pone de manifiesto el entorno poco urbanizado de la Sagrada Familia por donde todavía transitaban rebaños de cabras.

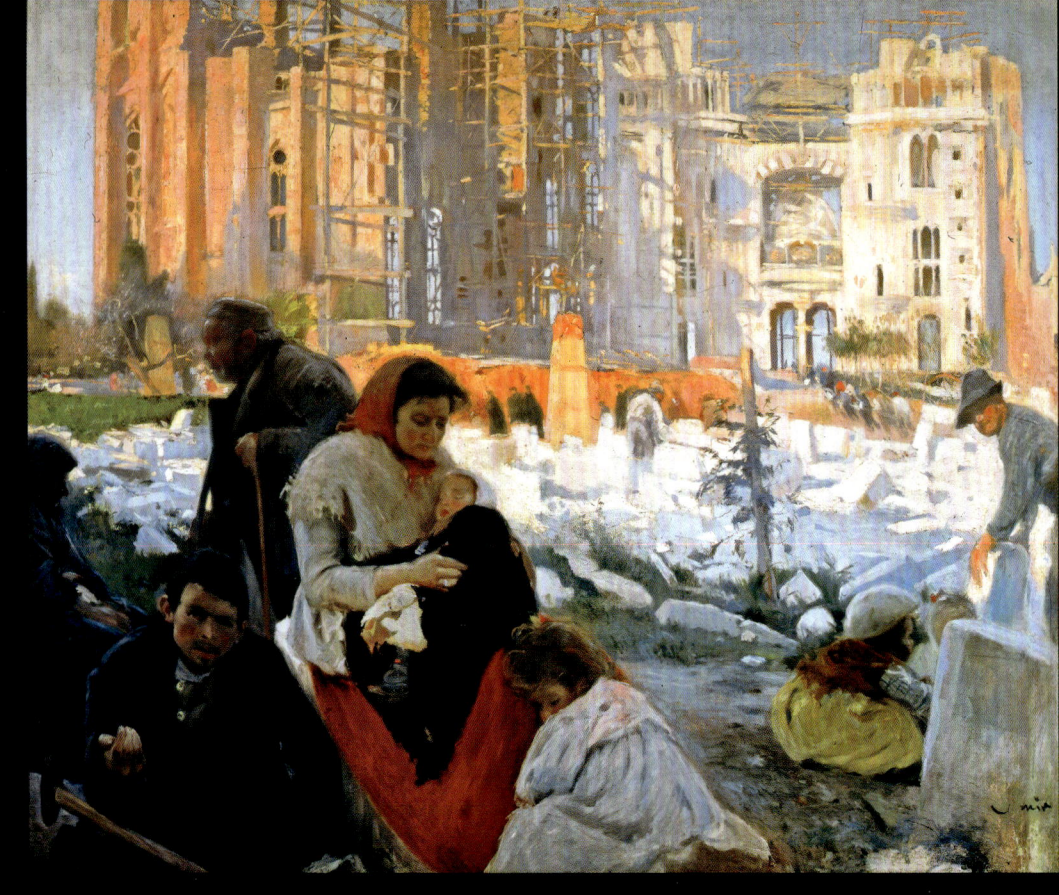

«La catedral de los pobres»
Obra de Joaquim Mir de 1898.

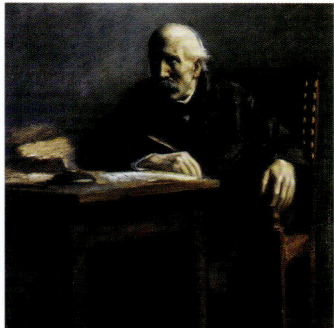

Josep Maria Bocabella
Presidente de la Asociación
Espiritual de Devotos de San José
e impulsor de la construcción
del templo dedicado a la Sagrada
Familia.

en ella durante cuarenta y tres años y hasta el último momento: la tarde del 10 de junio de 1926, cuando, al poco de salir del recinto, perdió la vida al ser atropellado por un tranvía.

El templo barcelonés adquirió en sus manos unas dimensiones, una exuberancia y una significación tan gigantescas, que pronto se le llamó «catedral»: una pintura de Joaquín Mir, de 1898, que muestra al fondo la Sagrada Familia, se titula *La catedral de los pobres*. Además, como la ambiciosa Barcelona tenía otra iglesia medieval, Santa María del Mar, construida por los poderosos mercaderes y armadores y a la que llamaban orgullosamente la Catedral del Mar, la Sagrada Familia vino a ser la «tercera» catedral de Barcelona.

Gaudí, por su parte, denominó comúnmente al templo «catedral», a pesar de no tener cátedra alguna. Pero el genial arquitecto estaba seguro de que, con el tiempo, según dijo el poeta Maragall, Barcelona sería conocida por «su» templo. Y el tiempo le ha dado la razón: hoy en día el edificio que mejor representa a la ciudad en el imaginario colectivo de nuestro globalizado planeta es el Templo Expiatorio de la Sagrada Familia, que además fue elevado a la categoría de basílica en 2010 por el papa Benedicto XVI.

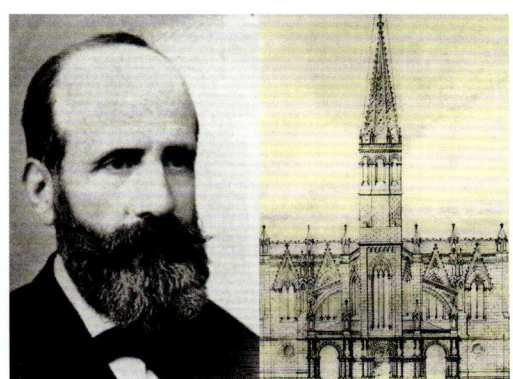
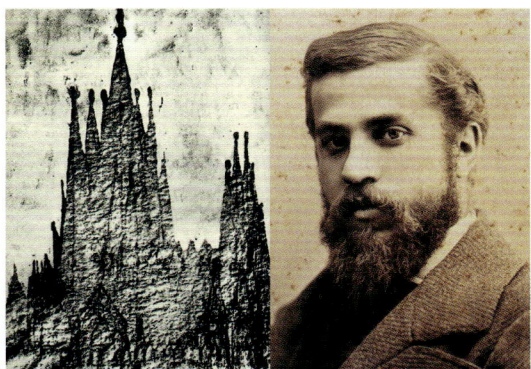

Los arquitectos y sus proyectos
A la izquierda, Francesc de Paula del Villar, quien trabajó en el templo de 1882 a 1883;
a la derecha, Antoni Gaudí, que se hizo cargo de las obras desde 1883 hasta su muerte en 1926.

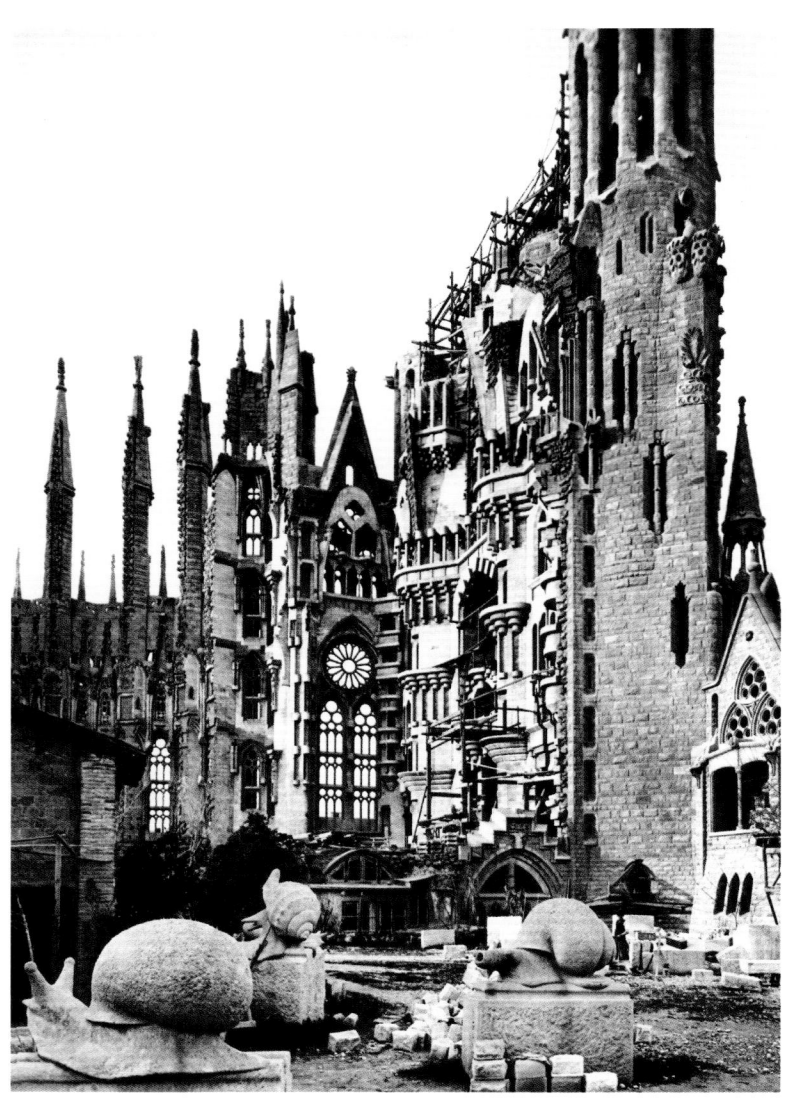

Esculturas naturalistas
Las gárgolas góticas representan seres fantásticos, pero en la Sagrada Familia están inspiradas en la naturaleza, como en el caso de las gárgolas-caracoles esculpidas por Llorenç Matamala a partir de moldes naturales.

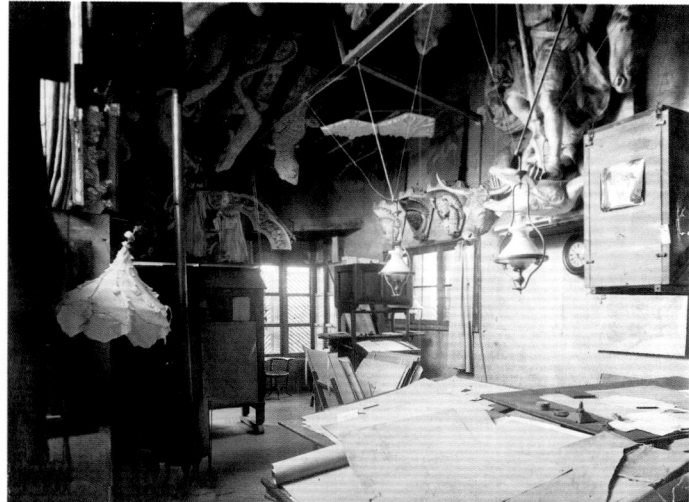

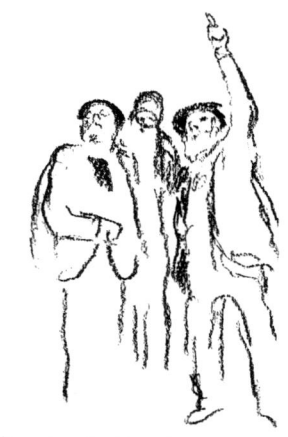

Gaudí mostrando el templo
en un dibujo de Opisso.

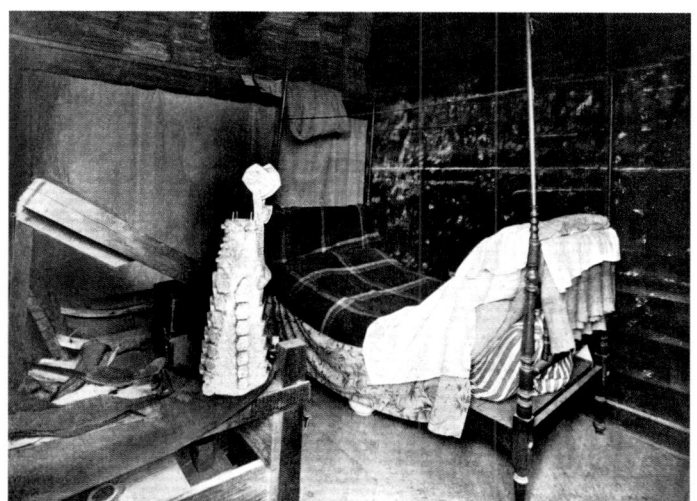

El estudio y el dormitorio de Gaudí en el templo.

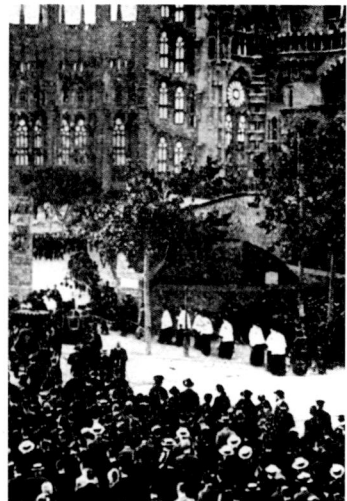

Entierro del arquitecto en 1926.

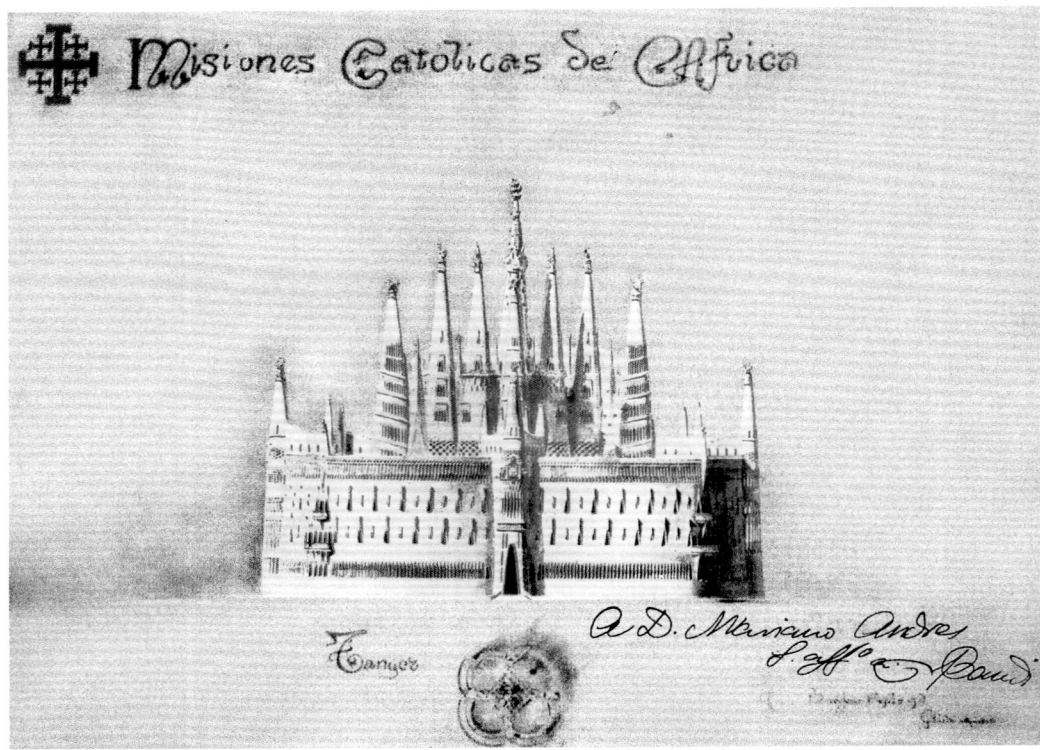

Soluciones gaudinianas

En 1893 Gaudí realizó el proyecto para las Misiones Católicas de Tánger. Este edificio no llegó a realizarse jamás, pero contiene en esencia la morfología de las torres desarrollada por Gaudí en la Sagrada Familia. De la misma manera, las innovaciones aplicadas entre 1908 y 1915 en la cripta de la Colònia Güell le sirvieron para encontrar nuevas soluciones en las cubiertas de las naves de la basílica.

Planta de la Sagrada Familia →

Como se ve en el dibujo de Francesc Berenguer, ayudante de Gaudí, el templo es un edificio de cinco naves con un crucero de tres que forman una cruz latina. Los dos brazos del crucero corresponden a las fachadas del Nacimiento y de la Pasión. Es interesante fijarse en que el claustro gaudiniano circunvala todo el templo.

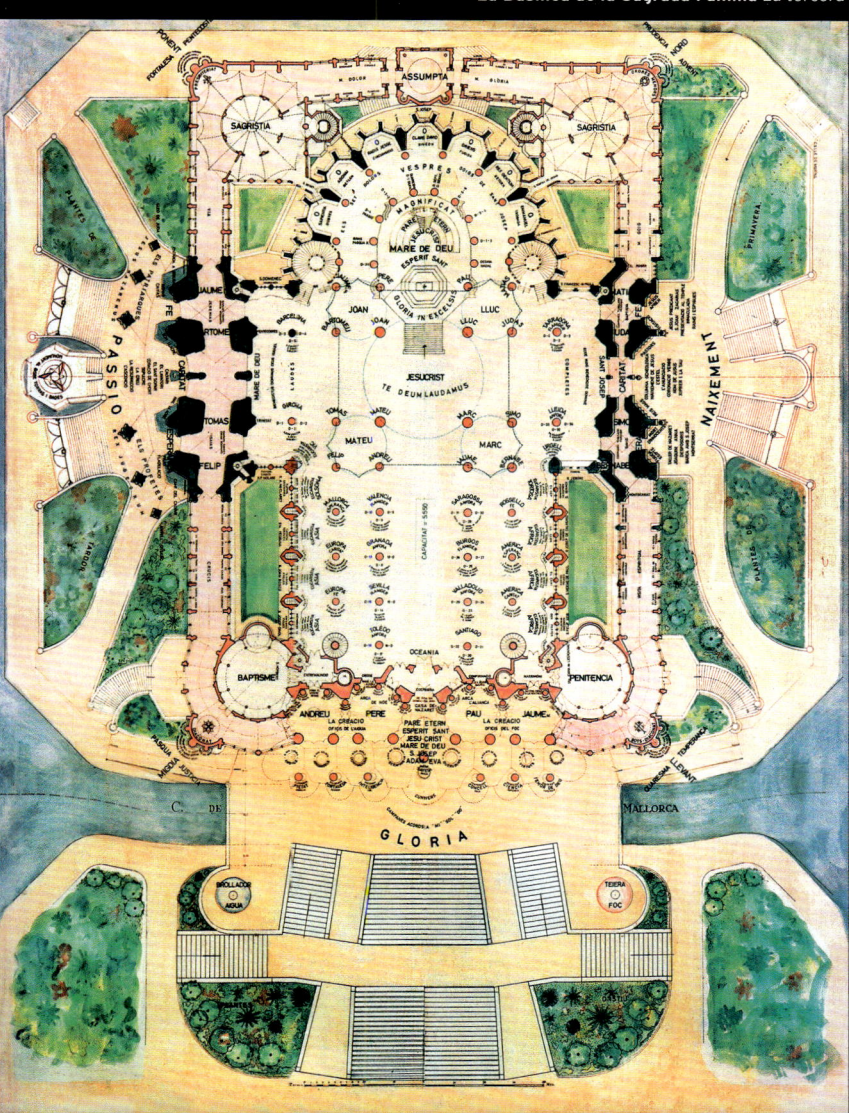

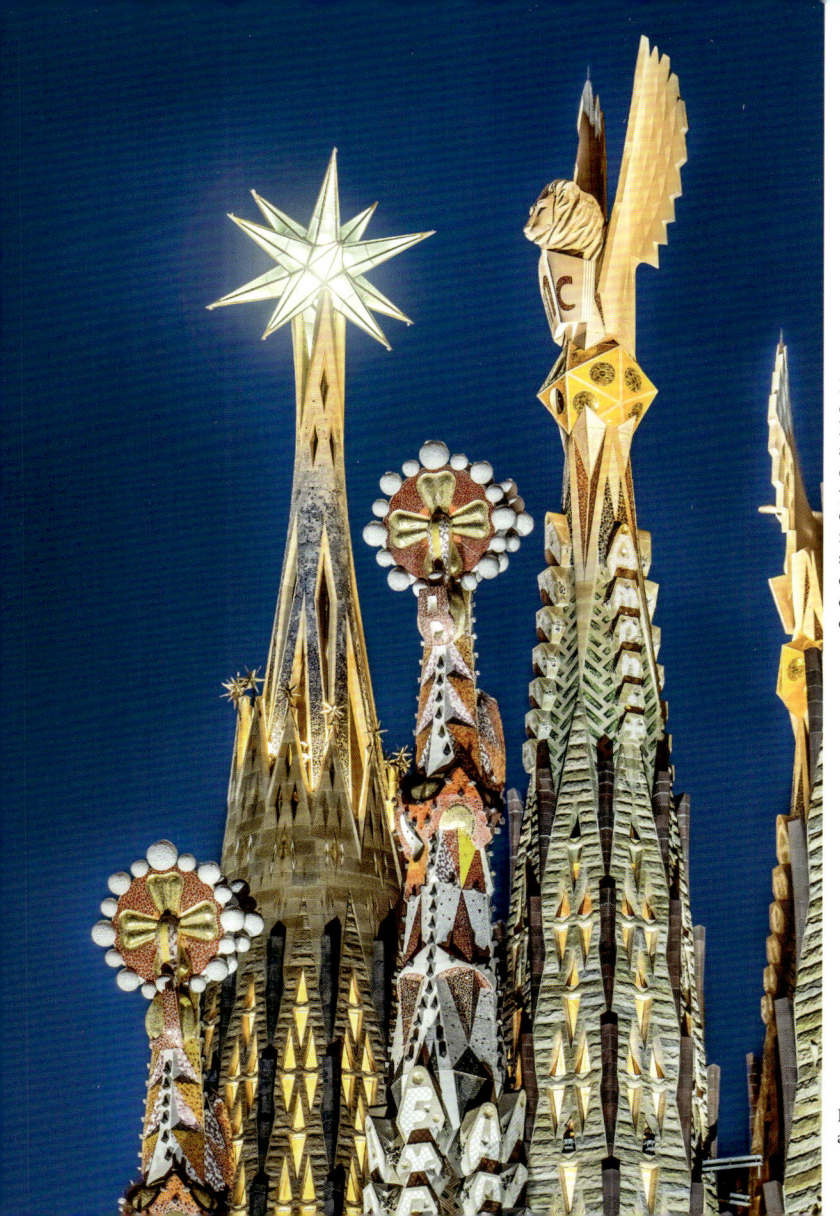

En 2021, se instaló la estrella que culmina la torre de María. Un año más tarde, con la colocación del león y el buey, símbolos de Marcos y Lucas respectivamente, se inauguraron las dos primeras torres dedicadas a los evangelistas.

Fotomontaje del templo →
acabado.

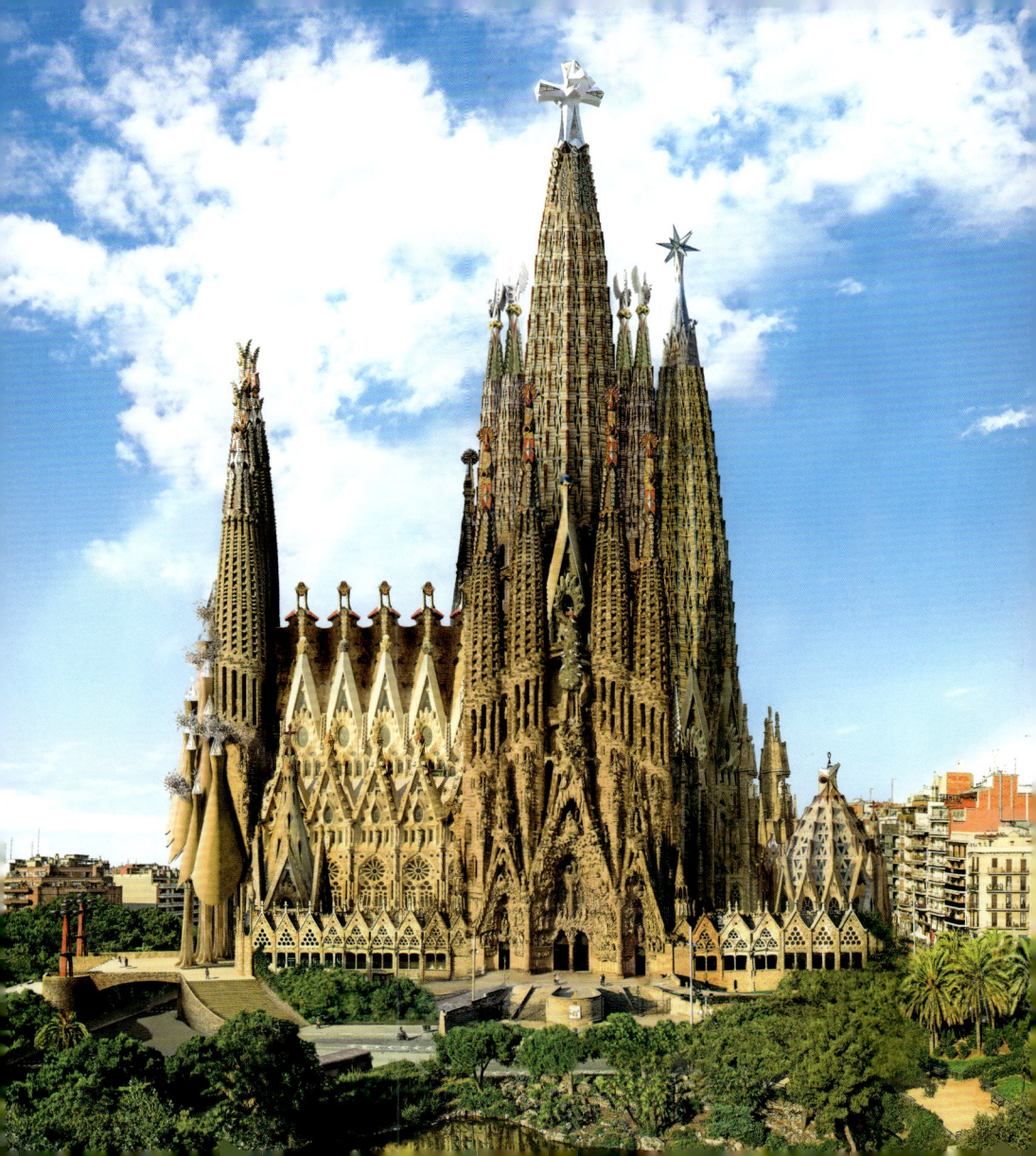

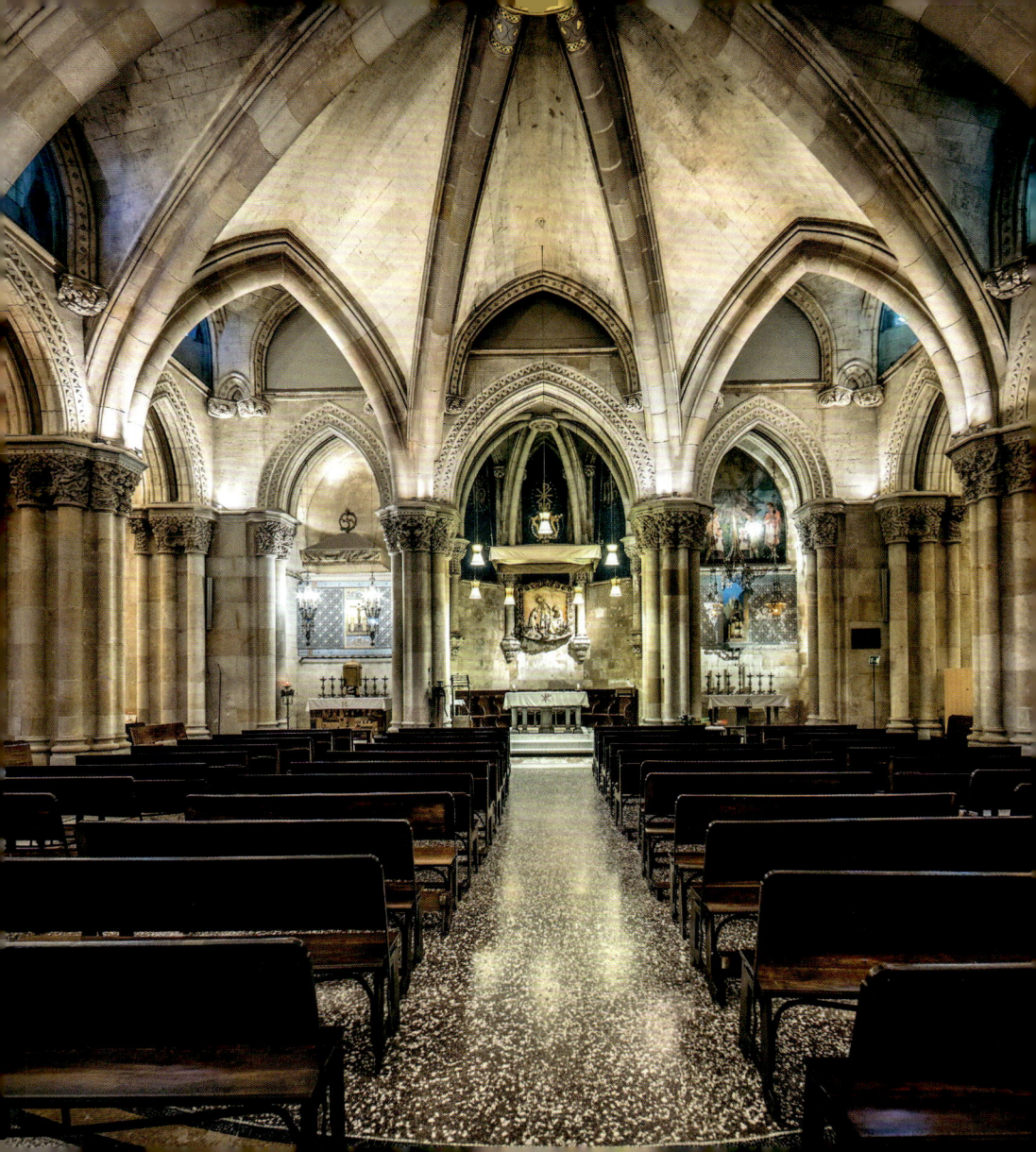

La cripta

Excavada en el subsuelo, bajo el ábside, está la cripta. En griego, cripta significa «escondrijo», y recuerda las primitivas sepulturas cristianas ocultas bajo las casas y en las catacumbas a causa de las persecuciones.

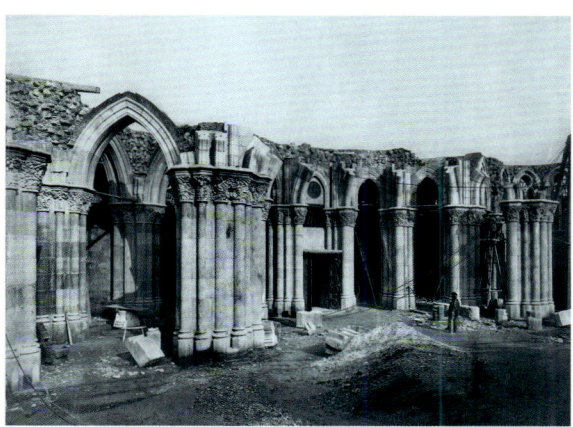

La cripta en construcción
En 1883, Gaudí remplazó a Francisco de Paula del Villar al frente de la dirección de las obras del templo y continuó la construcción de la cripta ya iniciada. Esta fotografía, publicada en 1886 en *El Propagador de San José*, muestra el respeto de Gaudí al estilo neogótico propuesto por su predecesor.

← **El altar mayor**
Dedicado a la Sagrada Familia de Nazaret, está flanqueado por el del Santísimo Sacramento (izquierda) y el de la Virgen de Montserrat (derecha).

En 1882, por encargo de la Asociación Espiritual de Devotos de San José, se inició, con la cripta, la construcción del templo, bajo la dirección de Francisco de Paula del Villar. Al cabo de un año le sustituyó Antoni Gaudí, de 31 años de edad, hombre con poca obra construida, pero ambicioso y conocido ya por su energía y su originalidad, además de ser un protegido de la poderosa familia Güell.

Gaudí hubiese preferido que el templo tuviese la fachada del Nacimiento orientada a la salida del sol, y la de la Pasión y Muerte hacia el ocaso, como quería la tradición; pero la cripta, ya comenzada, se lo impidió, quedando estas orientaciones un tanto desviadas. Su actuación en la estructura consistió en elevar la bóveda de la cripta y rodearla de un foso para que recibiera directamente la luz y el aire. En 1891 quedó terminada.

La cripta, de estilo neogótico como la mayoría de las construcciones religiosas del siglo XIX, forma una rotonda de siete capillas, la del centro dedicada a San José, nombrado poco antes patrón de la Iglesia católica, flanqueada por la de la Inmaculada Concepción y la del Sagrado Corazón de Jesús, la Sagrada Familia de Nazaret. Las otras cuatro, estarán dedicadas a familiares de Jesús (santa Ana y san Joaquín, los padres de la Virgen, santa

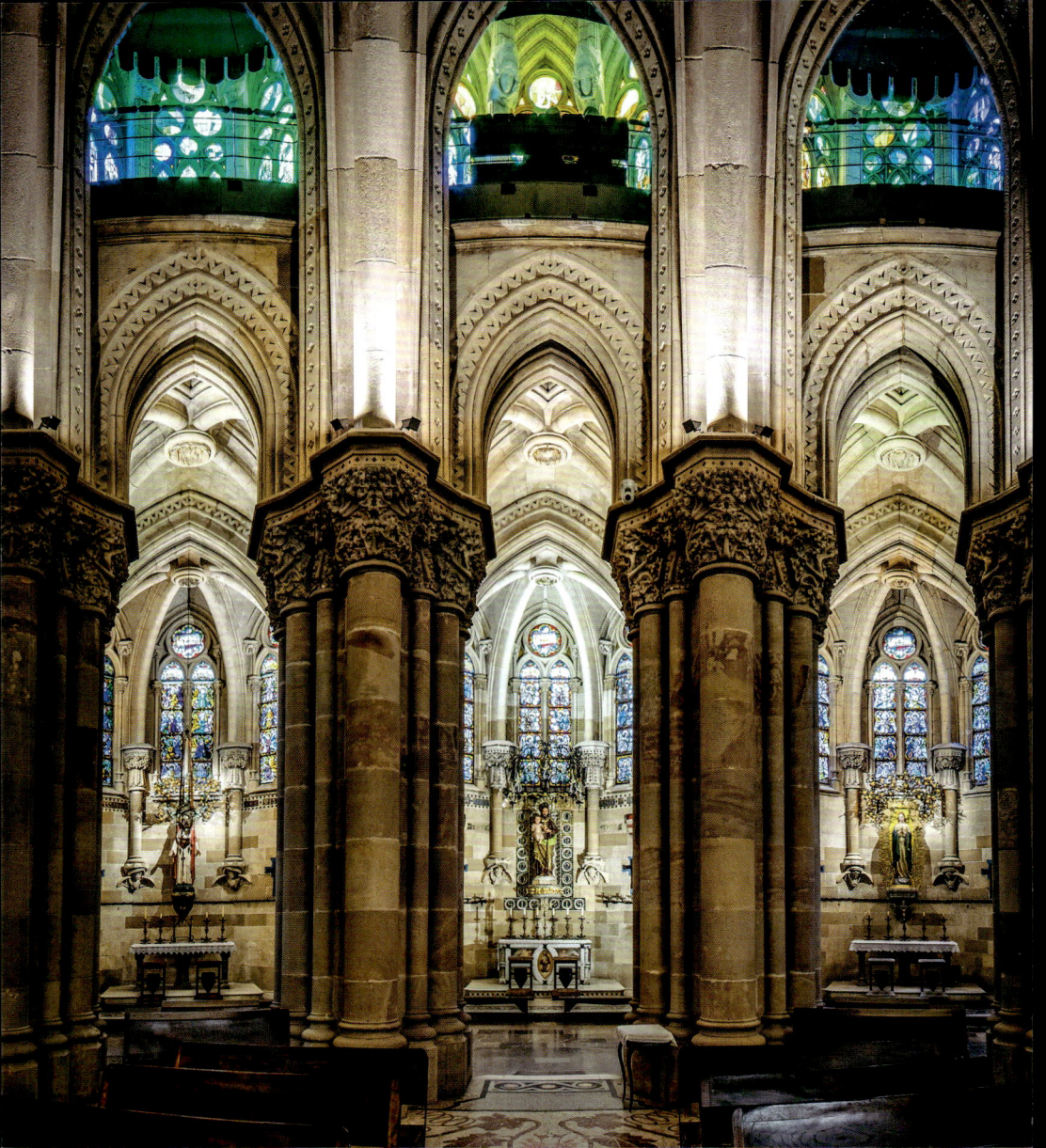

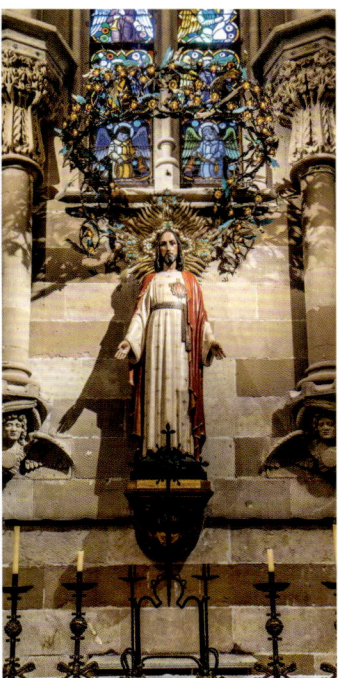

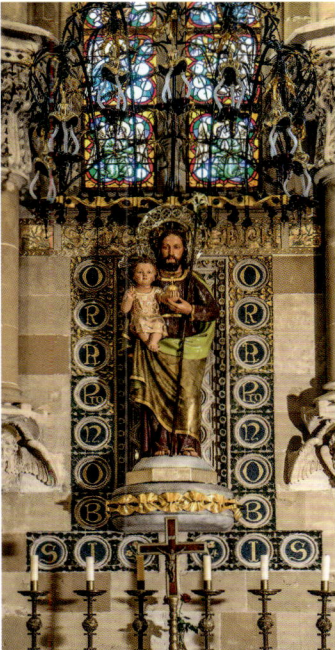

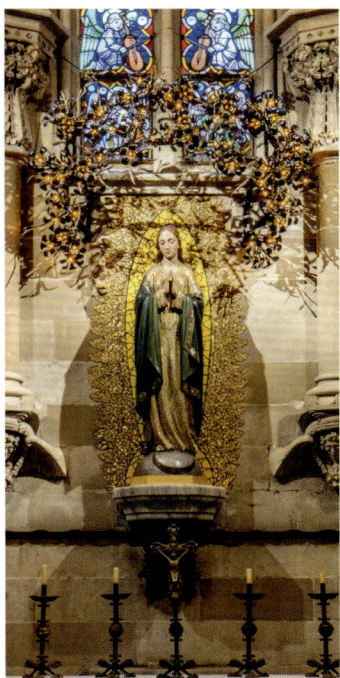

Capilla del Sagrado Corazón
Esta representación de Jesús, algunos años antes de que el papa León XIII consagrara oficialmente esta devoción, indica la intensa religiosidad popular de Gaudí.

Capilla de San José
Es la central de las siete del deambulatorio y la primera que se realizó. Gaudí la diseñó en 1884 y en 1885 se ofició la primera misa, aún sin la cripta acabada.

Capilla de la Inmaculada Concepción
Esta devoción de la Virgen alude a que Dios la preservó del pecado original, una creencia que muy pocos años antes, en 1854, había sido convertida en dogma.

← **Las tres capillas centrales del deambulatorio**
Están dedicadas a la Sagrada Familia de Nazaret: Jesús, María y José. En la foto se advierte como la intervención de Gaudí permite la entrada de luz en la cripta; y al rodearla de un foso, desde el exterior a través de los vitrales de las capillas; al elevar la bóveda del espacio central, desde el interior del templo a través de ventanales.

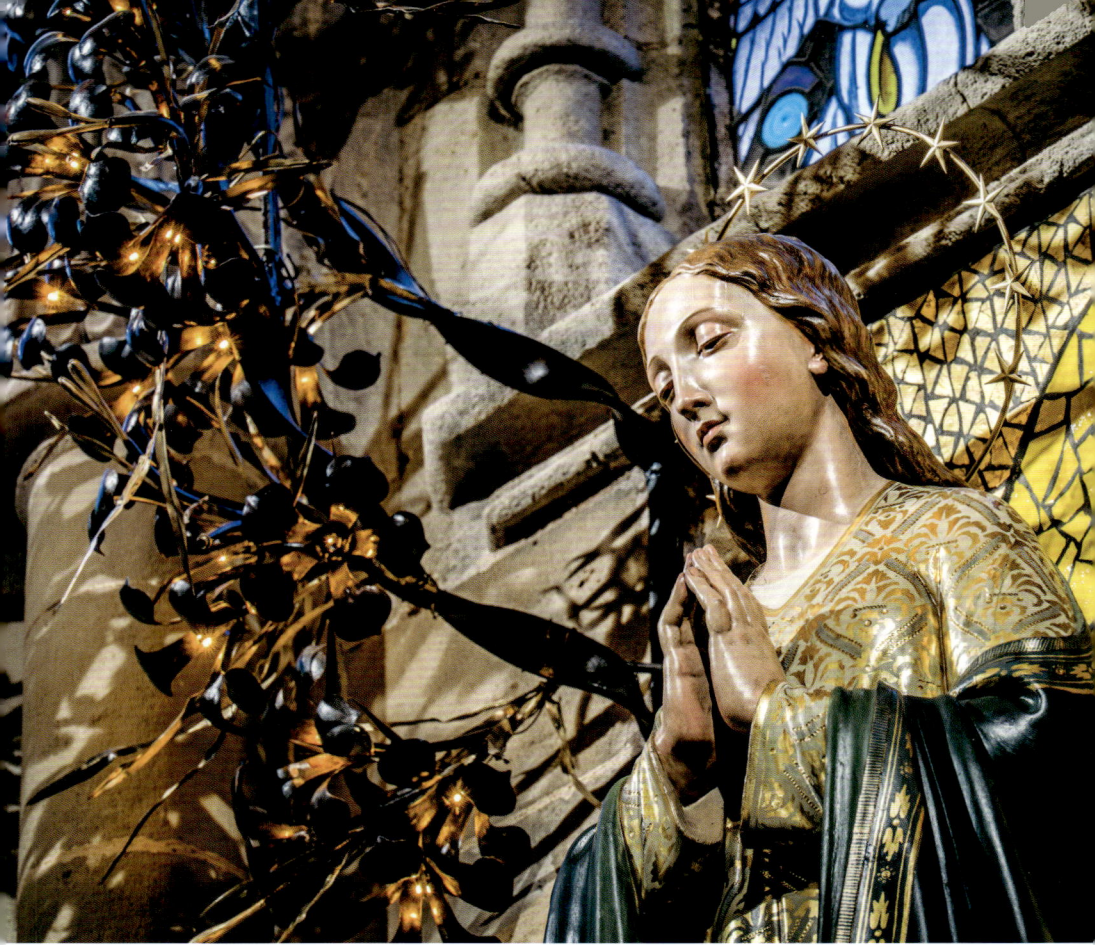

La luz eléctrica

Gaudí fue uno de los primeros arquitectos en introducir
plenamente la luz eléctrica (recordemos que la patente
de Edison es de 1880) en los templos, como hiciera
en la catedral de Mallorca. Aquí, y tras la reciente
restauración, los baldaquines sobre las tres figuras de
la Sagrada Familia (en la foto, el de la Virgen) lucen en
todo su esplendor.

Isabel, prima de María, y su esposo san Zacarías, y a san Juan Bautista, hijo de santa Isabel).

En el interior de las siete capillas de la rotonda, los ángeles que sustentan las columnas adosadas se inspiran en los del libro del Apocalipsis. Tienen seis alas los de las capillas de la Sagrada Familia de Nazaret, y cuatro los de las capillas del resto de familiares. Asimismo, la clave de bóveda de cada una de estas capillas tiene inscrito, en latín, el nombre del protagonista de la capilla.

En frente de estas siete capillas, hay otras cinco en línea recta. En la central está el altar mayor, con un bajo relieve de la Sagrada Familia en su casa de Nazaret, obra de Josep Llimona. El protagonismo de la Sagrada Familia, formada por Jesús, María y José, provenía del santuario de Loreto, en Italia, a donde se suponía que los ángeles habían llevado en volandas la casa en la que había sido concebido Jesús. A la derecha del altar mayor quedan las capillas de la Virgen de Montserrat, patrona de Cataluña, y del Santo Cristo, a cuyos pies se encuentra la lápida dedicada a Josep Maria Bocabella. A la izquierda, las del Santísimo Sacramento y de la Virgen del Carmen. Gaudí fue muy devoto del Carmelo, por lo que quiso que le enterrasen a sus pies, donde la lápida reza: «Antonius Gaudí Cornet, reusensis».

La clave de la bóveda central es esencial, no sólo por converger en ella los arcos mayores, sino por representar, en relieve policromado, obra de Flotats, la Anunciación y Encarnación como misterio que relaciona todas las figuras de esta cripta, de todo el templo y del mismo catolicismo. La cripta tiene rango de parroquia y posee su propio culto.

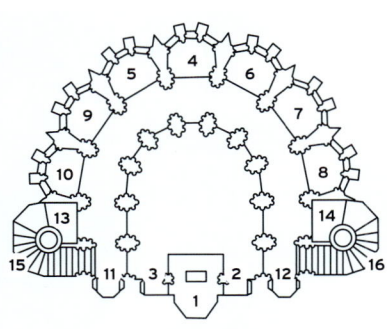

1 Altar Mayor: Sagrada Familia
2 Altar del Santísimo Sacramento
3 Altar de la Virgen de Montserrat
4 Capilla de San José
5 Capilla del Sagrado Corazón de Jesús
6 Capilla de la Inmaculada Concepción
7 Capilla de San Joaquín
8 Capilla de Santa Isabel y San Zacarías
9 Capilla de Santa Ana
10 Capilla de San Juan
11 Capilla del Santo Cristo
12 Capilla de la Virgen del Carmen
13 Sacristía
14 Sacristía
15 Escaleras
16 Escaleras

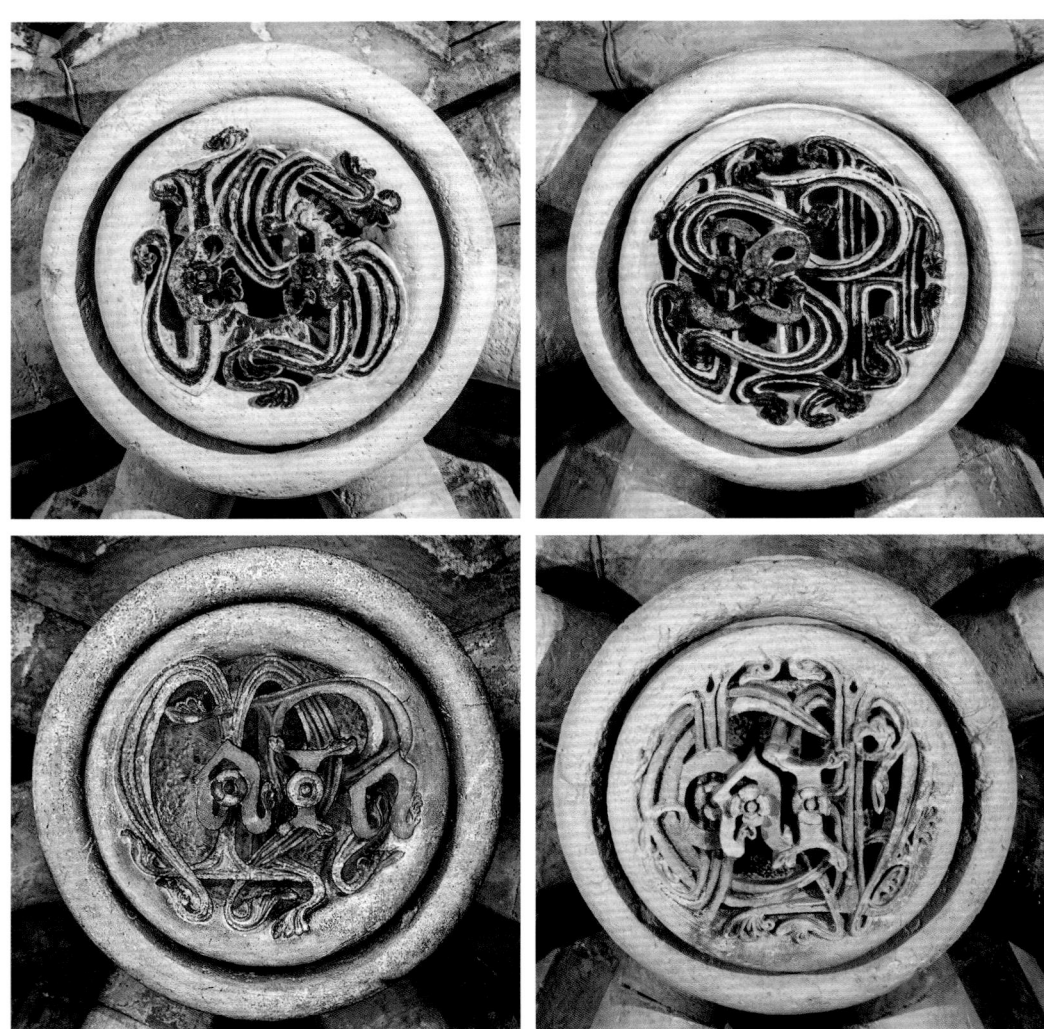

Claves de bóveda de las capillas del deambulatorio
Tienen inscrito, en latín, el nombre del protagonista de cada capilla.
De izquierda a derecha y de arriba a abajo: *Jesus*, *Joseph*, *Maria* y *Joachim*.

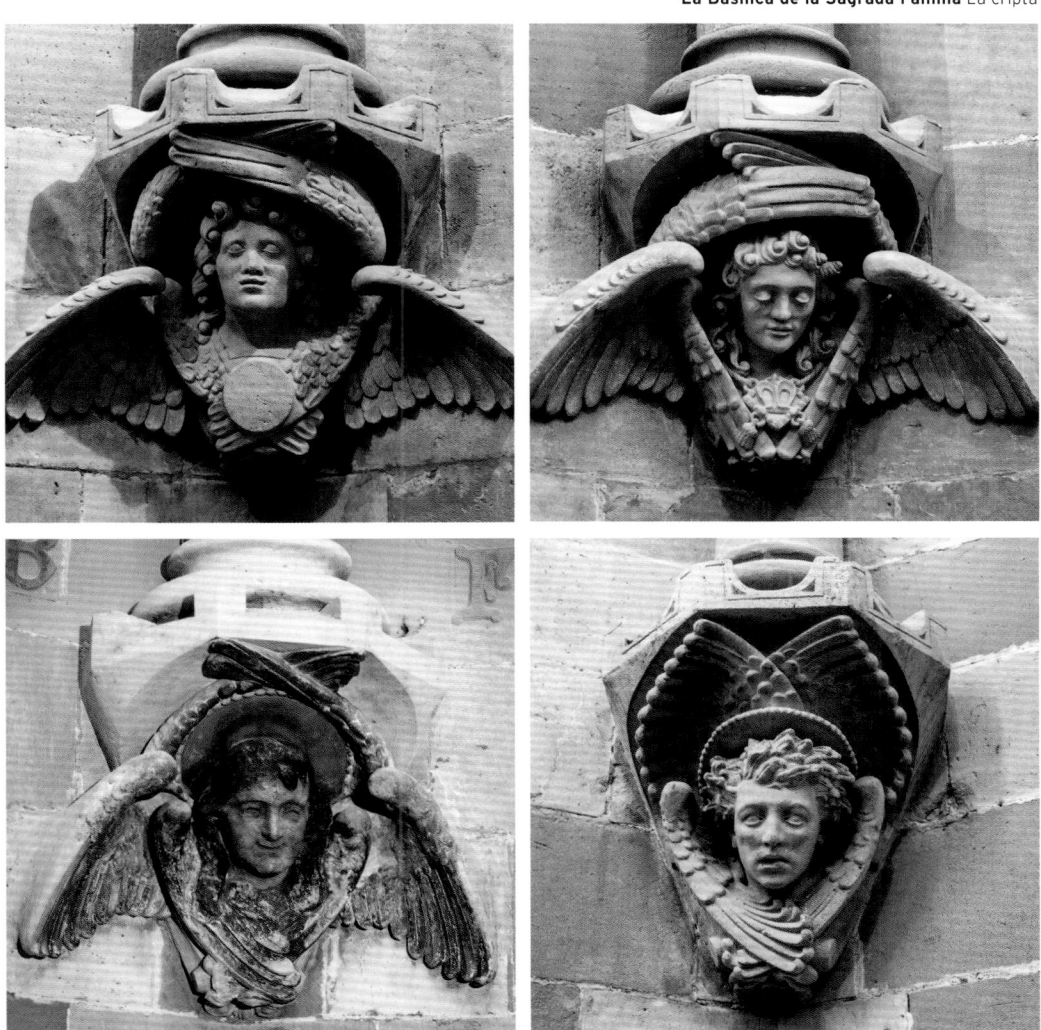

Ángeles de las capillas del deambulatorio

En cada capilla hay cuatro ménsulas con ángeles que sustentan las columnas que forman las nervaduras de las bóvedas. Tienen seis alas los de las capillas de Jesús, María (arriba) y José (abajo izquierda), y cuatro los de las capillas del resto de familiares (abajo derecha).

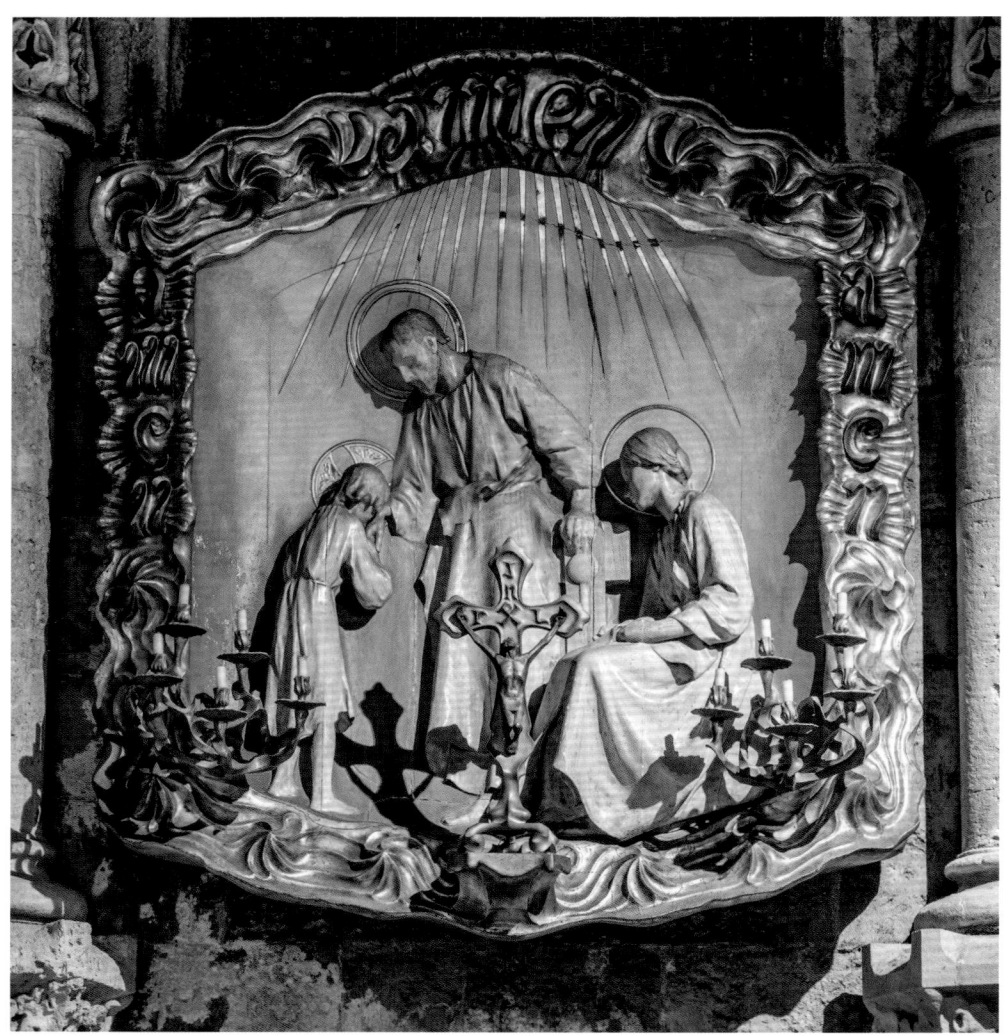

La Sagrada Família de Nazaret
El relieve de Josep Llimona que preside
el altar central procede de la Casa Batlló.

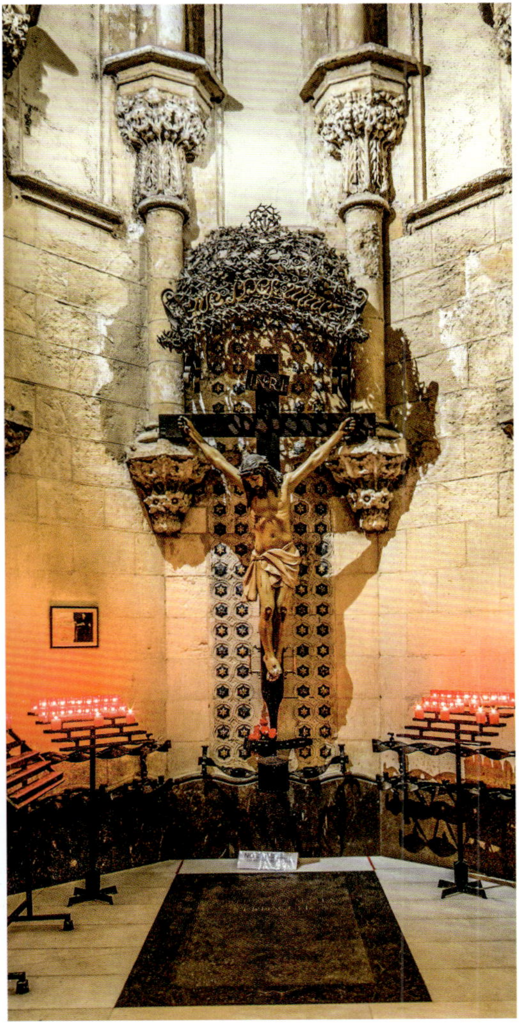

Capilla del Santo Cristo
A sus pies se halla la lápida dedicada a
Josep M. Bocabella, promotor del templo.

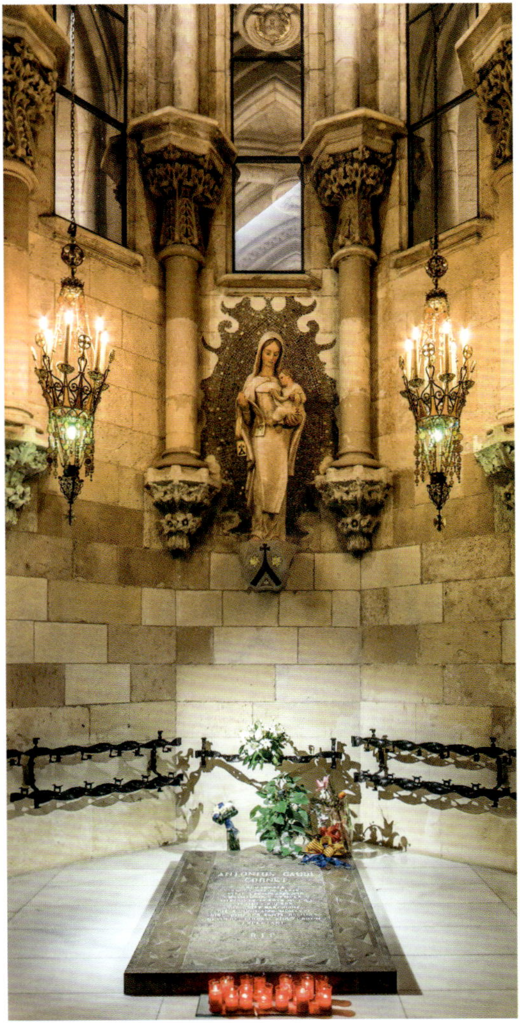

Capilla de la Virgen del Carmen
Gaudí, devoto de la Virgen del Carmen,
pidió ser enterrado en esta capilla.

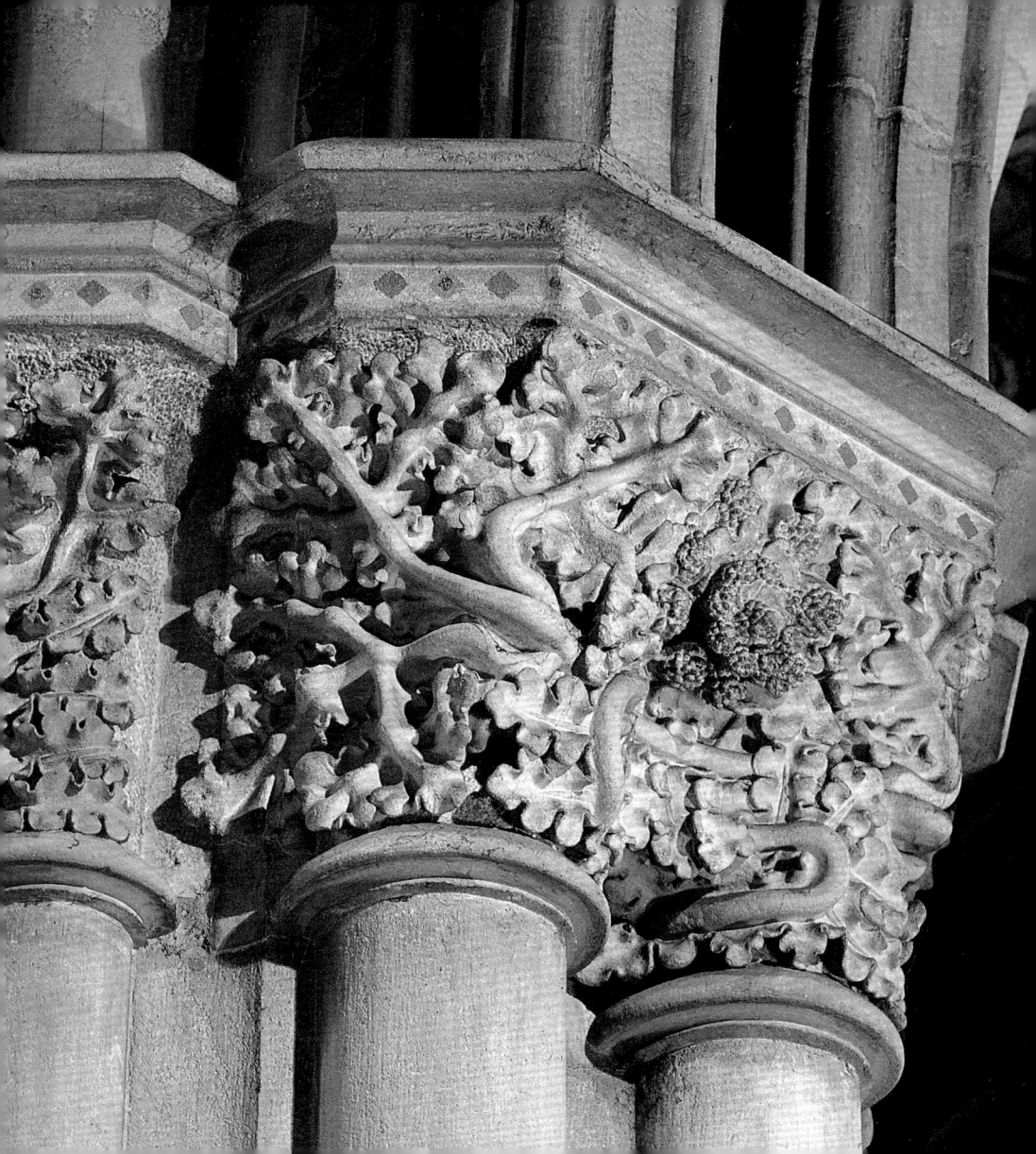

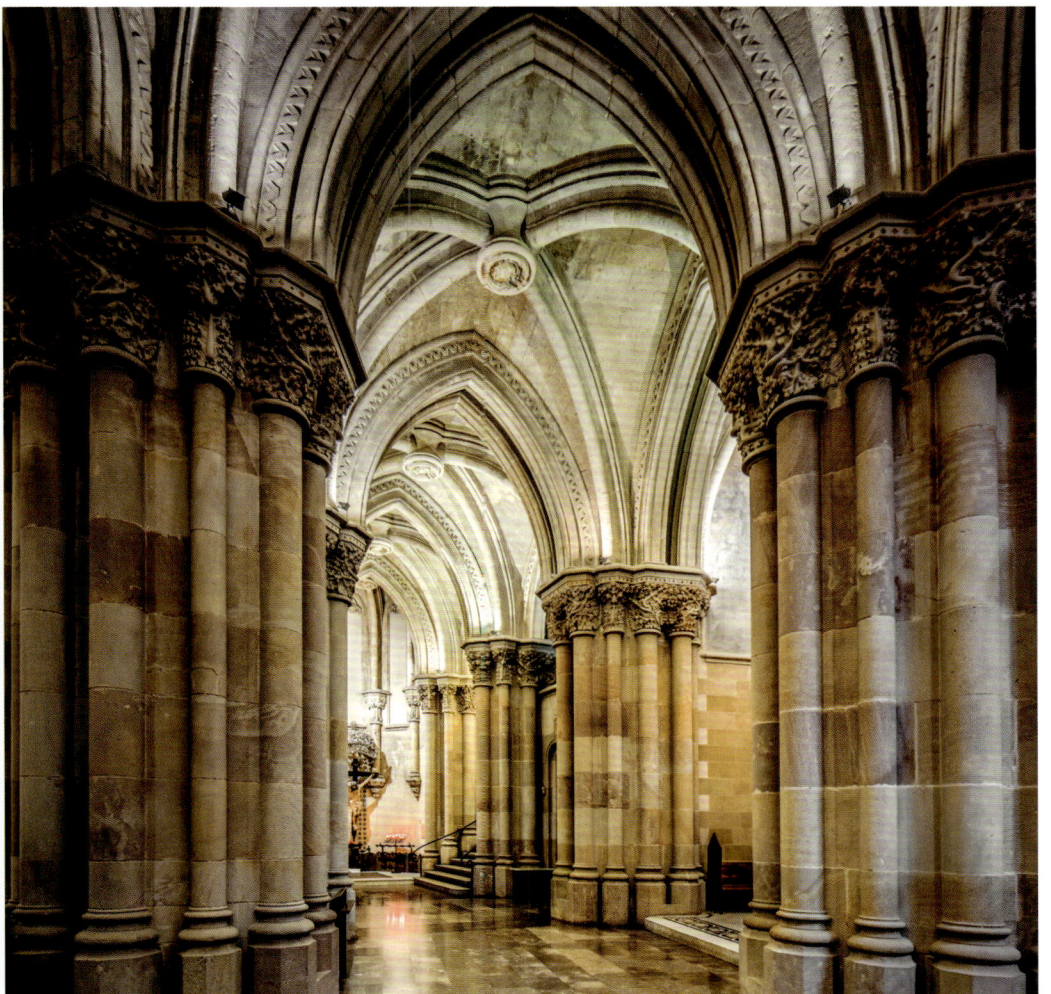

– Capiteles de los pilares
Según el proyecto de Del Villar tenían que ser de estilo corintio. Gaudí los substituyó por otros mucho más naturalistas en los que destacan las plantas de coliflor.

El deambulatorio
El estilo neogótico de la cripta se pone de manifiesto en los arcos ojivales y en las bóvedas de crucería.

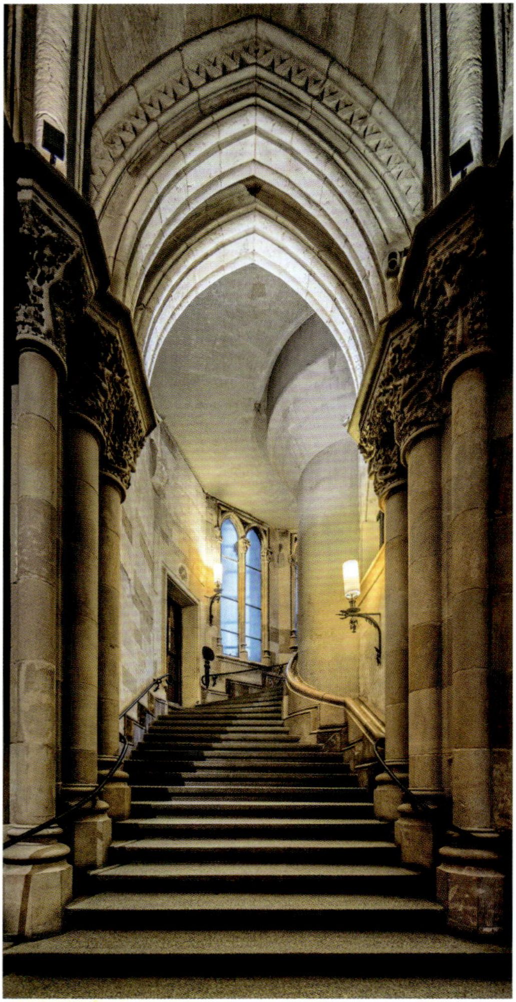

Escaleras

Gaudí también cambió el acceso a la cripta substituyendo una sola escalera central, que hubiese ocupado el lugar del altar mayor, por dos laterales (planta p. 21).

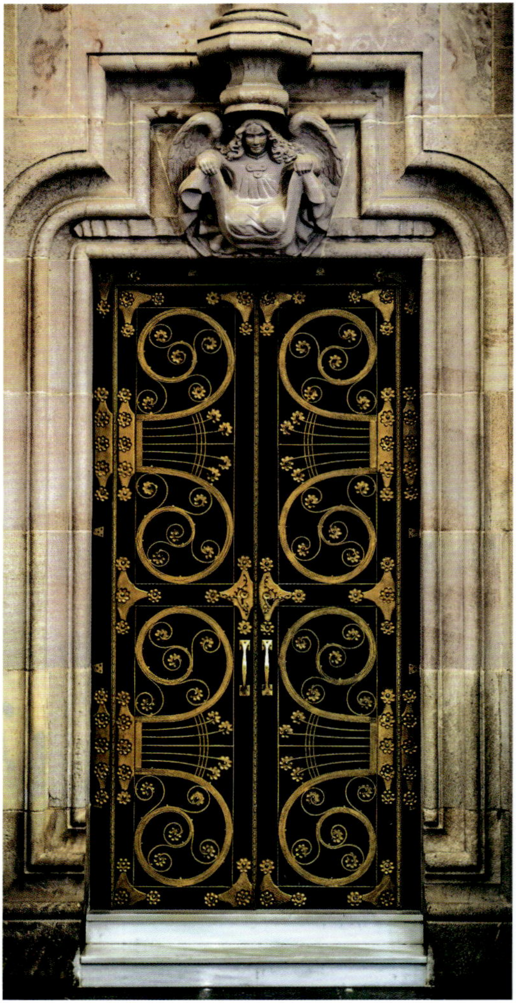

Puerta de las sacristías

Junto a cada escalera, Gaudí situó una sacristía. Sus ornamentos metálicos en forma de lira se realizaron en los talleres de los hermanos Badia.

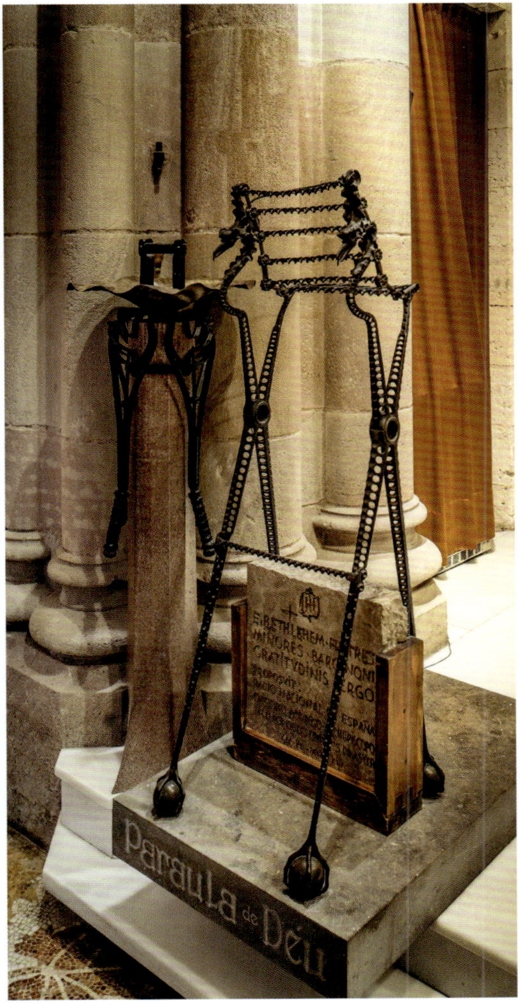

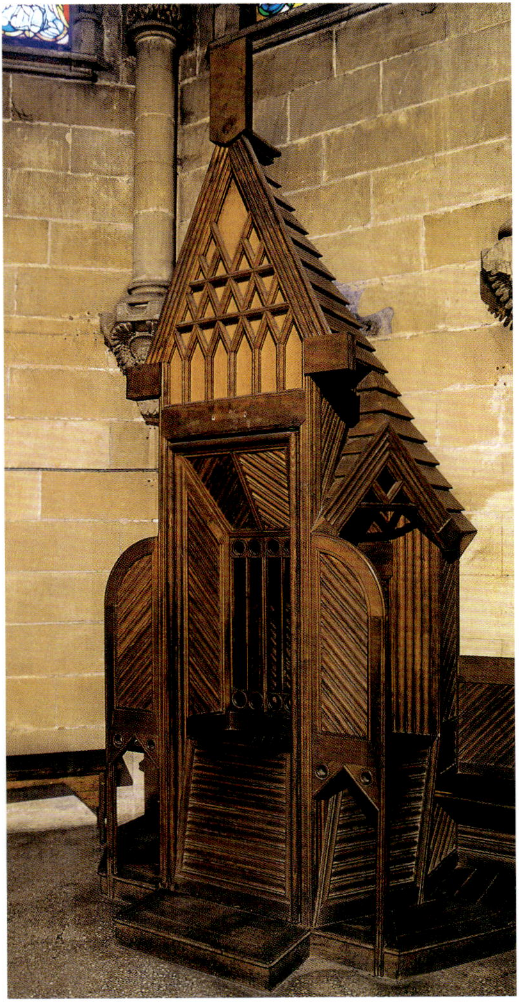

Candelero y atril
Situados en el altar mayor, fueron construidos
en hierro forjado hacia 1898.

Confesionario
Diseñado por Gaudí, se construyó en madera
alrededor de 1898 en el taller de Joan Munné.

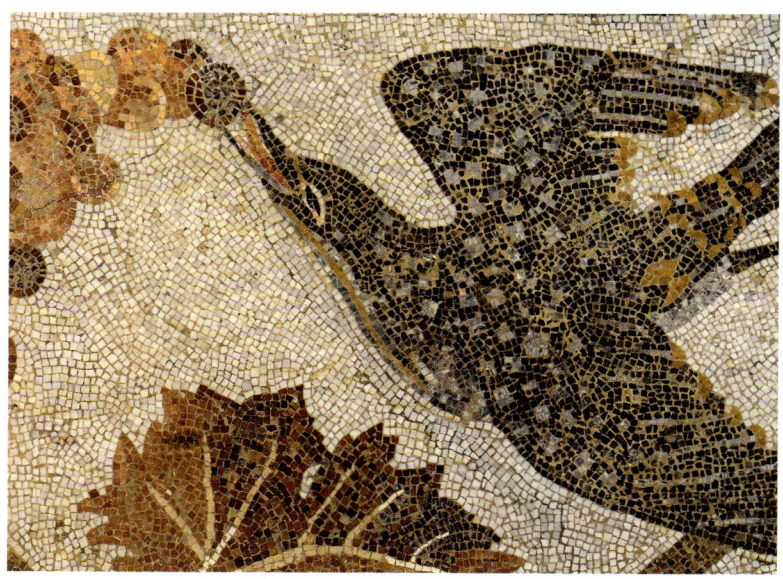

Mosaico del pavimento de la zona central
Diseñado por Gaudí y realizado por Mario Maragliano, es una alegoría de la Eucaristía y está compuesto con la técnica clásica de los mosaicos romanos.

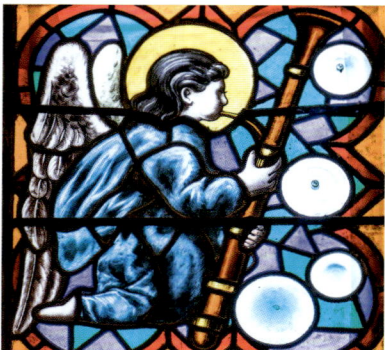

Ángel de los vitrales
En la mayoría de los vitrales de las capillas del deambulatorio los ángeles son músicos que tocan a mayor gloria del Señor.

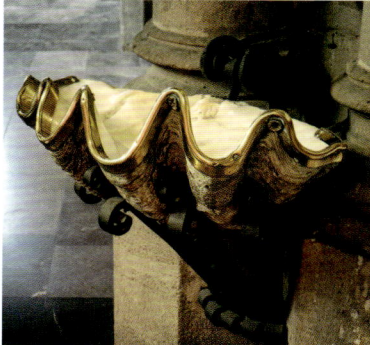

Pila de agua bendita
Eusebi Güell regaló a Gaudí enormes conchas procedentes de Filipinas, que el arquitecto usó en la cripta como pila de agua bendita dotándola de un soporte de forja con formas naturalistas.

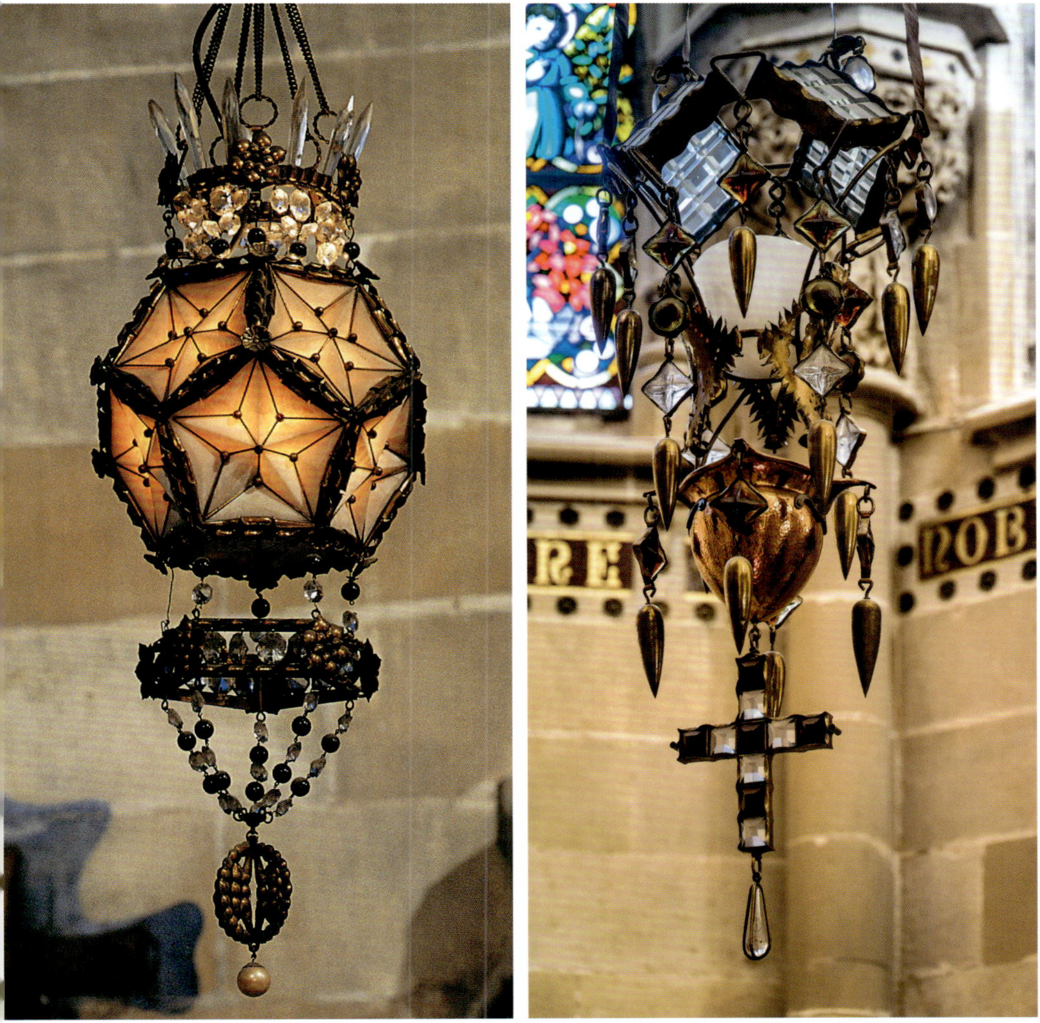

Lámparas de las capillas
Realizadas entre 1923 y 1926, a la izquierda la de la
Inmaculada y a la derecha la del Sagrado Corazón.

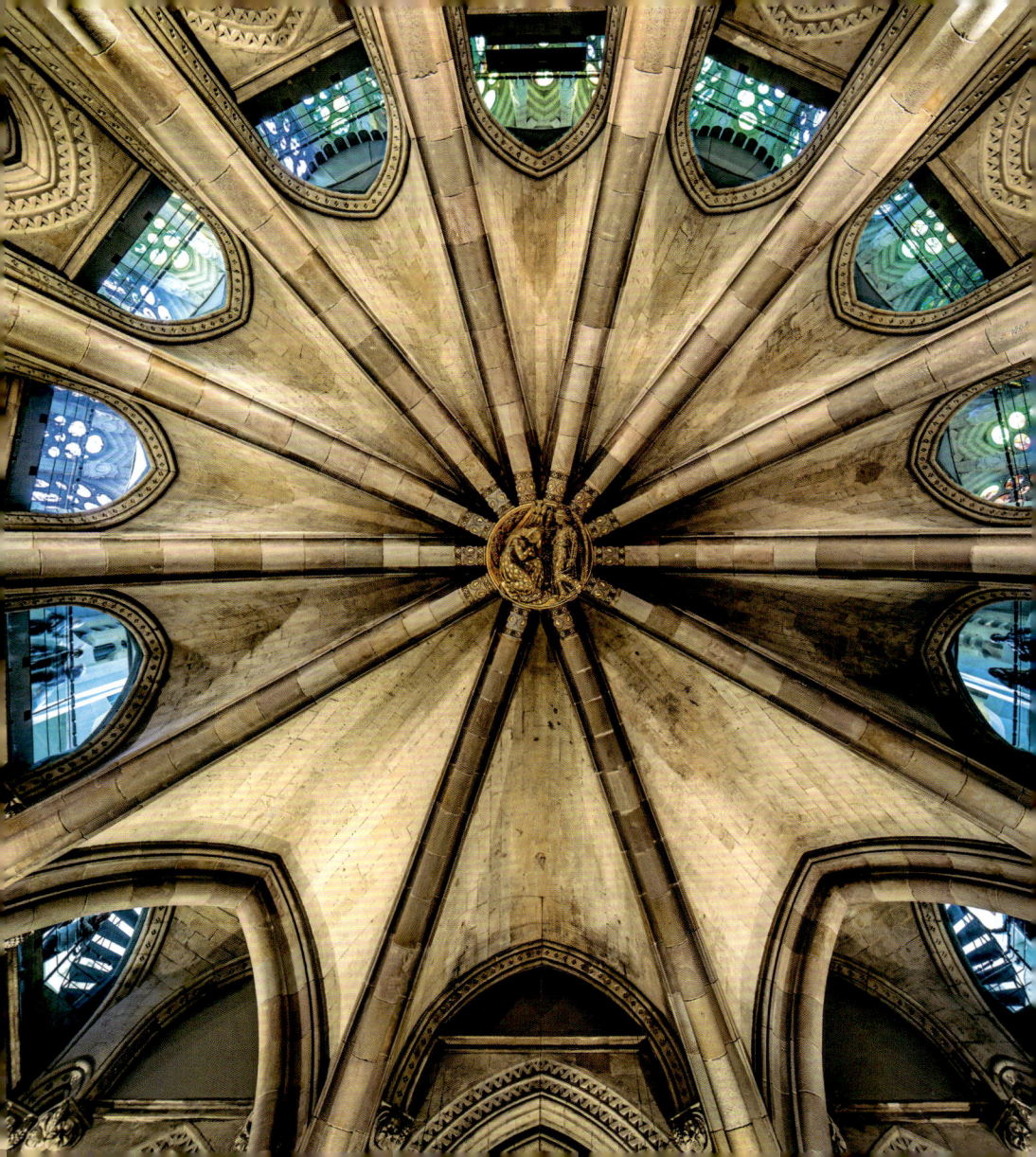

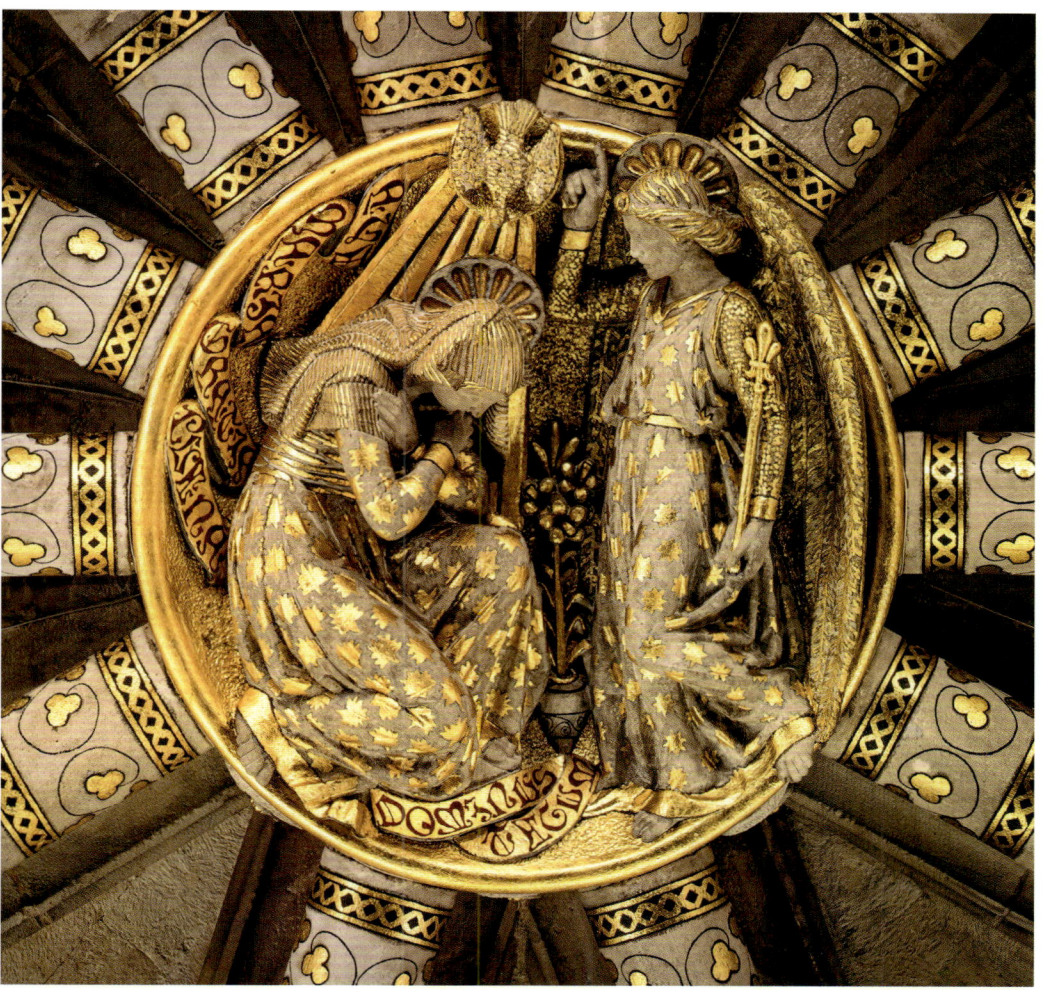

← **Bóveda del espacio central de la cripta**
Gaudí hizo que las doce nervaduras del espacio
central alcanzasen en la clave 2 m más de altura
que las del deambulatorio. Esta diferencia le
permitió realizar sobre los arcos aberturas al
interior de la basílica para obtener más luz.

Clave de la bóveda central
Obra de Joan Flotats, representa la anunciación:
el arcángel Gabriel anuncia a María que concebirá
al Hijo de Dios por obra del Espíritu Santo.

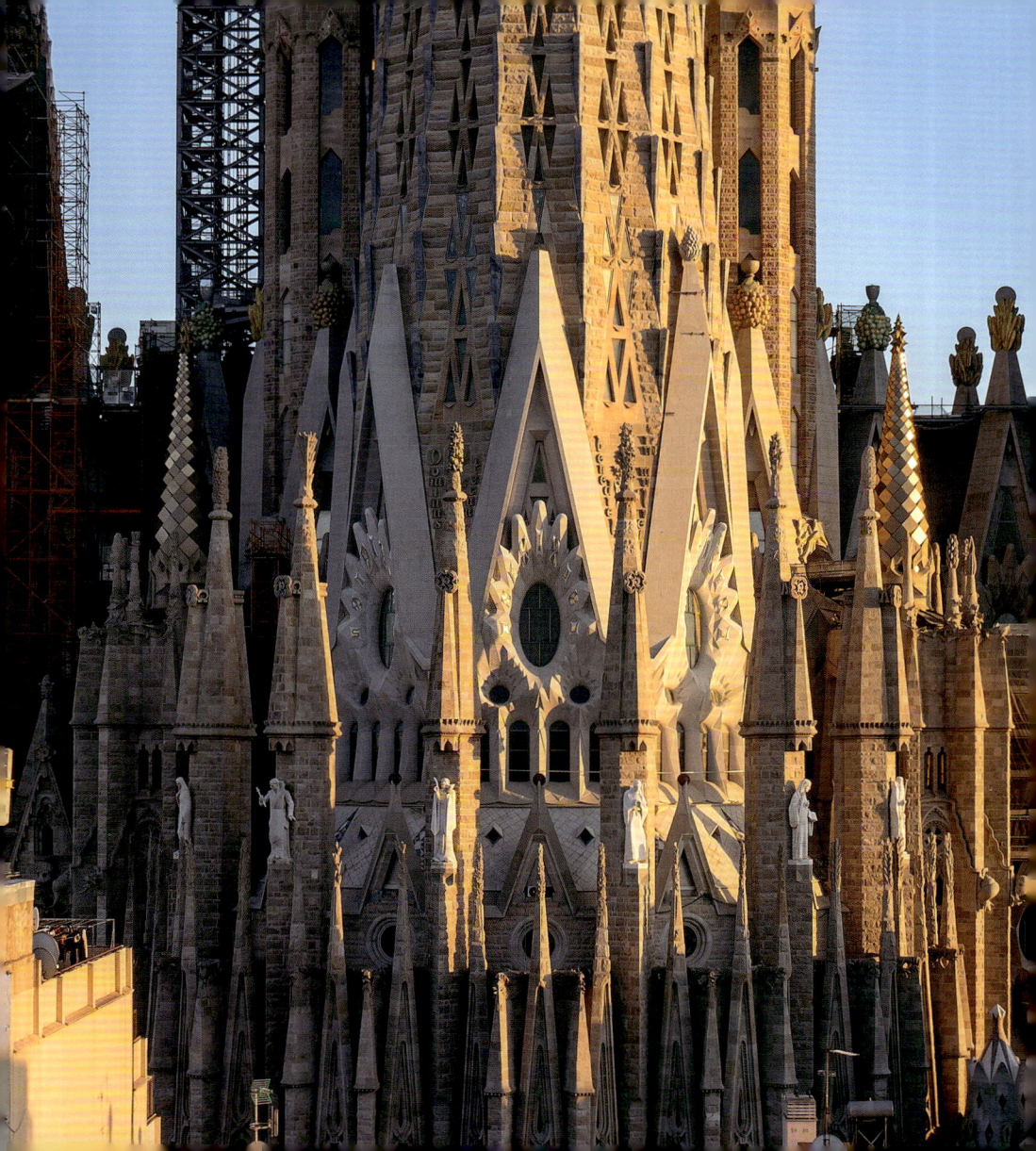

La Basílica de la Sagrada Familia

El ábside

En los primeros años de la construcción de la Sagrada Familia, Gaudí era un hombre todavía poco devoto y bastante interesado en los asuntos mundanos. Según recuerda Cèsar Martinell, vestido a lo dandi, con elegancia y buenos trajes, con sombrero de copa y guantes negros, solía tomar un coche de caballos y se iba a las obras de la Sagrada Familia donde, sin descender del coche, se hacía traer los planos y daba las órdenes pertinentes a los capataces.

Una vez terminada la cripta, hizo construir sobre ella el ábside, con otras siete capillas y dos escaleras a los lados que prosiguen las acaracoladas que suben desde la cripta. En el exterior del ábside hay, adosados a las paredes, dos caracoles de piedra de considerable tamaño, que sirven para indicar que allí se encuentran las escaleras.

Actualmente, se está construyendo sobre el ábside la torre de impresionante altura dedicada a la Virgen según el programa de Gaudí, de modo que cripta, ábside y torre formarán un extraordinario conjunto mariano. Además, en la zona del claustro que rodea el ábside la capilla central estará dedicada a la Asunción de María y tendrá una puerta abierta a la calle. El culto de María, que va creciendo en el seno del cristianismo desde sus inicios, a pesar de las pocas referencias en los evangelios, experimenta una enorme expansión en el catolicismo con el concilio de Trento y alcanza su máximo esplendor en el siglo XIX. Gaudí no será el menor de los artistas que ensalzan a la Virgen.

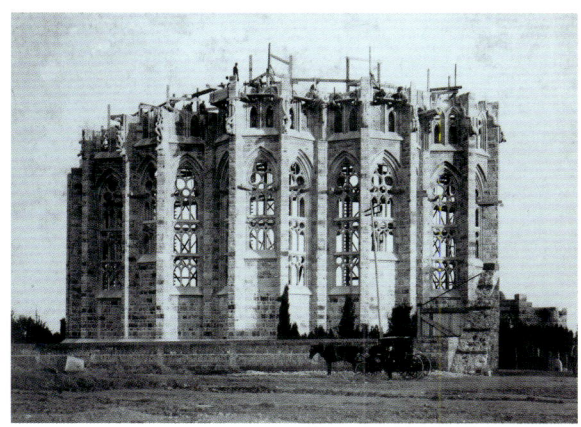

1892
El ábside fue construido inmediatamente después de la cripta manteniendo el estilo neogótico.

Enero 2023
El ábside, con el templo cubierto, las fachadas del Nacimiento y la Pasión finalizadas y también la torre de María.

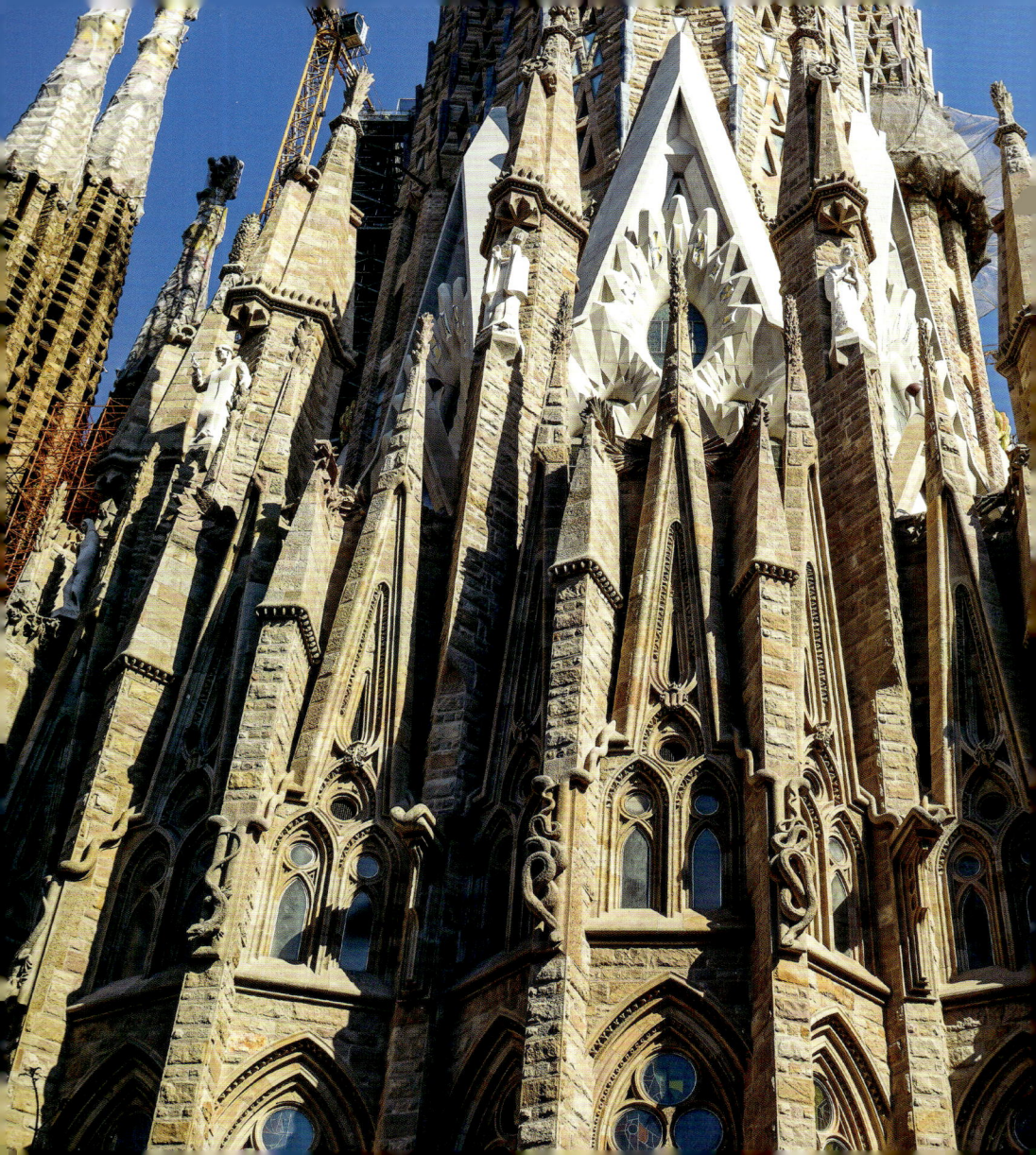

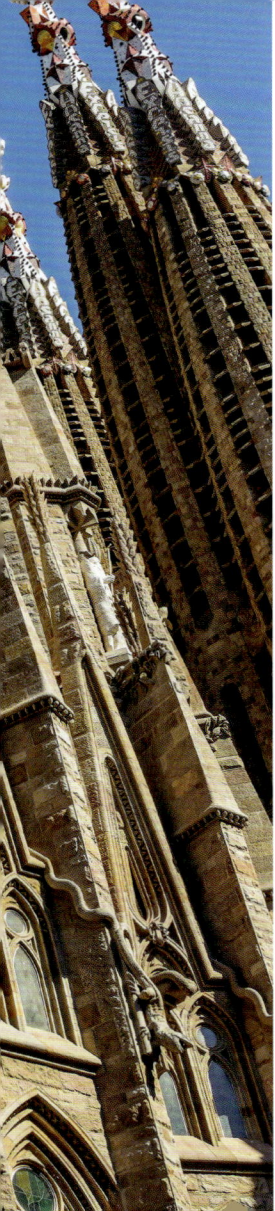

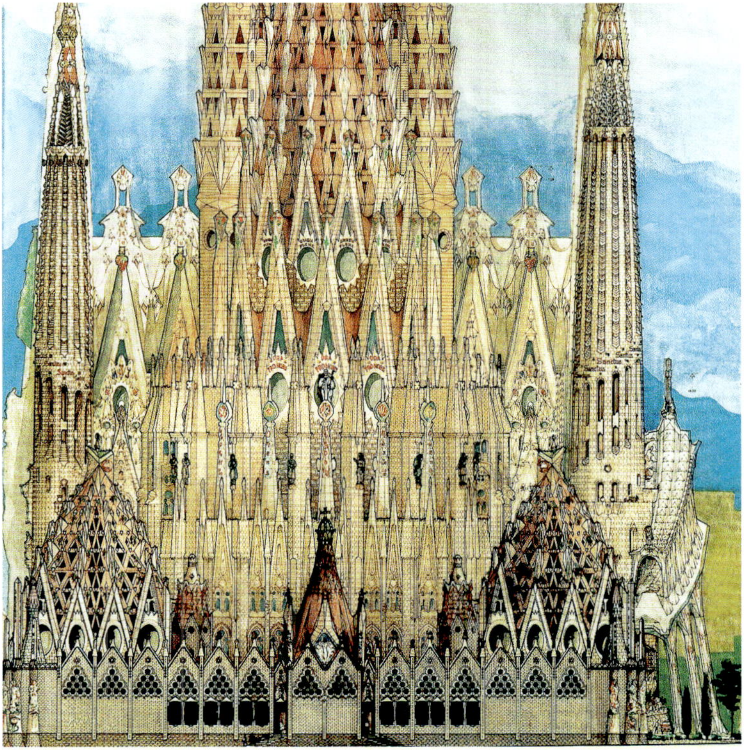

«Perfeccionamiento del gótico»

Esta frase la dijo Gaudí en referencia a los
cambios que introdujo en la estructura del
ábside respecto al proyecto original: substituyó
los grandes contrafuertes previstos y para ello
exageró las aristas de los muros, acentuando, con
frontones triangulares culminados con pináculos
en forma de espigas, su verticalidad, que anuncia
la grandiosidad de la torre de María.
Ilustración Francesc Berenguer.

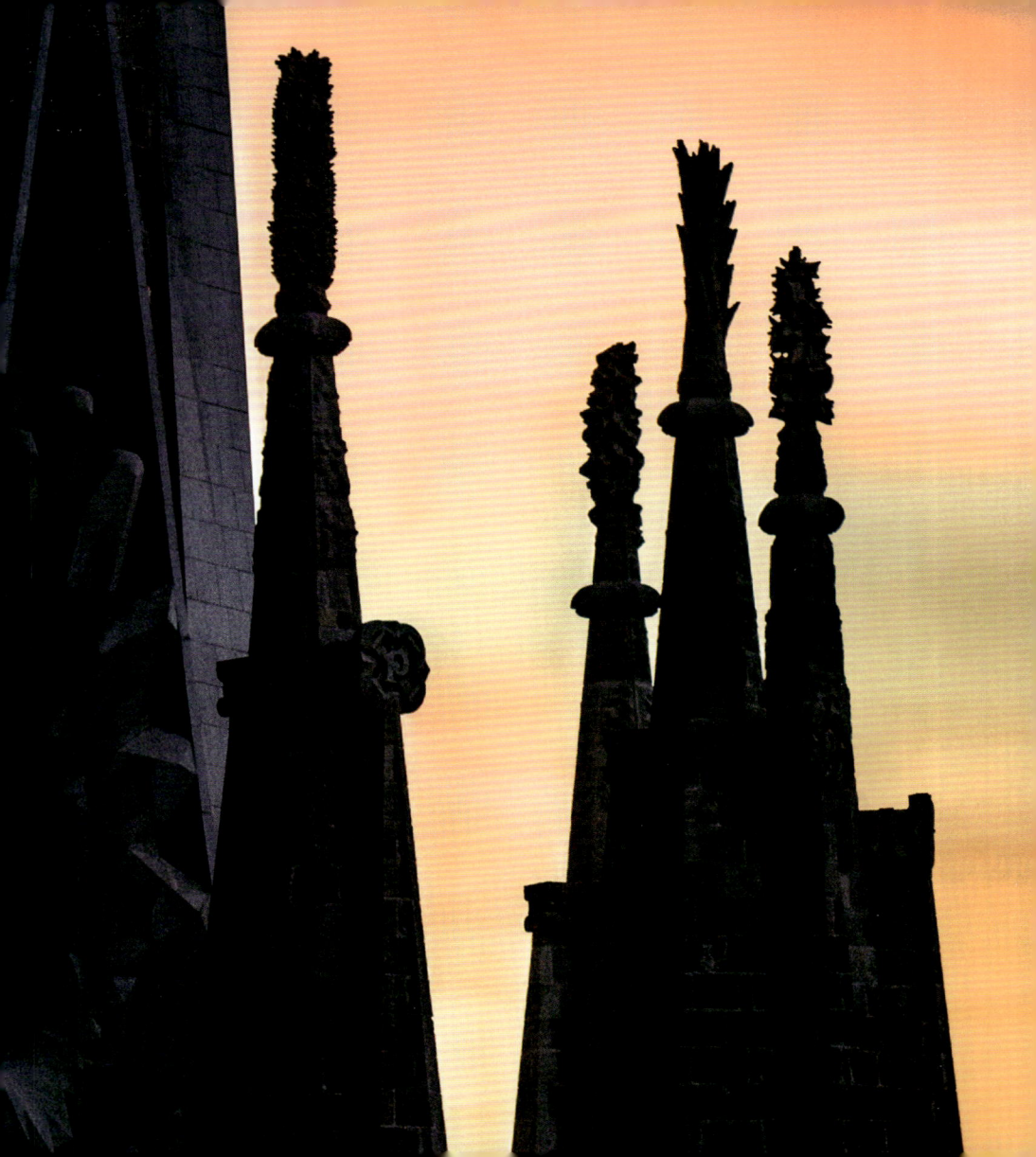

También de estilo neogótico, el ábside, terminado en 1893, con sus muros, ventanales y agujas, muestra una mayor inventiva por parte de Gaudí, que eliminó los grandes contrafuertes previstos por Francisco de Paula del Villar, por lo que el arquitecto pudo decir que «esta arquitectura es un perfeccionamiento del gótico». Unos años después ya podía añadir que lo había superado totalmente.

En el exterior, ranas, dragones, lagartos, serpientes y salamandras, están pegados a las paredes del templo, «sin poder entrar en él» por su carácter demoníaco: huyen de María, de la fe, pero haciendo la benéfica función de gárgolas que expulsan el agua cuando llueve. Los pináculos que rematan los muros son espigas, símbolo de fecundidad.

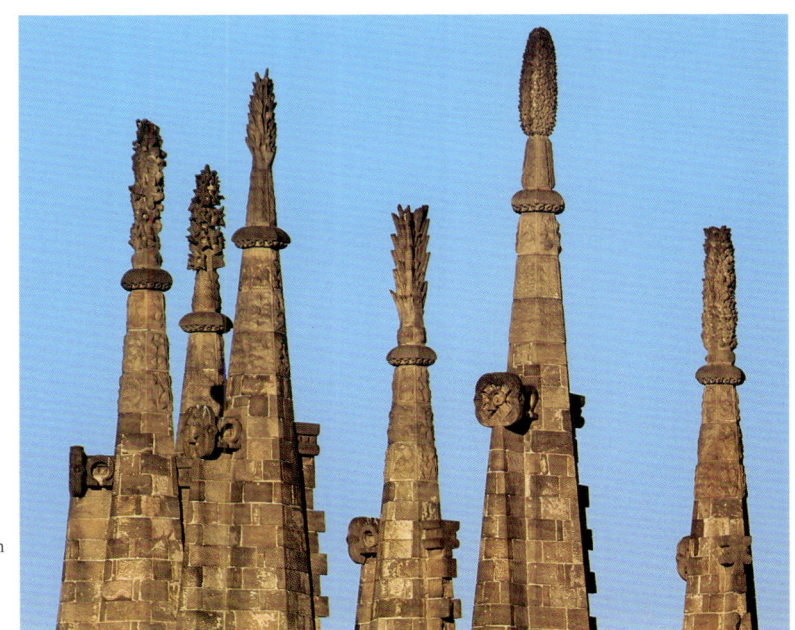

Pináculos
Sus formas están inspiradas en espigas y capullos de diversas especies vegetales que simbolizan la fertilidad y el renacimiento y al mismo tiempo conforman un ramo de flores de ofrenda a la Virgen, a quien está dedicado el ábside.

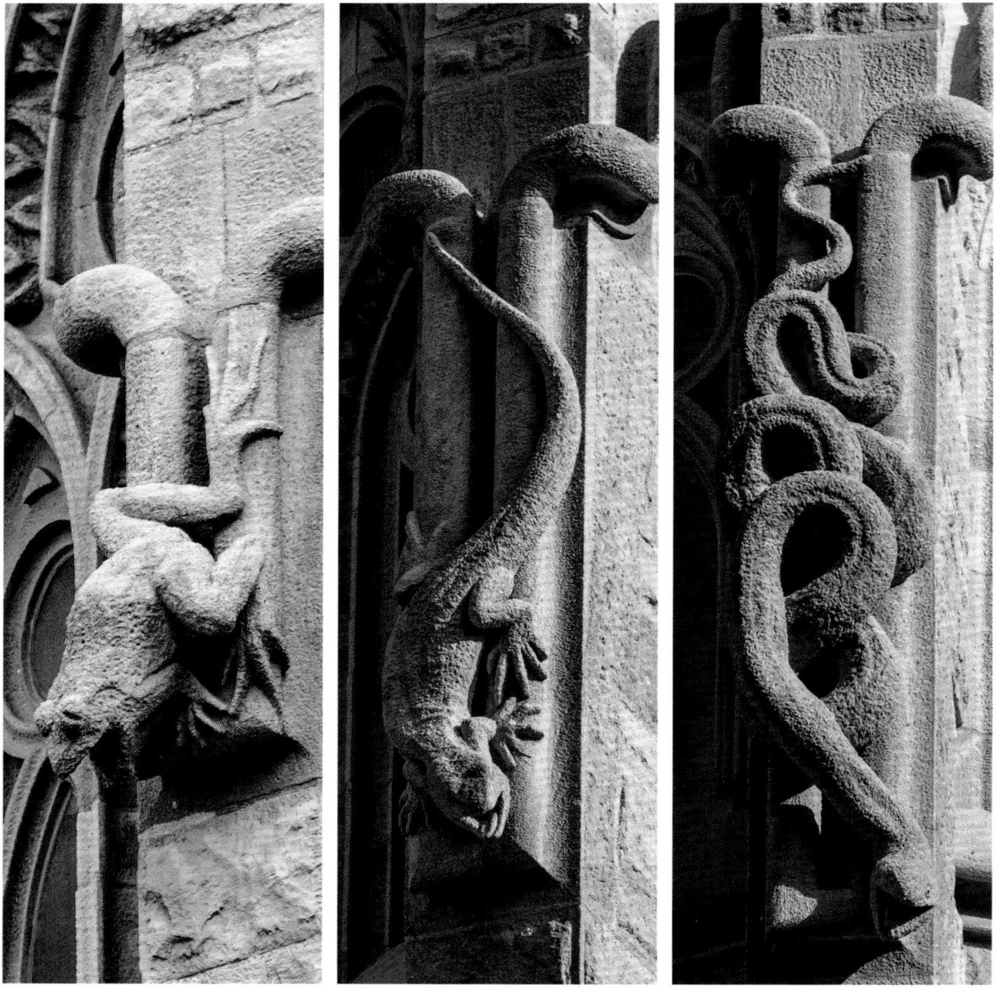

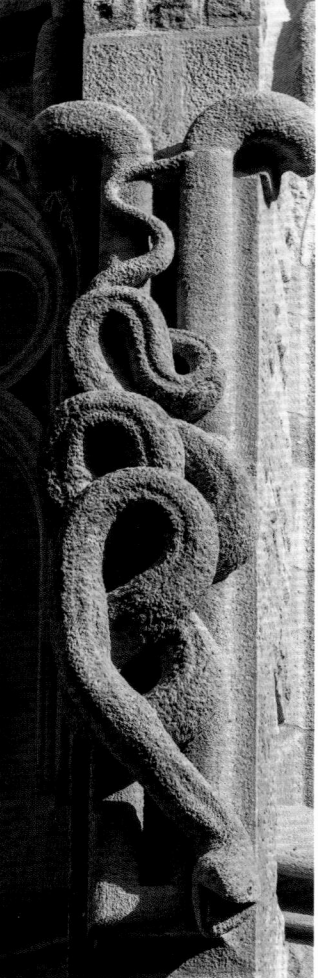

Las gárgolas

Gaudí substituyó las formas demoníacas clásicas del gótico por otras más naturalistas: ranas, dragones, lagartos, serpientes…, pero con la misma simbología, el mal que no puede entrar en el templo y huye de él.

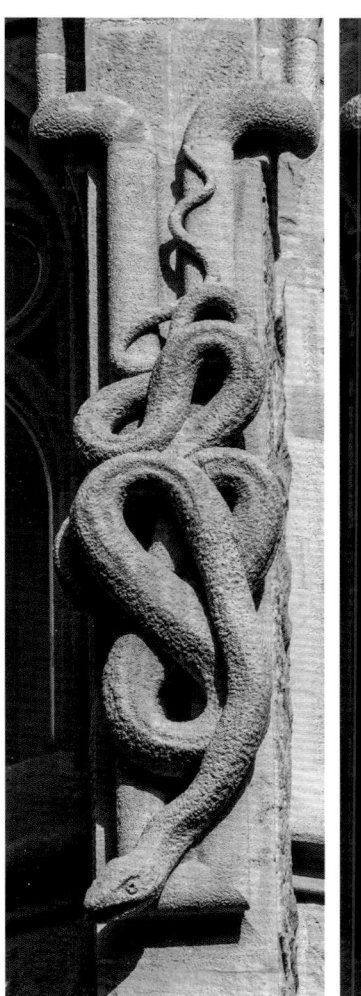 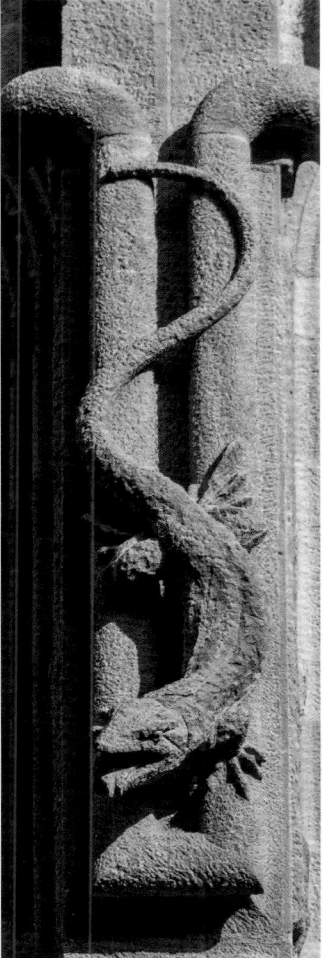 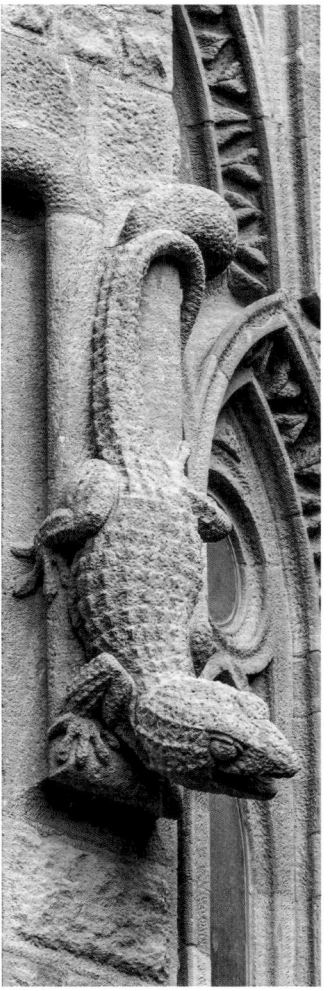

«Llena eres de Gracia»

El mal huye de la Gracia de Dios, ya que el ábside está dedicado a María, a quien el ángel Gabriel, según el Evangelio de Lucas, dijo: «No temas, porque has hallado gracia delante de Dios».

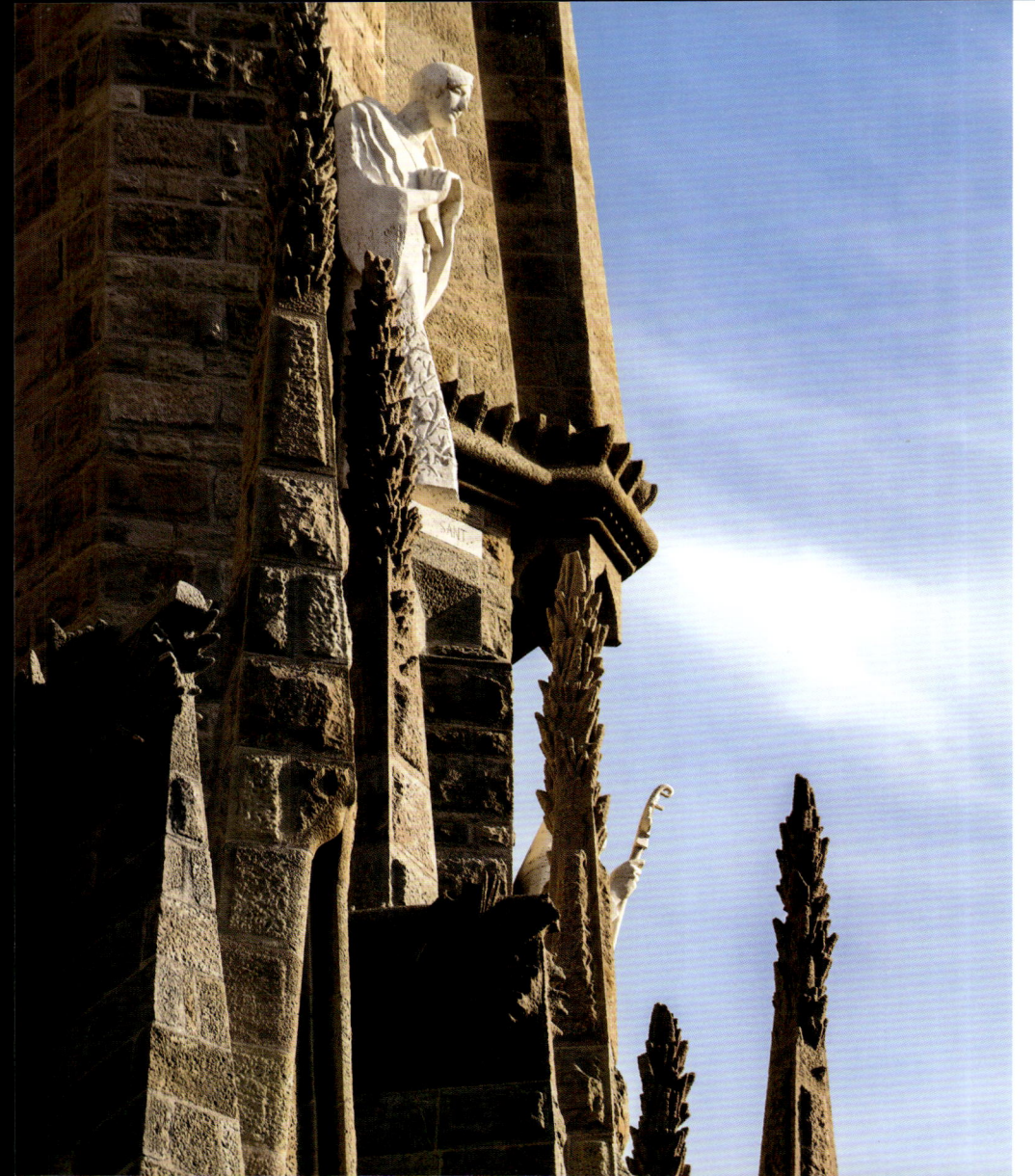

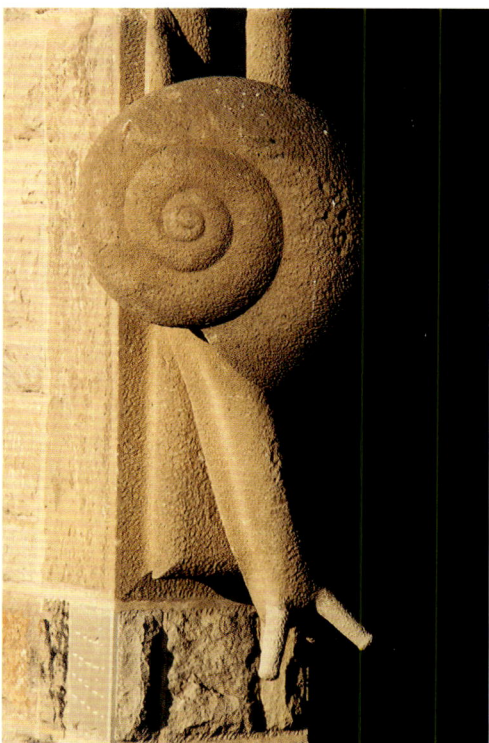

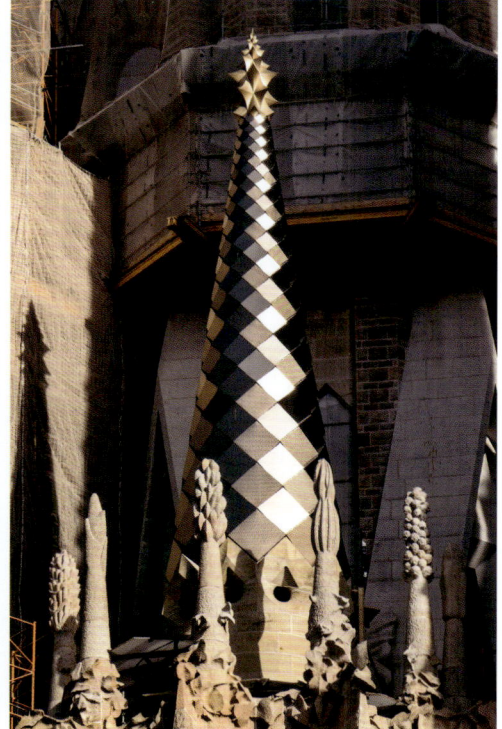

Caracoles
Gaudí situó en los muros diferentes imágenes de estos moluscos para señalar desde el exterior el lugar donde se encuentran las escaleras de caracol.

Cupulín
Los remates actuales de los espacios que acogen escaleras de caracol recuerdan los que diseñó Gaudí en el claustro para las capillas del Rosario y de Montserrat pero están realizados con titanio.

← **Santos fundadores**
Además de las espigas sobre los pináculos y las hojas de palma (símbolo cristiano que simbolizan la victoria de Cristo sobre la muerte), Gaudí situó en lo más alto esculturas de los santos fundadores de las órdenes religiosas, consideradas también frutos del Espíritu Santo.

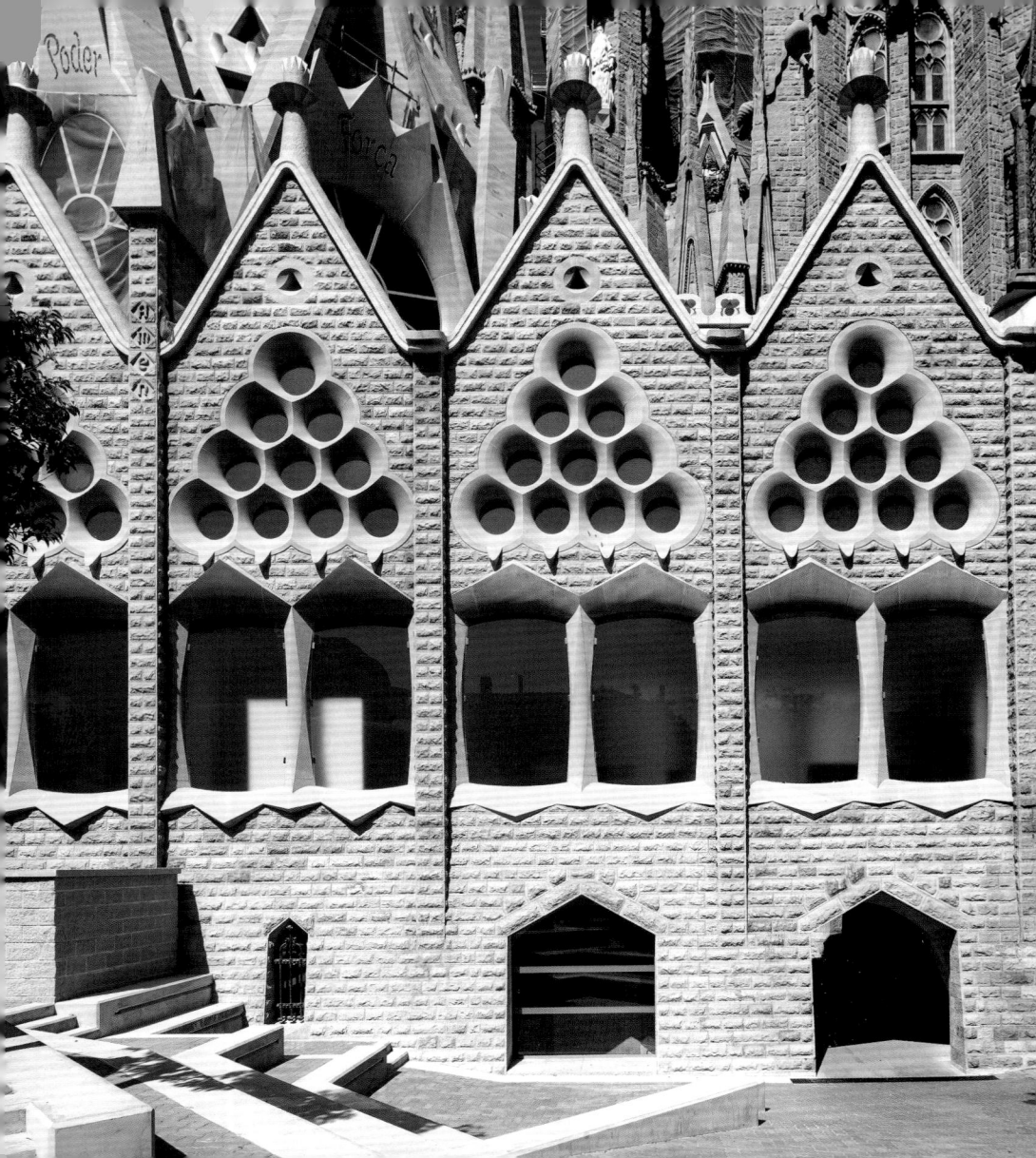

El claustro

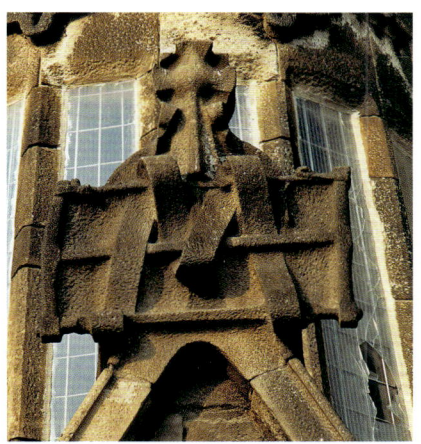

Anagrama de la Sagrada Familia
El pináculo del módulo del claustro correspondiente a la capilla de la Virgen del Rosario (el único que construyó Gaudí) es una muestra de la creatividad del arquitecto: bajo la cruz de Jesús, la sierra de José se entrelaza con las cintas que forman la M de María.

← **Los módulos del claustro**
Gaudí diseñó el claustro como una sucesión de módulos culminados por frontones triangulares sobre los que se alzan pináculos de diseños geométricos.

Aunque se le llame templo, la Sagrada Familia es un recinto que encierra numerosas construcciones. Ocupa casi toda la manzana, con los cuatro lados formando el claustro, sólo en parte construido. Esto resulta extraño, puesto que en los monasterios y catedrales los claustros son distribuidores interiores que facilitan el acceso a los diversos espacios. En cambio, Gaudí le da al claustro la función exacta que su nombre latino indica: *claudere*, encerrar. En efecto, aquí el claustro encierra por fuera, y no desde dentro, tanto el gigantesco templo como las demás construcciones: el baptisterio, las sacristías y otras capillas y dependencias (ver planta de la p. 254). También en este sentido es Gaudí un innovador y perfeccionista de la arquitectura tradicional religiosa de Europa.

El claustro sirve, como ya dijo él mismo, para recogerse, rezar mientras se pasea, o hacer procesiones cuando la lluvia impida salir al exterior, y, lo que es más importante, evita al máximo los ruidos que llegan de la calle. Es también, por lo tanto, un trasunto de la muralla que defendía en la época medieval los monasterios.

En el centro de los cuatro lados del rectángulo del claustro hay cuatro fachadas cuyos portales rompen —aunque no del todo, pues es posible el paso— la continuidad del mismo. Son los portales del Nacimiento y de la Pasión en los extremos de la nave transversal, y el portal de la Gloria, que tiene delante la gran nave mayor, al que corresponde, en el claustro opuesto, la discreta portada de la Asunción, con los accesos laterales a la cripta.

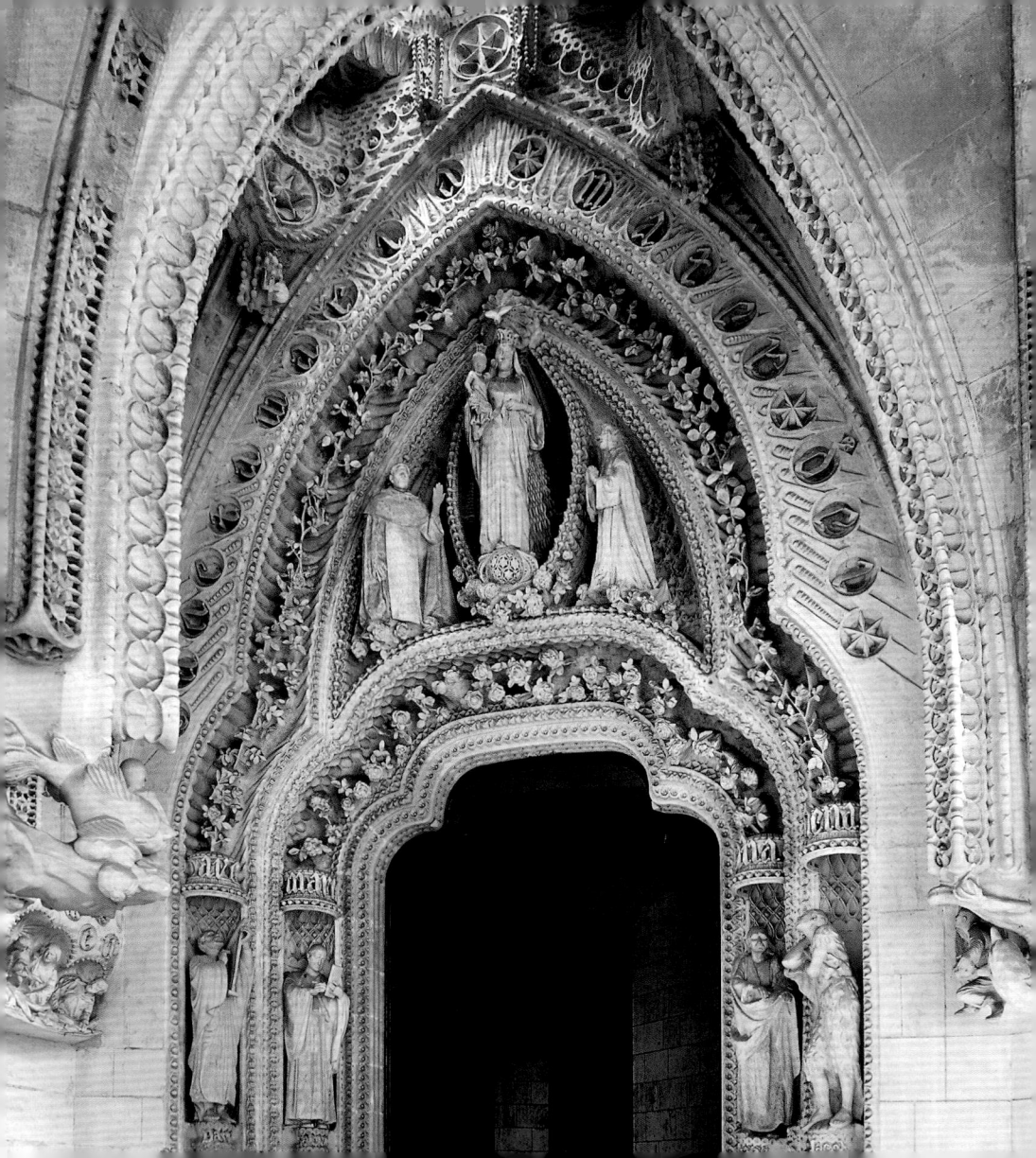

Capilla del Rosario

De las cinco capillas marianas que tendrá el claustro, una a cada lado de la fachada de la Pasión: la de la Virgen de la Mercè y la de la Virgen de los Dolores; una en el centro del lado correspondiente al ábside, la de la Virgen de la Asunción; y dos más junto a la fachada del Nacimiento; la de la Virgen de Montserrat y la de la Virgen del Rosario; Gaudí sólo elaboró esta última. Se trata de una construcción bastante pequeña, pero con una cúpula que la llena de luz y que está extraordinariamente adornada como si los muros estuviesen realizados con encaje de bolillos, con gran profusión de rosas, rosales y rosarios, pues todos ellos se relacionan en la simbología cristiana.

Entre las figuras que aparecen en esta capilla, además de la Virgen con el Niño, se encuentran algunos santos, como santo Domingo y santa Catalina de Siena, y a cada lado del portal hay reyes y profetas del Antiguo Testamento, como David y Salomón, Isaac y Jacob. Llama la atención, bajo los arcos, la representación de la Muerte del Justo —con el texto «Y en la hora de nuestra muerte. Amén» escrito en latín— en la cual la Virgen presenta el Niño a un moribundo, mientras san José le acompaña en sus últimos momentos.

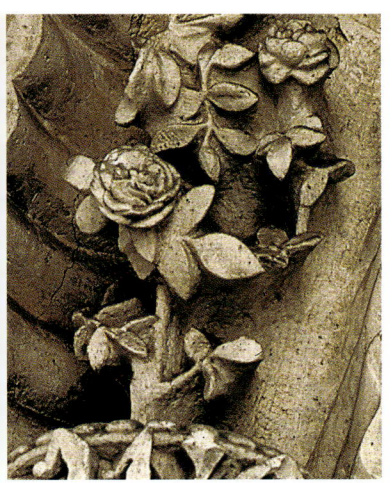

Puerta de la capilla del Rosario
Las rosas, rosales y rosarios adornan con profusión la capilla de la Virgen, pues todos ellos están relacionados con la «rosa mística», epíteto de María desde los primeros tiempos del cristianismo.

Los grupos más comentados por la gente que visita la Sagrada Familia son las tentaciones. El primero muestra a una mujer a la que un monstruo diabólico en forma de pez —similar al cabracho— le presenta una bolsa de dinero. El segundo, presenta a un hombre tentado por otro diablo —este en forma de congrio— con una bomba de mano Orsini que era la más usada entonces por los anarquistas de la acción directa. Pero tanto la mujer como el hombre superan la tentación encomendándose a la Virgen, que los mira amorosa.

En la cúpula, tres figuras de etéreos ángeles bailan y juegan gozosamente con la espuma que levantan del agua, en un prodigioso simulacro de convertir la piedra en burbujas.

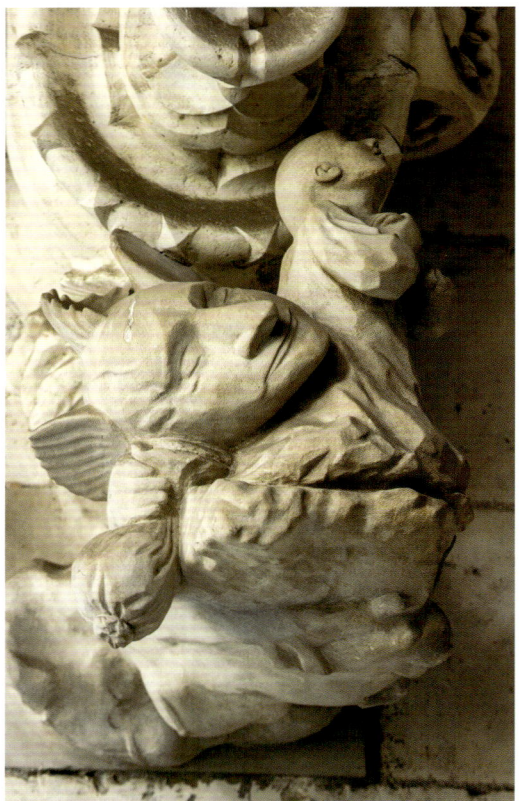

La vanidad
Un demonio en forma de pez similar al cabracho tienta a una mujer con una bolsa de dinero.

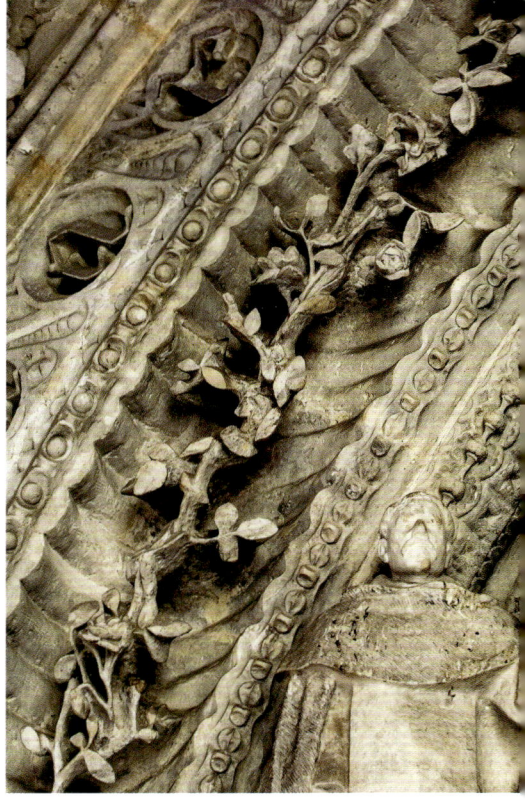

Las tentaciones
Tanto la mujer como el hombre superan las tentaciones de la vanidad y la violencia encomendándose a la Virgen, que los mira amorosa.

Por otra parte, es significativo que Gaudí situase en el tímpano junto a Nuestra Señora del Rosario a santo Domingo, quien en el siglo XIII estructuró el rezo del rosario tal como se conoce, y a santa Catalina, a quien estaba dedicado el primer centro de enseñanza teológico dominico de Barcelona, también del siglo XIII.

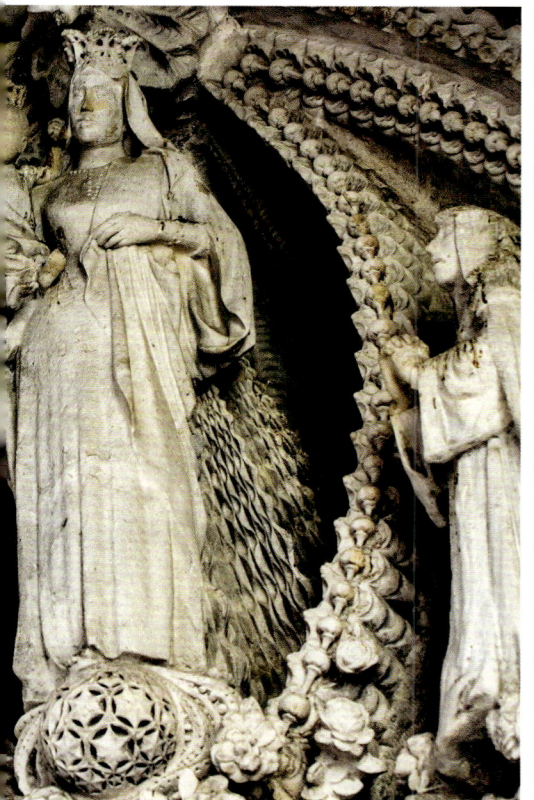

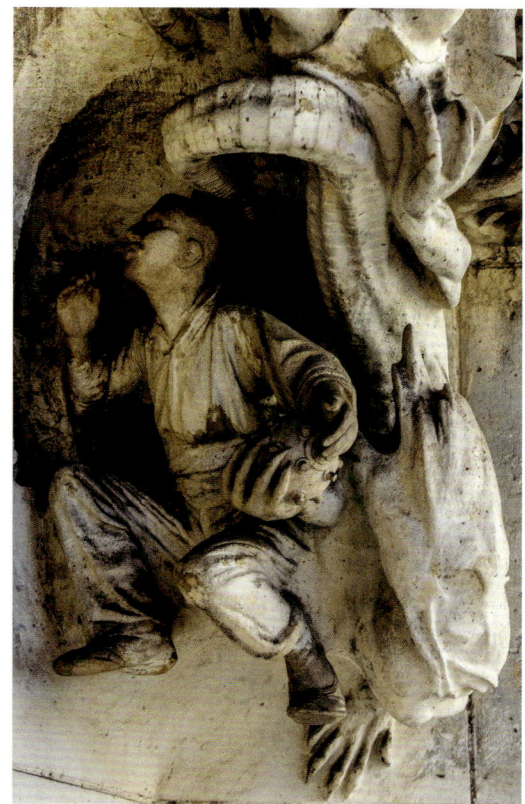

La violencia
Una figura diabólica en forma de congrio pone una bomba Orsini (este modelo de bomba fue utilizado en el atentado del Liceu de Barcelona del 7 de noviembre de 1893) en manos de un hombre.

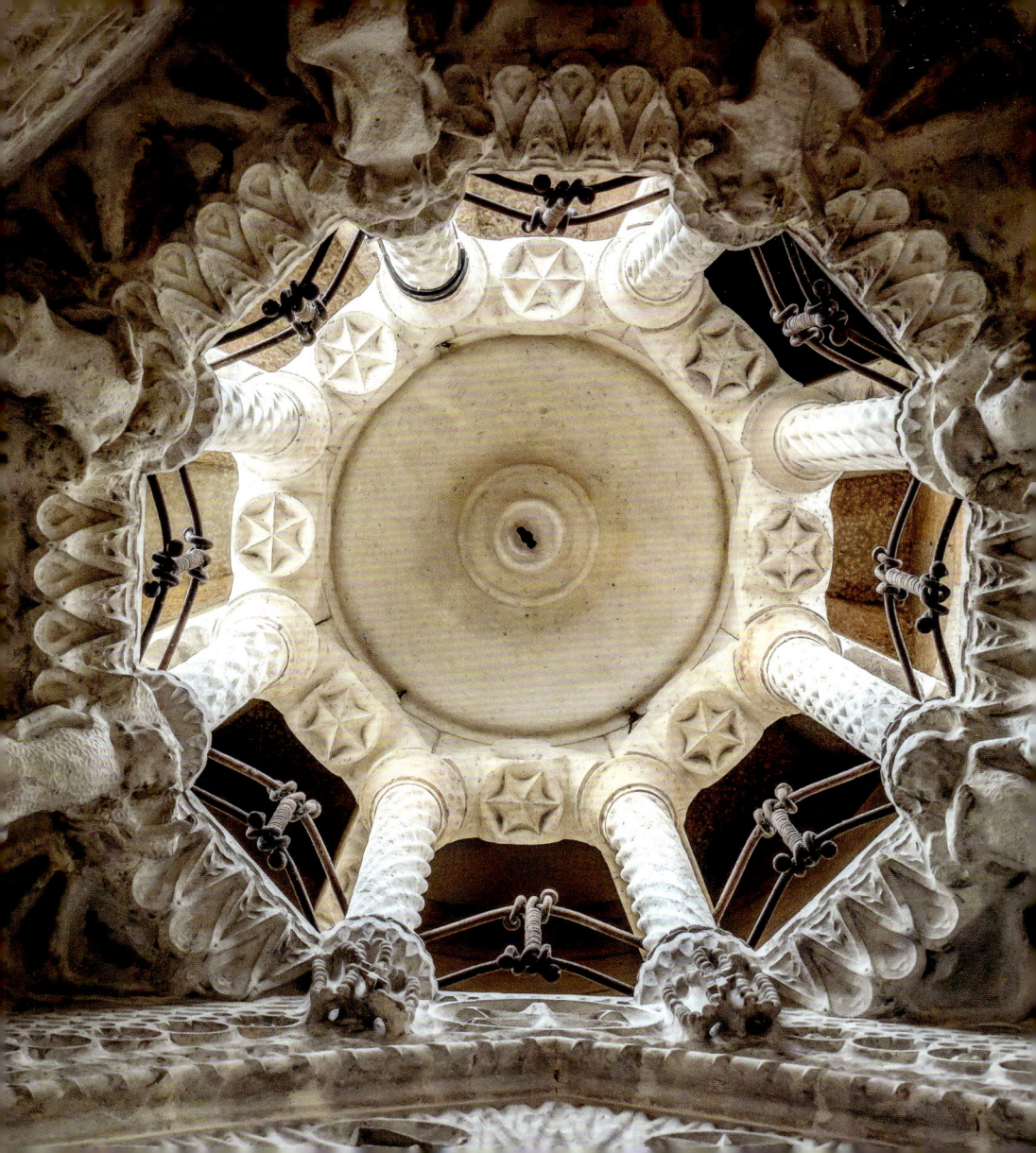

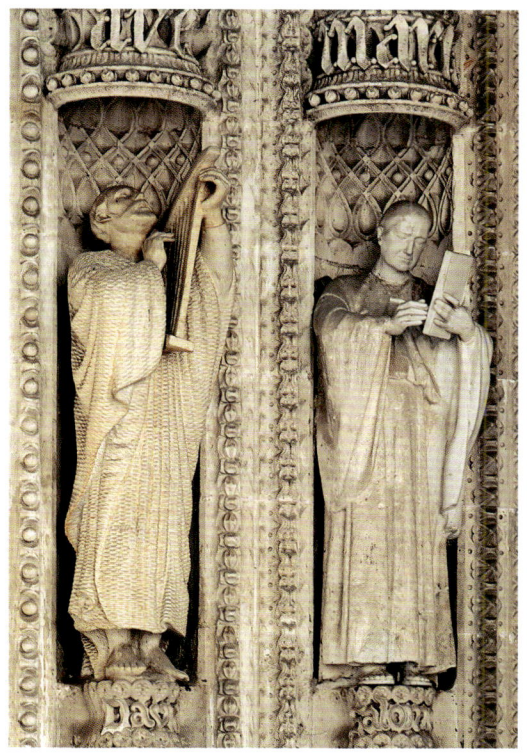

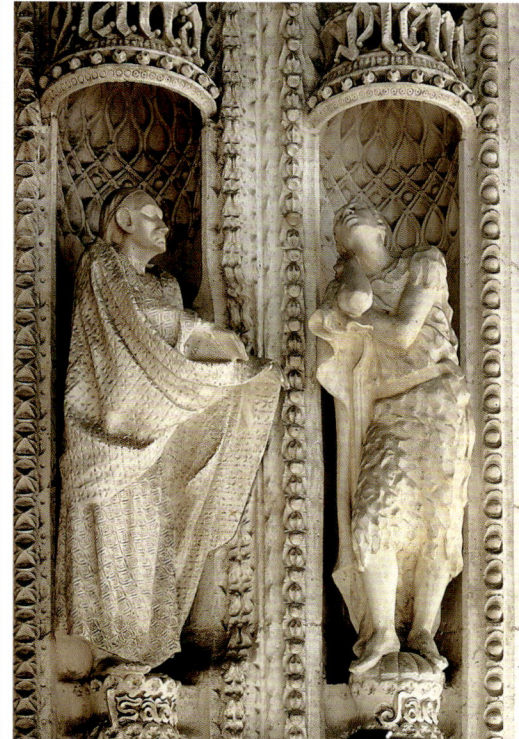

Personajes bíblicos

En la base del tímpano de la puerta, Gaudí hizo colocar cuatro personajes bíblicos: a la izquierda los reyes David y Salomón, y a la derecha los patriarcas Isaac y Jacob, de cuya estirpe nacería Jesucristo, el hijo de María. Sobre el conjunto de estas esculturas se lee en latín «Ave Maria, gratia plena» (Dios te salve, María, llena eres de Gracia).

← Cúpula

Sostenida por ocho columnas inclinadas, deja otras tantas aberturas que permiten la entrada de luz natural para iluminar el portal de la Virgen del Rosario.

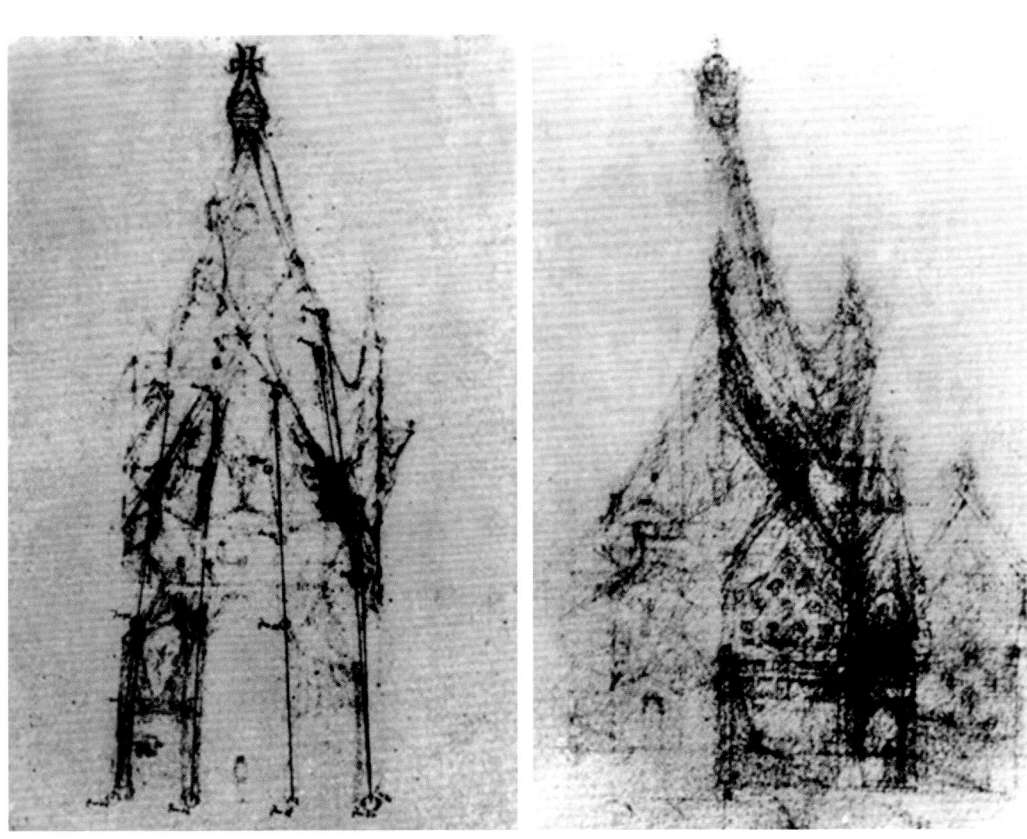

Esbozos originales
Gaudí dibujó estudios de la fachada y del interior de la capilla
de la Asunción y realizó una maqueta para que sus sucesores
pudieran construirla según sus ideas y programa simbólico.

Capilla de la Asunción

Estará situada en el centro del claustro que rodea el ábside y tendrá dos pequeños accesos laterales desde la calle, lo que la convierte en el cuarto portal de la basílica tras el del Nacimiento y la Pasión, ya construidos y situados a ambos extremos del crucero, y el de la Gloria, aún por finalizar y que será el principal.

Gaudí dedicó esta capilla a la Asunción de la Virgen, es decir al traslado del cuerpo y alma de María a los cielos tras terminar sus días en la Tierra, creencia de gran arraigo popular y teológico desde los inicios del cristianismo que, sin embargo, no fue declarado dogma de fe hasta 1950 por el papa Pío XII.

Aunque de inspiración barroca, aplicó su propio lenguaje con formas geométricas parabólicas.

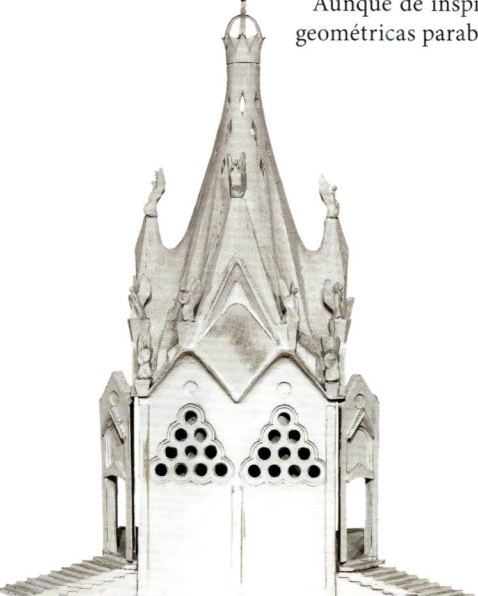

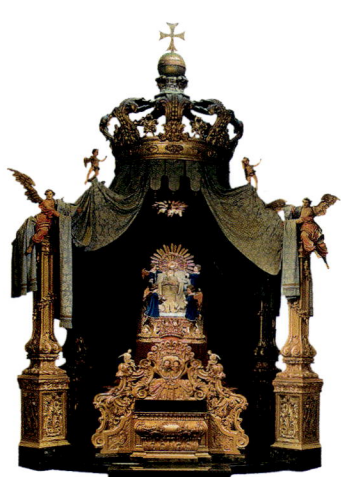

Maqueta de la capilla
En la maqueta de Gaudí se aprecian los cuatro ángulos rematados por ángeles y la linterna de 30 m de altura acabada en una corona imperial.

La inspiración
Gaudí se inspiró en la litera de la Asunción que realizó en 1775 el escultor barroco Lluís Bonifaç y que se encuentra en la catedral de Girona.

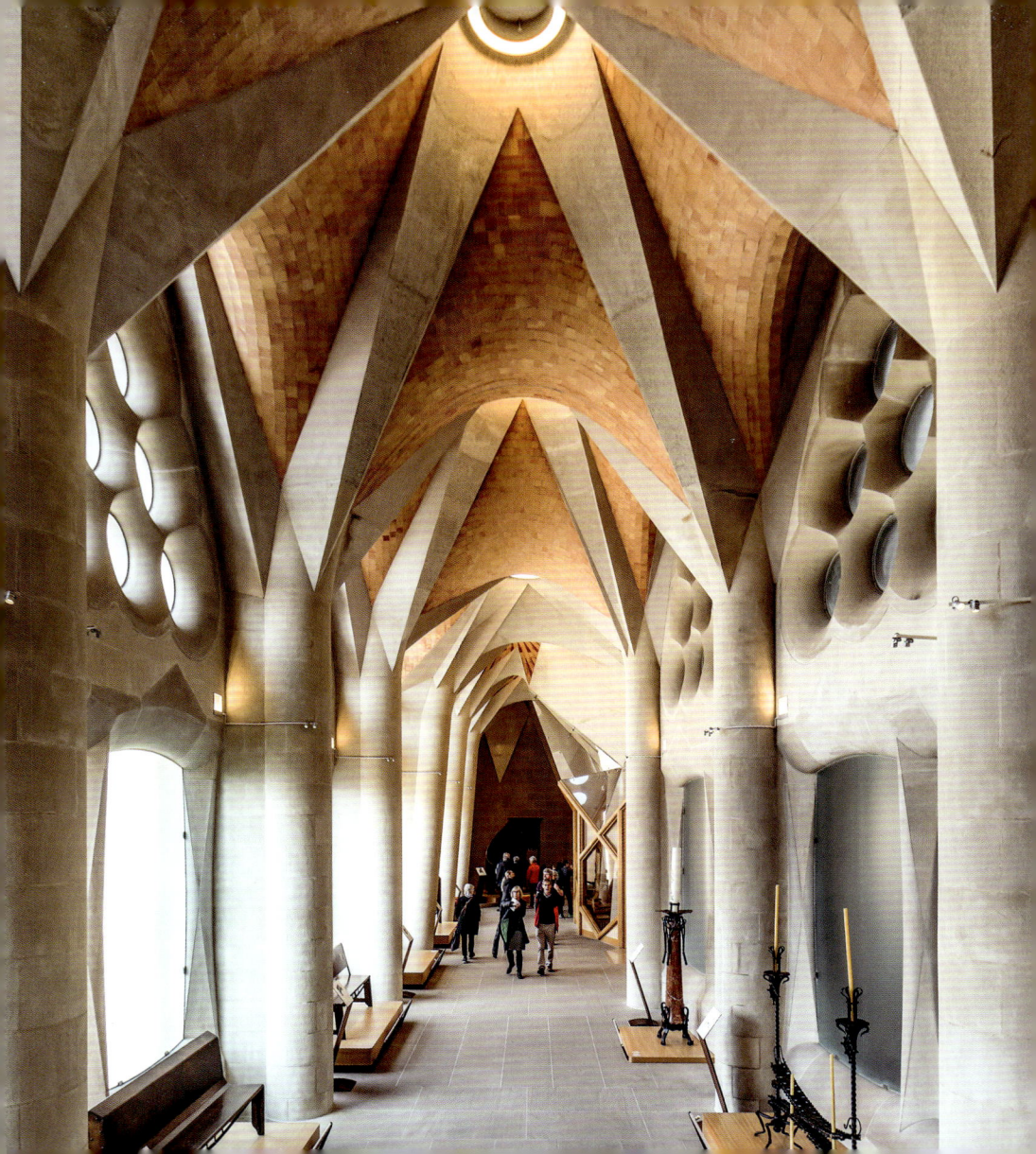

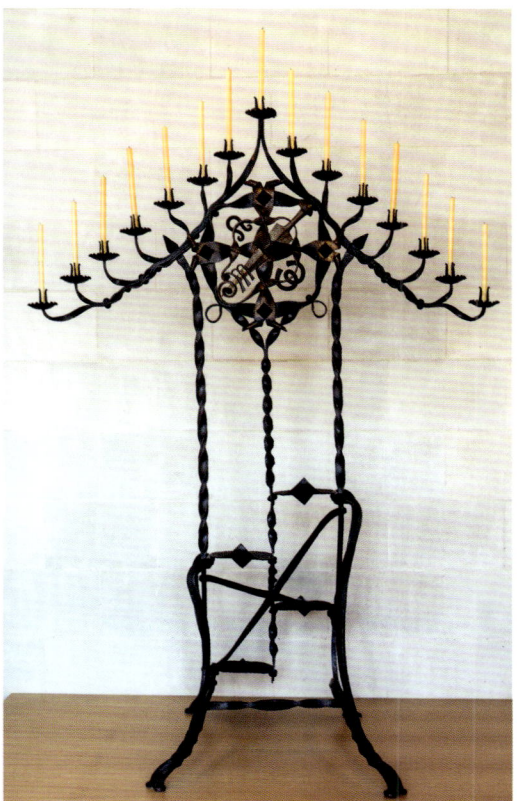

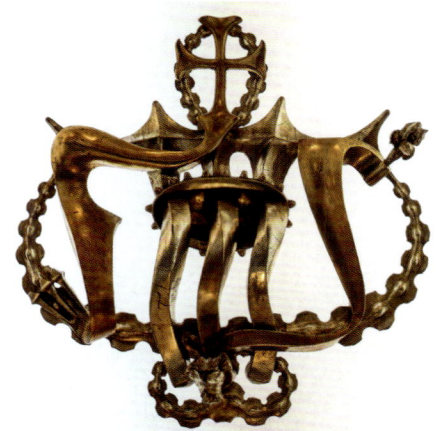

Anagrama de la Sagrada Familia de Nazaret
Proviene del techo del oratorio de la Casa Batlló
y una reproducción se encuentra sobre el
baldaquín del altar mayor de la cripta.

Tenebrario
Candelabro de hierro forjado de quince velas
que se utiliza en Semana Santa y que simboliza
la muerte de Jesús. Lo proyectó para la cripta
hacia 1898. Por aquel entonces Gaudí confiaba
sus diseños al taller de los hermanos Badia.

← Camino de la Liturgia
En el recientemente inaugurado tramo del
claustro, entre la fachada de la Pasión y la
Sacristía de Poniente, se exhiben piezas y
mobiliario litúrgico diseñado por Gaudí.

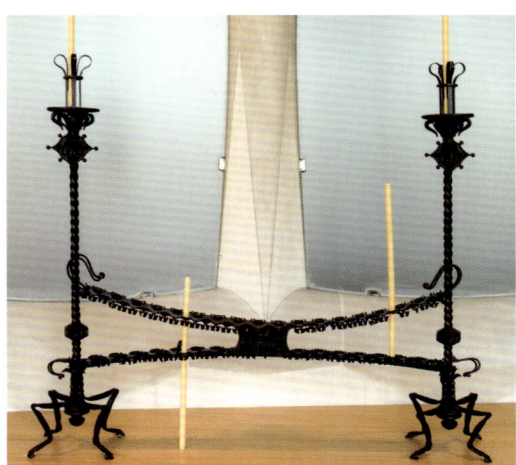

Candelabro de dos pies
También de hierro forjado y diseñado para la cripta hacia 1898.

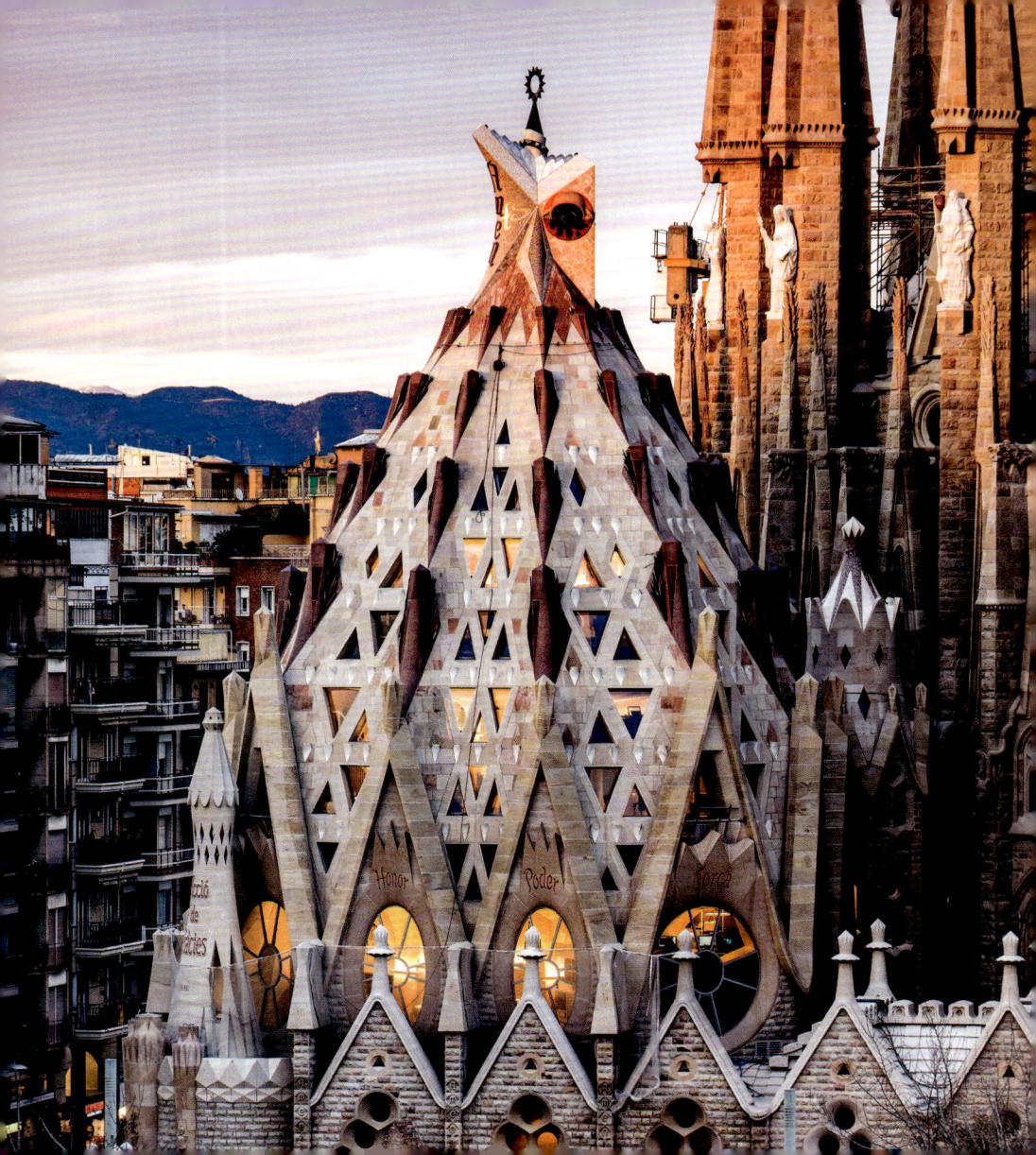

Las sacristías

Gaudí dejó maquetas de las partes no construidas del templo. La maqueta de la cubierta de las sacristías ha sido de especial importancia ya que de su geometría derivarán las torres más importantes del templo dedicadas a Jesús y a María. Gaudí trabajaba en la Sagrada Familia siguiendo el ejemplo de los antiguos gremios artesanales. Prueba de su fidelidad a la tradición es el dibujo de la planta de la sacristía realizado sobre la superficie de una piedra, un hábito muy extendido entre los antiguos constructores de catedrales.

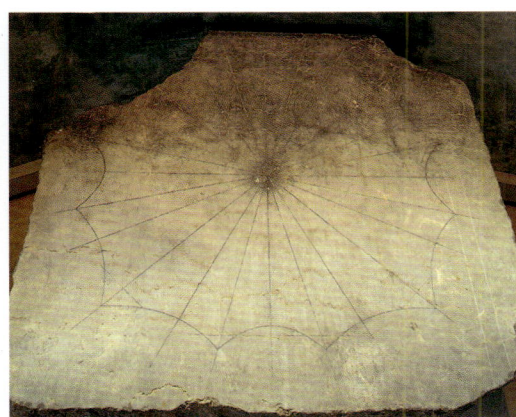

Planta dibujada por Gaudí
Fiel a la tradición de los antiguos gremios, Gaudí grabó la planta de las sacristías sobre una piedra.

← **Sacristía de Poniente**
De las dos sacristías proyectadas por Gaudí a ambos lados del ábside, la de poniente es la única acabada actualmente. La cúpula está realizada con doce paraboloides con aberturas triangulares que aseguran la iluminación natural.

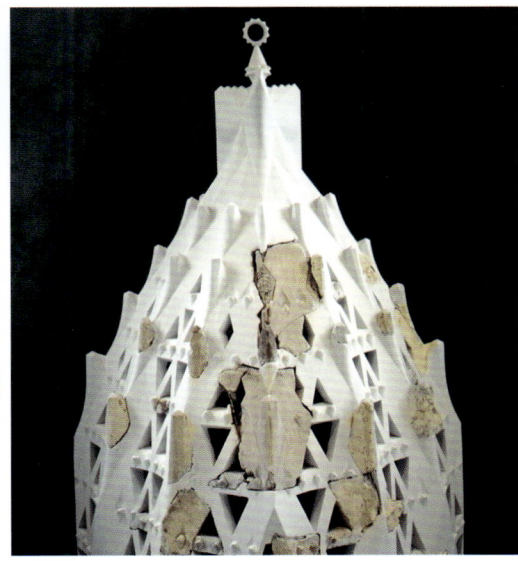

Maqueta de yeso
Gaudí, consciente de que no acabaría el templo, realizó esta maqueta como ejemplo de estructura basada en la geometría reglada que permitiría construir las torres centrales de la basílica.

57

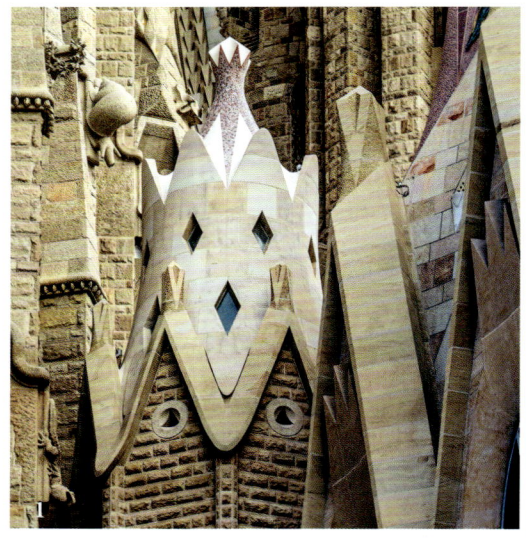

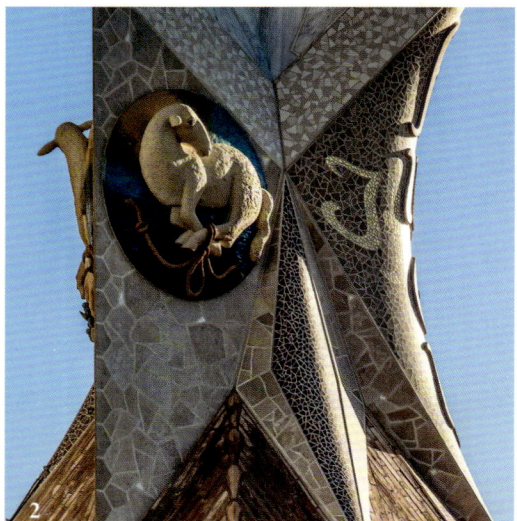

Acció
de
Gràcies

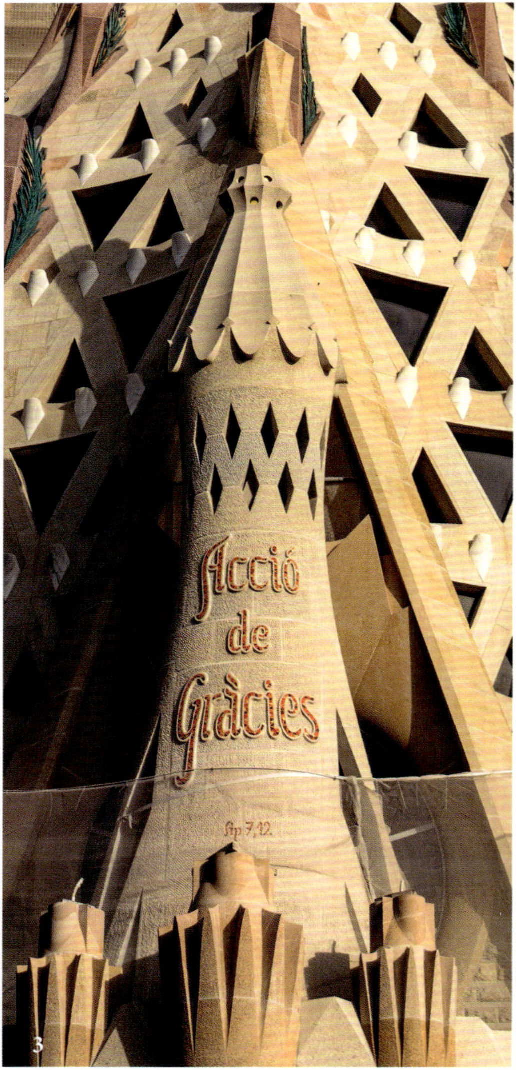

Ap 7,12

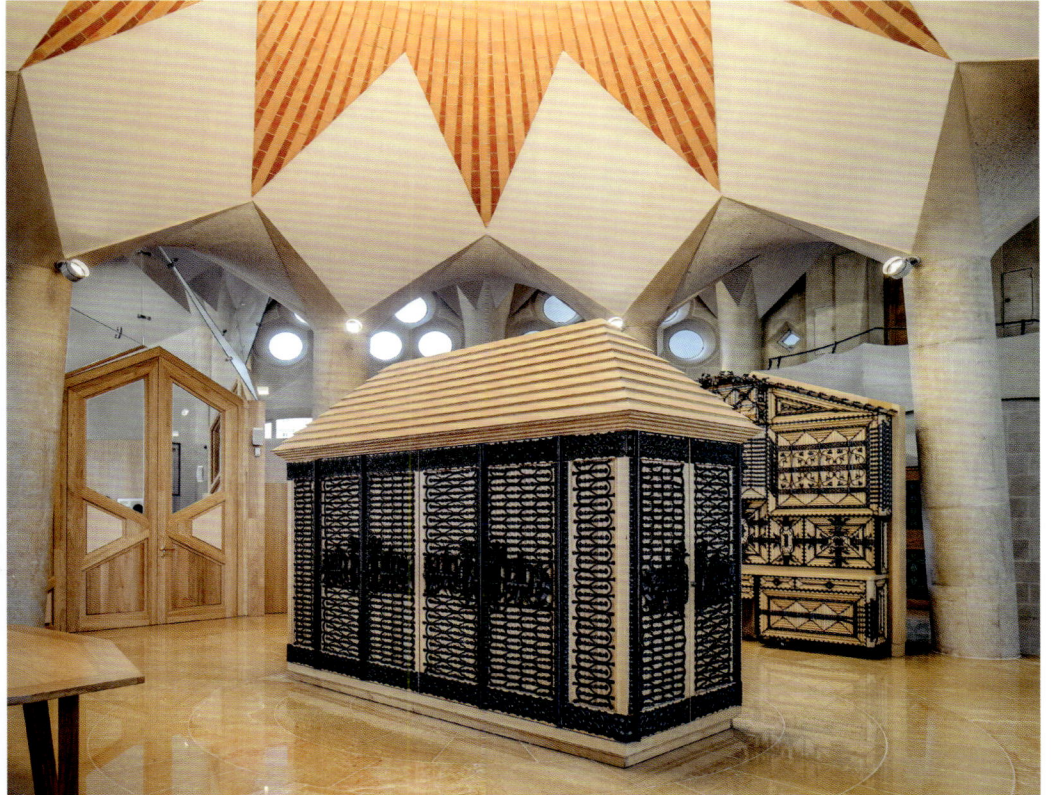

Interior de la Sacristía de Poniente

Bajo el espectacular hiperboloide del techo, se exhiben dos armarios diseñados por Gaudí y restaurados siguiendo el modelo original. Son de madera y forja, uno para guardar los ornamentos litúrgicos que visten los sacerdotes, y otro para los objetos litúrgicos, como cálices y patenas. En los trabajos de forja destacan el monograma de Jesús (IHS), la representación de los clavos que le atravesaron en la cruz, o el anagrama de la Sagrada Familia (JMJ).

← Elementos exteriores

1. Remate de la estructura adosada donde Gaudí colocó la escalera de caracol que comunica los seis niveles de la sacristía y permite que esta presente un espacio completamente diáfano.
2. Detalle del Cordero Pascual que corona la cúpula de la sacristía.
3. Cupulín del ángulo del claustro que rodea la sacristía.

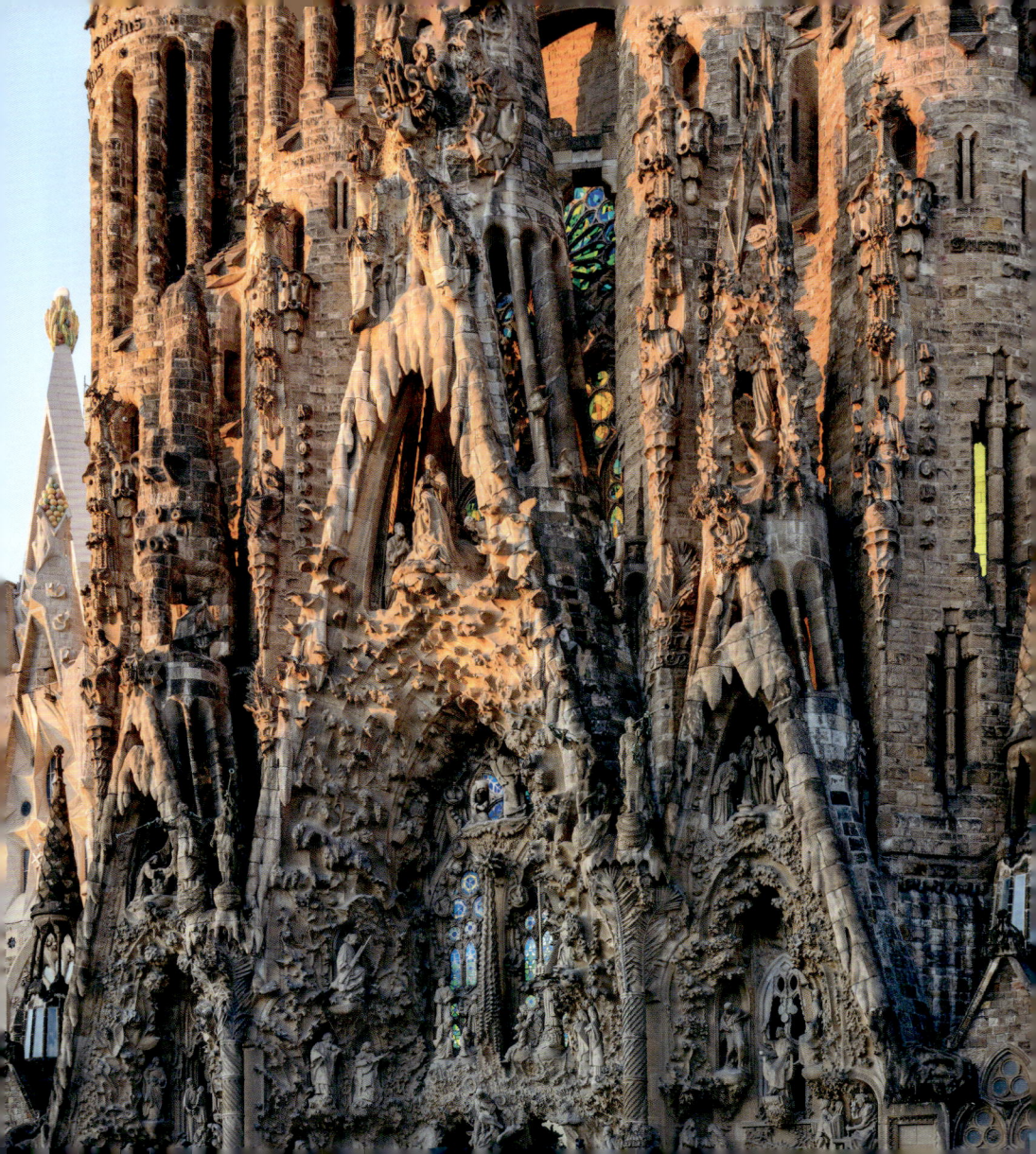

La fachada del Nacimiento

Antoni Gaudí dijo una vez: «…en la Sagrada Familia todo es providencial. Ya desde el principio, cuando empezábamos la fachada que ahora está a punto de terminarse, una señora hizo donación de 140.000 duros, y esto permitió dar al proyecto una amplitud superior a la modestia prevista en un principio. Entonces se le dio a la obra la magnificencia que, de lo contrario, no hubiese tenido, gracias a la esplendidez del administrador, señor Dalmases (yerno de Bocabella), quien me pidió que gastase en la obra lo máximo posible, temeroso de que el Dr. Català, nombrado obispo de Barcelona (1883), invirtiese el capital en otros fines» (según C. Martinell).

En otra ocasión, Gaudí especificó: «Primero nos dieron 60.000 duros, y después 70.000 más; por eso hicimos el portal (el del Nacimiento) y el modelo en yeso de la arquivolta, que costó 20.000 duros. Durante un año, 12 carpinteros trabajaron en ello haciendo las plantillas» (según Puig i Boada). De la donante solo se sabe que se llamaba Isabel.

Eran frecuentes las tensiones entre órdenes o grupos —como el de los josefinos con el obispado— por la divergencia de sus respectivos intereses. En todo caso, estas informaciones de Gaudí ayudan a comprender la base económica de la grandiosa y exuberante concepción de la Sagrada Familia.

La fachada del Nacimiento (ver páginas interiores de la cubierta) fue la primera que se terminó, y su construcción abarcó las dos últimas décadas del siglo XIX y el primer tercio del XX.

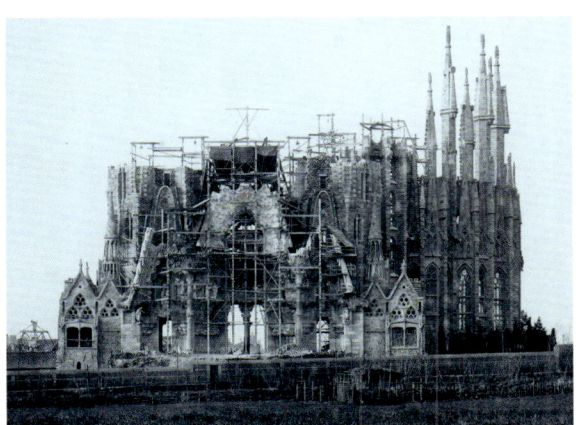

Arquivolta en yeso
Pruebas de colocación del modelo de yeso de la arquivolta en la fachada en 1898. En los portales laterales se observan los arcos parabólicos utilizados por primera vez en el templo en 1897.

El amor a la vida
La primera luz del día pone de relieve la alegría que Gaudí quería transmitir en esta fachada por la llegada al mundo del Salvador.

Los tres pórticos

La fachada del Nacimiento
está dividida en tres pórticos
dedicados a las virtudes
teologales: Fe, Esperanza
y Caridad. Gaudí dedicó el del
centro, el más alto de los tres,
a la Caridad o Amor Cristiano
y en él se representa en su
primer nivel el nacimiento
de Jesús. A su izquierda está
el pórtico de la Esperanza,
también dedicado a José; y a
la derecha, el pórtico de la Fe,
también dedicado a María.

Dos columnas salomónicas
acabadas en hojas de palma
separan los tres portales; ambas
sostienen una pareja de ángeles
trompeteros que anuncian el
juicio final. A media altura, la
columna de la izquierda tiene
inscrito el nombre de José,
y la de la derecha, el de María.
Como la puerta del pórtico
de la Caridad está dividida
por una columna que tiene
inscrito el nombre de Jesús,
volvemos a encontrarnos
con la referencia a la Sagrada
Familia de Nazaret, a quien está
dedicado el templo.

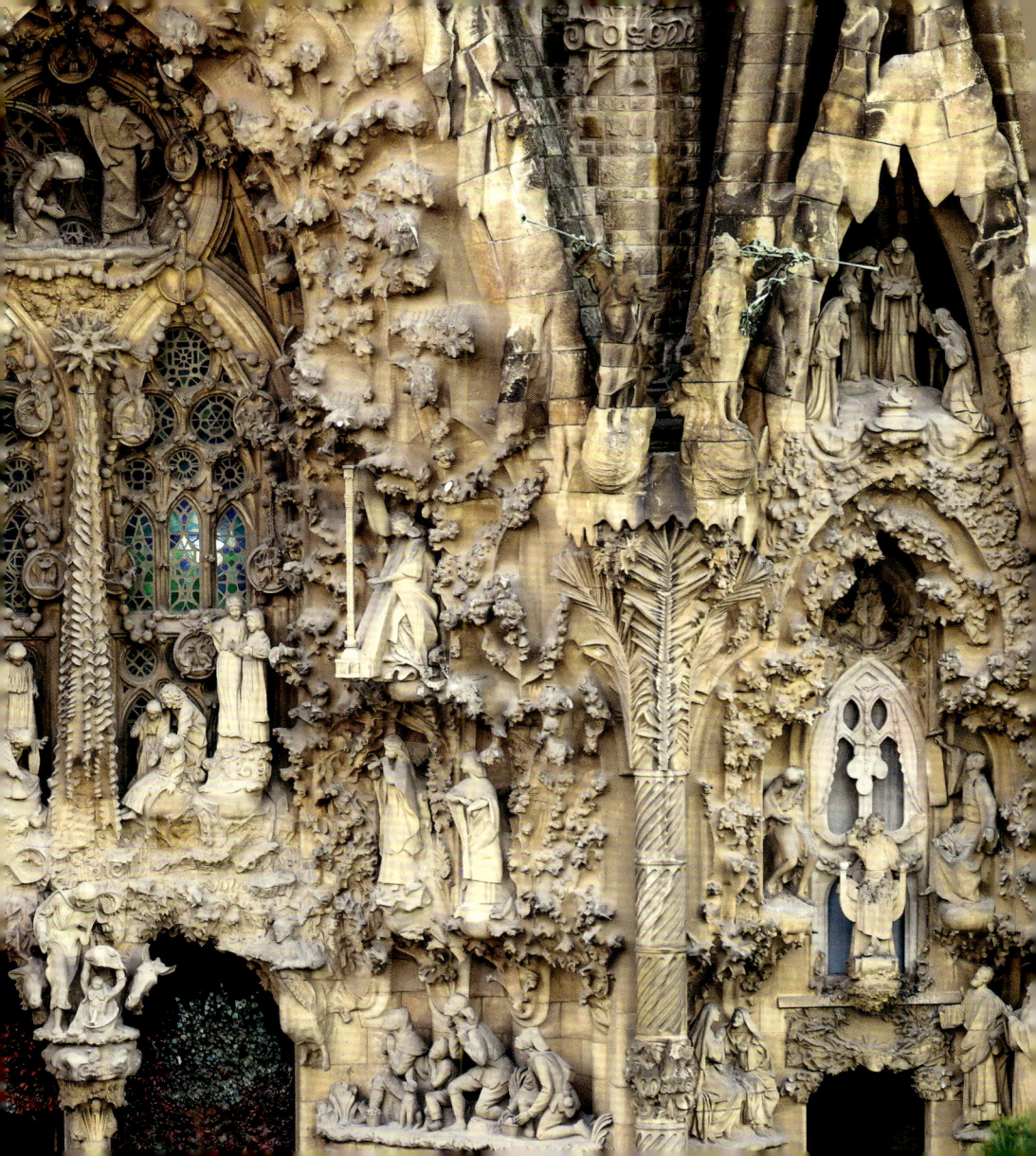

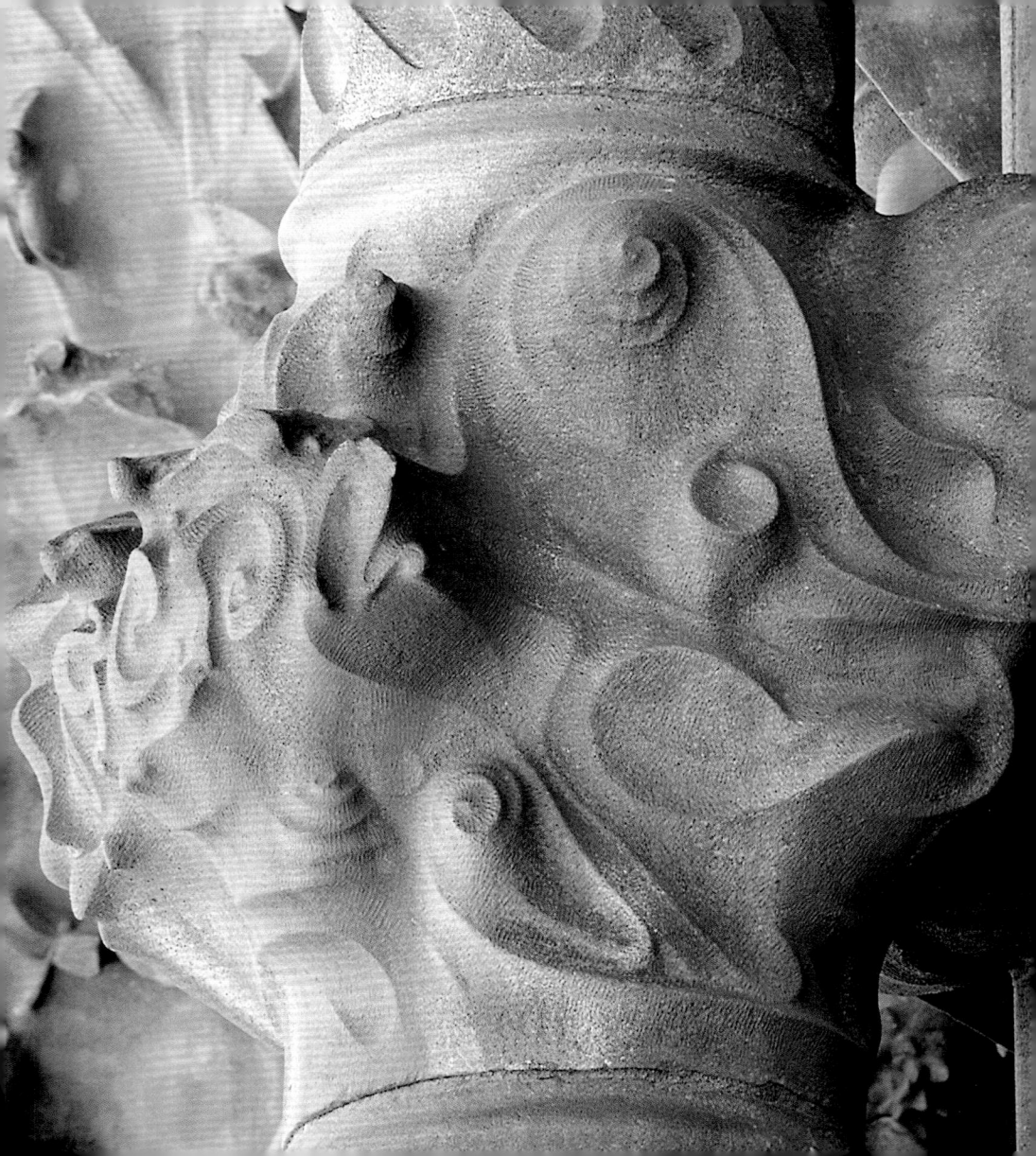

Consta de tres grandes pórticos, el del centro más alto que los laterales, y cuatro torres campanario. Este conjunto rompe, en parte, con el estilo gótico, sobre todo las torres campanario, de una sorprendente originalidad. Los tres pórticos están dedicados a los principales dogmas del catolicismo, así como a los orígenes, la infancia y la adolescencia de Jesús, según los evangelios.

La triple fachada forma un paisaje unitario, sobre el cual destacan las figuras humanas. Es la maravilla de la naturaleza en estado naciente, creadora de todo lo que existe y en constante transformación.

Si contemplamos, ahora, la fachada del Nacimiento completa, podemos ver, entre los tres portales, dos altas y elaboradas columnas, coronadas de palmas

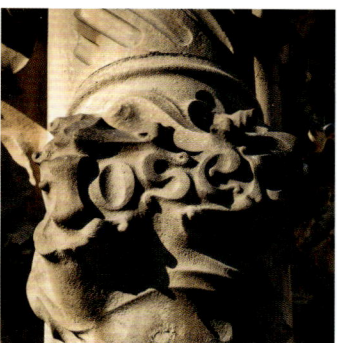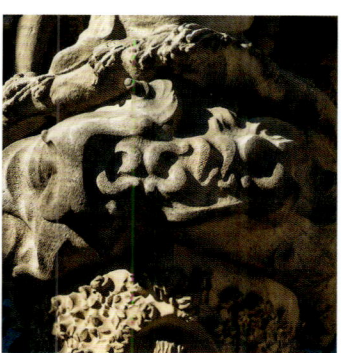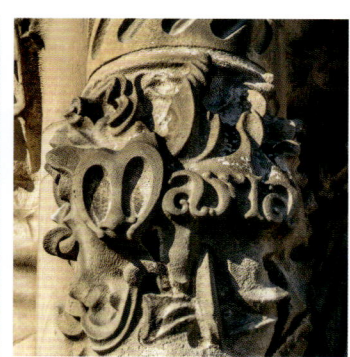

La Sagrada Familia
Las columnas de la fachada tienen esculpidos en latín los nombres de la Sagrada Familia.

← **Joseph**
Las volutas que acompañan el nombre del esposo de María hacen referencia a las virutas de su oficio.

y montadas en sendas tortugas de piedra, marina la del lado de mar y terrestre la del de montaña. Las tortugas son símbolo de lo que no cambia y garanti-zan —en la cultura china tradicional, bien conocida en Occidente a finales del siglo XIX— la estabilidad del cosmos. Mientras que a lado y lado de la gran fachada, unos grandes camaleones simbolizan seguramente el cambio constante en la naturaleza.

Además, Gaudí quería que esta fachada estuviese policromada, cosa que el espectador debe esforzarse en imaginar. «La parte baja de las fachadas (…) donde se desenvuelven las escenas abundantes en figuras humanas y elementos de la Naturaleza, será pintada». También: «En la maqueta coloreada que está en los talleres del templo pueden verse las entonaciones de los portales del

Nacimiento: azul de noche en el centro, la Navidad; verde claro en las escenas de Egipto, por el recuerdo del Nilo; siena en el portal de la derecha, por el ambiente de Palestina» (según Puig i Boada).

Gaudí pensaba que esta pintura del exterior no se echaría a perder por estar protegida del sol y de las lluvias, mientras que «el resto, abierto al beso del sol, gran pintor de nuestras tierras, se iría dorando y coloreando ella misma», por decirlo con sus propias palabras.

Por otra parte, entre el pórtico de la Esperanza y el de la Caridad, y entre este y el de la Fe, hay cuatro ángeles trompeteros, que no anuncian la Buena Nueva sino el fin del mundo. Son cuatro figuras llenas de brío, quizá las más interesantes cinceladas para el templo.

Según contaba el dibujante Ricard Opisso, estaba un día Gaudí conversando con Torras i Bages, el que fuera obispo de Vic, cuando una banda de trompetas

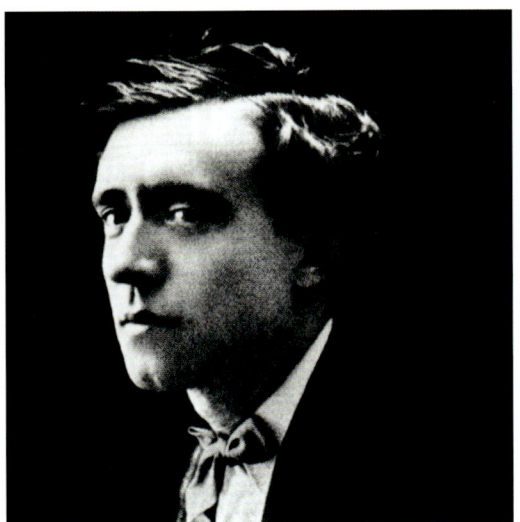 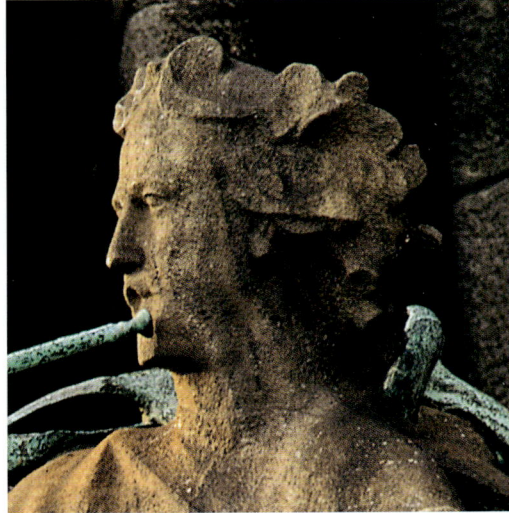

Ricard Opisso
El joven dibujante y ayudante de Gaudí a menudo lo enojaba con sus trastadas. En una paradoja muy propia del arquitecto, lo inmortalizó como ángel del apocalipsis (foto de la derecha) en la fachada.

empezó a armar tal escándalo que Gaudí fue hacia ellos enfurecido, con el fin de imponerles silencio. Pero cuando su ira estaba a punto de estallar como en otras ocasiones, apareció el militar que les mandaba, casualmente hijo de un íntimo amigo de Gaudí, y se marchó con la música a otra parte.

El arquitecto utilizó a tres de los trompeteros como modelos de los ángeles, mientras que para el cuarto se sirvió del mismo Opisso; que era entonces muy joven y a veces hacía rabiar con sus jugarretas a Gaudí, quien, con una paradoja muy propia de él, lo inmortalizó de esta forma.

Opisso recordaba años después el día en que Gaudí se enteró de que había asistido a un café-concierto, le mandó venir con un chocante «¡señorito Opisso, venga aquí!» y le ordenó arrodillarse con un todavía más ingenuo aunque irritado «castifíquese».

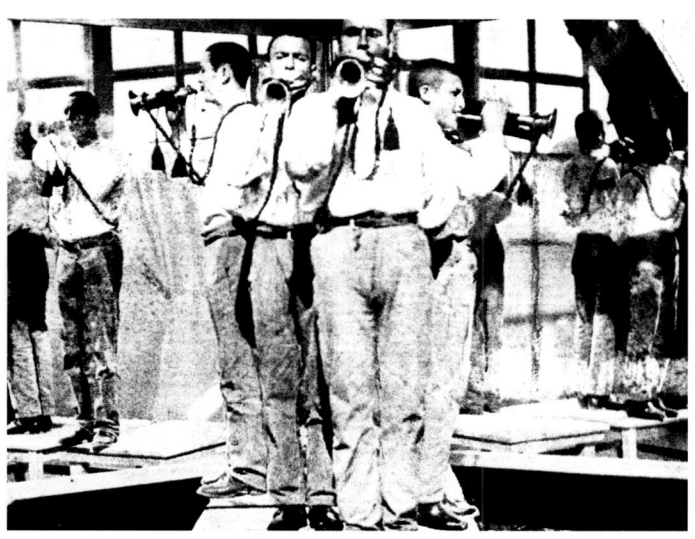

Banda de trompetas
Gaudí aprovechó el desfile de una banda militar junto a las obras del templo para utilizar a tres de los trompeteros como modelos para los ángeles del apocalipsis. Mediante un ingenioso sistema de espejos obtenía en una sola fotografía varios puntos de vista del modelo.

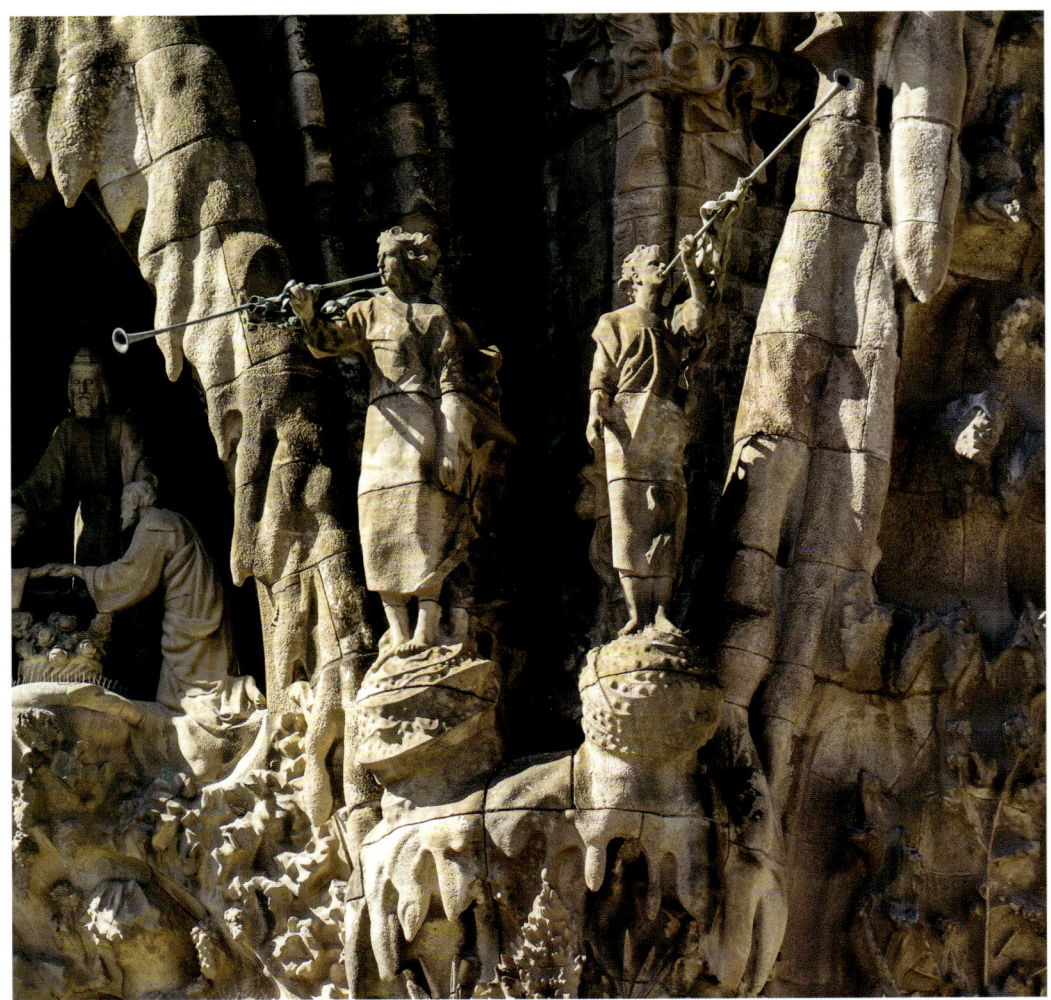

Ángeles del juicio final
Aunque parezca contradictorio que en la fachada del Nacimiento tengan gran
protagonismo estos ángeles, no hay que olvidar que representan el renacimiento
a la vida verdadera después del juicio final, misión por la que Jesús vino al mundo.

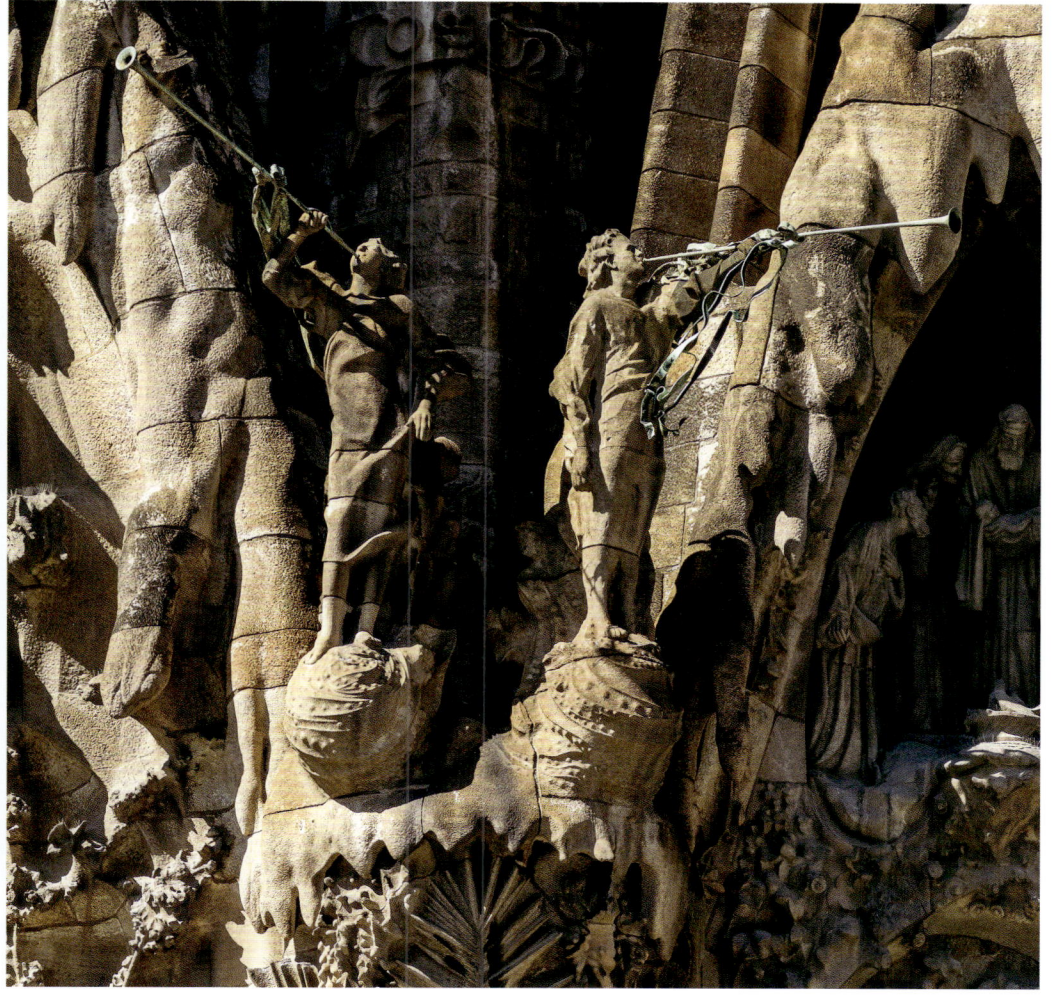

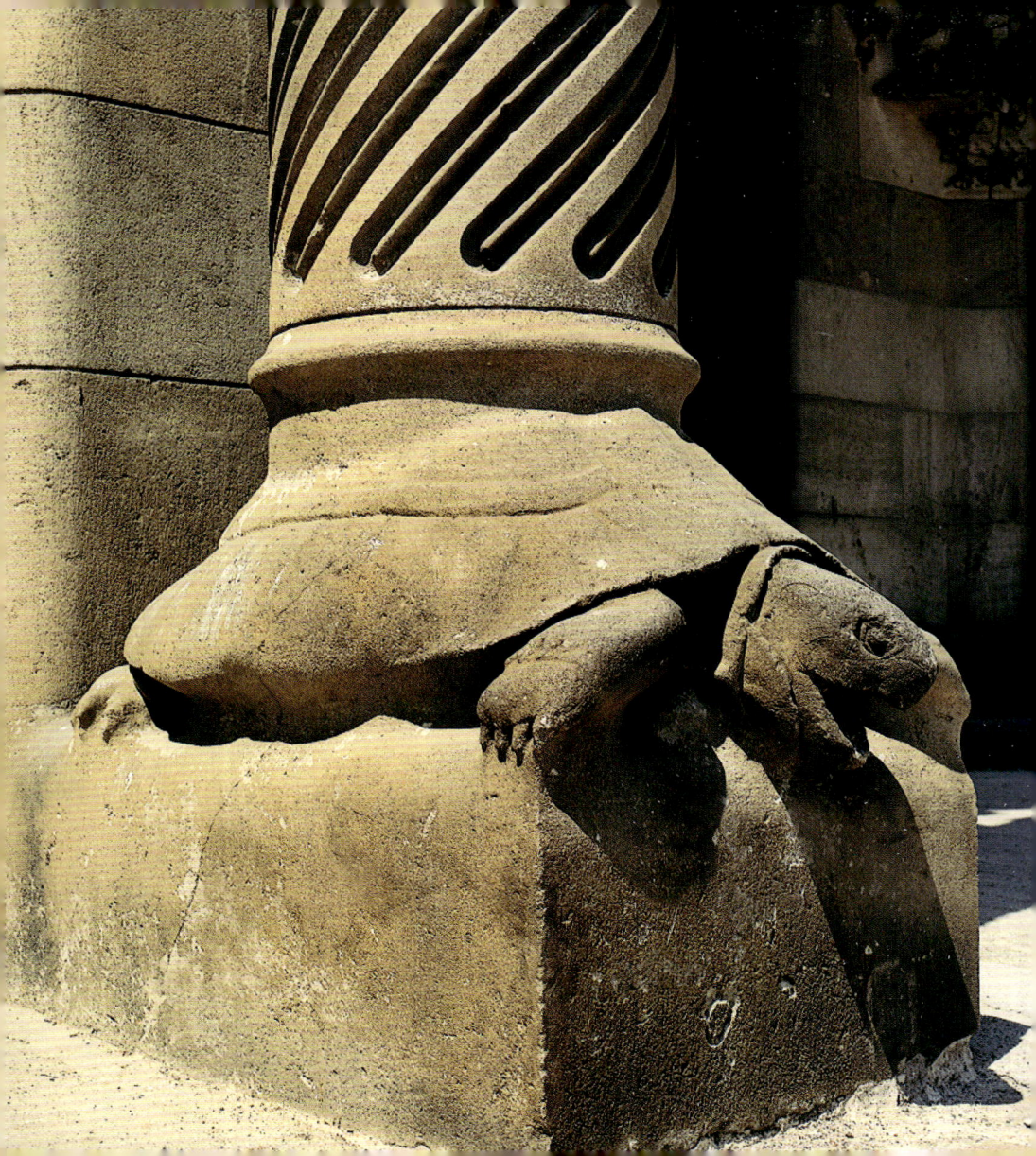

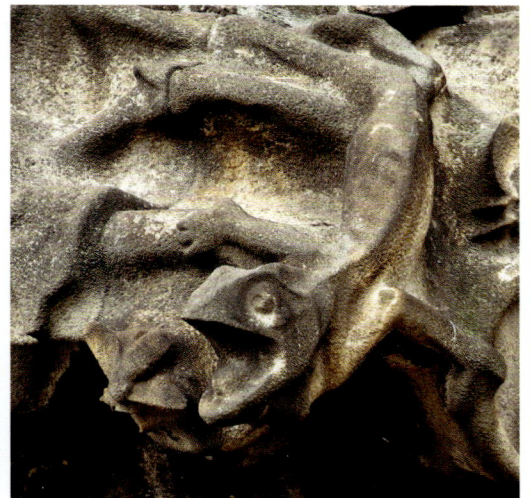

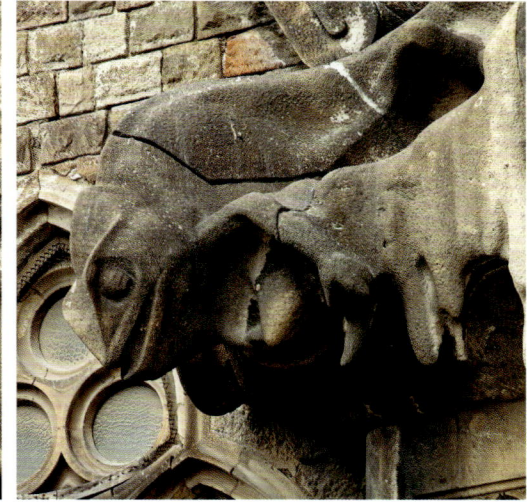

Camaleones
En los extremos de los portales de la Esperanza
y de la Fe hay sendos camaleones, símbolo
de transformación y cambio, el que espera
el mundo tras el nacimiento de Cristo.

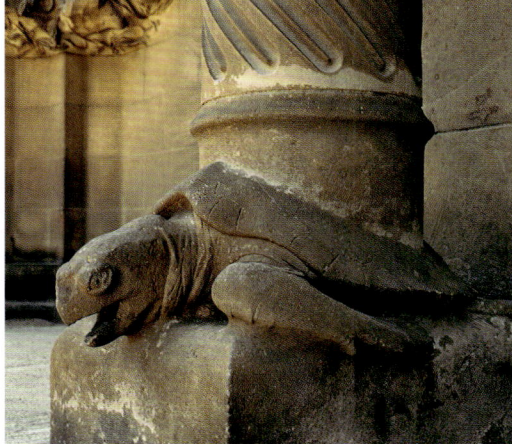

Tortugas
Las columnas salomónicas se sustentan en tortugas,
como símbolo de duración y permanencia. Gaudí
hizo esculpir una marina (foto de la derecha) en
la columna más cercana al mar, la de San José,
y otra terrestre en la columna de María, la más
cercana a la montaña.

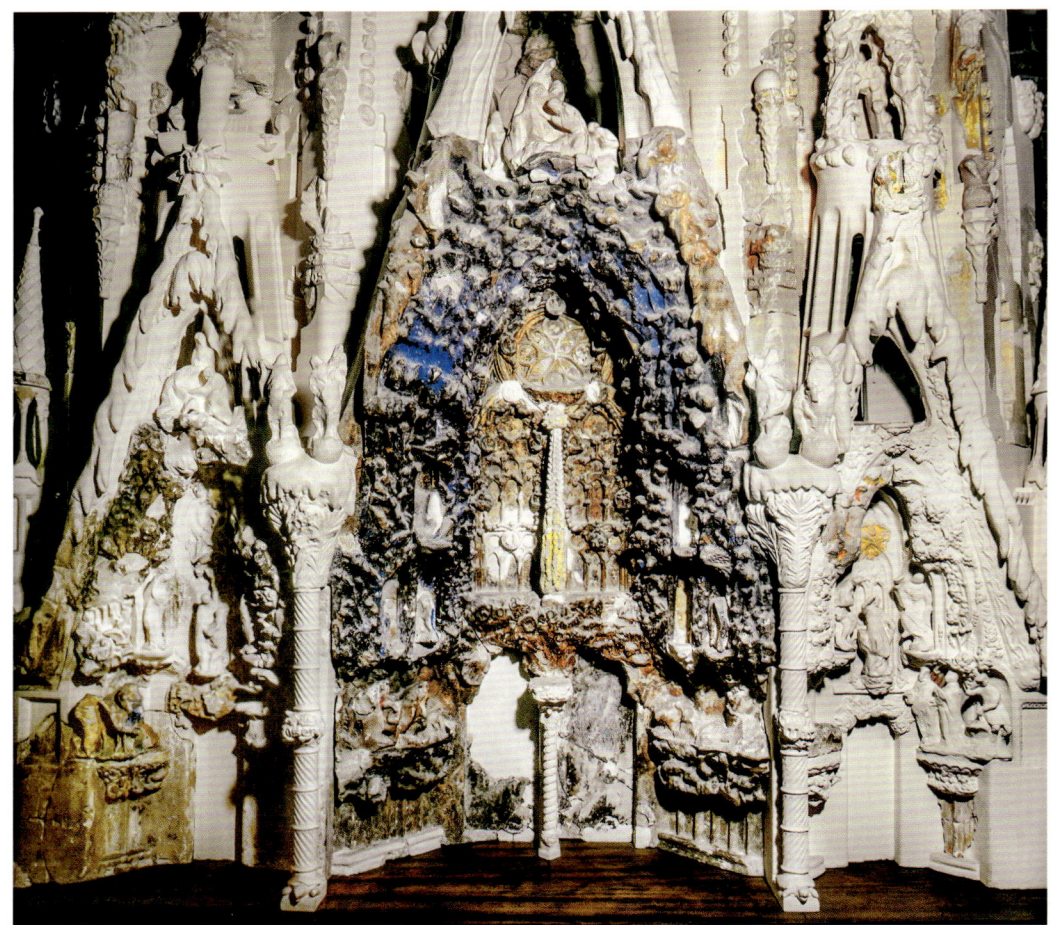

Los colores de la fachada

Según Gaudí esta fachada debía ser policromada: «La parte baja de los pórticos (...) donde se desenvuelven las escenas abundantes en figuras humanas y elementos de la Naturaleza, será pintada». También dijo: «En la maqueta coloreada que está en los talleres del templo pueden verse las entonaciones de los portales del Nacimiento: azul de noche en el centro, la Navidad; verde claro en las escenas de Egipto, por el recuerdo del Nilo; siena en el portal de la derecha, por el ambiente de Palestina».

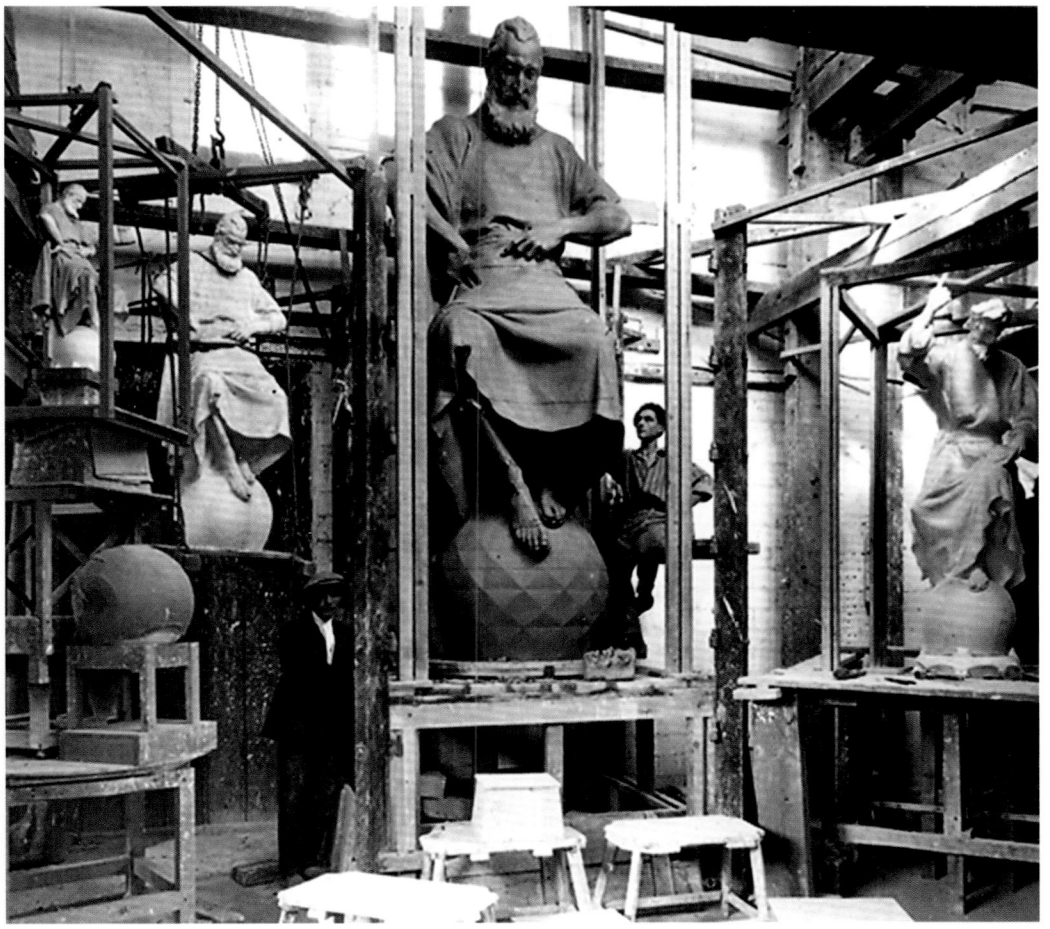

Taller de esculturas
En la foto, la escultura del apóstol
Bernabé antes de ser colocada en el lugar
correspondiente de su torre campanario.

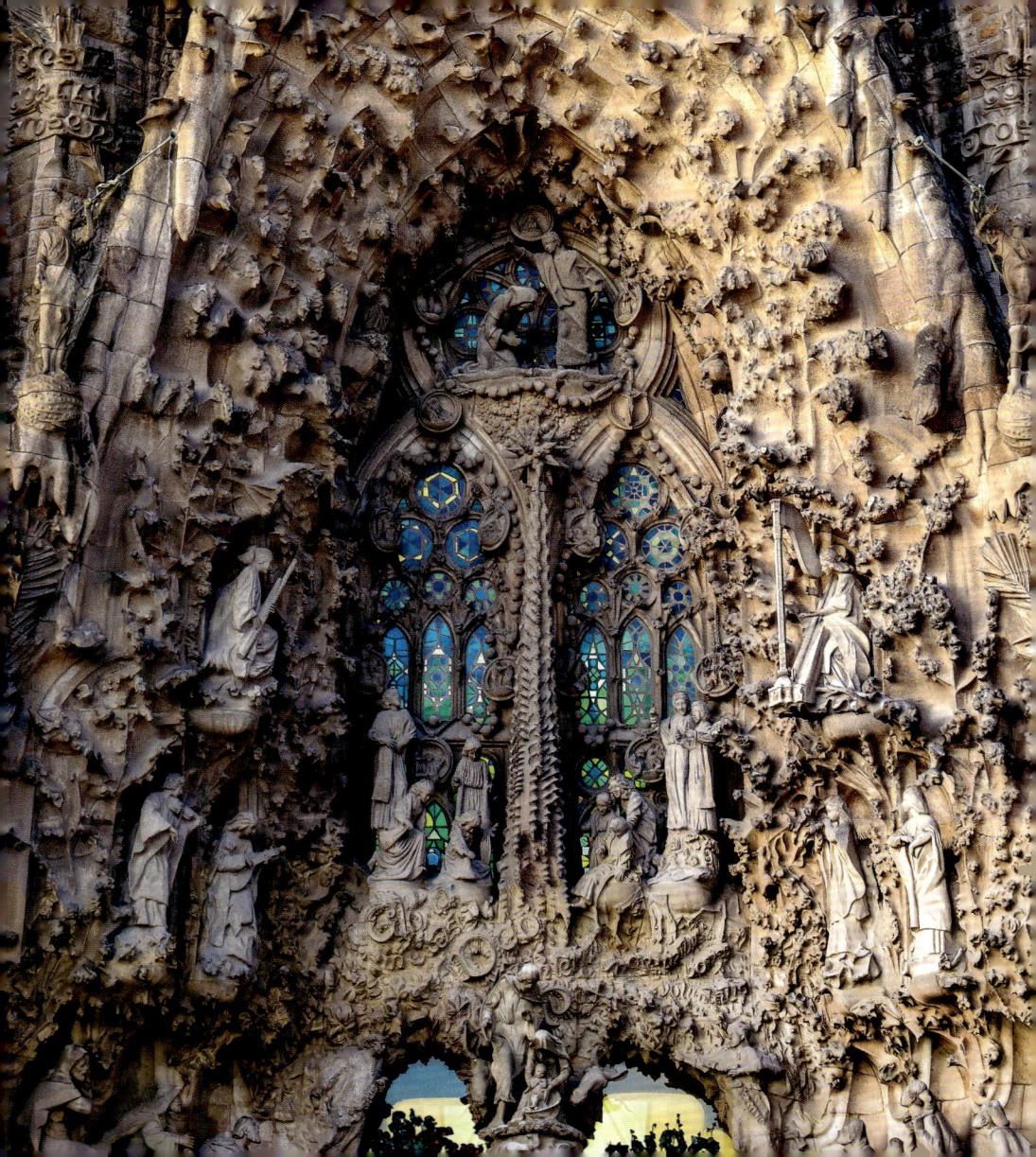

Pórtico de la Caridad

El del centro, llamado de la Caridad o del Amor Cristiano, «expresa la ilusión y el gozc de la vida» —según Gaudí— y es a la vez portal de entrada al templo y portal de Belén en forma de cueva. El portal está dividido en dos por una columna en la que se enroscan, de abajo arriba, la serpiente con la manzana del pecado en la boca —causa de que Jesús viniese al mundo para salvarlo—, y, de arriba abajo, una cinta con los nombres de los antepasados de Jesús, desde Abraham. Encima está el grupo del Nacimiento: José protege a María y ambos adoran a Jesús, con el buey y la mula de la tradición popular a los lados, y, en torno, unos ángeles niños que miran alegremente al recién nacido. La estrella, cuya estela surge del grupo navideño, estalla en lo alto con toda la fuerza del arte de Gaudí, y, guiados por ella, van hacia el portal los pastores y los Reyes Magos. En los siguientes niveles, a imitación de muchas catedrales medievales, ángeles músicos, masculinos o femeninos, en número de seis, tocan instrumentos cultos —arpa, fagot y viola— y populares —cítara, dulzaina y tambor—, como corresponde a una época, la Renaixença, que miraba con igual admiración lo culto y lo popular.

Para hacer las numerosas esculturas que debían ilustrar y ornamentar el templo por fuera y por dentro, Gaudí utilizó el método de sacar mascarillas y moldes de personas que trabajaban en el templo, y de niños, de mujeres y de hombres fallecidos en el Hospital de la Santa Cruz. Más tarde realizaba varias fotografías de cada una desde diversos puntos utilizando espejos. Gaudí y sus ayudantes tenían un bien dotado estudio de fotografía del que se poseen numerosos documentos gráficos. Quizá también fuese innovación de Gaudí el cálculo de la deformación necesaria de cada figura, según el lugar más

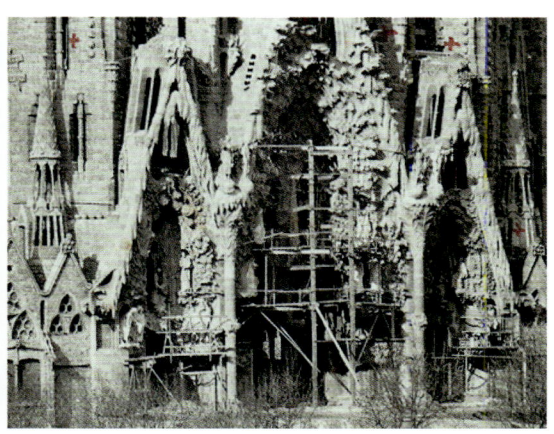

La Caridad
A pesar de ser la tercera en el recitado de las virtudes teologales (Fe, Esperanza y Caridad), Gaudí le dedicó el portal central por ser sinónimo del Amor Cristiano, el primer fruto del Espíritu Santo, y por el que Dios se hizo hombre en Jesús.

El Amor Cristiano
Este pórtico, según Gaudí, «expresa la ilusión y el gozo de la vida».

75

El triunfo de la vida

La parte baja de este pórtico
representa la Navidad:
el nacimiento de Cristo y el
triunfo de la vida sobre la
muerte.

En este conjunto simbólico
lleno de optimismo, Gaudí
situó en el centro, sobre
el parteluz o columna que
divide la puerta, el grupo
del Nacimiento. A su altura,
en el arranque del arco de la
puerta sendos ángeles llevan
unas inscripciones en latín
que proclaman: «Jesús ha
nacido, venid a adorarle».
Sobre el grupo del Belén, en
la arquivolta y en el tímpano,
grupos de ángeles músicos
y cantores anuncian la llegada
del Mesías y los pastores
acuden a adorarlo (en la jamba
derecha de la puerta). Al
mismo tiempo, en el centro del
tímpano, la estrella, cuya estela
surge del grupo navideño,
estalla en lo alto con toda la
fuerza del arte de Gaudí, y,
guiados por ella, los Reyes
Magos van a adorar al Niño
(en la jamba izquierda de la
puerta).

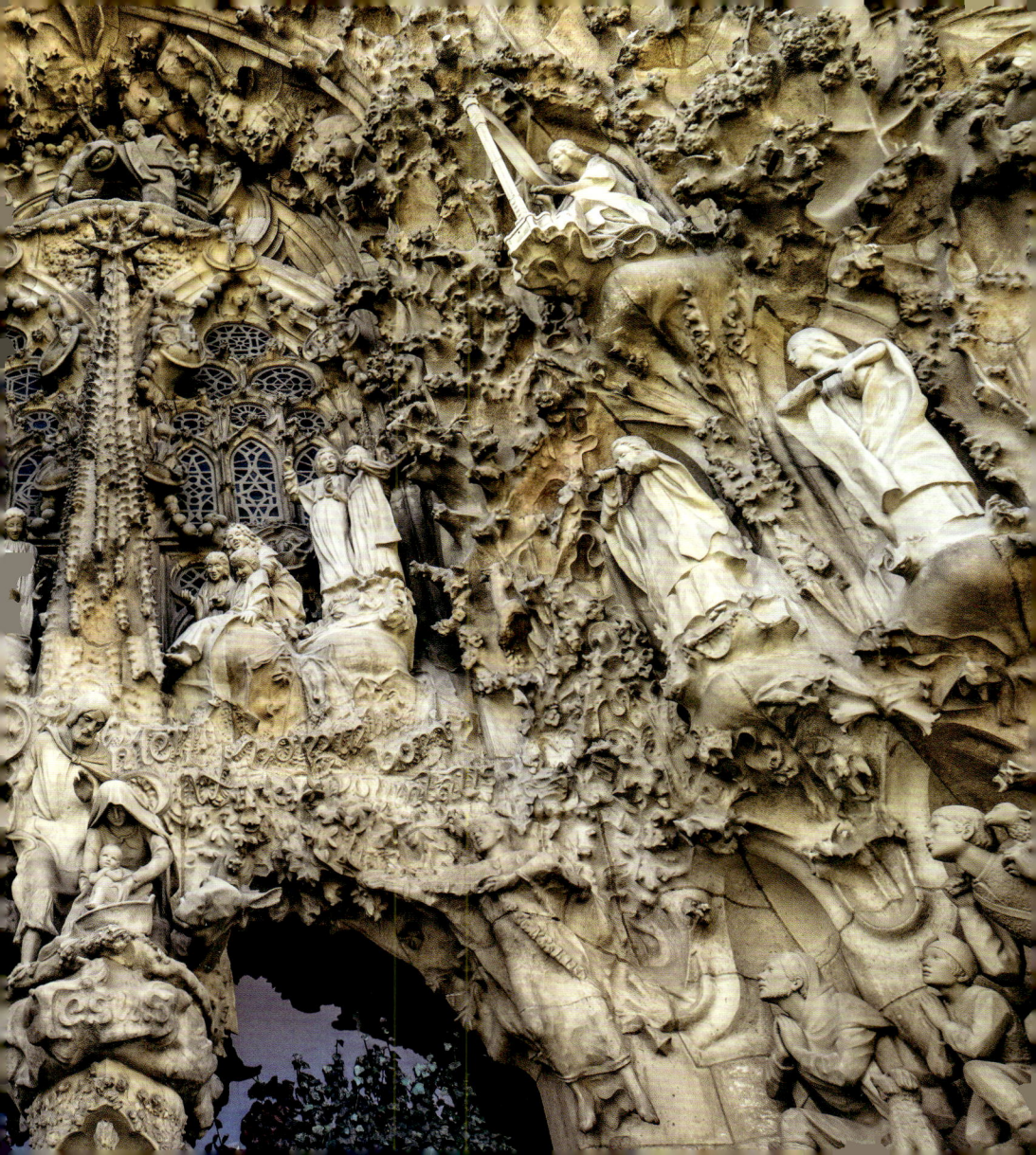

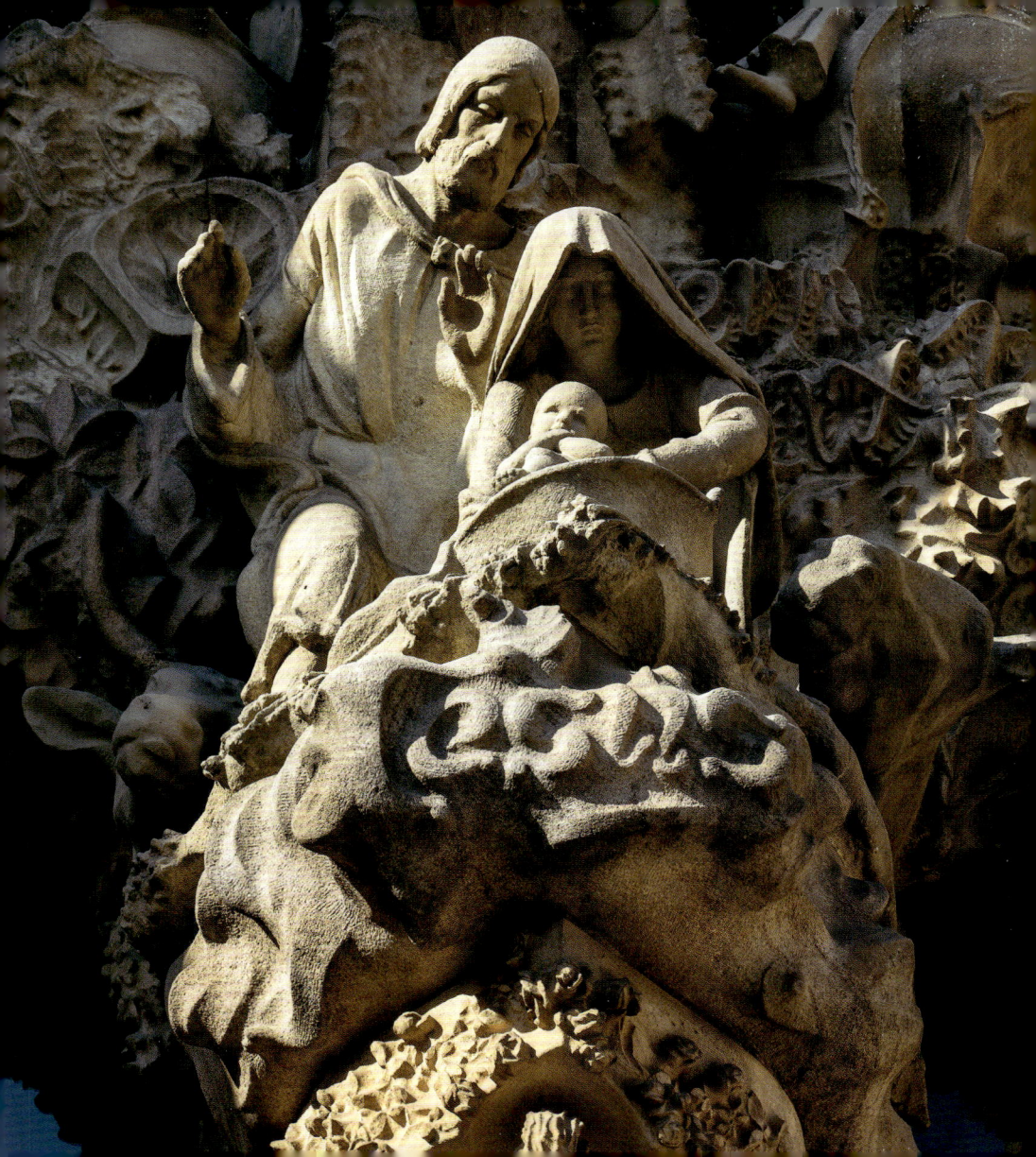

o menos alto que tuviese que ocupar, con el fin de que pareciesen de tamaño natural vistas desde el suelo.

Las figuras de la fachada del Nacimiento fueron realizadas por diversos artistas, principalmente Joan Matamala, bajo la dirección de Gaudí, el cual dejó indicado qué personajes o grupos debían ocupar las diferentes zonas de la fachada e incluso de todo el templo. Después de su muerte, algunos escultores ayudantes trabajaron según los proyectos, fotografías o indicaciones del maestro, cuando los había, o inventaron cuando fue necesario. Entre ellos cabe mencionar a Busquets y Sotoo, además de Subirachs.

Mayor interés estético poseen, en la zona baja del pórtico, las muy elaboradas inscripciones que llevan los ángeles, en las que se lee: «Jesús ha nacido. Venid a adorarle», y, junto a las puertas: «Gloria a Dios en las alturas y en la tierra paz a los hombres de buena voluntad», todo en latín.

En el siguiente nivel hay un rosetón adornado con el rosario, y, superpuesto, el grupo escultórico de la Encarnación. Esta obra de Joan Busquets, siguiendo el proyecto de Gaudí, muestra al ángel que impone la mano sobre María. La encarnación es anterior en el tiempo, claro está, al Nacimiento, lo que indica que Gaudí no sigue un orden cronológico sino temático. En este pórtico el tema es el Amor y, como muestra del amor divino, representa el misterio de la encarnación. Curiosamente, esta queda como envuelta por una gran representación en relieve de la primera mitad del zodíaco para indicar en qué momento se produjo.

No es fácil descubrir a primera vista, a pesar de sus grandes proporciones, las figuras de este zodíaco, por lo que conviene mirarlo muy detenidamente. De derecha a izquierda, formando arco, se ve el carnero de Aries; Tauro, con sus grandes cuernos; los dos gemelos de Géminis; casi en el centro, el cangrejo de Cáncer; después el león de Leo y, finalmente, la virgen joven de Virgo. El zodíaco es una representación pagana del destino humano marcado por las estrellas y, como tal, prohibida repetidamente por la Iglesia que defiende la idea de que el hombre es libre. Sin embargo, desde las cruzadas, la astrología ocupó un lugar importante en la cultura, tanto laica como religiosa, y fueron muchos los astrólogos cristianos e innumerables las imágenes del zodíaco en iglesias y catedrales, y Gaudí le dio un lugar en su templo.

⌐ El Belén
Sostenido por la columna central, sobre el nombre de Jesús, está el grupo del Nacimiento: José protege a María y ambos adoran a Jesús, con el buey y la mula de la tradición popular a los lados.

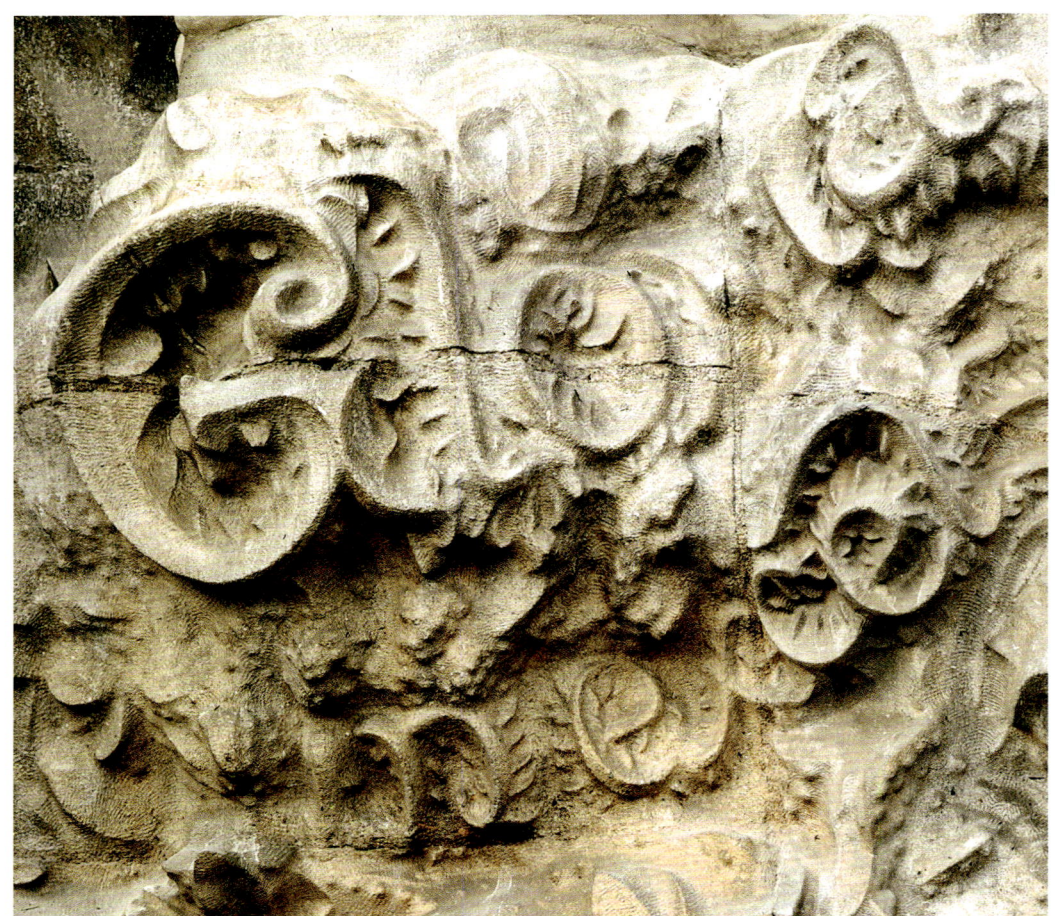

Inscripciones

Tras el grupo del Nacimiento se lee en latín la frase
que los ángeles cantaron a los pastores en alabanza
al Mesías: «Gloria a Dios en las alturas y en la
tierra paz a los hombres de buena voluntad».

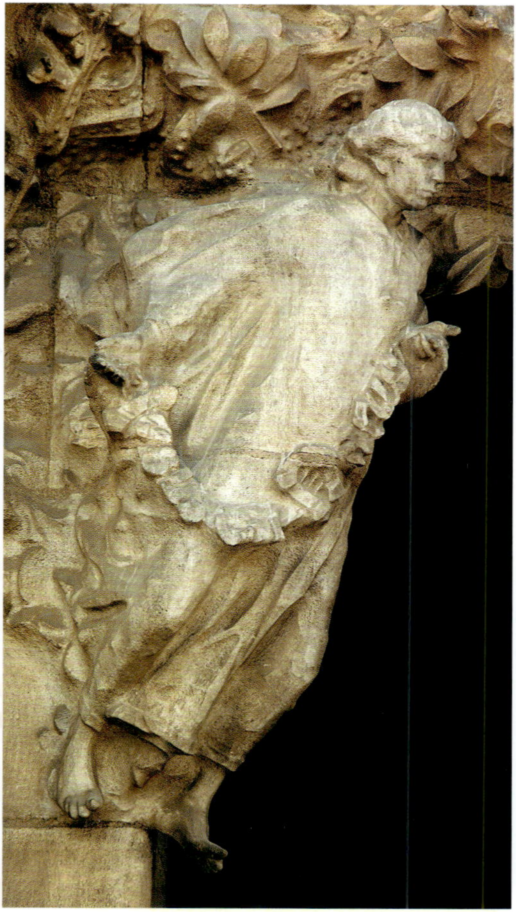

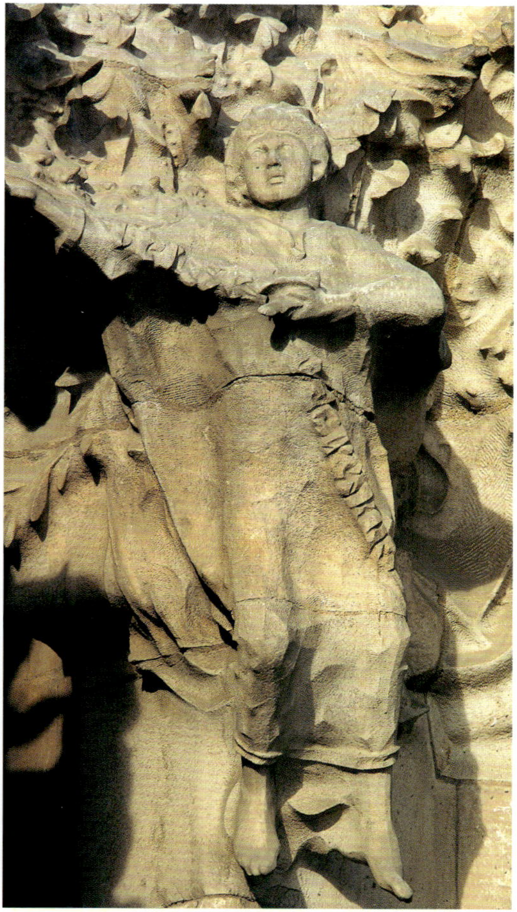

Ángeles en las jambas
En el arranque del arco de la puerta, sendos ángeles sostienen unas cintas con la inscripción en latín «Jesús ha nacido, venid a adorarle».

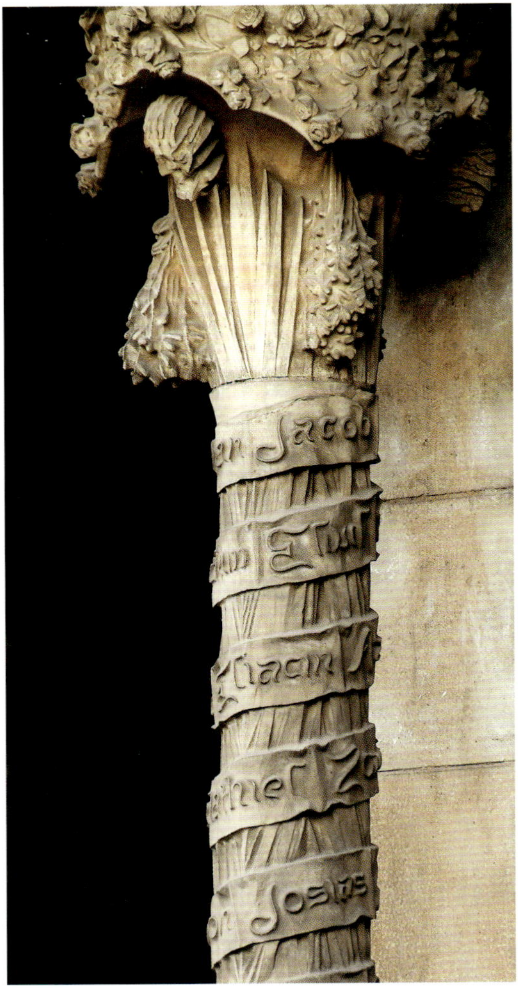

El parteluz
La columna de Jesús es un haz de hojas de palma
envuelto en una cinta sobre la que se halla
inscrita su genealogía desde Abraham.

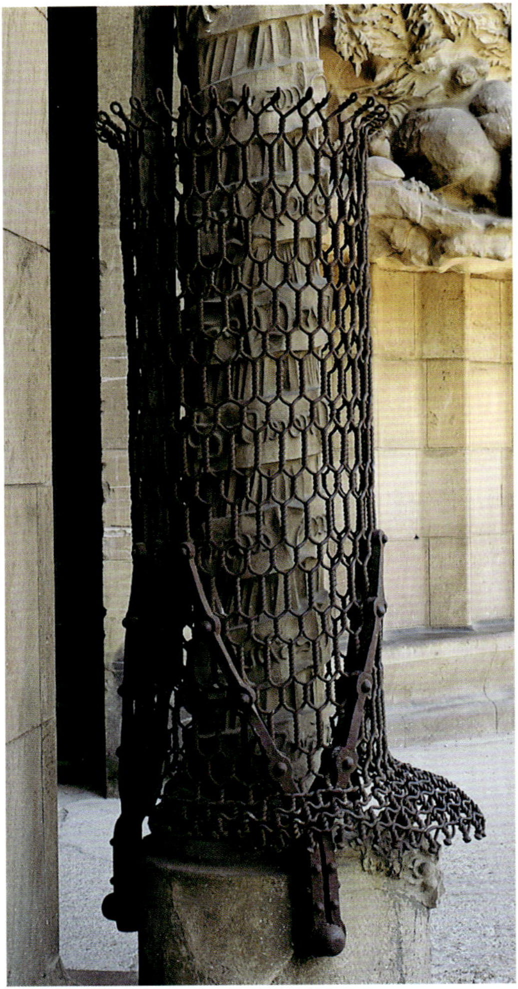

Reja de forja
Lo extraordinario de la reja que protege
la genealogía de Jesús es que es el resultado
del entrelazado de un solo hilo de hierro.

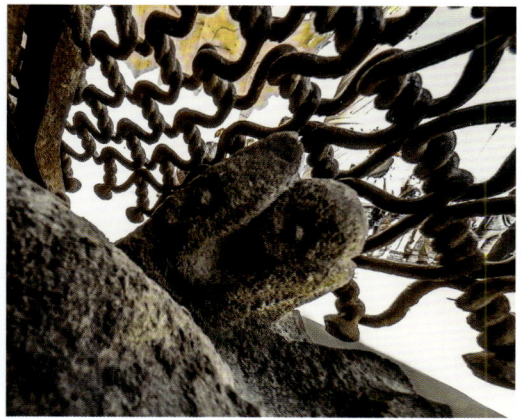

La tentación de Eva
En la base de la columna, se enrosca la serpiente con el fruto prohibido en la boca, origen del pecado original y motivo del nacimiento de Jesús para redimir el mundo de ese pecado.

En la cueva superior, formada por carámbanos de hielo, hay una representación de la coronación por Jesús de María como Reina de los Cielos, obra del escultor Matamala según proyecto de Gaudí. Es una buena muestra de la altísima veneración que el catolicismo venía concediendo desde casi sus orígenes a la Virgen y que tuvo su culminación en la segunda mitad del siglo XIX. Se trata de una representación diferente de la usual, pues Jesús corona a María mientras que el Padre es sustituido por san José con la vara entre las manos —para darle protagonismo en el templo a él dedicado—, y el Espíritu Santo por un tercer varón, en segundo plano y medio oculto, que venera a María, tal vez como representante bienaventurado de los josefinos.

Un dibujo de cuerpos que caen, realizado en 1900 por el joven Opisso por indicación de Gaudí, sirvió de modelo al vistoso grupo de ángeles, que cantan el *Sanctus Deus* en pleno vuelo, situado en el anverso del ventanal de la Coronación. Estos ángeles abren la boca, pero parecen ciegos. Lo más probable es que estas figuras tuviesen que estar pintadas, lo que haría cambiar completamente su un tanto angustiosa expresión.

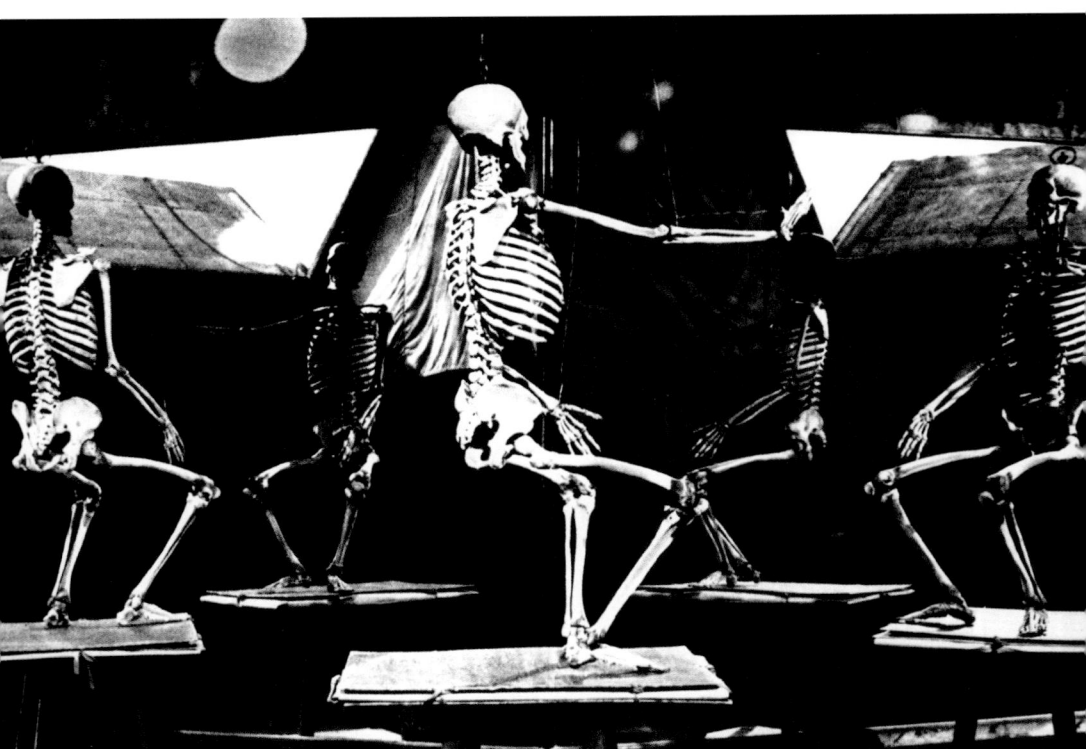

Estudios anatómicos

Además de las fotografías de los modelos ante un ingenioso sistema de espejos para obtener en una sola toma varios puntos de vista, Gaudí utilizaba esqueletos para obtener con precisión los estudios de movimiento necesarios para la realización de las esculturas. Quizá también fuese innovación de Gaudí el cálculo de la deformación necesaria de cada figura, según el lugar más o menos alto que tuviese que ocupar, con el fin de que pareciesen de tamaño natural vistas desde el suelo.

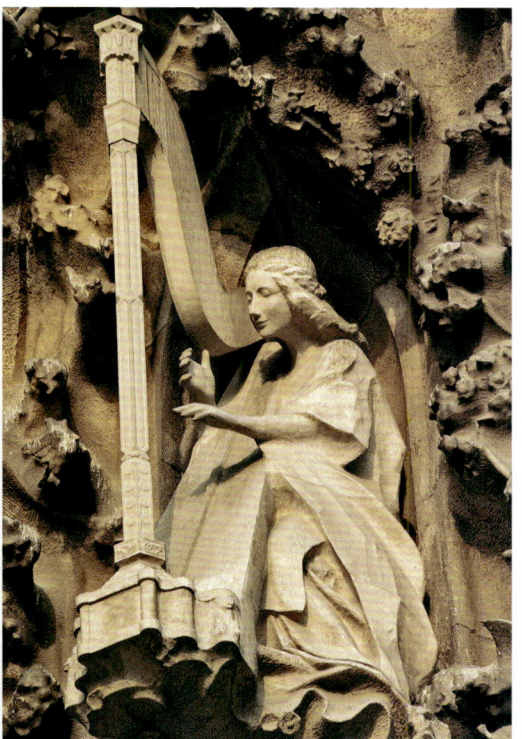 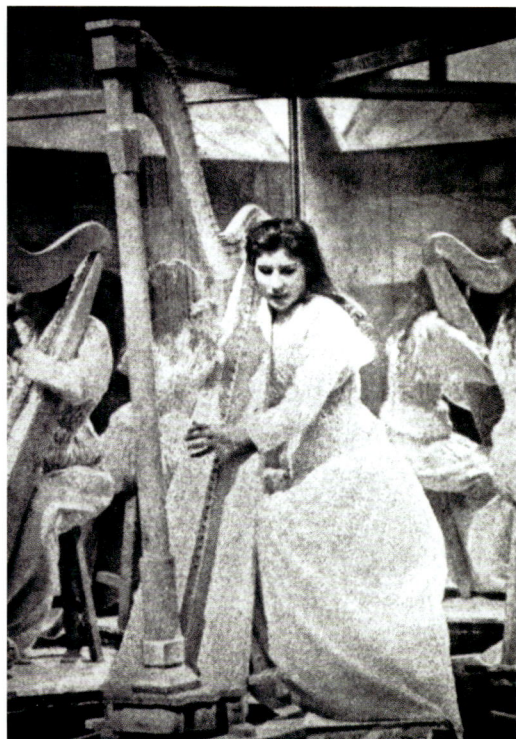

Los modelos de Gaudí

Gaudí utilizó a la gente del pueblo para crear los
personajes de la ornamentación de la fachada del
Nacimiento. Los trabajadores del templo, sus familias,
los niños de la escuela parroquial, los vecinos, etc.
pasaban por el templo para retratarse y servir como
modelos. Según su biógrafo, J. Ràfols, el arquitecto
«quería reproducir la vida tal como es, como si la vida
y el arte fueran la misma cosa…».

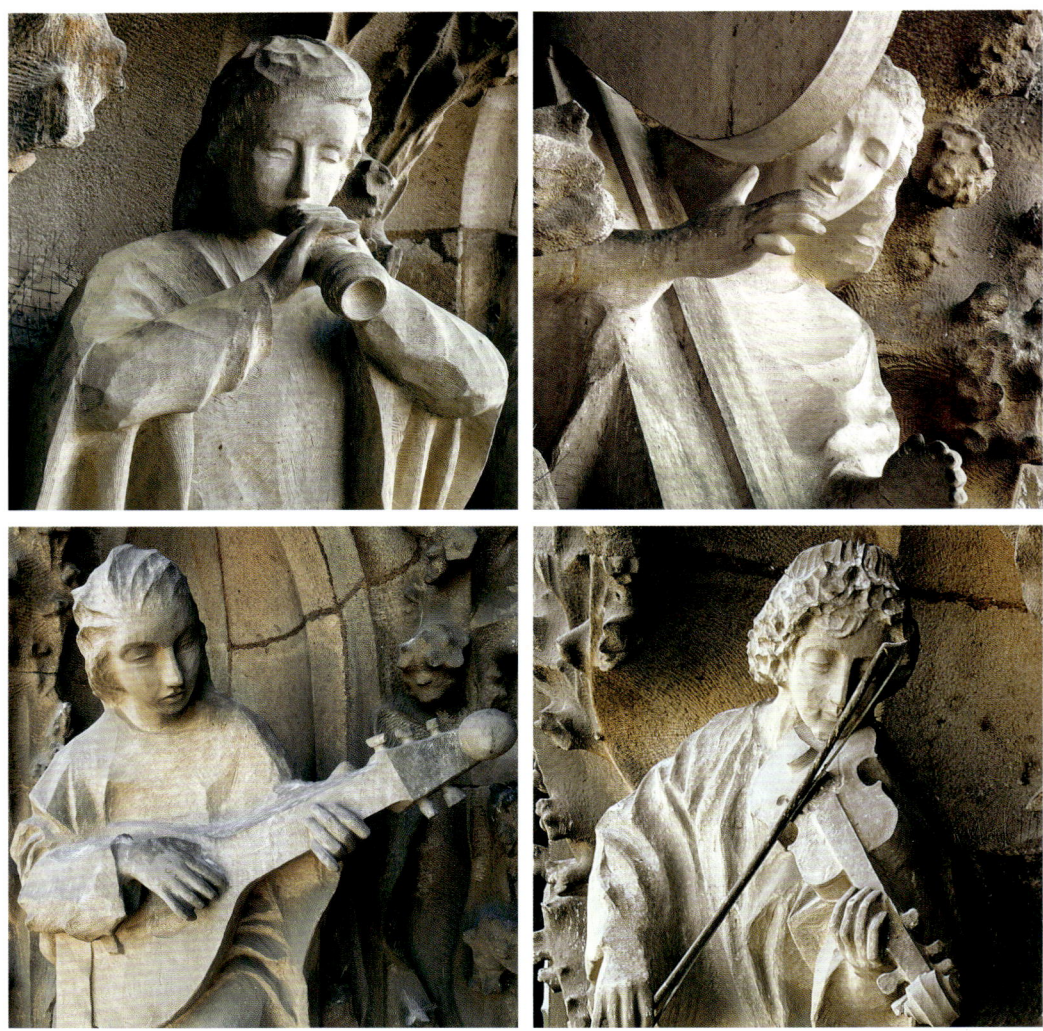

Ángeles músicos
Son un total de seis: tres de ellos tocan instrumentos cultos (arpa, fagot y viola) y los otros tres, populares (cítara, dulzaina y tambor).

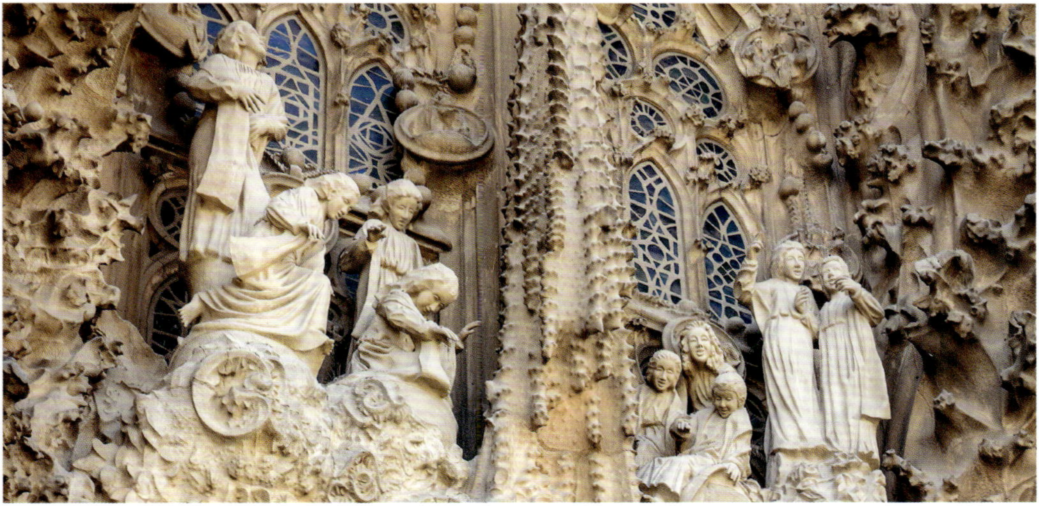

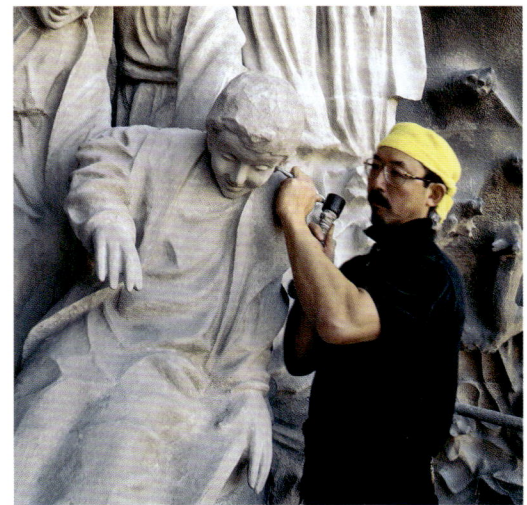

Esculturas de Etsuro Sotoo

Pese a la destrucción de los modelos de yeso de los ángeles durante la Guerra Civil, algunas de las antiguas fotografías que se realizaban en el estudio del arquitecto, han servido para que Etsuro Sotoo (en la foto inferior), el escultor japonés cautivado desde 1978 por la obra de Gaudí, pudiera seguir fielmente las pautas marcadas por el arquitecto para los ángeles músicos y los niños cantores.

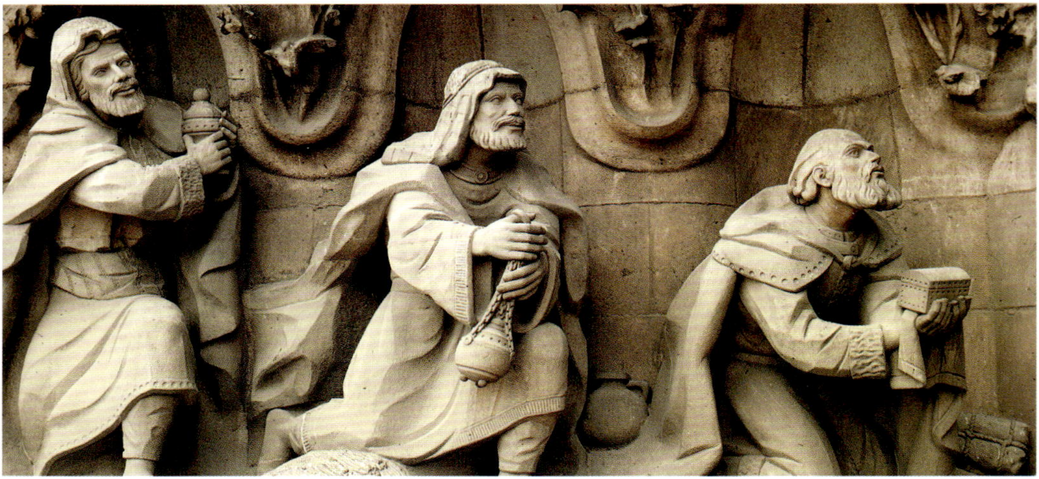

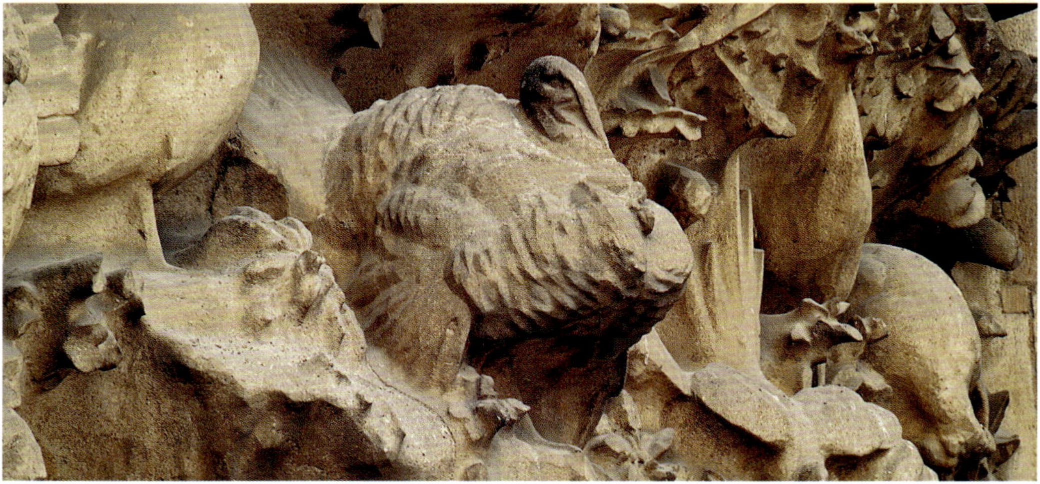

La Adoración de los Magos

Según el Evangelio de Mateo, guiados por una estrella, llegaron al portal de Belén
tres Reyes Magos que ofrecieron a Jesús oro (como rey), incienso (como dios) y mirra
(como hombre). En su pedestal, abajo, aves de corral del banquete de Navidad.

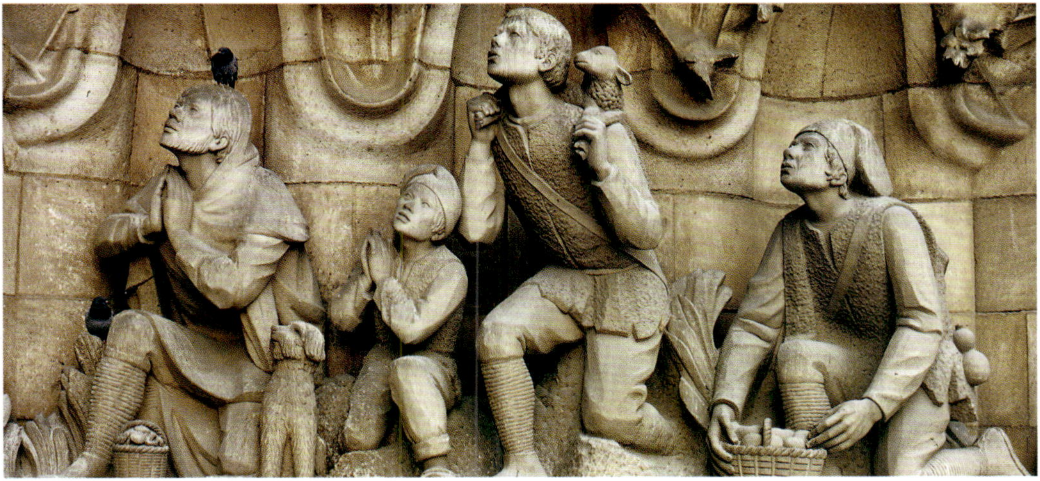

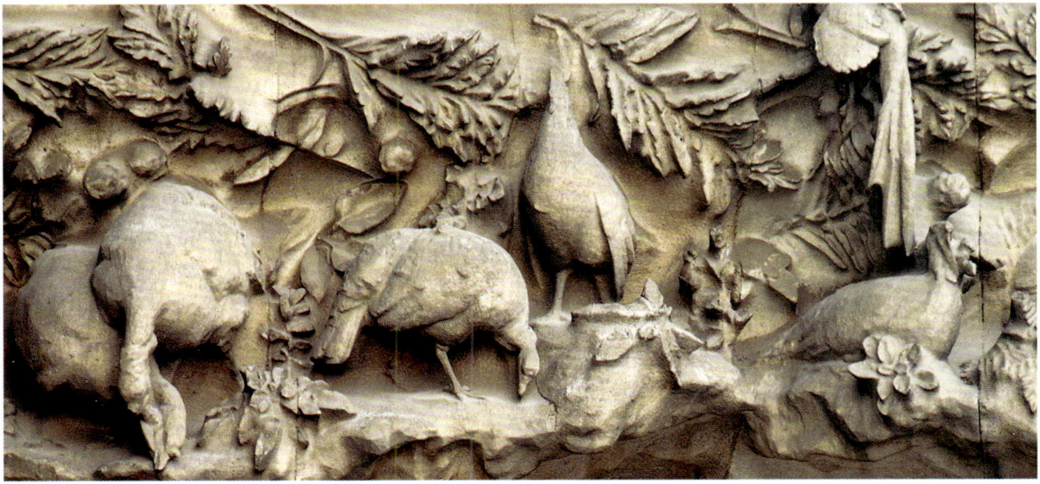

La Adoración de los Pastores

Según el Evangelio de Lucas, a unos pastores que cuidaban sus rebaños cerca de Belén se les apareció un ángel que les anunció la Buena Nueva, tras lo cual fueron a adorar al Niño. En su pedestal (abajo) también hay profusión de motivos vegetales y animales.

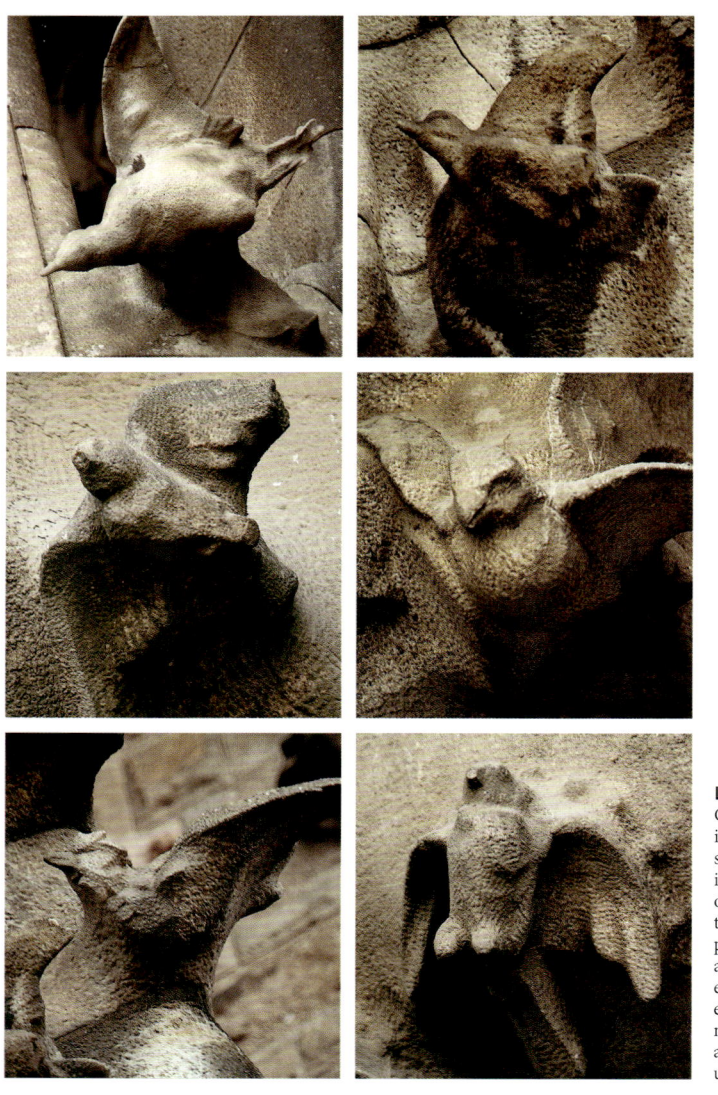

Las aves

Como un canto a la vida, infinidad de animales y plantas surgen con vigor de la piedra inerte. Las aves, animales aéreos opuestos por tanto a la serpiente, tienen aquí un protagonismo principal, ya que su vuelo las acerca al mundo divino y por ello su profusión es obligada en la fachada dedicada al nacimiento del Hijo de Dios, que anuncia y celebra la llegada de un nuevo y regenerado mundo.

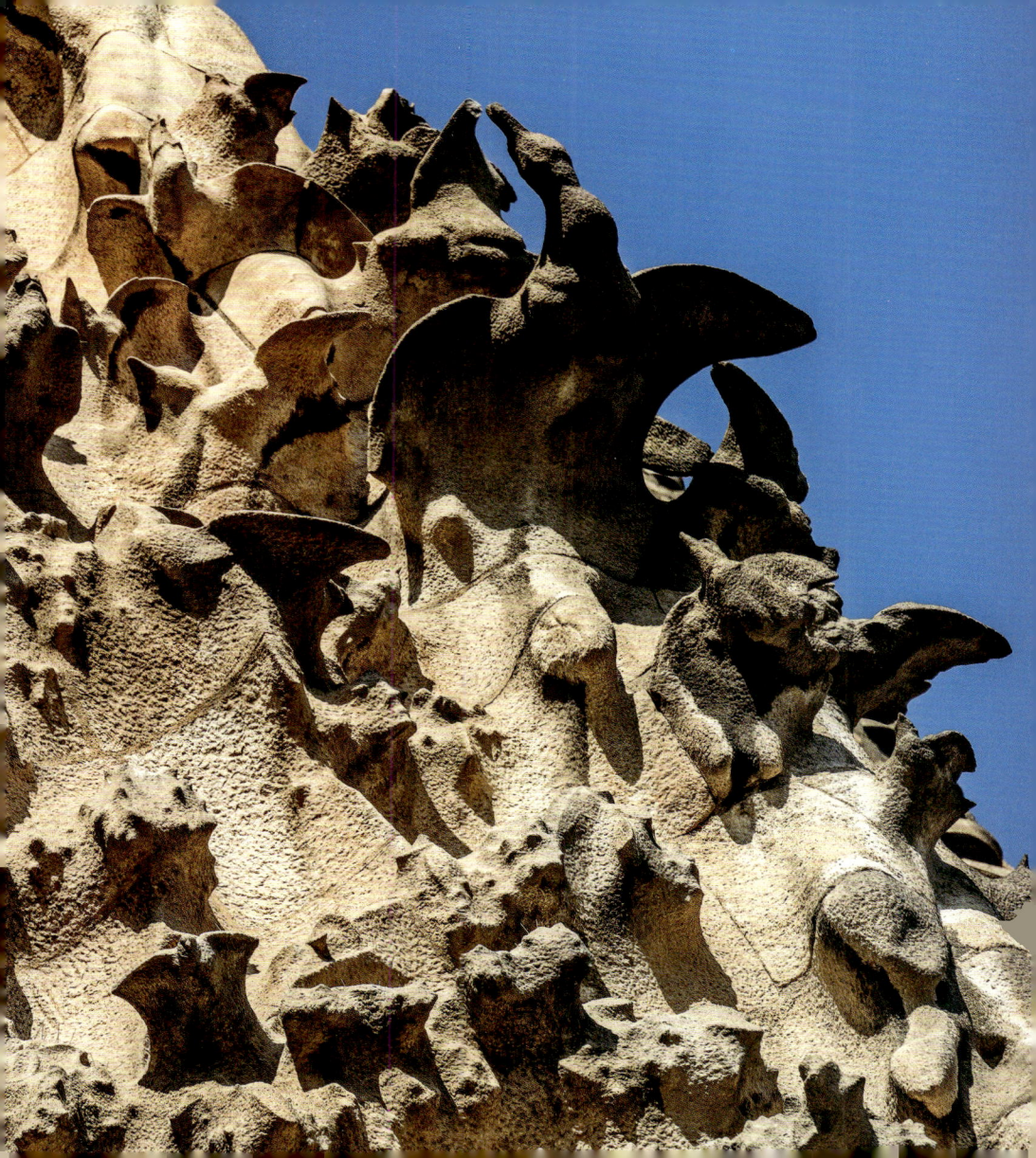

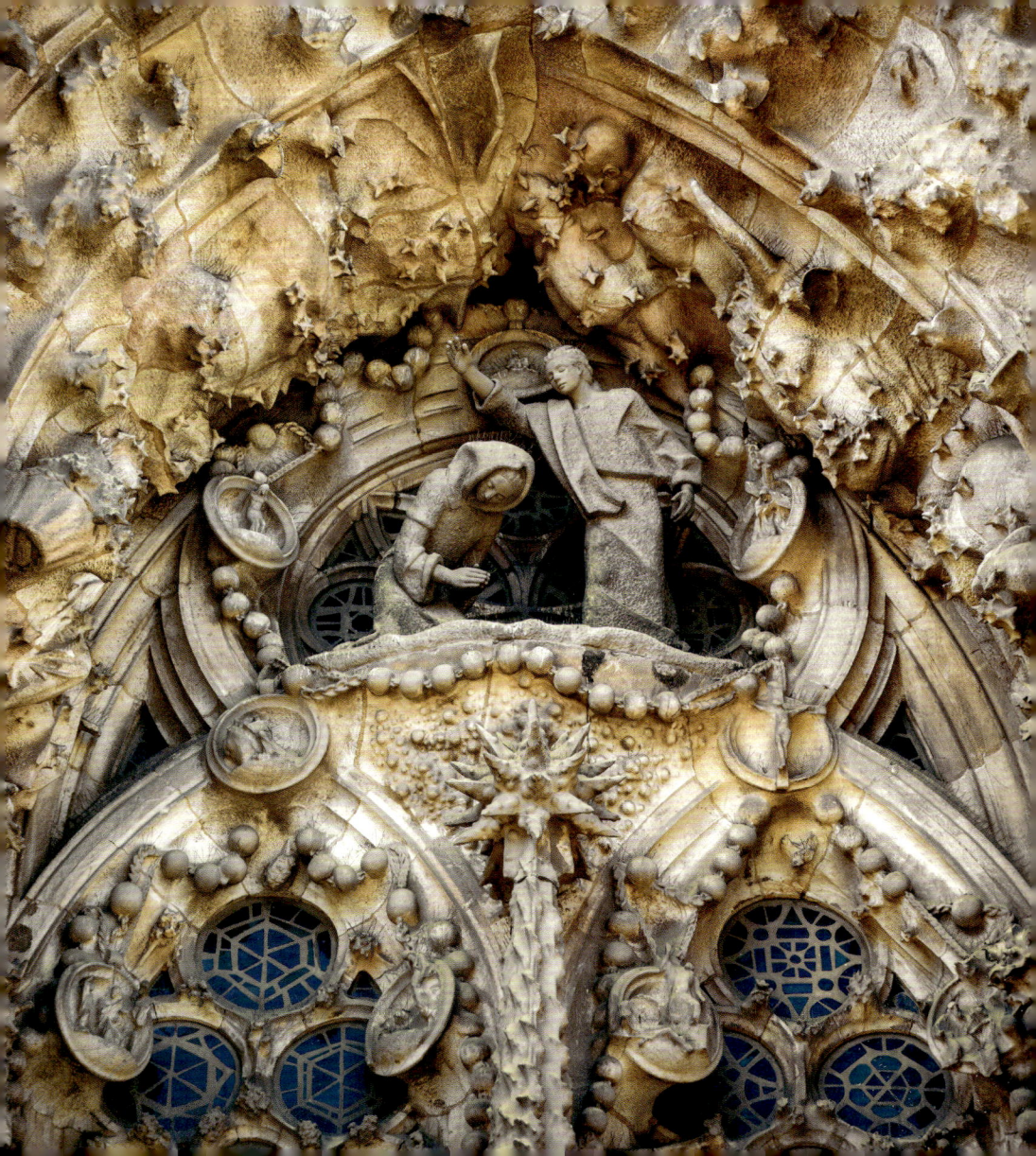

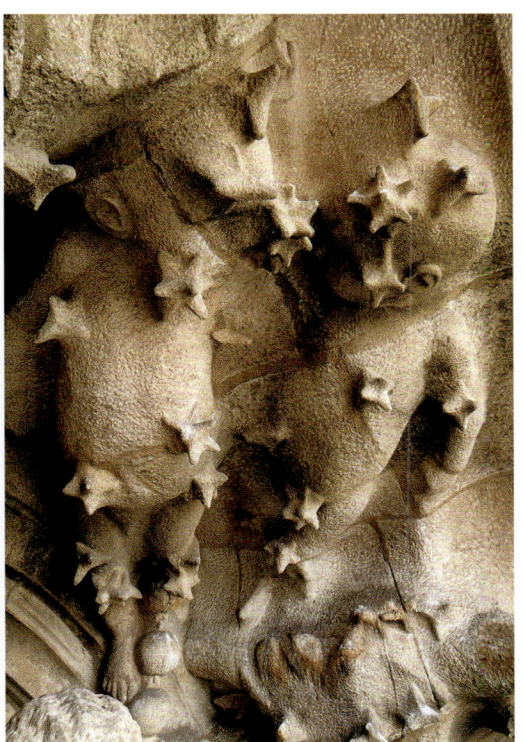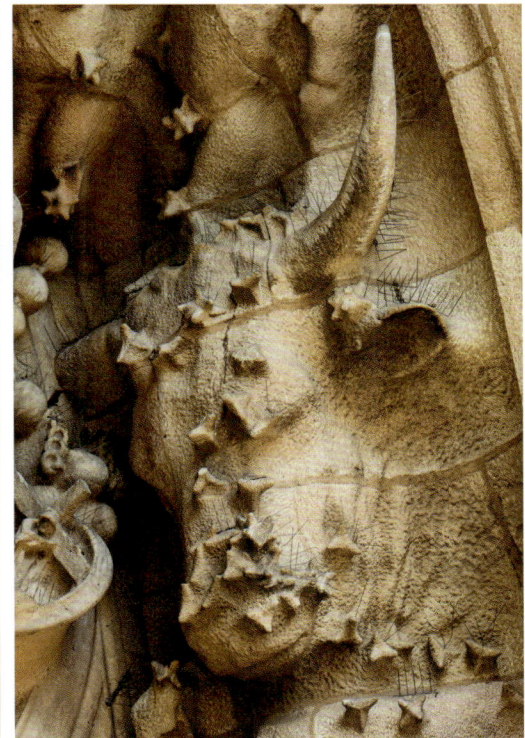

Las constelaciones

Detalle de la representación de las constelaciones de Géminis, izquierda, y Tauro, derecha.

La Anunciación-Encarnación

Aunque el primer nivel de este pórtico representa la Navidad, Gaudí quiso coronar el tímpano con el grupo escultórico de la anunciación o encarnación del Verbo, puesto que si esta no se hubiera producido no hubiera tenido lugar el nacimiento de Cristo. El ángel Gabriel y la Virgen María, escultura de Jaume Busquets, están enmarcados por un enorme Rosario y en la arquivolta que los cubre está representada la cúpula celeste con las constelaciones del mes de marzo, cuando se celebra la Anunciación: Aries, Tauro, Géminis, Cáncer, Leo y Virgo.

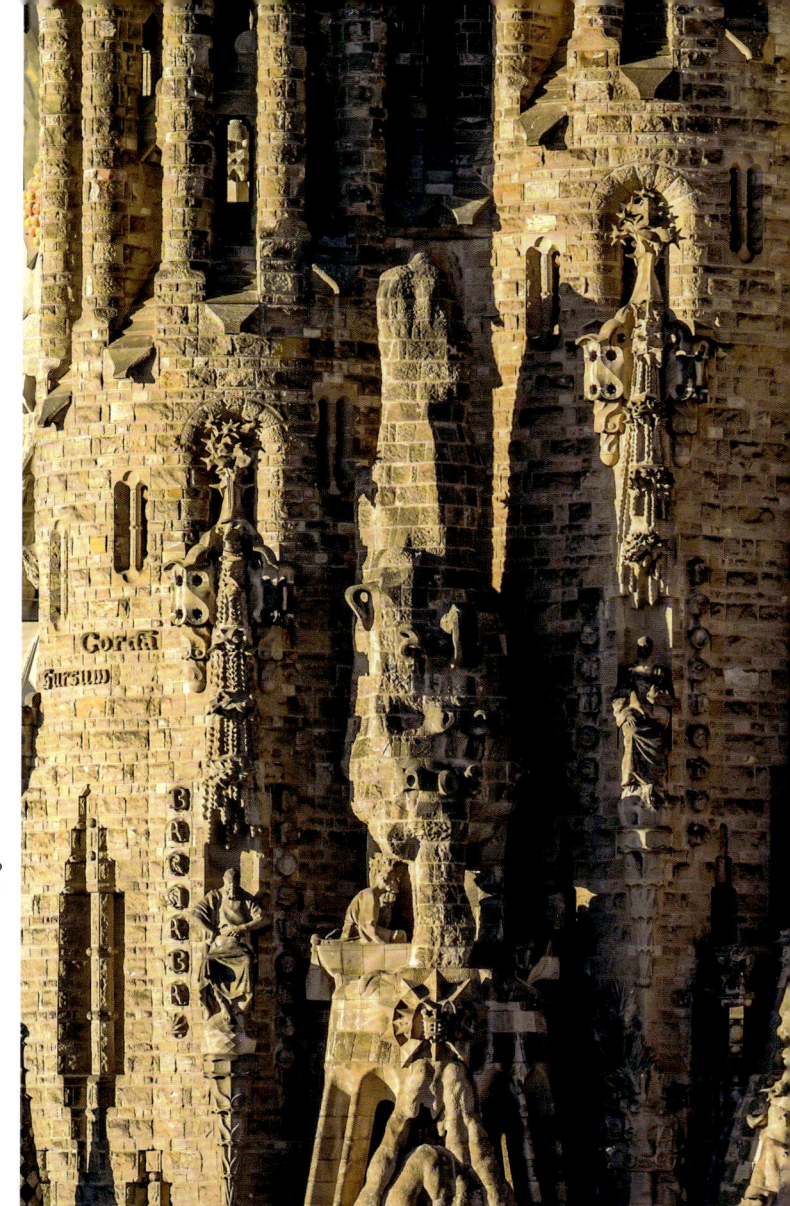

La Coronación de María

En un lugar preeminente
del pórtico de la Caridad,
por encima del grupo de la
Anunciación y a la altura, como
se ve en la foto, donde finalizan
los otros dos pórticos, Gaudí
situó el grupo escultórico de la
Coronación de la Virgen obra
del escultor Joan Matamala.
El grupo está situado en una
cueva en la que la piedra que
forma el arco triunfal de la
entrada simula carámbanos de
hielo, una alegoría del agua en
estado potencial que desciende
del cielo para vivificar la tierra.

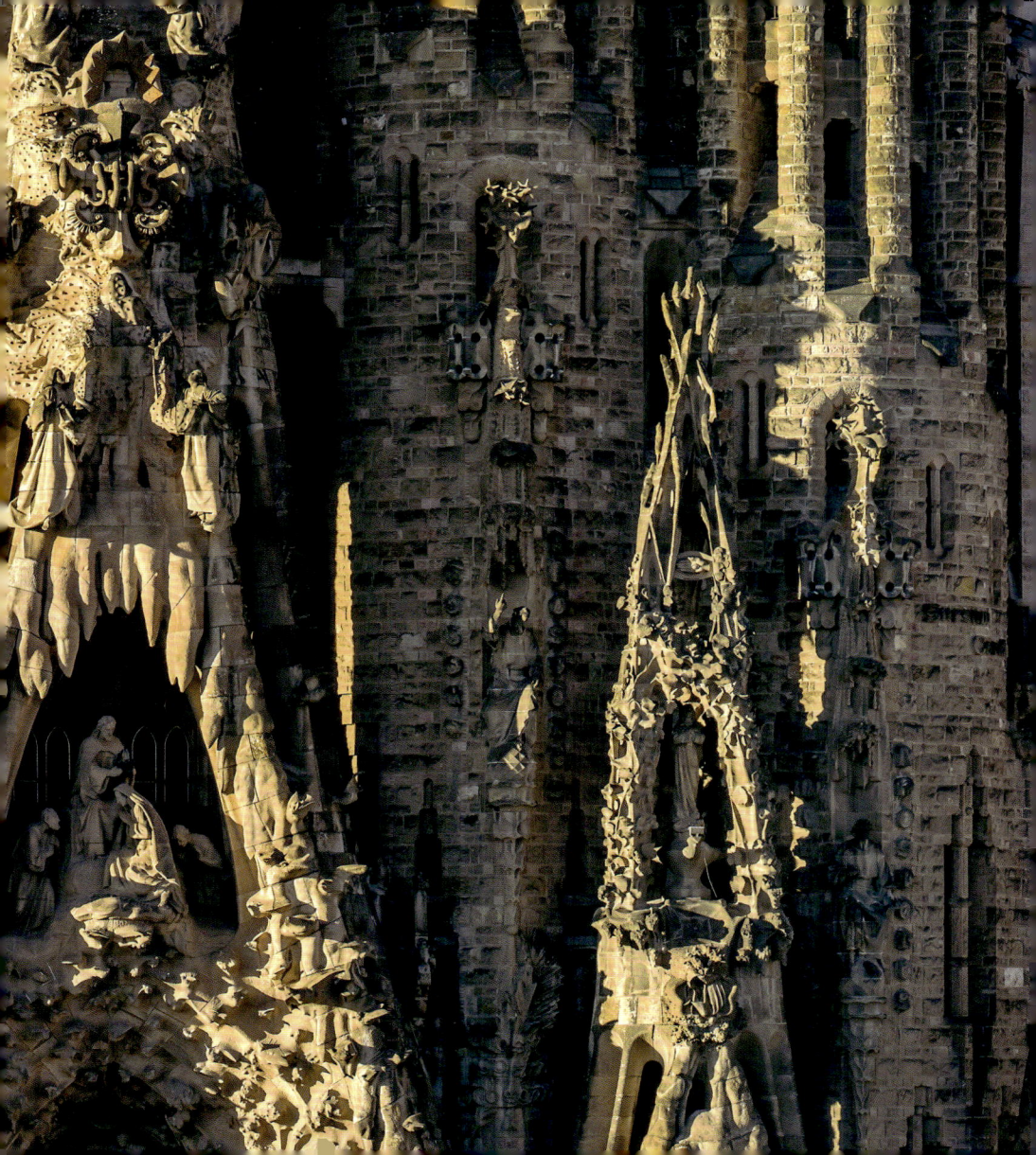

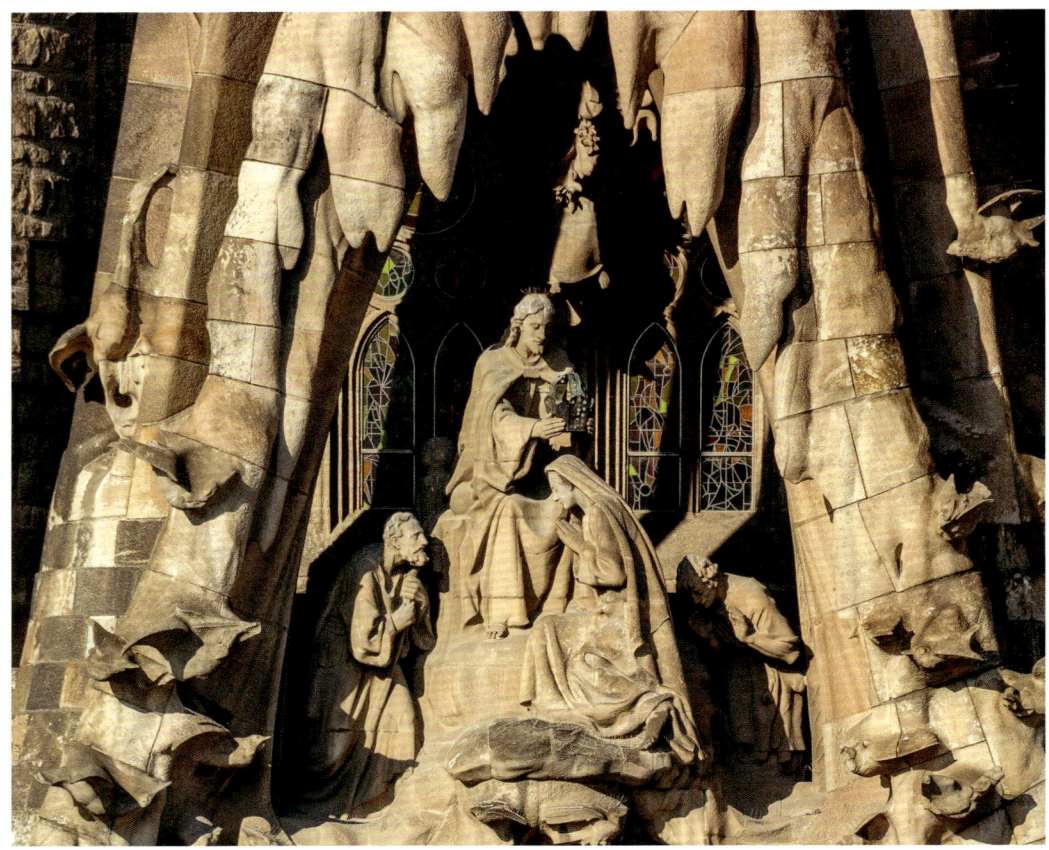

Amor filial

Gaudí representó la Coronación de María como Reina de los Cielos de una forma muy poco usual. Solo Jesús, desde su trono y sin Dios Padre, corona a su madre —recordemos que en la escultura inmediatamente inferior, la de la anunciación, es la Virgen quien concibe al Verbo— como símbolo de veneración y amor filial. También incluyó a José, su padre entre los hombres, que desde la izquierda es testigo y contempla arrobado la coronación, recordándonos de nuevo a quien está dedicado el templo. Más difícil de interpretar es el varón en segundo plano, tal vez representante bienaventurado de los josefinos.

Sanctus Deus →

Difícil de ver, tras el grupo de la coronación, un grupo de ángeles realizado según un dibujo del joven Opisso en 1900 por indicación de Gaudí, desciende de las alturas entonando el *Sanctus Deus*.

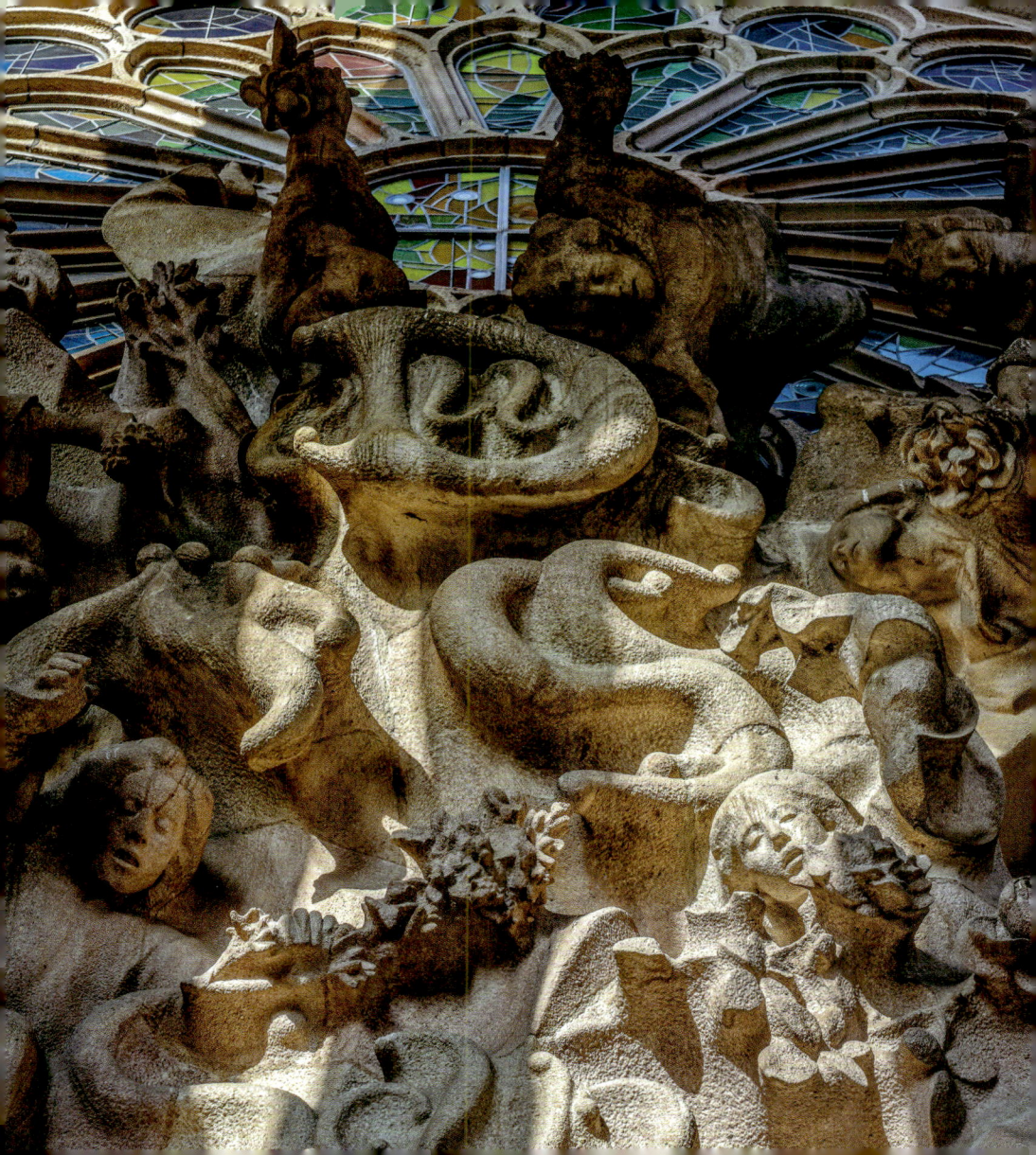

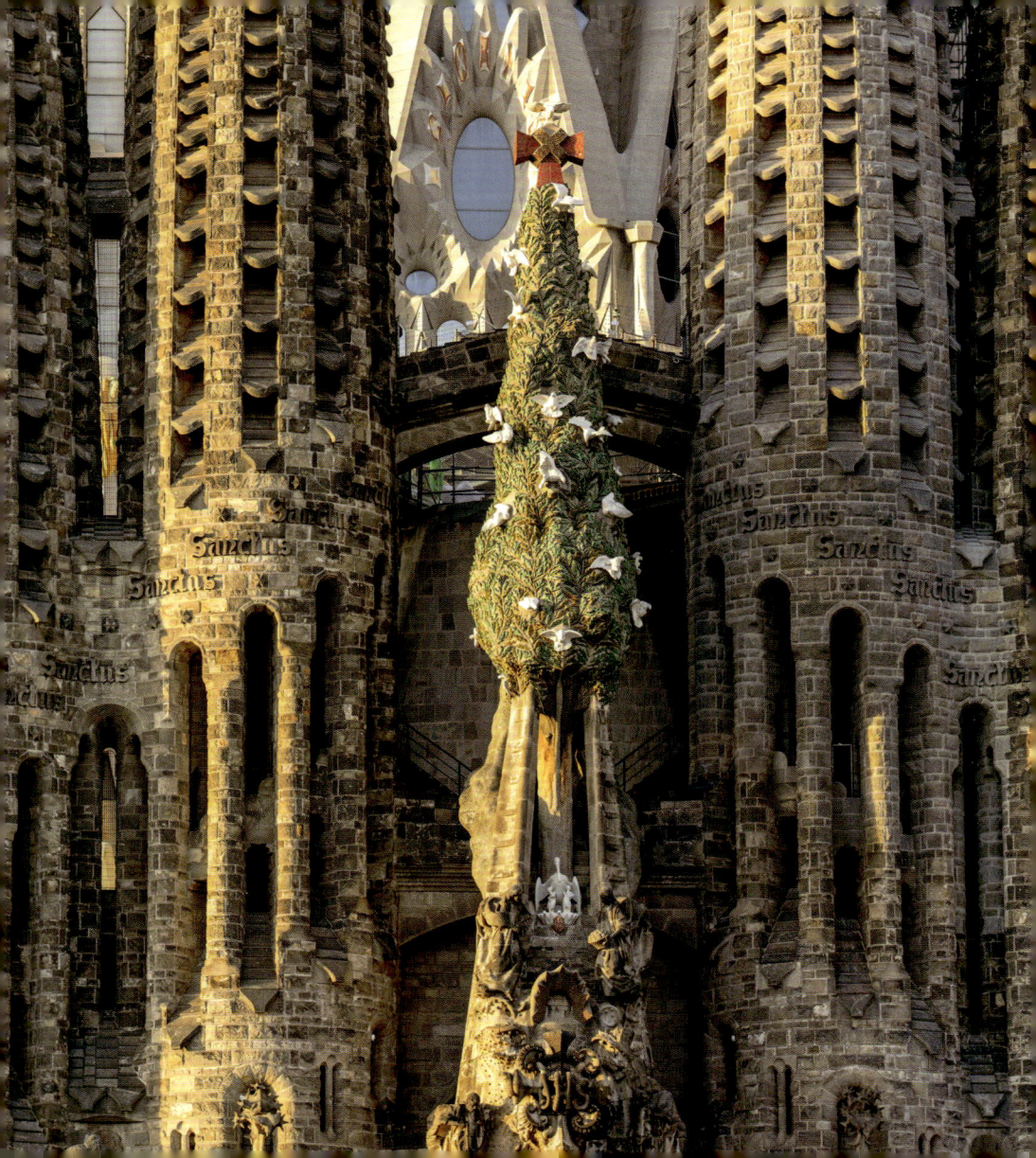

El Árbol de la Vida

A más de media altura de las torres, un ciprés. símbolo de la vida eterna, con el anagrama de la Santísima Trinidad en lo alto de su copa, corona el pórtico de la Caridad.

Pero antes de hablar de él conviene observar que, encima de la cueva de la coronación de la Virgen, recubierta de nieve que desciende en forma de grandes témpanos, hay un anagrama de Jesús muy complicado y espectacular. Este tiene en el centro una cruz flanqueada por el «A y Ω», letras indicadoras del principio y fin de todas las cosas, es decir, la cruz como origen y culminación de la vida y del universo.

Algo más arriba, visible, pero rara vez citado, hay un huevo. Es un huevo vidriado, de color dorado y rojo, que lleva marcado el mismo anagrama de Jesús: JHS. Se trata, probablemente, del huevo como origen y plenitud de la naturaleza, como lo es en el *Corpus* el «Ou com balla» sobre el surtidor del claustro de la catedral de Barcelona.

El pelícano que se halla encima pertenece a la iconografía primitiva del cristianismo, pero también se halla en mitologías anteriores. El mito del pelícano recoge la creencia de que este animal se rasga con el pico el vientre, lleno de peces, para dar de comer y de beber a sus dos pequeñuelos, y se usa por ello como símbolo de Jesús Sacramentado. También, a veces, como símbolo de la resurrección.

Coronando el portal del Nacimiento otra representación simbólica: el ciprés, signo de lo que no se corrompe nunca. A sus lados, unos ángeles recogen en vasos la sangre divina para esparcirla por el mundo entero, y de ahí la amplia zona en torno con gotas adheridas a la piedra. Otros ángeles están incensando y cantando el *Hosanna*, y, otros dos, uno con un ánfora y el otro con una cesta de panes, representan, evidentemente, la eucaristía (según Cèsar Martinell). Las escaleras de mano que ascienden a lo más alto apoyadas en el ciprés,

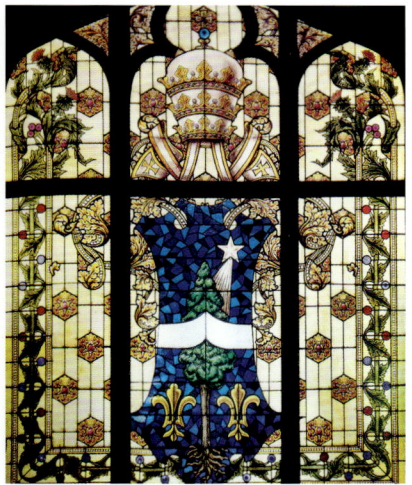

Escudo del papa León XIII
La similitud del pináculo gaudiniano (un ciprés con un puente) con el escudo del pontífice (en latín hacedor de puentes) León XIII, puede ser un homenaje del arquitecto a un papa (1878-1903) que además de promover el rezo del Santo Rosario, en su encíclica *Rerum Novarum* deploraba la opresión de los numerosísimos pobres (recordemos que la Sagrada Familia era conocida popularmente como la catedral de los pobres).

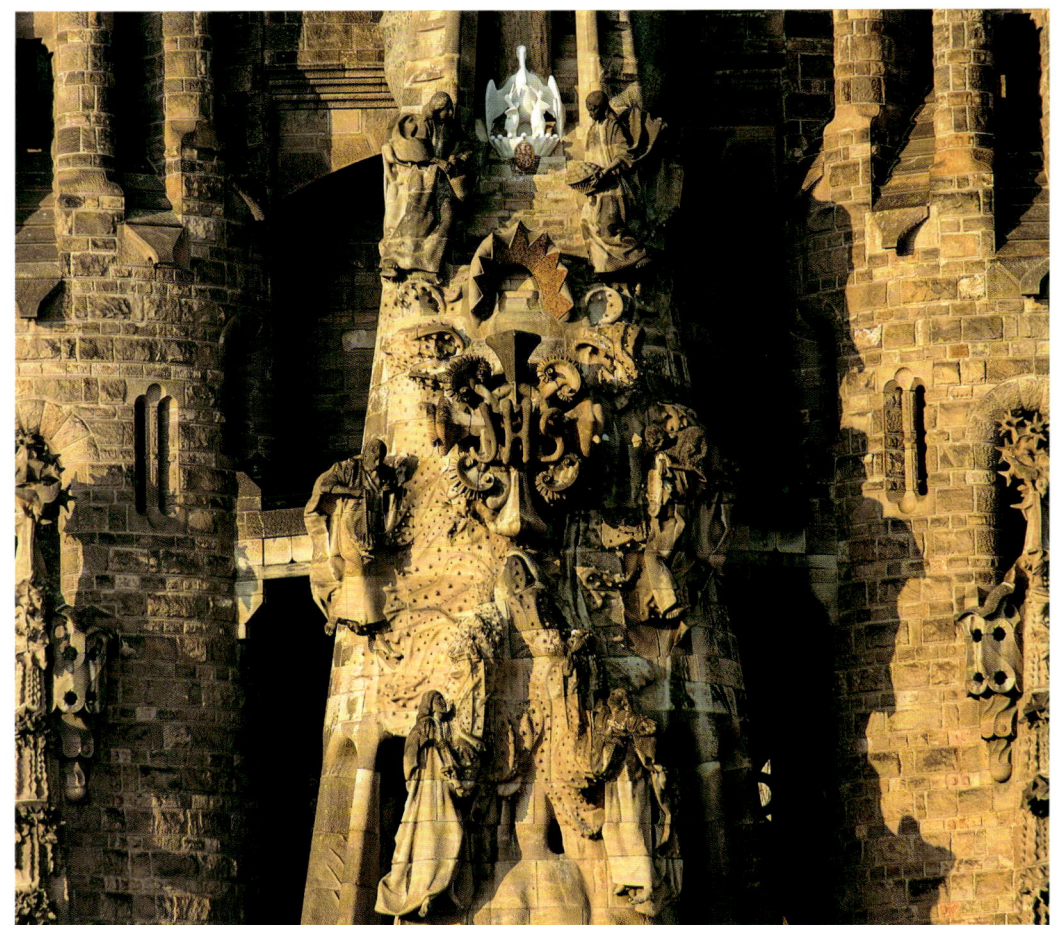

Símbolos eucarísticos
Sobre la cueva de la coronación de la Virgen, hay un conjunto escultórico integrado, de arriba a abajo, por el pelícano, con dos ángeles portando el pan y el vino transustanciados, y el anagrama de Jesús rodeado por cuatro ángeles incensarios.

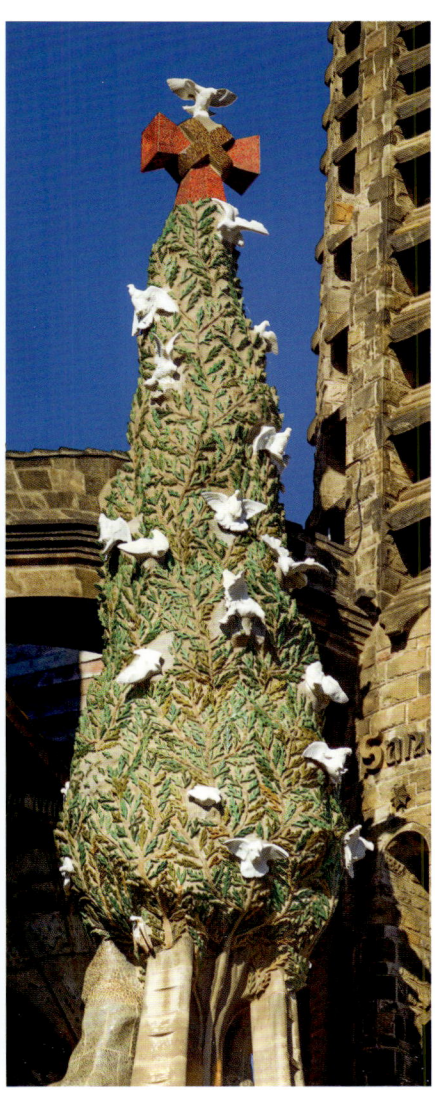

significan quizá la aspiración mística a alcanzar el seno de Dios, ligada al sufrimiento ascético representado por el esfuerzo de subir por tan empinadas escaleras.

El ya mencionado ciprés es el Árbol de la Vida inmortal, y sirve de cobijo a numerosas palomas de alabastro según iconografía del cristianismo primitivo. Para proyectar el ciprés, Gaudí tomó como modelo uno de la Cartuja de Montalegre (en Tiana, cerca de Barcelona), lo que nos hace suponer que pensaba en la vida ermitaña, característica de esta cartuja, que tanto atraía a Gaudí.

La punta del ciprés se remata con una T, o tau, primera letra del nombre Dios en griego, y última del alfabeto hebreo; es de color rojo, está cruzada por dos bandas doradas que la abrazan en X, y, sobre ella, está posada una paloma con las alas desplegadas. La tau, la X y la paloma representan las tres personas de la trinidad.

En cuanto al puente transitable que pasa por detrás del gran ciprés, cabe recordar que son frecuentes los que, como este, vuelan de torre a torre en algunas catedrales. Gaudí dijo en una ocasión que «la Iglesia siempre se está construyendo; los directores de obras son los pontífices (de «ponti fex» que quiere decir hacer puentes), y (la Iglesia) constantemente está haciendo templos, que son el puente para ir a la Gloria». Y esta es, en efecto, la simbología oculta del puente: ir de lo bajo a lo alto, del Aquí al Más Allá.

La vida eterna

Sobre el pelícano, se alza el ciprés que representa la vida inmortal. Hacia él vuelan en forma de palomas blancas las almas puras que esperan su entrada en el paraíso. Está coronado por el anagrama de la Santísima Trinidad: la tau (Inicial de Dios en griego), la X (Inicial de Jesús en griego) y la paloma, símbolo del Espíritu Santo.

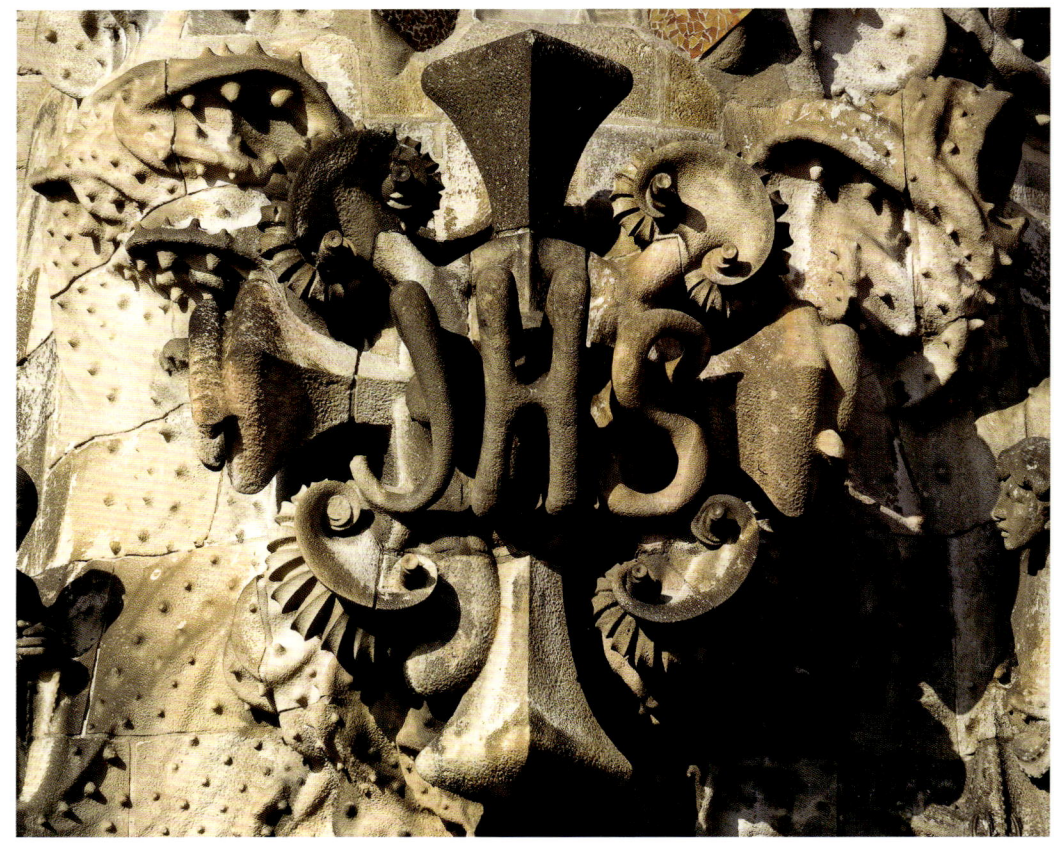

Anagrama de Jesús

Las tres letras del anagrama, JHS (*Jesus Hominum Salvator*, Jesús Salvador de la Humanidad), se encuentran sobre los brazos de una cruz griega. Esta premonición del sacrificio de Cristo, que luego se representará en la fachada de la Pasión, nos recuerda el motivo de su nacimiento.

El pelícano y el huevo

→

En el cristianismo primitivo el pelícano era símbolo de la eucaristía, ya que se creía que se abría el pecho para alimentar a sus polluelos, de la misma manera que Jesús, en la Última Cena, transfiguró el pan y el vino en su cuerpo y sangre y los ofreció a sus discípulos. Por su parte, el huevo representa la vida y la resurrección, por ello lleva inscrito el anagrama de Jesús.

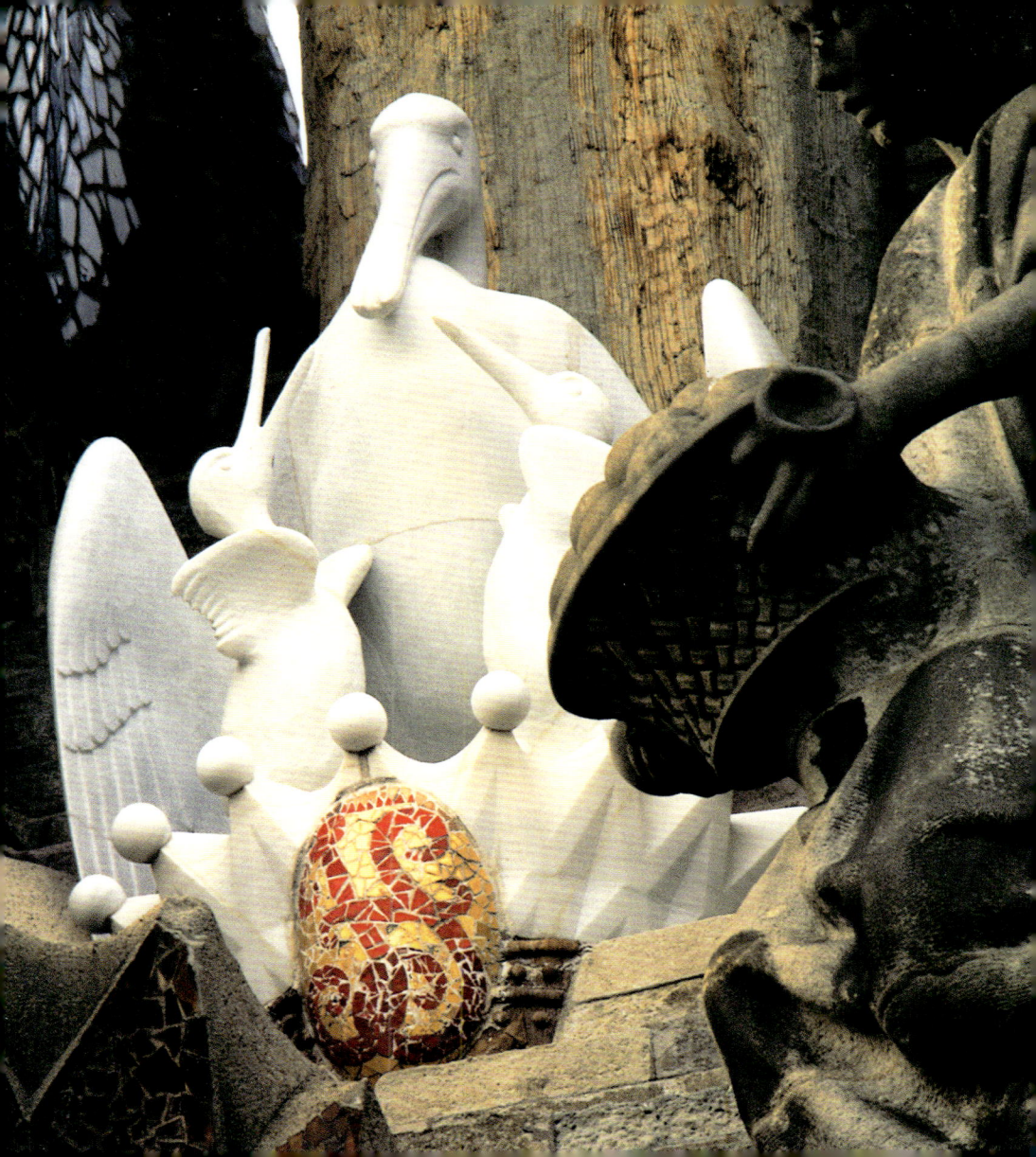

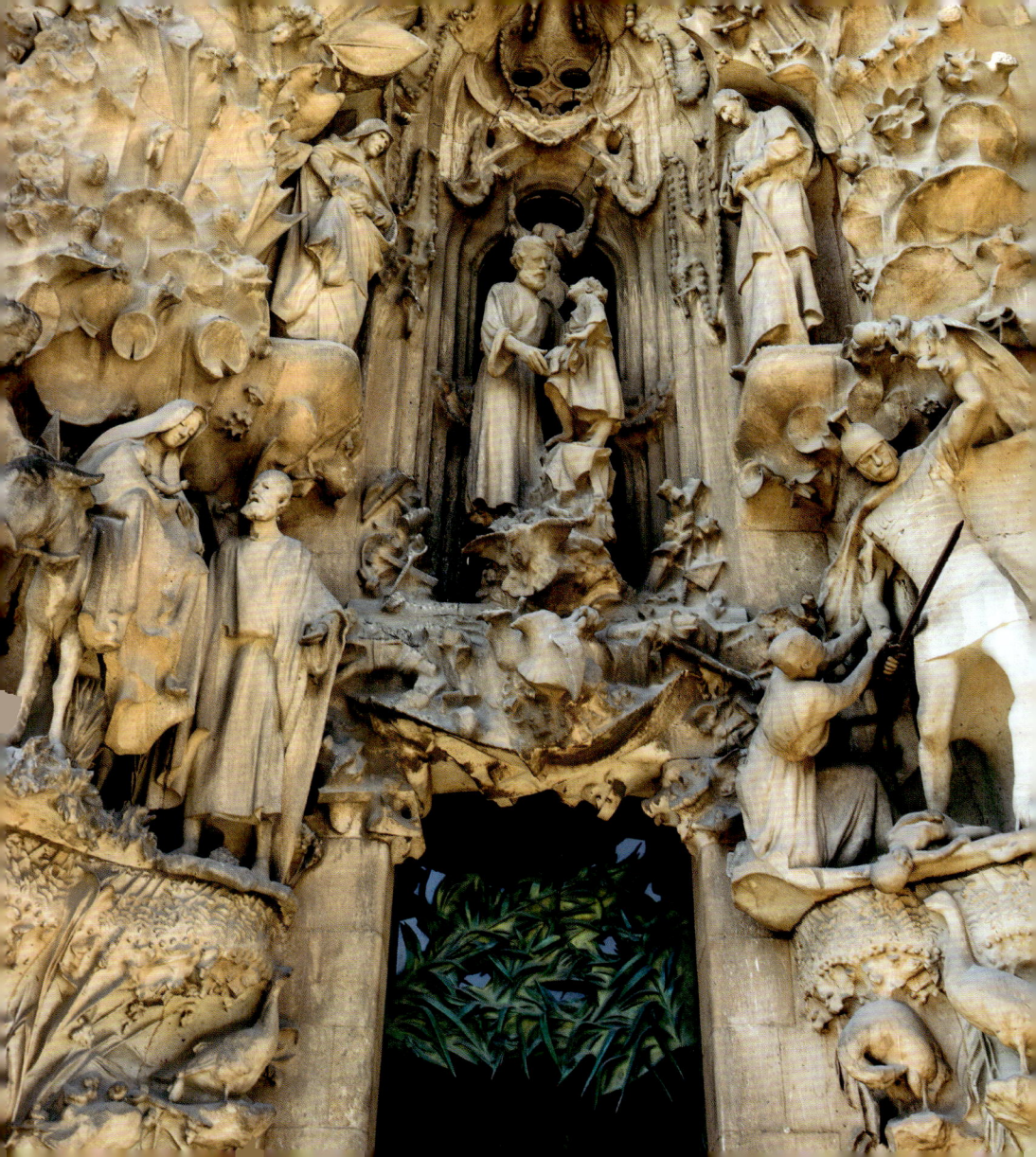

Pórtico de la Esperanza

A la izquierda del portal central está el portal de la Esperanza, dedicado a esta virtud teologal, aunque los ejemplos que da Gaudí en forma de grupos escultóricos, no son evidentes motivos de esperanza, antes al contrario. Pero ello debe entenderse en el sentido de que el creyente debe tener esperanza en las adversidades.

El siguiente paso después del nacimiento, según los evangelios, fue la matanza de los inocentes por orden de Herodes. El hombre que sirvió de modelo para el sayón que se dispone a descuartizar al inocente ante la súplica de su madre horrorizada, era un tipo realmente gigantesco que, cuando fueron

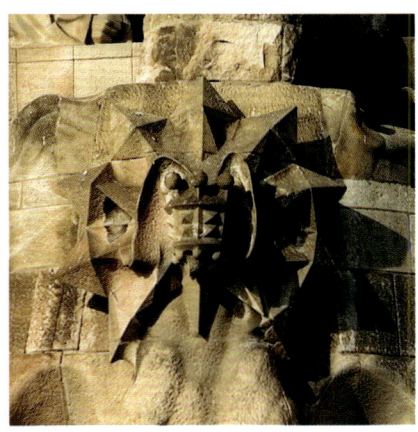

a sacarle el molde, vieron que tenía seis dedos en cada pie. El escultor Matamala quería disimular el defecto, pero Gaudí se lo prohibió, puesto que, dijo, el monstruoso infanticidio quedaba así reflejado en la monstruosidad de aquellos pies (según Descharnes). En el mismo nivel se ve el paso llamado de la Huida a Egipto, representada por un brioso ángel que guía el borrico sobre el que va la Virgen con el Niño, bajo la preocupada mirada de José.

En el nivel superior se ve a un niño, seguramente Jesús, que lleva una paloma herida o muerta en la mano y se la muestra a un sabio (José o un antiguo sacerdote), bajo la mirada de los ancianos santa Ana y san Joaquín, abuelos maternos de Jesús. Quizá todo ello corresponda al Evangelio de san Lucas (2, 22-24) cuando dice que llevaron a Jesús al templo para presentarlo al Señor y ofrecer en sacrificio un par de pichones, aunque se dan otras interpretaciones. Pero antes de proseguir, merece la pena observar, debajo de esos grupos, el arco de la puerta de entrada, que representa una gran sierra de cortar troncos, con mangos en los extremos. La sierra tiene encima numerosas herramientas, pertenecientes a diversos oficios, aunque todos relacionados con la construcción. En los evangelios nunca se dice que José fuese carpintero, sino *tecnos*, es decir, artesano, sin especificar el oficio concreto.

Anagrama de María
En el pórtico de la Esperanza, dedicado a José, el anagrama de María aparece al inicio del pináculo. De la misma manera, encontraremos el anagrama de José en el pórtico de la Fe, dedicado a María. Es la manera que tiene Gaudí de mostrar la conexión indisoluble de los santos esposos.

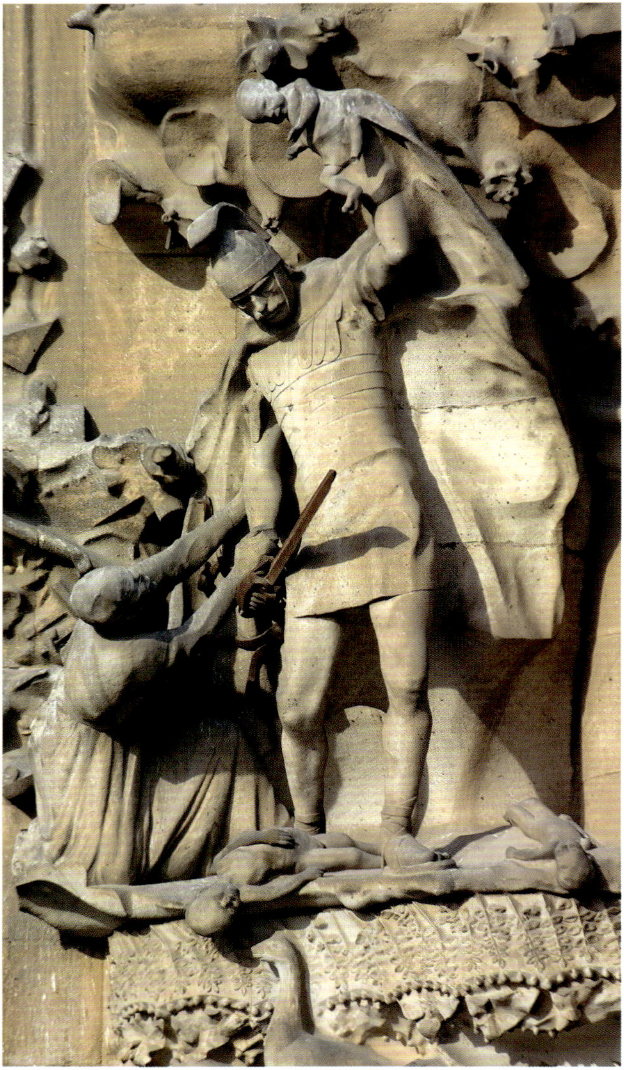

La Matanza de los Inocentes

En las jambas de las puertas del pórtico de la Esperanza, sobre sendas peanas, se encuentran los grupos de la Matanza de los Inocentes, a la derecha del pórtico, y de la Huida a Egipto, a la izquierda. Según la Biblia, Herodes para matar a Jesús ordenó el sacrificio de todos los nacidos aquel día. En el grupo escultórico, el hombre que sirvió de modelo para el soldado que se dispone a descuartizar al inocente ante la súplica de su madre horrorizada, era un tipo realmente gigantesco que, cuando fueron a sacarle el molde, vieron que tenía seis dedos en cada pie (foto inferior). El escultor Matamala quería disimular el defecto, pero Gaudí se lo prohibió, puesto que, dijo, el monstruoso infanticidio quedaba así reflejado en la monstruosidad de aquellos pies.

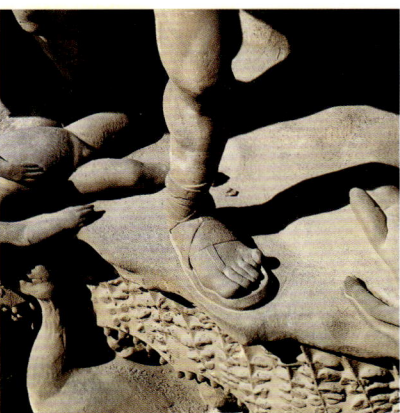

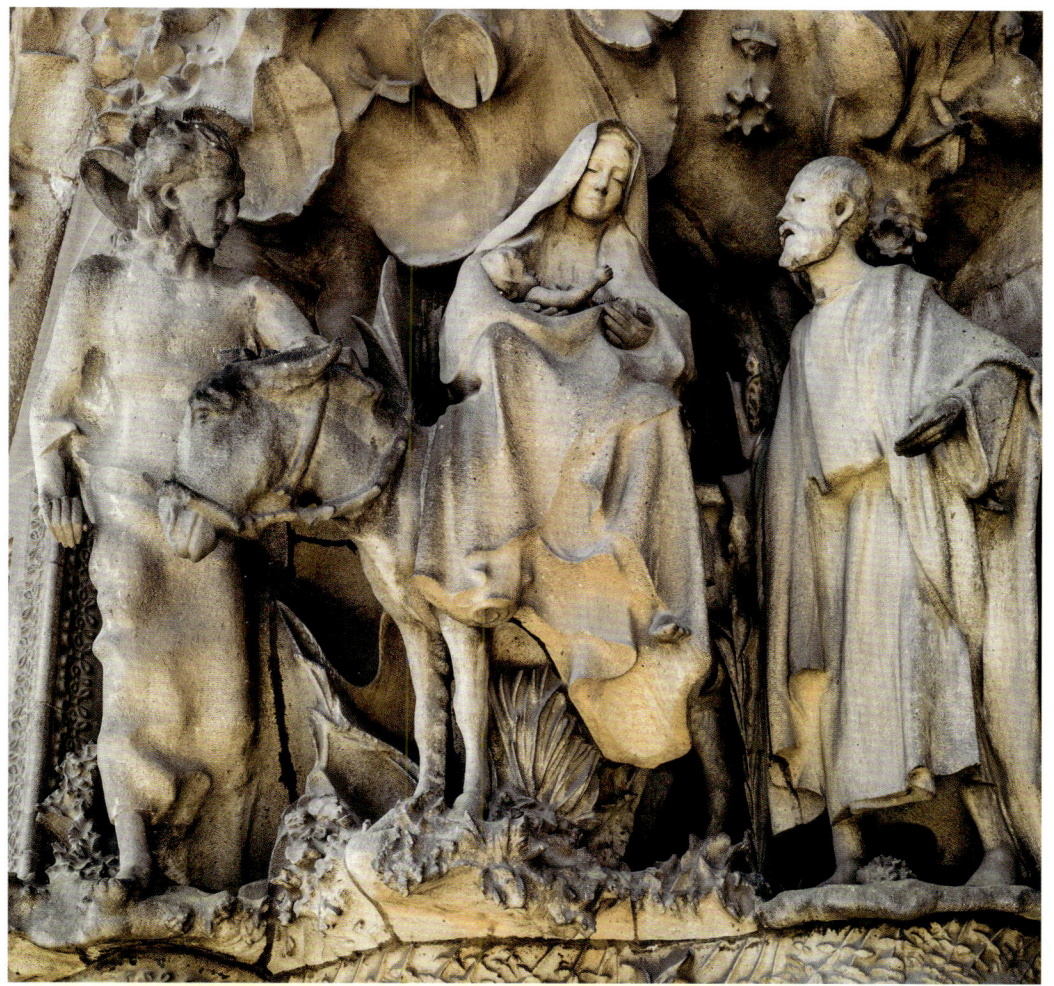

Huida a Egipto

Según el Evangelio de Mateo, un ángel avisó en sueños a José de las intenciones de Herodes de matar al Niño. Sin dudarlo, José cogió a su familia y siguió las instrucciones del ángel, seguramente quien conduce la borriquilla.

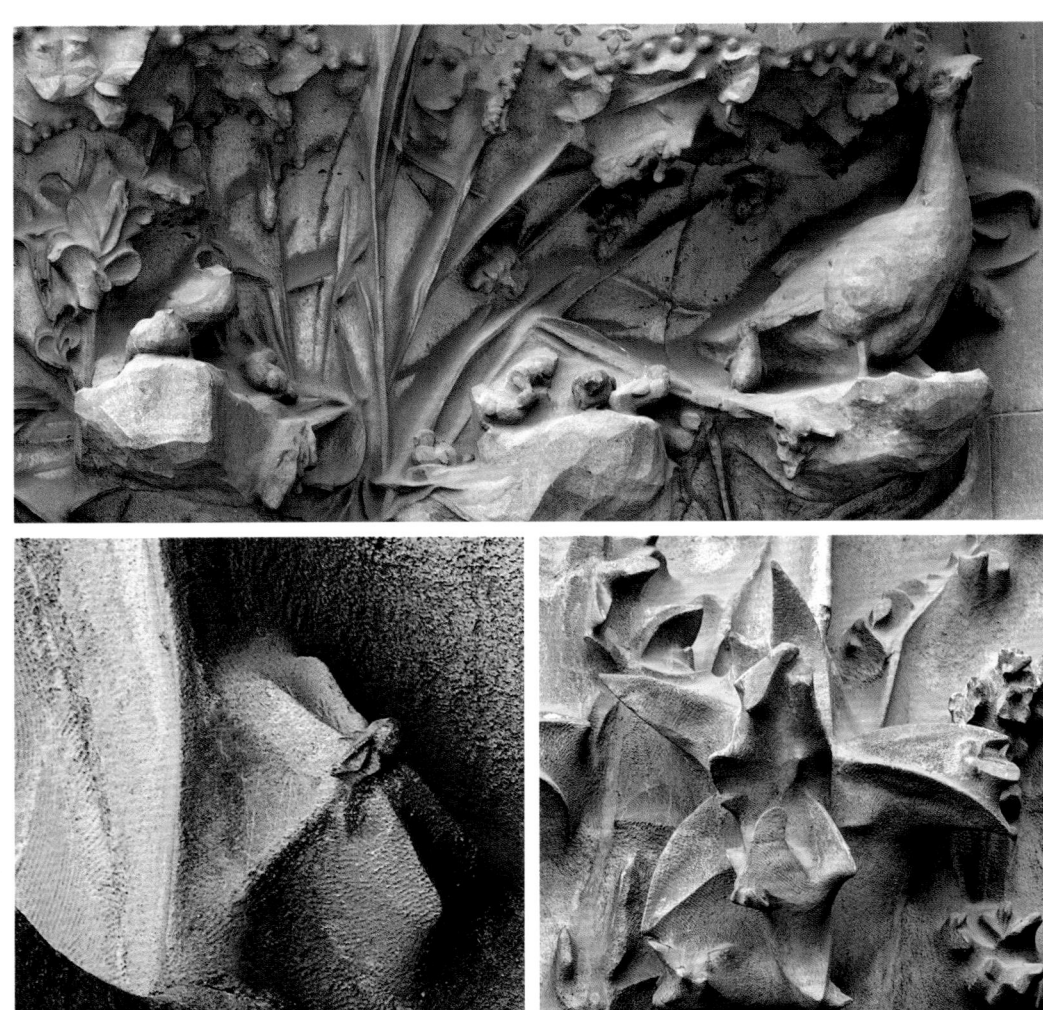

Flora y fauna de Egipto

Los animales y plantas que decoran el portal de la Esperanza corresponden a la flora y fauna del Nilo: nenúfares, libélulas, acacias…, puesto que la Sagrada Familia tuvo que refugiarse en Egipto.

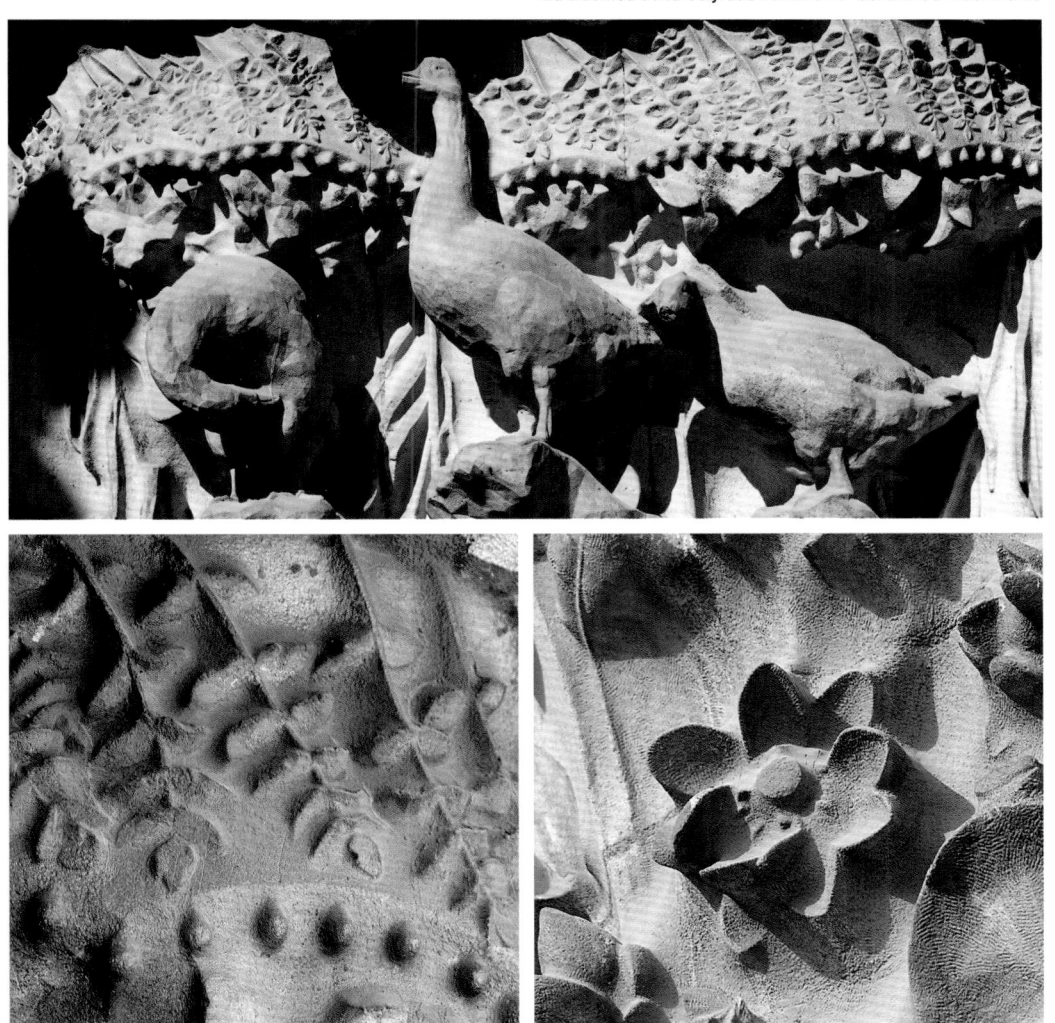

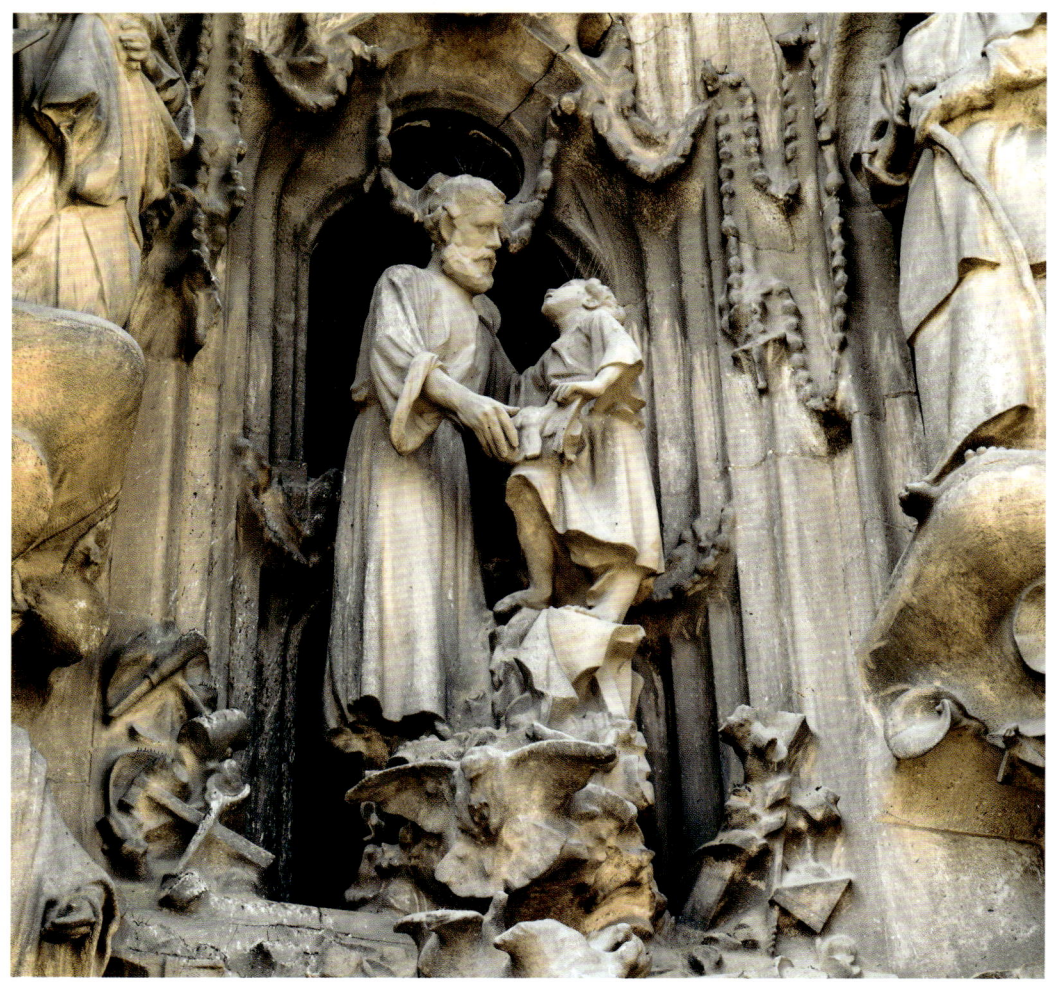

La Esperanza de Israel

Sobre la puerta del pórtico, están José y el Niño con el Espíritu Santo en forma de paloma y un gran rosario rodea el ventanal. A pesar de todas las preocupaciones por su familia (pobreza, persecuciones...), José sabe que su hijo es la esperanza del mundo.

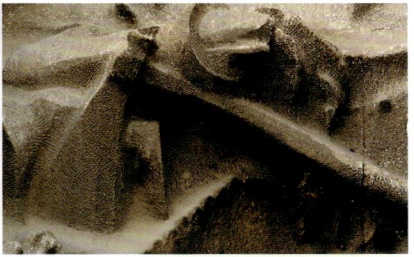

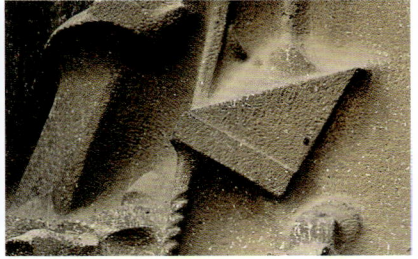

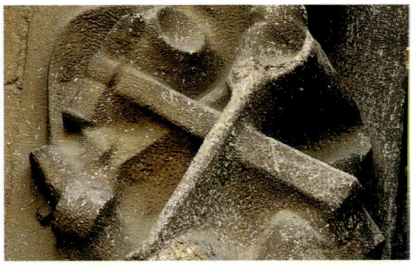

El *tecnos* era, tradicionalmente, el que construía las casas, tanto si eran de piedra como de madera, o de ambos materiales. Esto debía complacer al arquitecto Gaudí, y de ahí que en el suelo haya herramientas tan diversas como un martillo, un hacha, una escuadra, un mazo, un destornillador, etcétera, que son las herramientas del constructor. En torno al ventanal hay un rosario, como corresponde a una época en la que esta devoción, rezada en familia, se hizo muy popular en España y más aún en Cataluña. Encima tienen lugar los esponsales de María y José.

San José aparece de nuevo en el siguiente nivel, sentado en una barca, ante una lámpara de grandes proporciones y un dosel que lleva encima la paloma del Espíritu Santo. La barca, con el ancla preparada, se adentra en una cueva en busca de refugio. Muchos interpretan que la lámpara abre camino a la Iglesia en la noche de los tiempos, y que san José guía la barca para celebrar el hecho de haber sido nombrado entonces patrón de la Iglesia católica universal.

Remata este pórtico un gran peñasco que para muchos representa Montserrat, en cuyo flanco se lee, «Sal-va-nos».

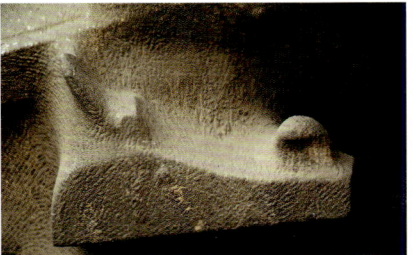

Herramientas
En la peana que sostiene a José y al Niño, multitud de herramientas están esculpidas sobre la piedra: hacha, martillo, escuadra, cepillo de carpintero…, en referencia al oficio del esposo de María.

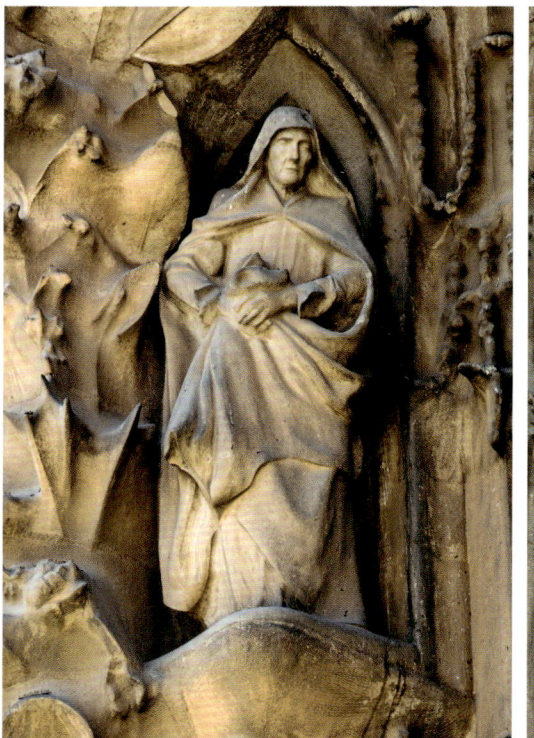
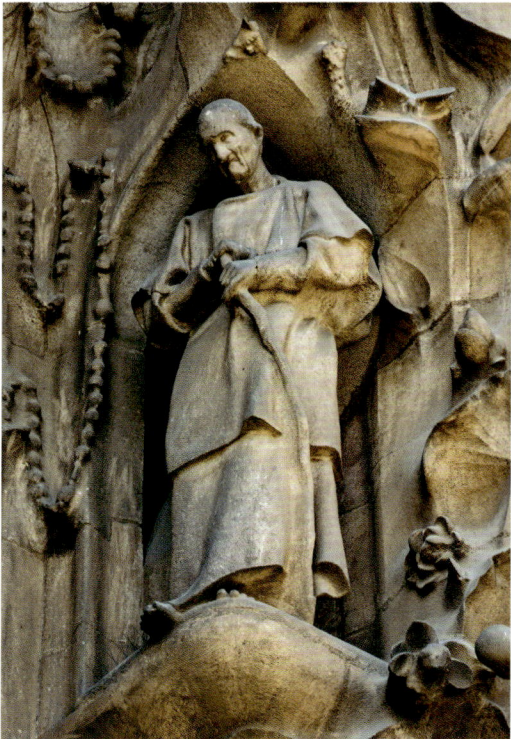

Santa Ana y San Joaquín
En el primer nivel de la arquivolta del pórtico, los padres de
María, rodeados por las cuentas del rosario y la flora y fauna
del Nilo, observan a José y el Niño en el grupo escultórico de
la Esperanza de Israel.

Esponsales de la Virgen María y san José   →
Sobre el grupo de la Esperanza de Israel, antes
del inicio del pináculo del pórtico, la mutua
promesa ante el sacerdote de María y José
proclama la esperanza de la llegada del Mesías.
La simbología vegetal: las palmas a los lados,
las rosas en el centro y la cenefa de vides en la
peana, confirma esa certidumbre.

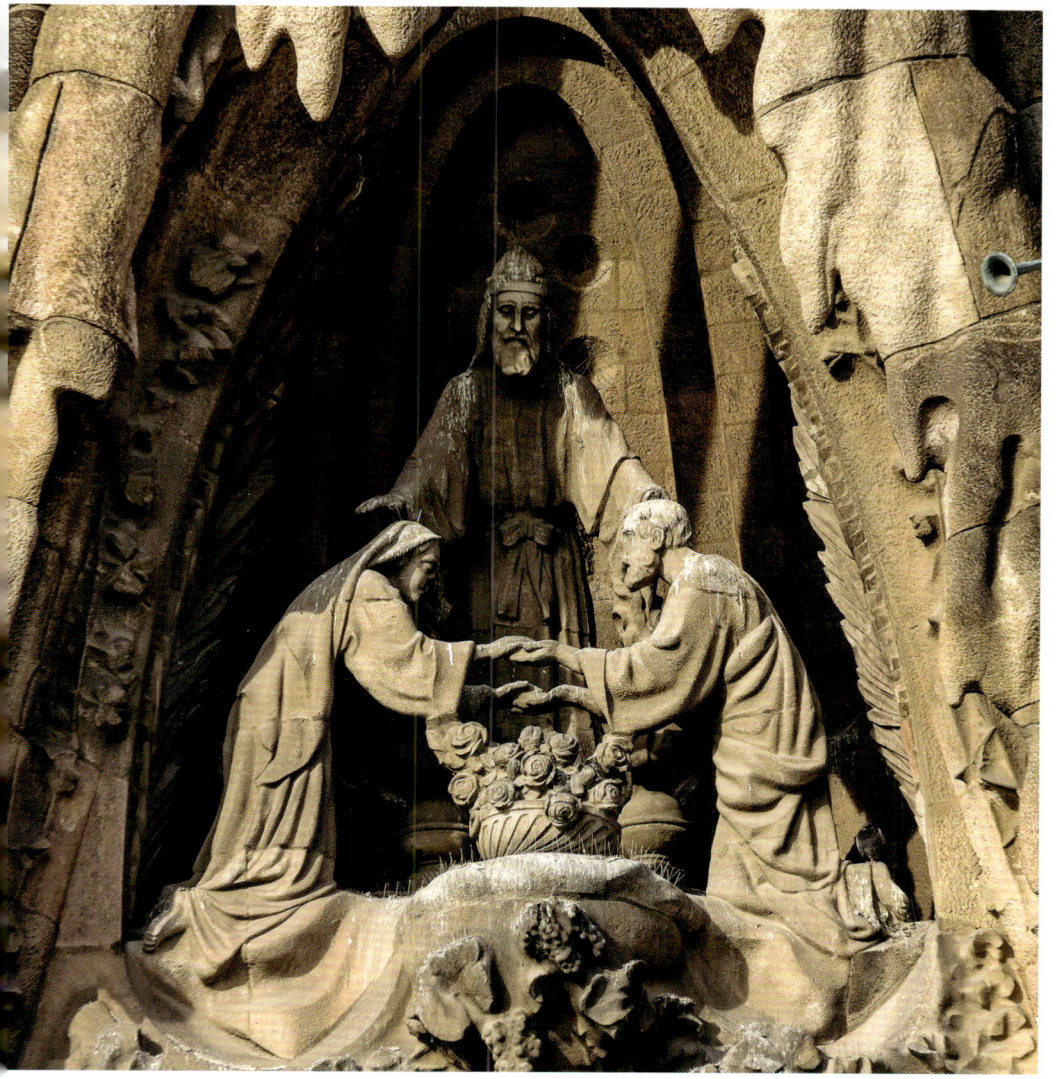

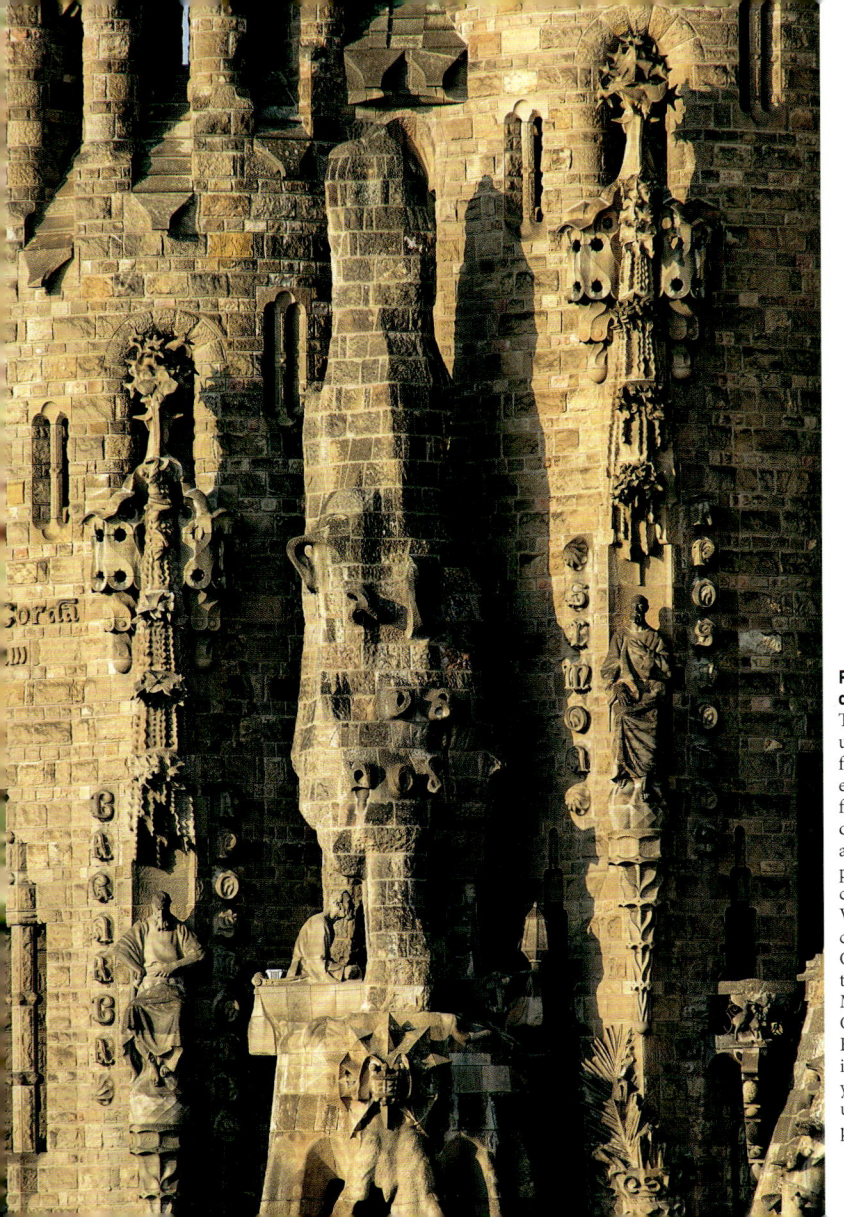

Pináculo del pórtico de la Esperanza
Tiene la forma de uno de los picos más famosos de Montserrat: el Cavall Bernat (en la foto de la derecha). Hay que recordar que pocos años antes, en 1881, el papa León XIII coronó canónicamente a la Virgen de Montserrat como patrona de Cataluña y que Gaudí trabajó en el Rosario Monumental de la Santa Cueva de Montserrat. El pico lleva inscrita la invocación «Sálvanos» y en su base se refugia una barca gobernada por san José.

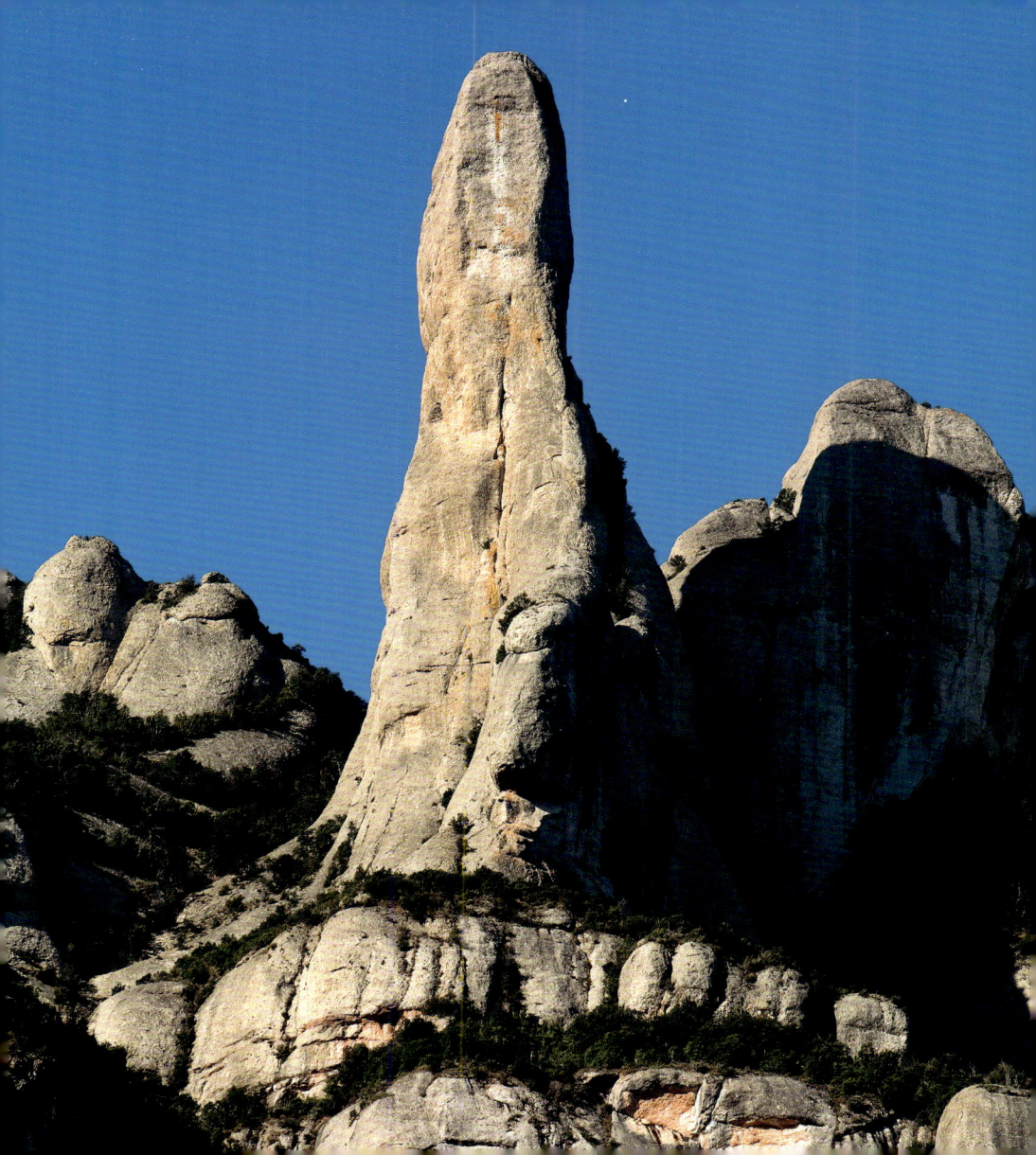

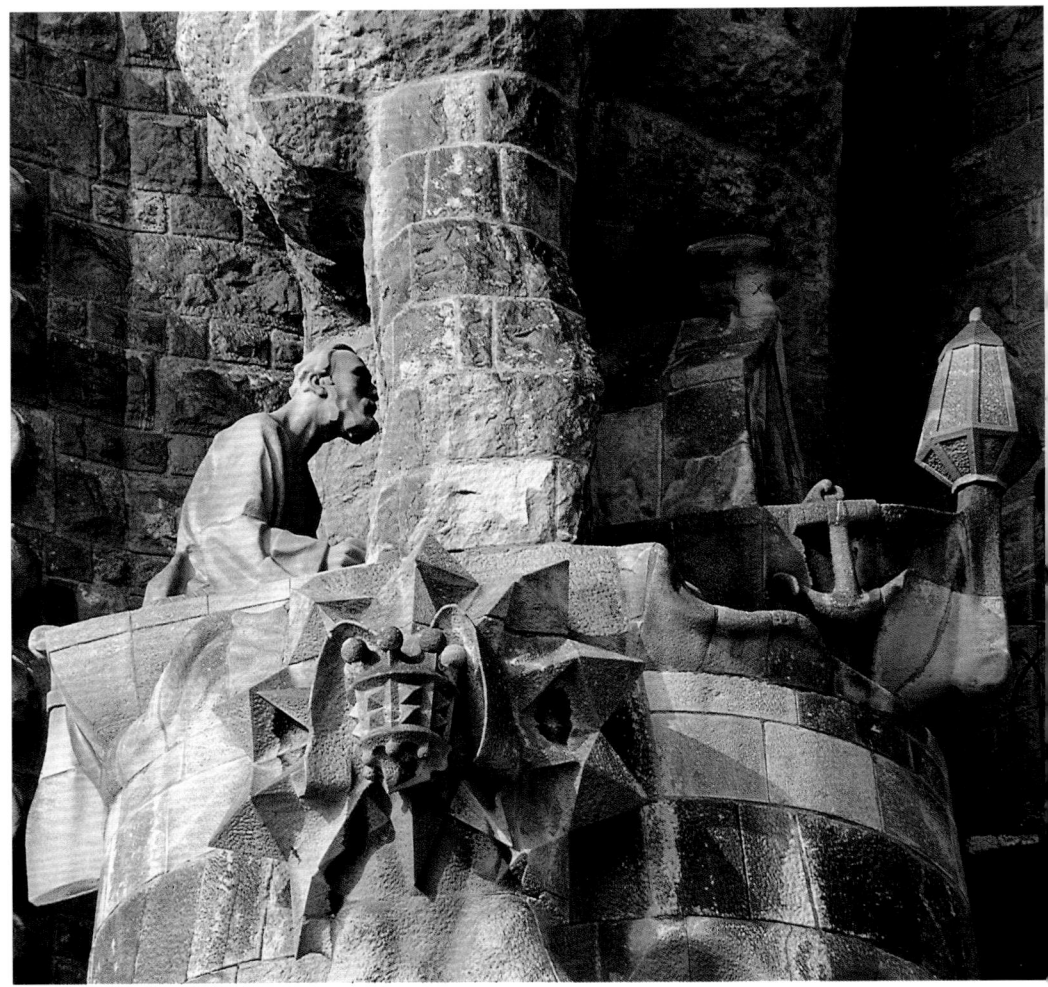

La barca de la Iglesia

San José, nombrado patrón de la iglesia universal en 1870,
guía la barca de la Iglesia. En ella transporta el arca de la
alianza «nueva y eterna» con el Espíritu Santo sobre ella.

El anagrama de la Virgen, la M con corona (Reina de los
Cielos) sobre la *Stella Maris* (Estrella de los Mares, un
antiguo título de María), asegura el éxito de la travesía.

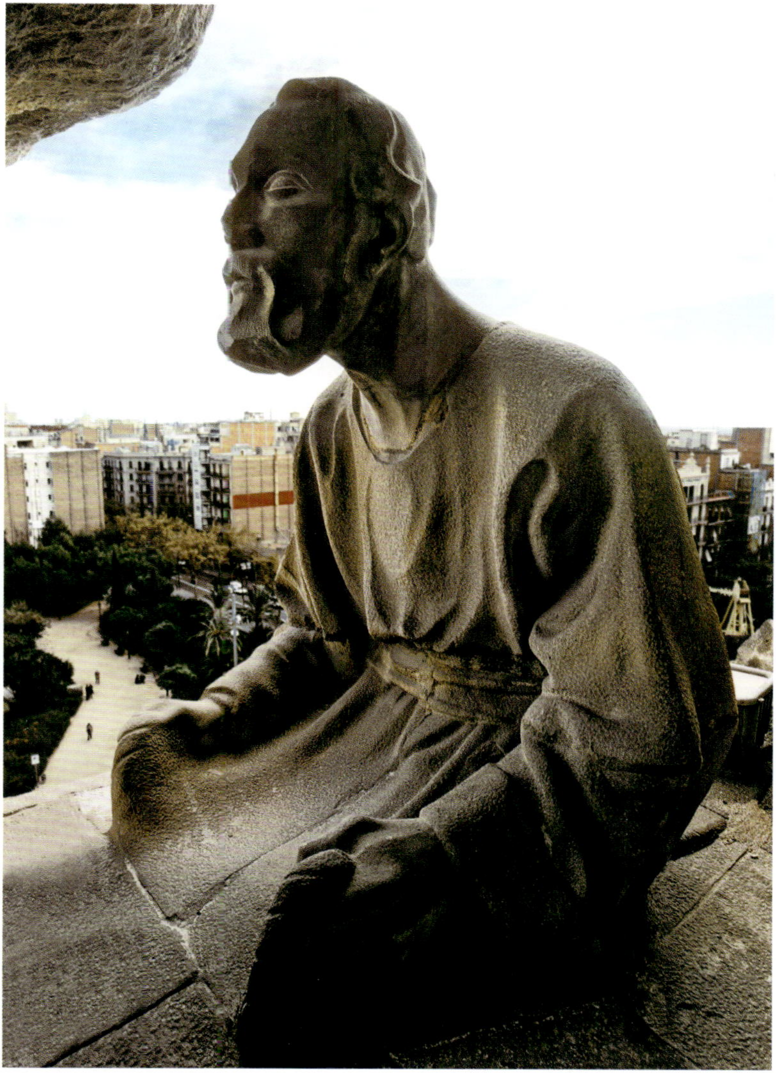

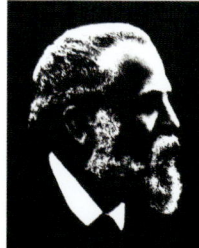

Homenaje a Gaudí
El san José que dirige
la barca presenta cierto
parecido con Gaudí, lo
que podría interpretar-
se como un homenaje
póstumo rendido por
los trabajadores del
templo al arquitecto ya
que esta escultura se
realizó después de su
muerte.

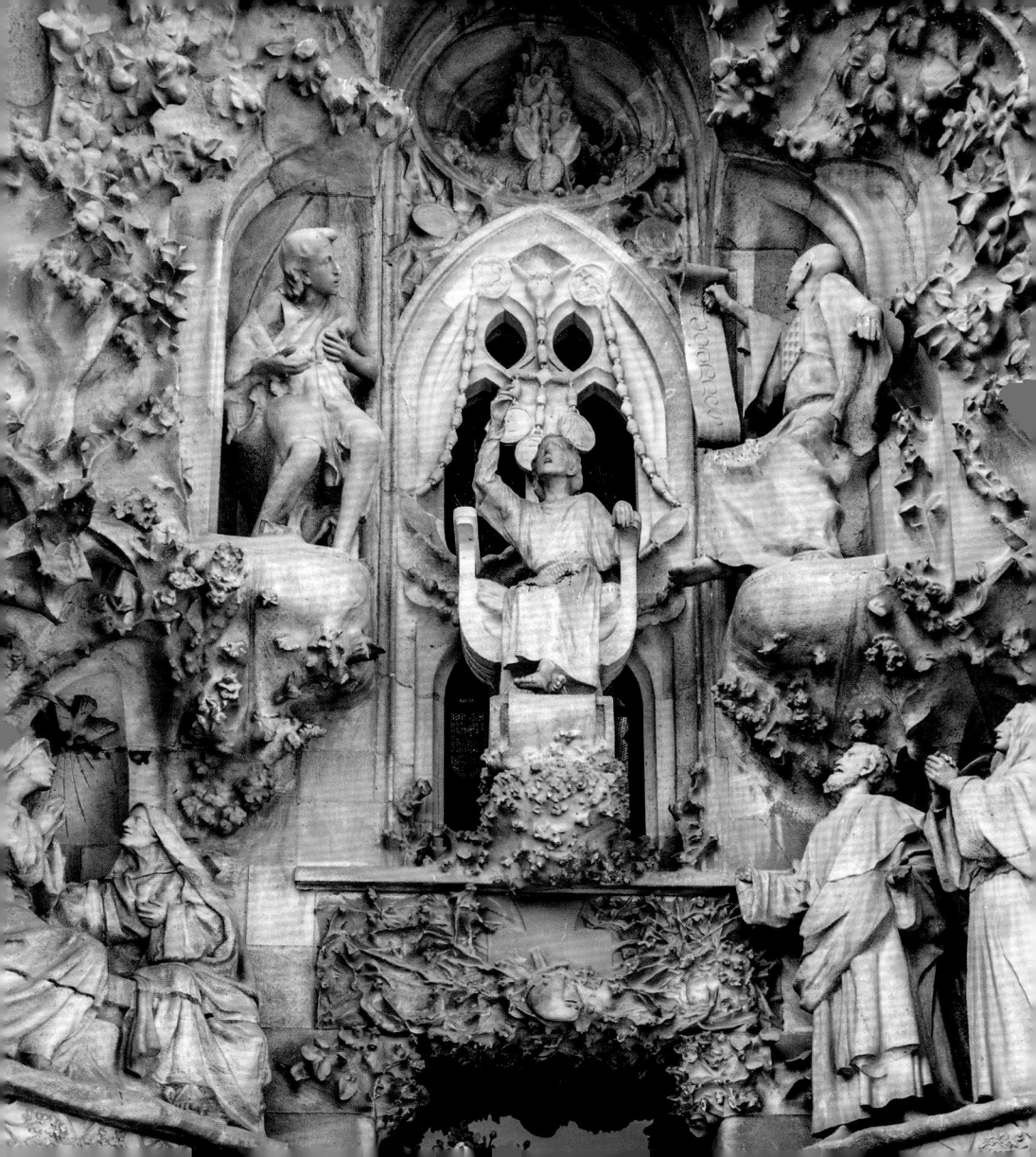

Pórtico de la Fe

El pórtico de la derecha es el de la Fe, con ilustraciones de algunos pasajes evangélicos y los dogmas mayores de la religión católica, todos ellos objeto de esta virtud teologal.

Entre las diferentes figuras y grupos escultóricos se puede ver, en el dintel de la puerta, el corazón de Jesús, de crudo realismo, con espinas clavadas, flores y abejas que liban su sangre divina. Encima se combinan varios grupos: la Visitación de María a su prima Isabel; la casa de Nazaret, donde Jesús trabaja como carpintero; José y María admirando a Jesús, que da fe de su divinidad; el sacerdote Zacarías escribiendo en la pared el nombre de Juan, al anunciarle el ángel que su esposa está encinta, y, enfrente, el mismo san Juan Bautista niño, primo de Jesús. Y, en la lonja, el grupo de la Presentación de Jesús en el templo.

En los niveles superiores se representan, con figuras o con símbolos, las grandes declaraciones básicas del catolicismo. La lámpara que representa la trinidad —Padre, Hijo y Espíritu Santo— y que tiene por ello tres mechas. Después, la inmaculada concepción, dogma de renovada actualidad en la época de Gaudí, y cuya formulación suele olvidarse: «(…) la santísima Virgen María fue preservada inmune de toda mancha de culpa original, en el primer instante de su concepción, por singular gracia y privilegio de Dios omnipotente (…)», y de ahí la jaculatoria que dice: «Ave María purísima, sin pecado concebida». Seguidamente, la eucaristía, representada por racimos de uva y espigas de trigo. Y, en la culminación, la Providencia Divina, como suprema sabiduría de Dios que rige y conserva el universo, sintetizada en un símbolo expresivo ya usado en las iglesias medievales: una mano que lleva incrustado un ojo, como corresponde al cuidado y previsión de Dios, que todo lo cuida y todo lo conoce.

Aunque los elementos constructivos y arquitectónicos constituyen la base de la fachada del Nacimiento, son la ornamentación, las esculturas y los símbolos corpóreos los que llaman primeramente la atención

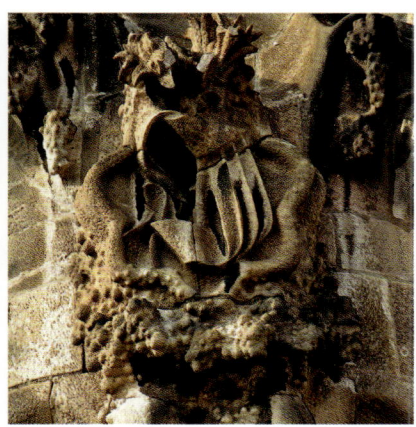

Anagrama de José
En el pórtico de la Fe, dedicado a María, aparece en la base del pináculo bajo la imagen de la Inmaculada Concepción, el anagrama de José.

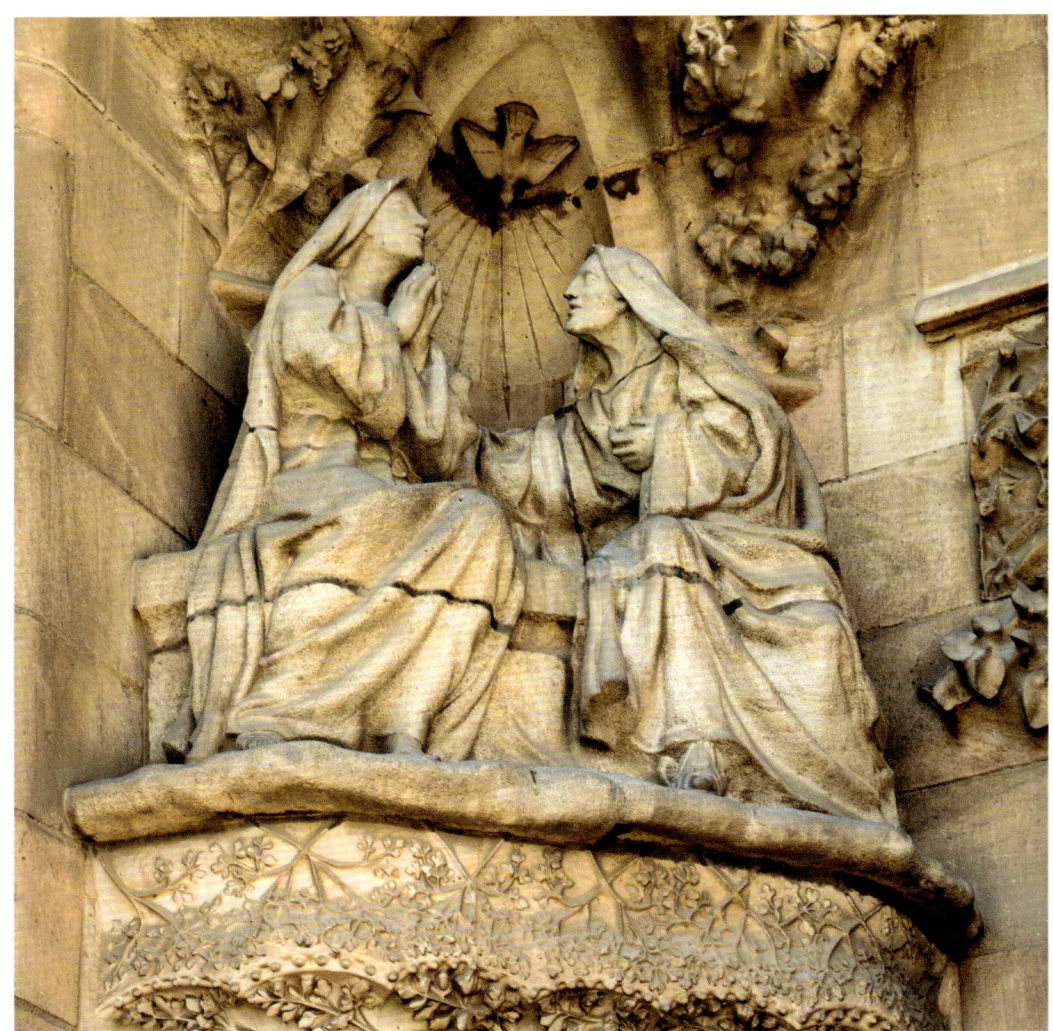

La Visitación
Situado en la jamba de la izquierda, representa la visita de María después
de la anunciación a su prima Isabel, embarazada de san Juan Bautista.

por su profusión y espectacularidad. En relación con ello, y en concreto con las figuras de animales, de seres humanos, de ángeles y divinidades, vale la pena recordar la siguiente observación de Gaudí, con la que sin duda pretendía sorprender: «La expresión más intensa de una figura la da el esqueleto; todas las otras cosas son detalles que lo visten, y muchos de estos, vistos a distancia, desaparecen». Por eso tenía en el taller un esqueleto articulado y, colgando del techo y en los rincones, docenas de figuras de yeso o alambre, vestidas o desnudas, de diversos tamaños y edades, así como un esqueleto de metal, que llevaba en el bolsillo.

¿Será preciso decir que las mencionadas palabras del maestro sugieren, por una parte, que la estructura es más importante que el adorno, y por otra, que la muerte es más cierta y duradera que la vida? Con todo, su pensamiento estaría incompleto si se olvidasen otras palabras suyas que apuntan lo contrario: que el ornamento es lo que llama con más fuerza la atención y que la vida, la de aquí y la eterna, es la realidad más profunda y verdadera.

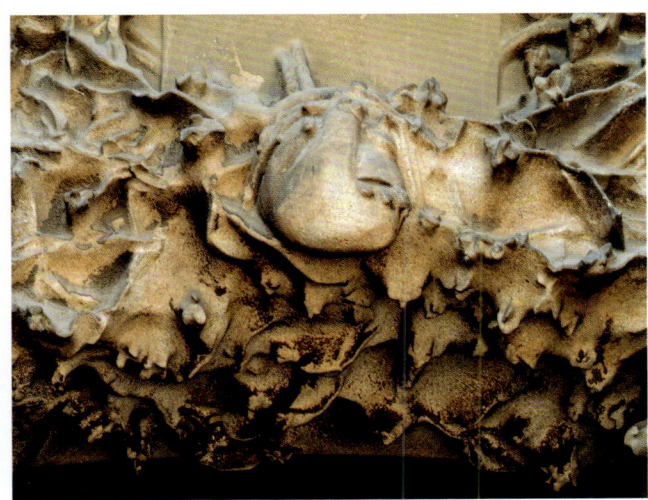

El corazón de Jesús
Está en el dintel de la puerta, sobre una cruz, con espinas
clavadas, flores y abejas que liban su sangre divina.

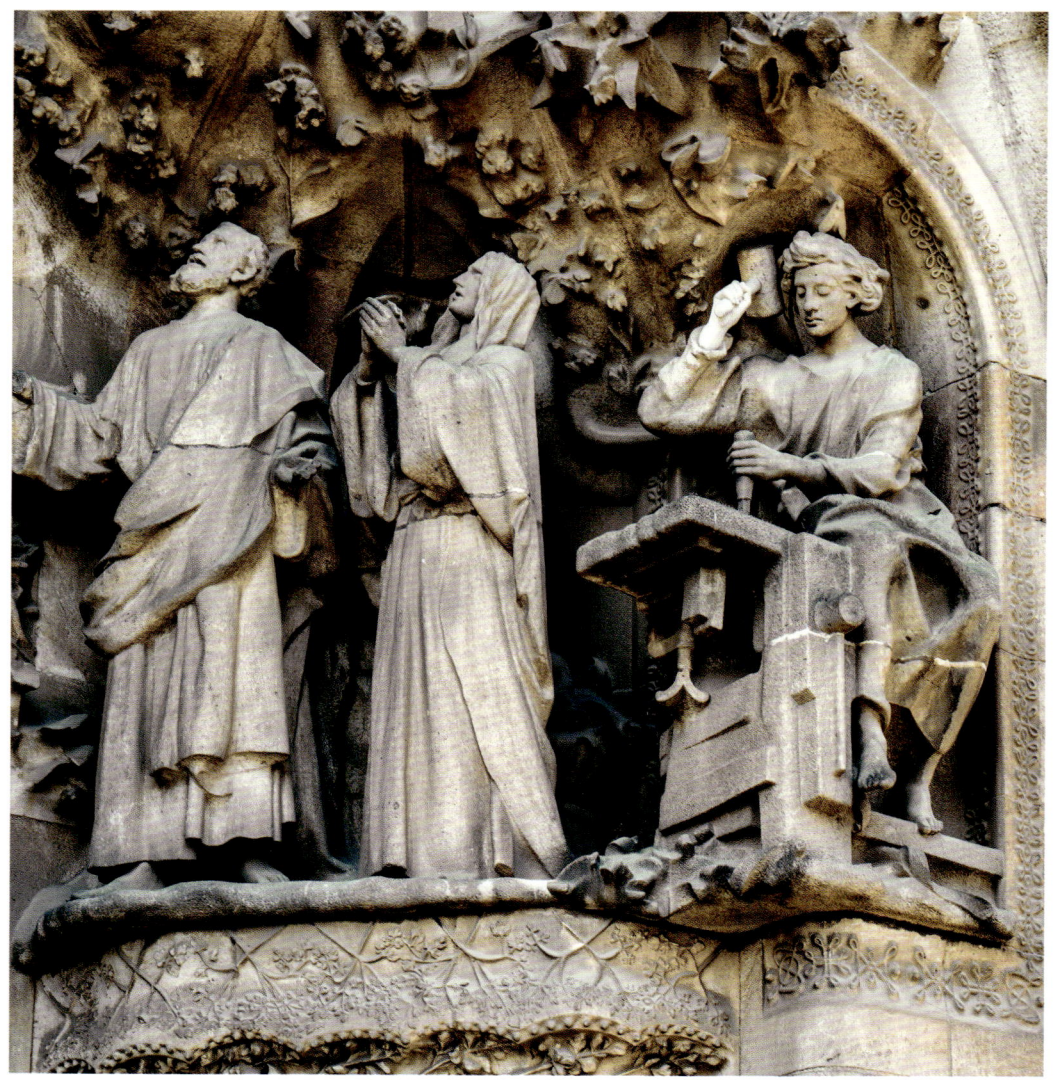

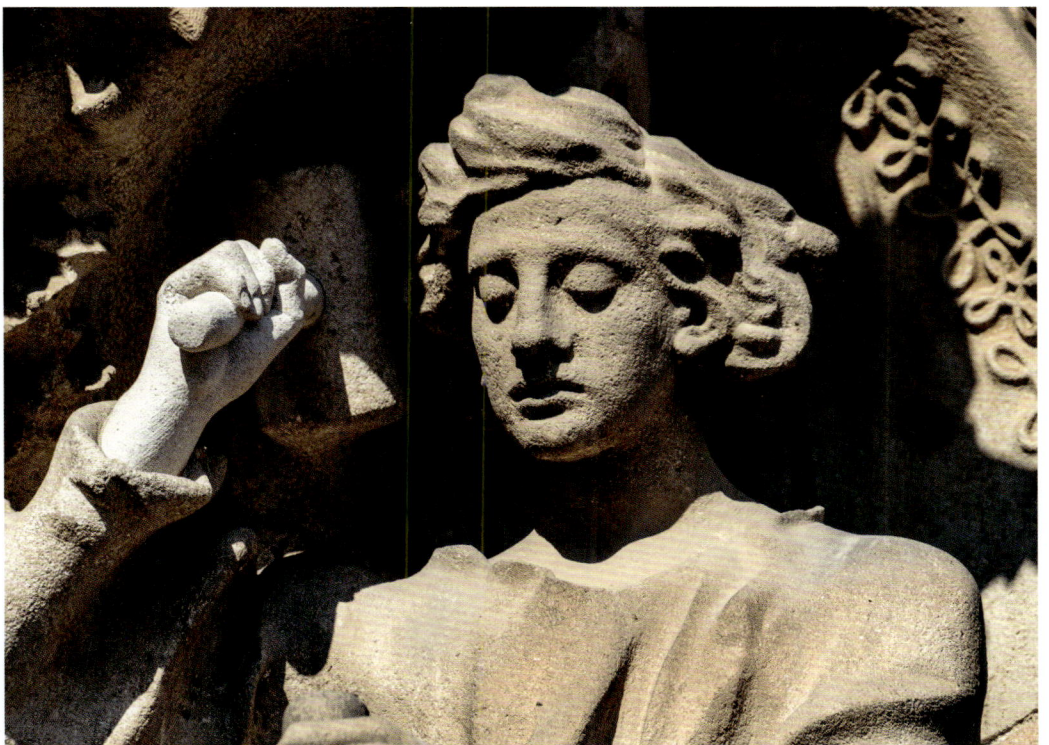

Jesús en el taller de Nazaret

Este Jesús obrero, que trabaja humildemente en el taller
de su padre, responde a la voluntad de Gaudí de resaltar
el esfuerzo del trabajo como un camino a seguir.

José y María encuentran a Jesús

Aunque se encuentran en la jamba de la derecha, en la misma
peana donde se representa a Jesús trabajando en el taller de
Nazaret, no forman parte de esta escena, sino de la que se
desarrolla en el tímpano sobre la puerta: Jesús predicando en el
templo (página siguiente). Después de la angustia que sufrieron
al perder al Niño durante tres días, María y José muestran
la fe en su Hijo al contemplarlo en el templo discutiendo
humildemente con los doctores de la Ley.

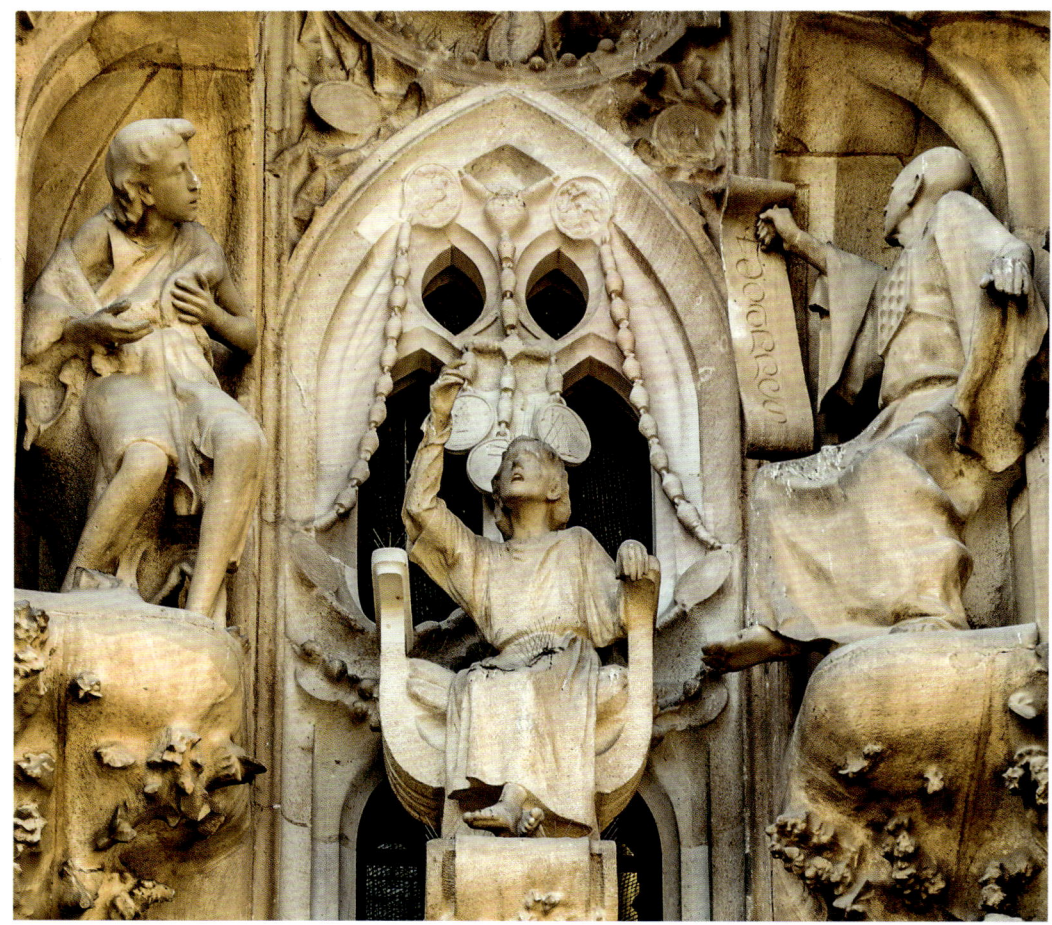

Jesús predicando en el templo

De esta escena también Gaudí hizo una representación
no habitual. Los doctores de la Ley con los que Jesús
deliberaba han sido substituidos por su primo Juan el
Bautista (a la izquierda) y por el padre de este, san Zacarías,
quien escribe el nombre de su hijo en un pergamino.

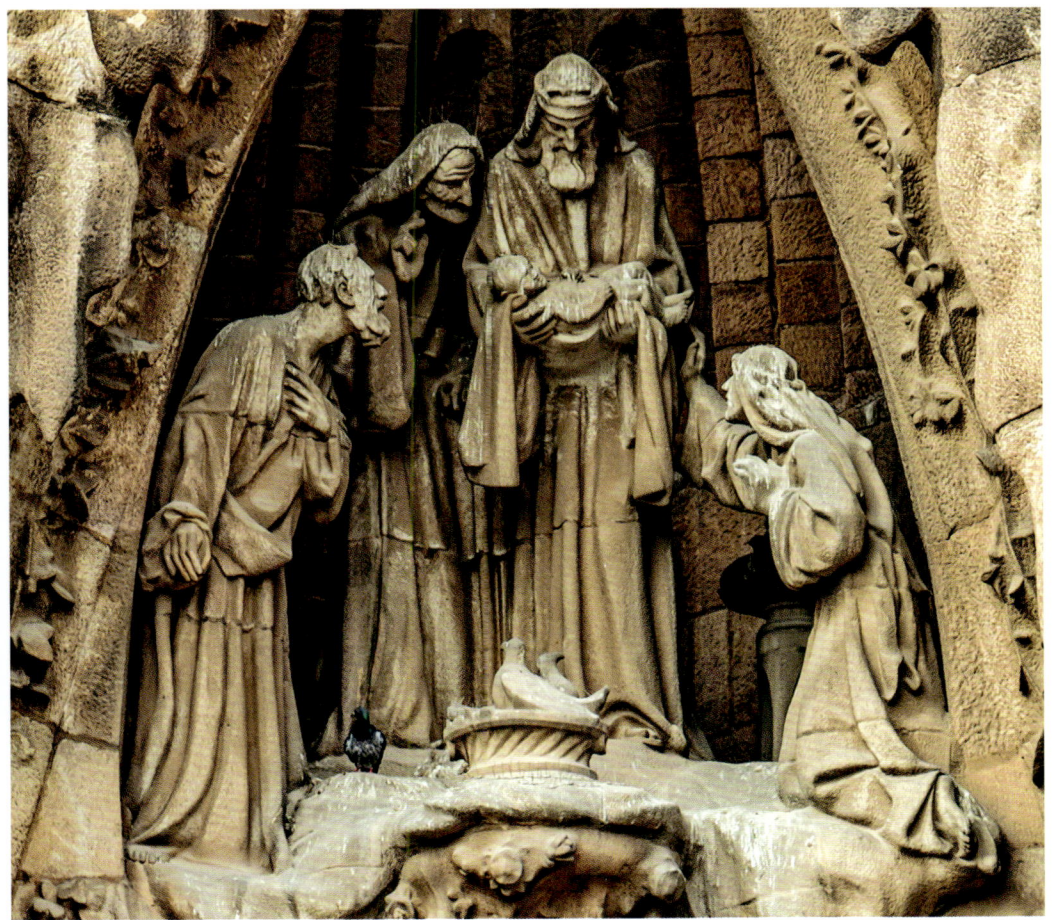

Presentación de Jesús en el templo

Según el Evangelio de Lucas, siguiendo la ley de Moisés, María y José presentaron a Jesús en el templo de Jerusalén con dos tórtolas para el sacrificio. Allí, Simeón, guiado por el Espíritu Santo, y en presencia de la profetisa Ana, lo tomó en brazos y anunció que el Niño era el Salvador. Este grupo escultórico se encuentra en la cima del tímpano de la puerta, sobre el que se alza el pináculo.

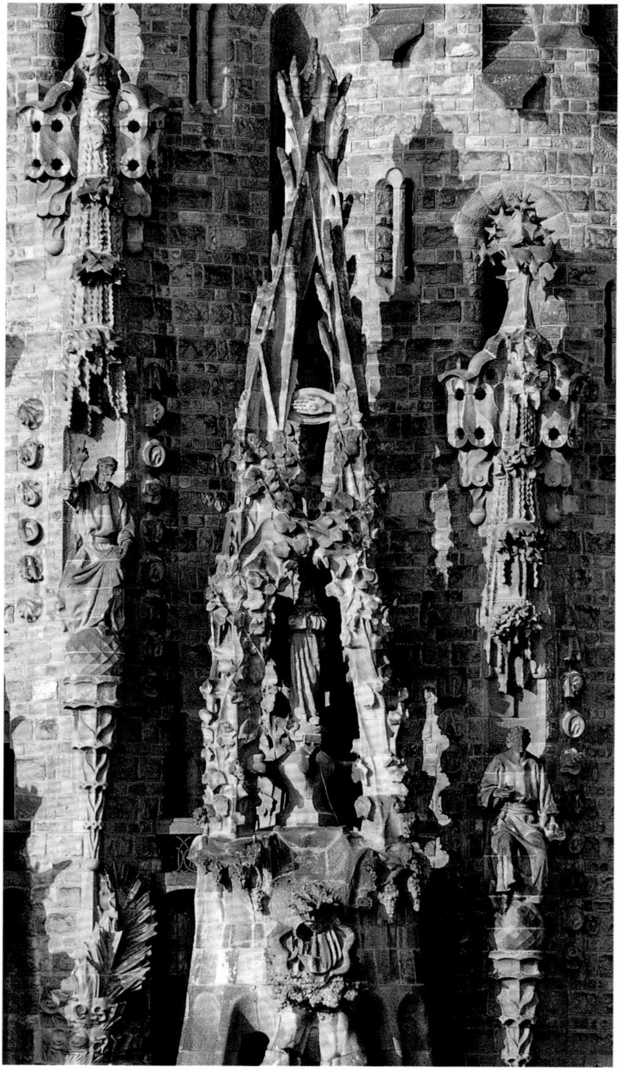

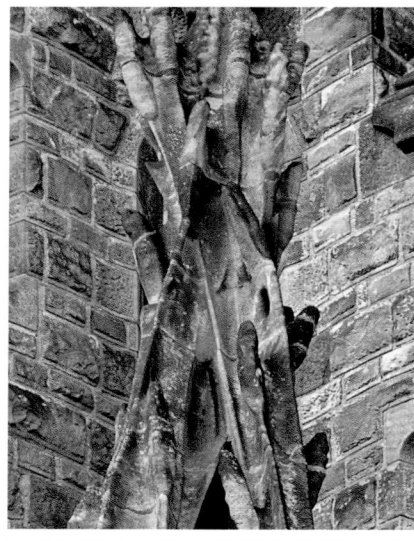

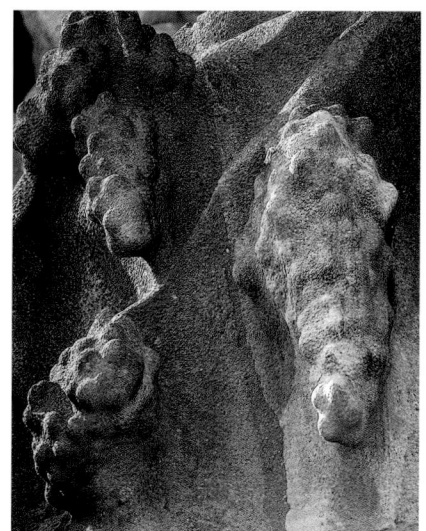

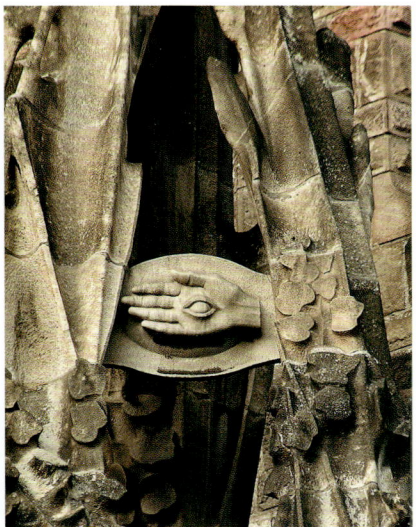

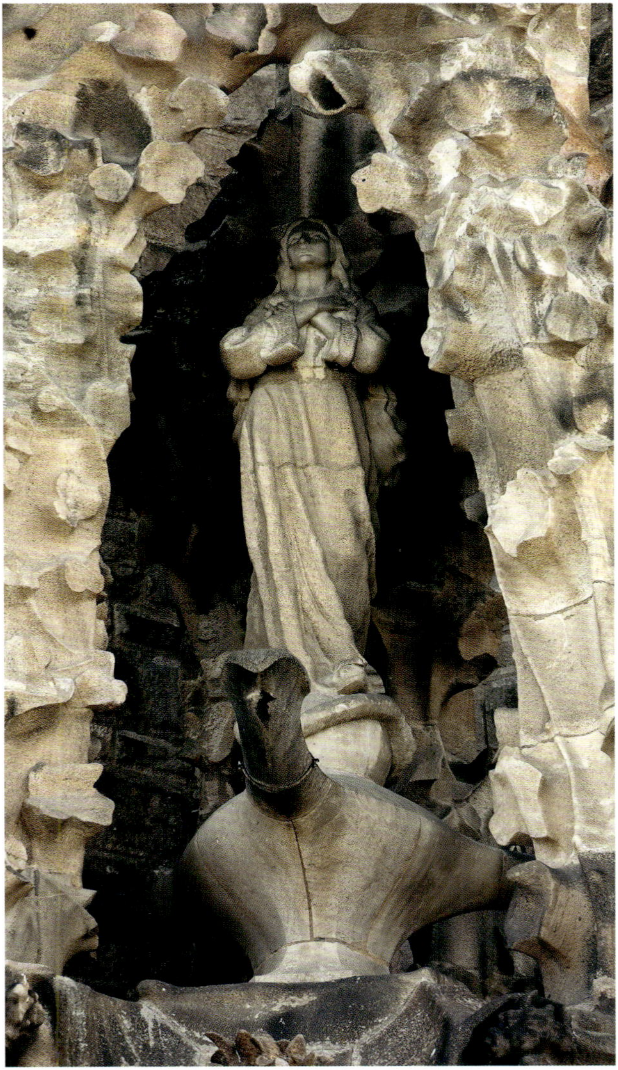

Pináculo del pórtico de la Fe

Sobre el anagrama de José, se abre una
cueva donde se representa la imagen de
la Purísima Concepción que se apoya
sobre un candelabro de tres brazos
símbolo de la Santísima Trinidad.
Tanto la inmaculada como la trinidad
son dos de los principales dogmas
de fe católicos. Sobre la imagen de la
Inmaculada, una mano derecha con
un ojo inscrito simboliza la Divina
Providencia, que indica el conjunto
de acciones activas de Dios en socorro
del mundo. La cumbre del pináculo
lo forman un entrelazado de espigas,
que junto con las vides que cuelgan
de la base del pináculo, simbolizan
la eucaristía, el sacramento que Jesús
instituyó en la Última Cena: el pan
y el vino transubstanciados en su
cuerpo y sangre como símbolo de la
alianza nueva y eterna entre Dios y la
humanidad.

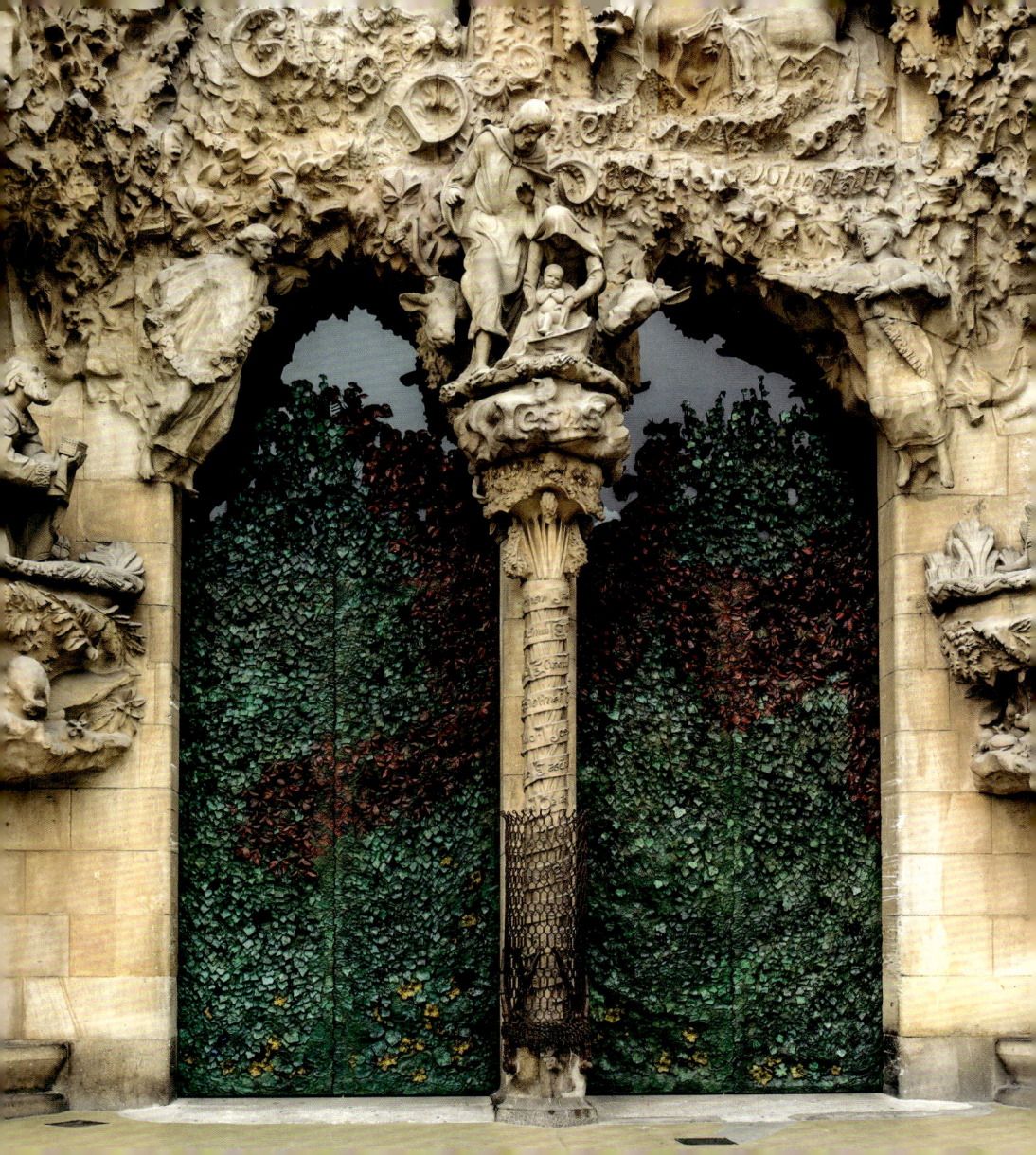

Las puertas del Nacimiento

Con la colocación de las puertas en 2015, esta fachada (la única construida en vida de Gaudí) ha quedado totalmente completada. Las ha construido en bronce el escultor Etsuro Sotoo y siguen a la perfección el programa de exaltación de la belleza de la vida que representa el nacimiento de Cristo.

La del portal de la Caridad, la central, está recubierta de hiedra porque según Sotoo representa el amor al sostenerse unas ramas sobre otras. Además el verde de las hojas, en la parte superior de la puerta, se torna rojo dibujando las iniciales José y María, cuyo amor dio lugar a la Sagrada Familia.

La de la Esperanza, dedicada a José, reproduce, como el resto del portal, la flora del Nilo, especialmente cañas y lirios; y la de la Fe, dedicada a María, las rosas sin espinas, símbolo de la Virgen.

Entre la vegetación de todas las puertas, la vida animal brota de la misma manera que lo hace en la piedra del resto de la fachada.

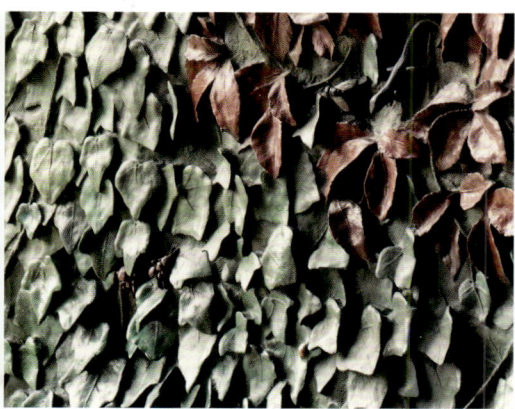

Puerta del portal de la Caridad
Insectos y pequeños reptiles pueblan las hojas de hiedra que se tornan rojas en la parte superior.

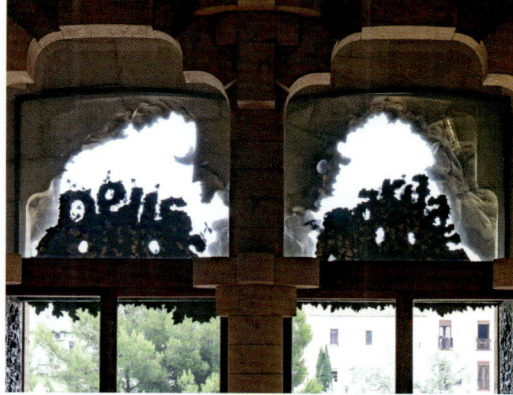

«Deus Charitas»
Desde el interior, la puerta de la Caridad dibuja la expresión «El amor de Dios» en latín.

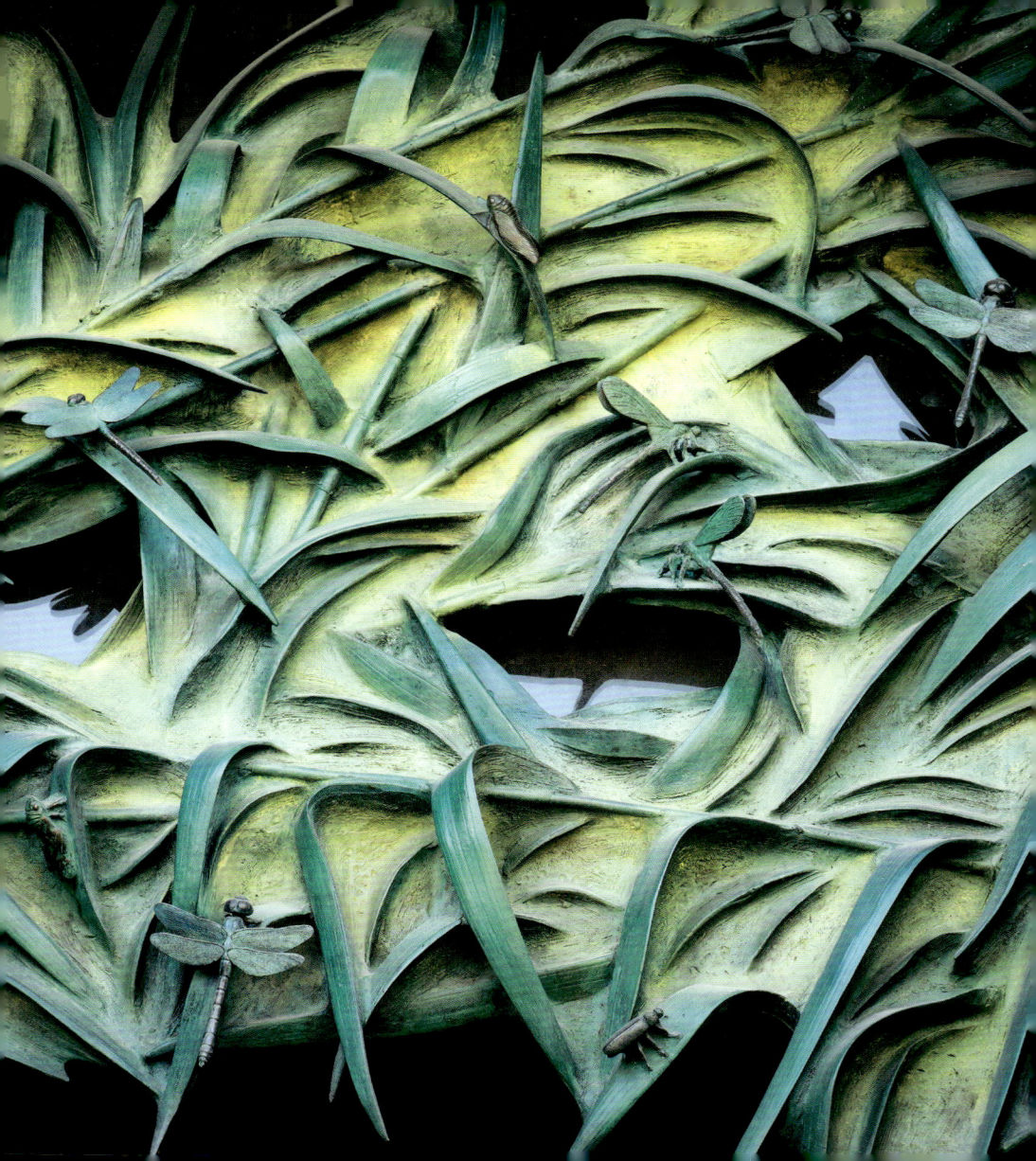

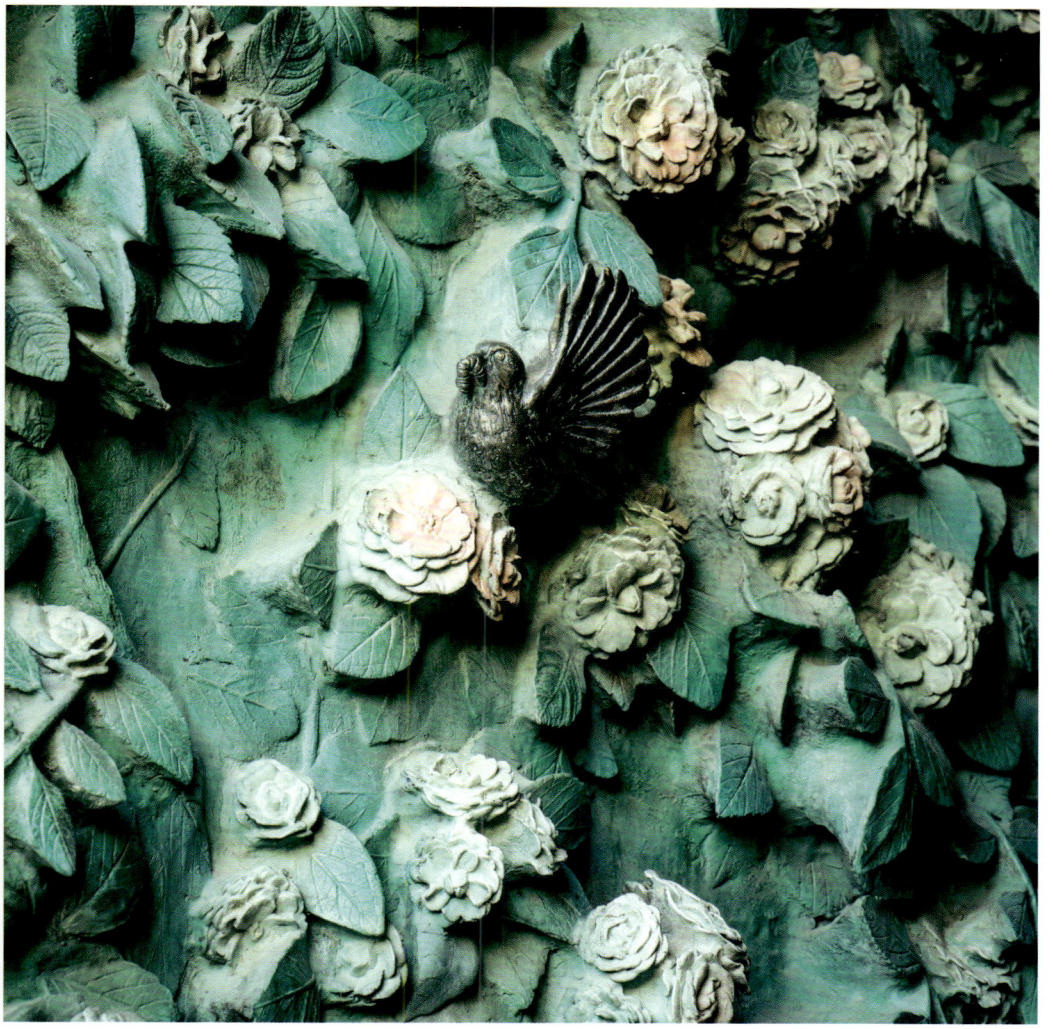

← Puerta del portal de la Esperanza
A la izquierda, las cañas pobladas de insectos.

Puerta del portal de la Fe
Detalle de un ave entre las rosas sin espinas.

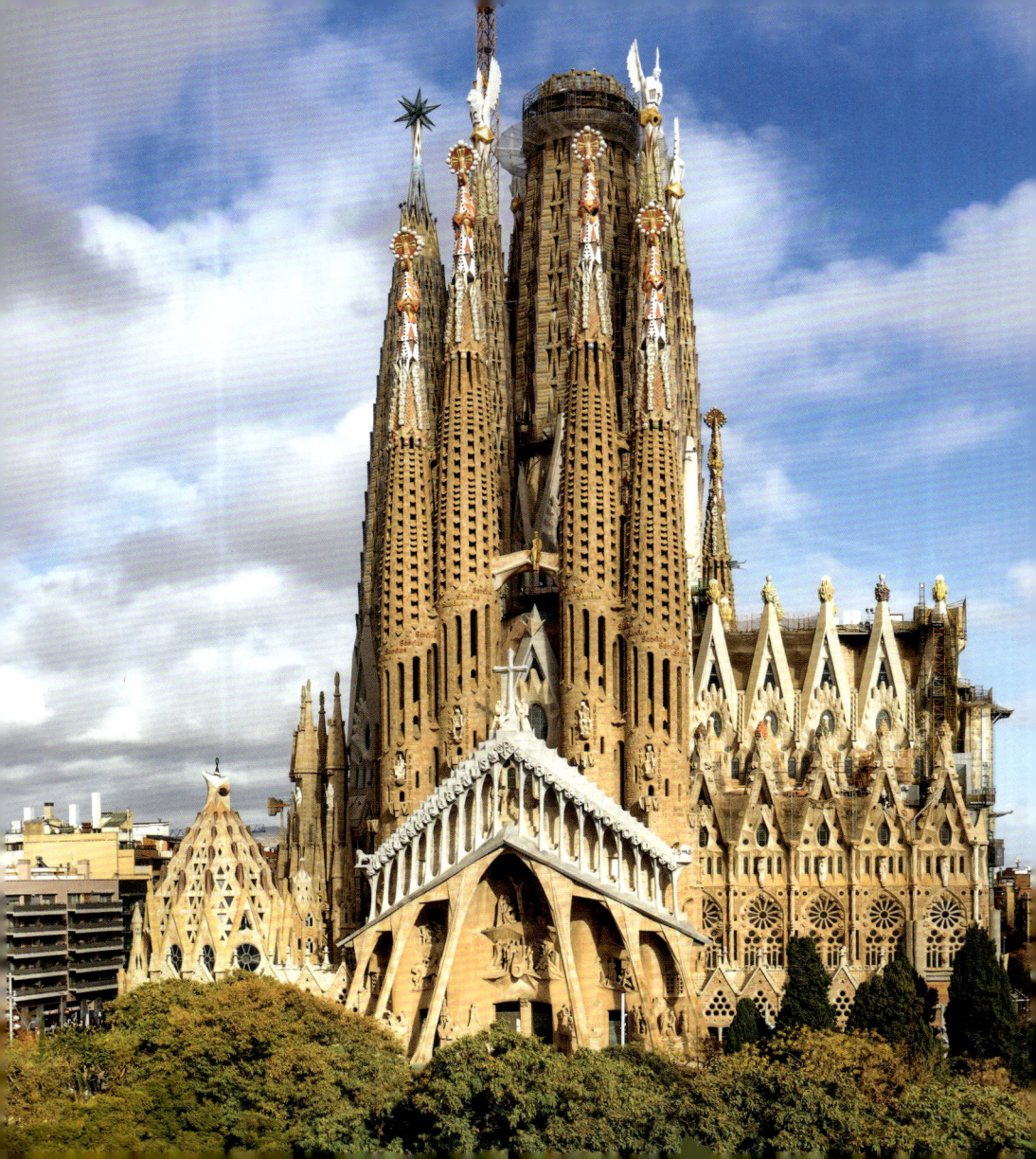

La fachada de la Pasión

«Si hubiese empezado construyendo esta fachada, la gente se hubiera retraído». Esta era la explicación que daba Gaudí para no haber comenzado el templo por la fachada de la Pasión (ver páginas interiores de la contracubierta).

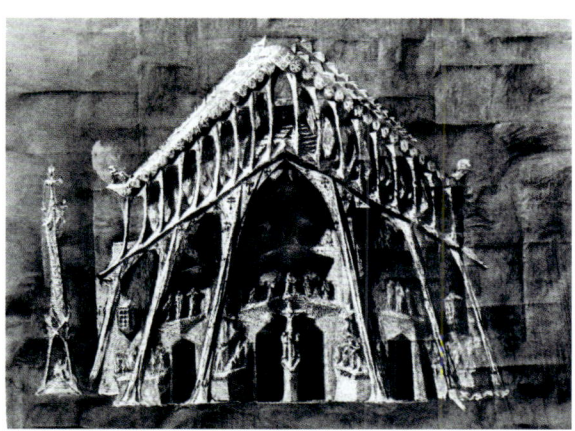

Dibujo original de Gaudí
Proyecto para la fachada de la pasión dibujado por Gaudí en 1911 mientras convalecía de una grave enfermedad.

← **Fachada de la Pasión**
Al atardecer, muestra el conmovedor poder expresivo del gran atrio de seis columnas sobre el que se alza un cimacio piramidal con 18 columnas.

Esto, demuestra el impacto dramático que pretendía; había meditado mucho esta entrada que —con más propiedad— debería llamarse de la Pasión y Muerte.

Cuando estuvo enfermo en Puigcerdà, en 1911, donde hizo testamento por creer que se encontraba a las puertas de la muerte, hizo una composición de este pórtico —que aún se conserva— en la que se esboza la historia de la última semana de vida de Jesús. Por el dibujo podemos decir que se trata de figuras altamente conmovedoras, y nos hacen pensar en la tradición de esculturas y pinturas del expresionismo que era una de las corrientes artísticas preferidas de Gaudí, como puso de manifiesto en la cripta de la Colònia Güell.

Pero lo que más impresiona en aquel dibujo es el atrio, hecho con columnas que recuerdan huesos, algo realmente perturbador por su novedad y su fuerza. «Estoy dispuesto a sacrificar la misma construcción, a romper arcos, cortar columnas, con el fin de dar una idea de cómo es de cruento el sacrificio», había dicho Gaudí.

Como es sabido, no vivió lo suficiente para poder realizar esta entrada lateral terrorífica y, en 1988, fue encargado de crear las esculturas correspondientes el escultor Josep Maria Subirachs. Que este era quizá el artista más indicado del momento lo demuestran unas consideraciones del estudioso del arte catalán Cirici Pellicer cuando, en su obra *L'art català contemporani*, de 1970, dice: «(Subirachs) creaba una escultura singular que nos hacía pensar en Gaudí, en la situación violenta típica de todos aquellos portadores de fuego que chocan con las mezquindades».

No obstante, la designación de Subirachs por el Patronato que dirige las obras del templo, fue muy discutida desde el primer momento, en una de las polémicas más ruidosas que aquí se han conocido. Con todo, si se conservan y respetan las partes del templo realizadas por Gaudí, dejándolas bien diferenciadas del resto, parece lícito que se prosigan las obras, puesto que Gaudí insistió numerosas veces en su total terminación.

Es seguro que la construcción de las partes nuevas, hechas a partir de planos, de dibujos o de maquetas mal conservados y no necesariamente definitivos, dará como resultado una obra más gaudiniana que de Gaudí. Pero no es tan grave que sea así, puesto que la mayoría de la gente no somos arquitectos para podernos hacer una idea clara y suficiente de cómo sería la obra terminada. Varios comentaristas han dicho que, de verse acabado,

El huerto de la resurrección

Sobre el atrio, entre el frontón de 18 columnas y la pared de la fachada, se encuentra la cantera del sepulcro vacío, que, según los evangelios, quedó en desuso y allí nació un jardín. La vegetación (que simboliza la vida después de la muerte) empleada en este huerto es la propia del Mediterráneo.

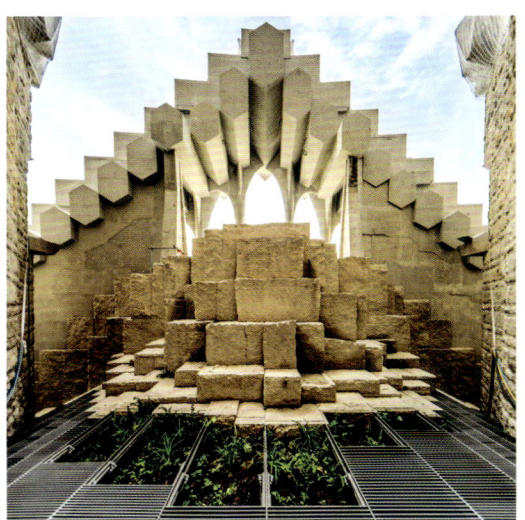
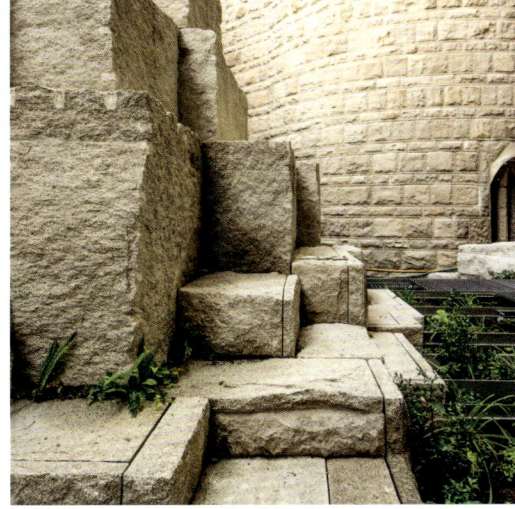

este templo superaría en grandiosidad y exuberancia a todos los realizados por la cristiandad.

Además, por ser la Sagrada Familia un templo, no tiene sentido juzgarlo solo desde el punto de vista artístico, ya que la religiosidad es, con el arte, su dimension principal.

Subirachs comenzó a realizar el encargo en 1989, después de un año de empaparse de la obra arquitectónica y escultórica de Gaudí. En una especie de escenario de tres planos, el escultor presenta la historia de la pasión desde la Última Cena hasta la muerte. Subirachs señala un orden —en forma de S invertida— para mirar las figuras desde la Santa Cena hasta la crucifixión y el enterramiento del cuerpo de Jesús. Con esta extraña disposición, Subirachs indica que no hay que dejarse llevar por el orden establecido, en una actitud parecida a la de Gaudí, e invita a buscar el significado profundo que suele hallarse en lo no convencional.

Subirachs
El escultor Josep Maria Subirachs (1927-2014) trabajó en la fachada de la Pasión, desde 1987. El artista desarrolló un lenguaje neofigurativo en el que la frontera entre la forma y la abstracción se diluye en un discurso que une los contrarios: positivo y negativo, cóncavo y convexo, lleno y vacío… Las esculturas tienen un marcado carácter dramático, casi violento, y una expresividad trágica acorde con el tema que trata: la muerte de Cristo.

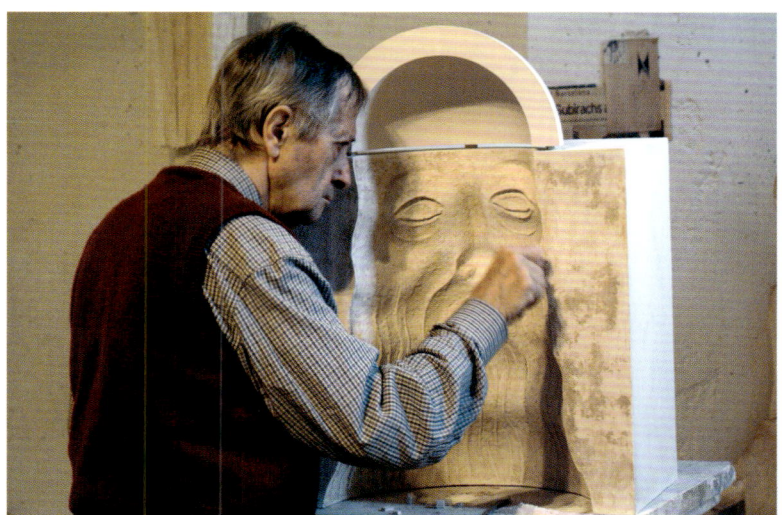

La representación del dolor y el triunfo sobre la muerte

Los doce grupos escultóricos de Josep Maria Subirachs distribuidos entre los tres portales de la fachada de la Pasión están protegidos por un gran atrio de cumbre triangular sostenido por seis columnas inclinadas que evocan el tronco de enormes secuoyas.

Sobre la cubierta del atrio, Gaudí diseñó un frontón de 18 columnas en forma de huesos en cuya parte superior se lee desarrollado el anagrama INRI: *Iesus Nazarenus, Rex Judaeorum* (Jesús de Nazaret, Rey de los judíos), que los romanos colocaron en la cruz como burla hacia el Salvador. Por ello está rematado por la Cruz Gloriosa, una cruz ya sin el cuerpo de Jesús, adorada por tres ángeles obra de Lau Feliu. Del mismo escultor son los acroterios de los extremos del frontón: el león de Judá y el cordero de Abraham. Por entre las columnas se observa el grupo escultórico del Sepulcro Vacío, obra de Francesc Fajula y único que faltaba para completar el ciclo de la pasión, muerte y resurrección de Jesús. En las paredes tras el frontón se encuentran los nombres de los patriarcas y profetas, obra diseñada por Subirachs y esculpida por su ayudante Bruno Gallart.

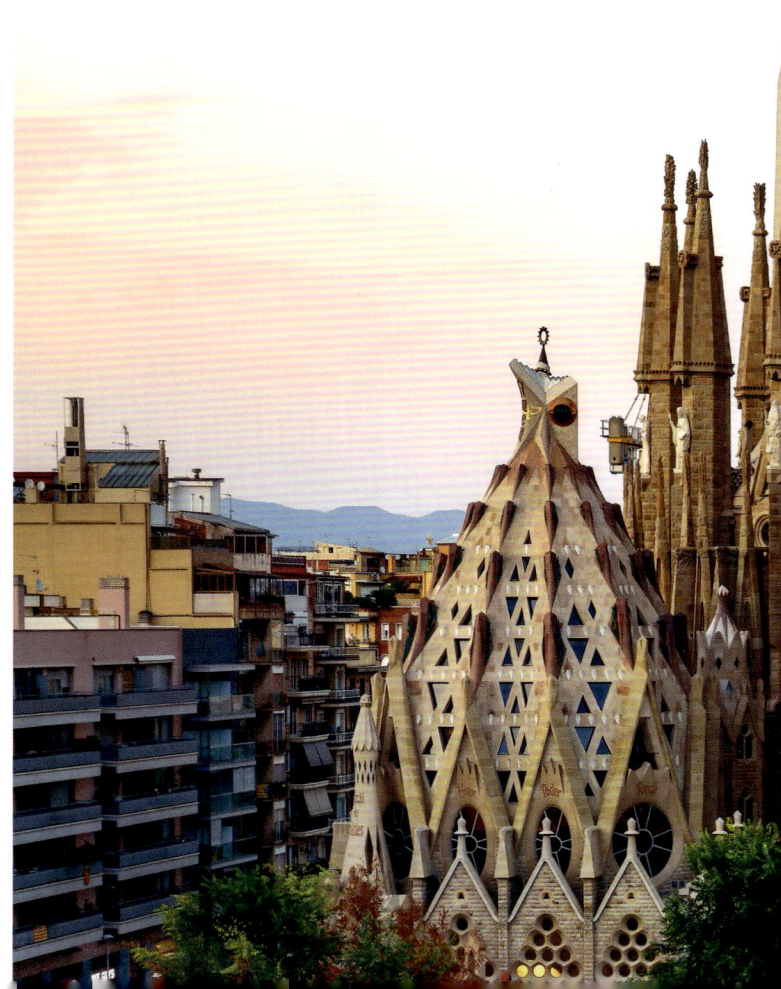

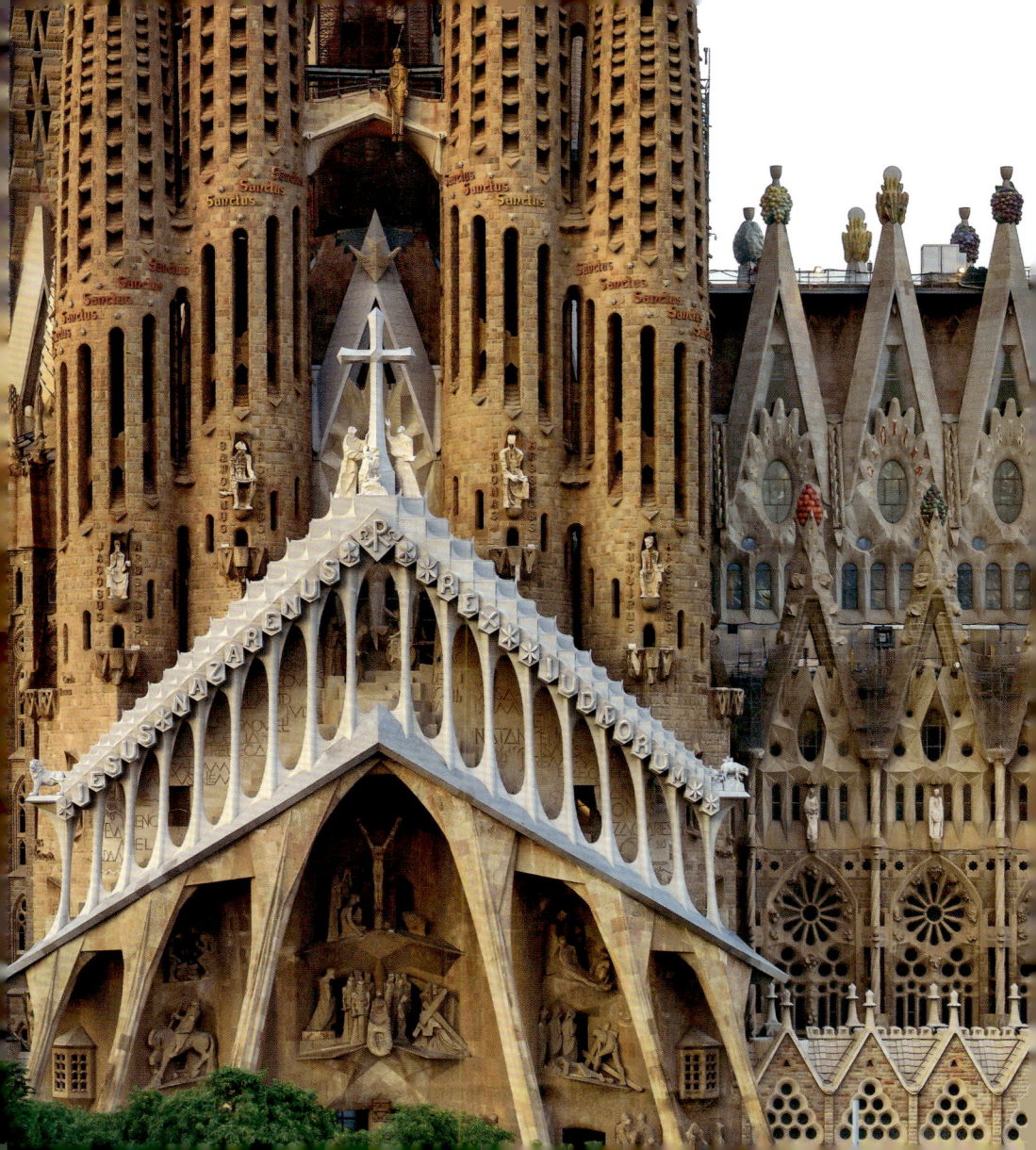

Las esculturas de Subirachs son propias de su estilo, con ángulos, líneas y perfiles muy marcados, valorando los volúmenes de los vestidos y el esquematismo de los cuerpos. Pero, al mismo tiempo, no se aleja en muchos detalles de Gaudí y su mundo. Así, la corona de espinas está realizada con espinas gaudinianas; la figura del evangelista es un trasunto de la figura de Gaudí; los guerreros están tomados con bastante fidelidad de los guerreros de la cubierta de La Pedrera; la columna a la que Jesús está atado es una columna vacilante e insegura como algunas de la cripta de la Colònia Güell; el alfa y la omega tienen aquí una gran importancia como en la mencionada cripta o en la fachada del Nacimiento, y en otras muchas obras de Gaudí.

También Subirachs juega a los acertijos, como Gaudí hace en varias de sus obras. Y el cuadrado mágico que Subirachs pone al lado del beso de Judas es un criptograma, la suma de cuyas combinaciones es siempre el número 33, el de la edad de Cristo al morir; aunque puede tener otras lecturas más o menos esotéricas. Josep Maria Subirachs sucede, en la creación plástica, a los escultores Llorenç Matamala y su hijo Joan, a Carles Mani y a Ricard Opisso, todos ellos de la época de Gaudí.

De todos los elementos que componen la basílica de la Sagrada Familia, desde los arquitectónicos a los ornamentales y los pictóricos, los más discutidos y problematicos han sido, desde el principio, las esculturas.

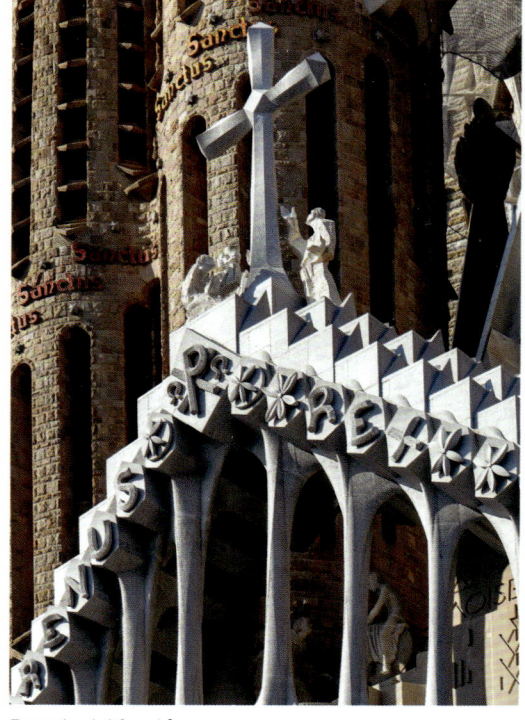

Remate del frontón
Una cornisa de basalto remata las columnas óseas, sobre la que se alza la Cruz Gloriosa.

Las esculturas →
Las distintas escenas de la pasión y muerte de Jesús tienen una disposición ascendente en forma de S en una secuencia (desde la Última Cena hasta la resurrección) que interpreta libremente las estaciones del vía crucis cristiano.

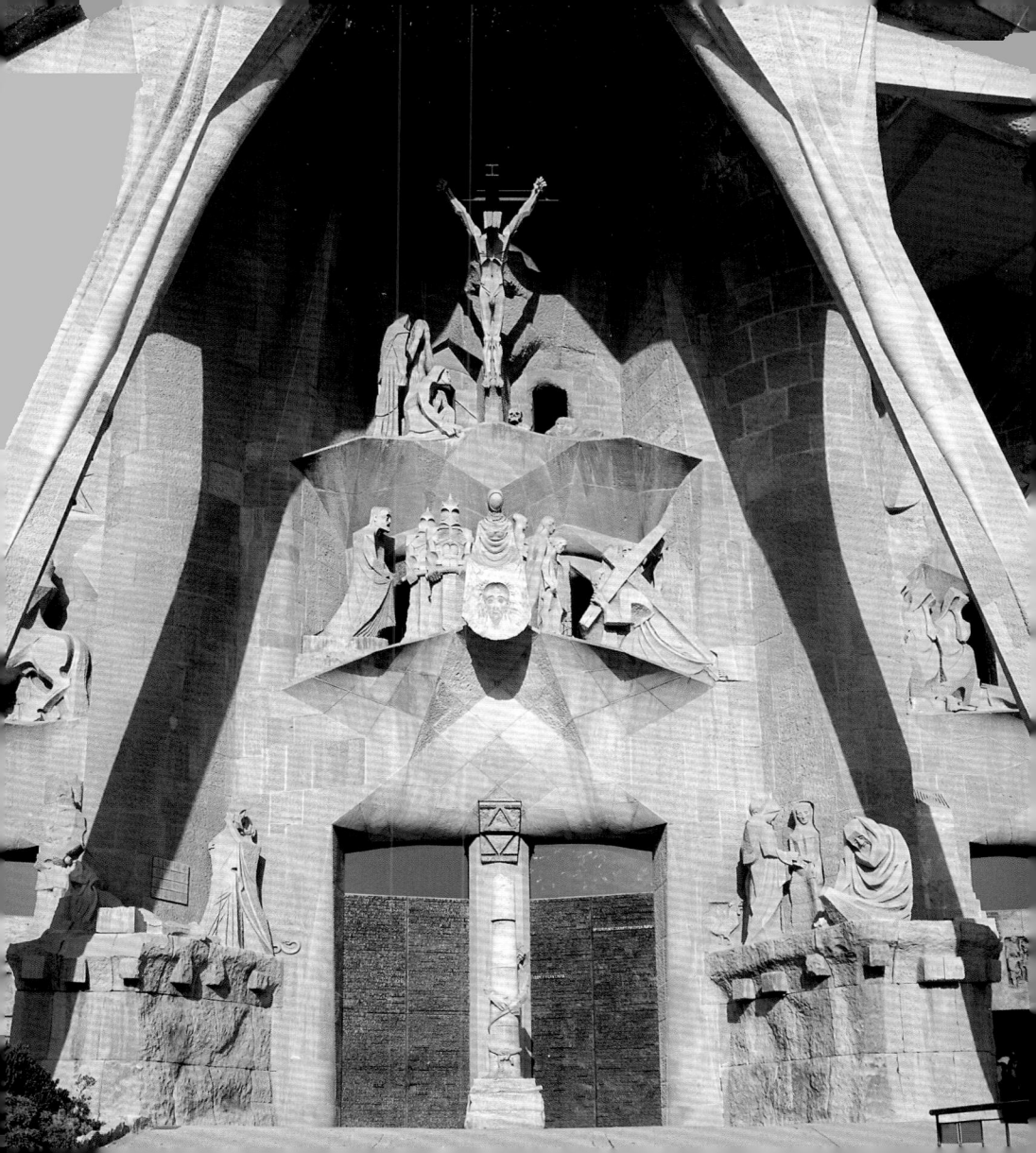

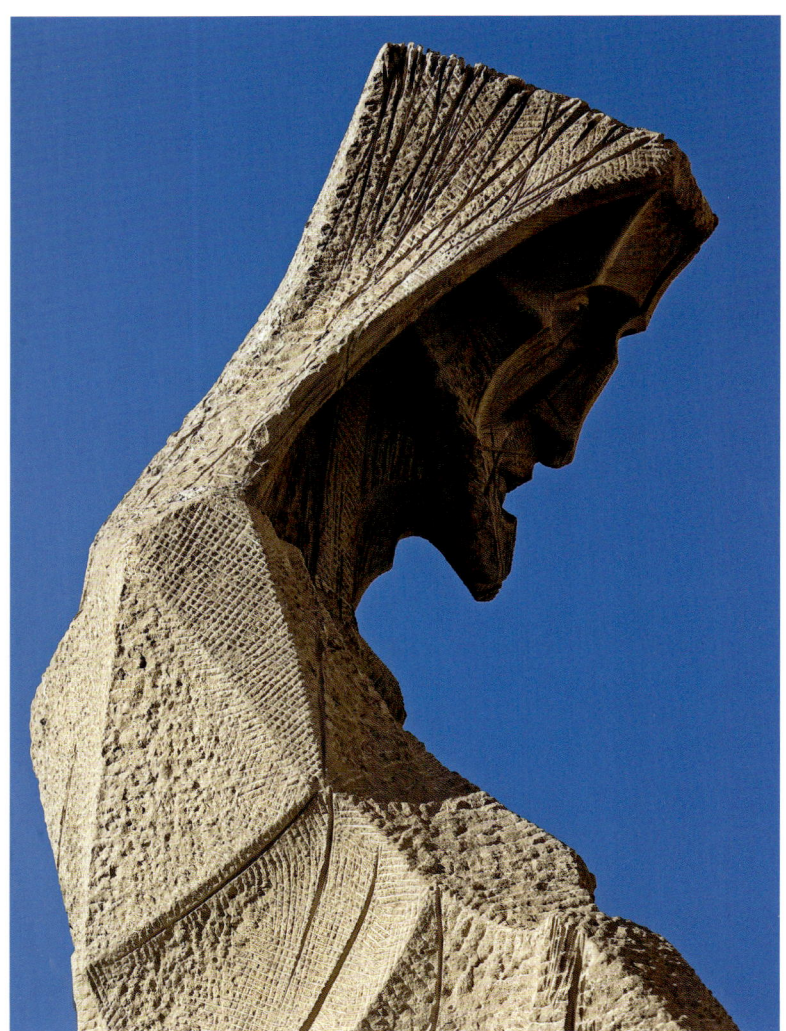

Jesús en la Última Cena

Esta figura muestra a un Jesús apesadumbrado en el momento de anunciar a sus compañeros que uno de ellos le traicionará.

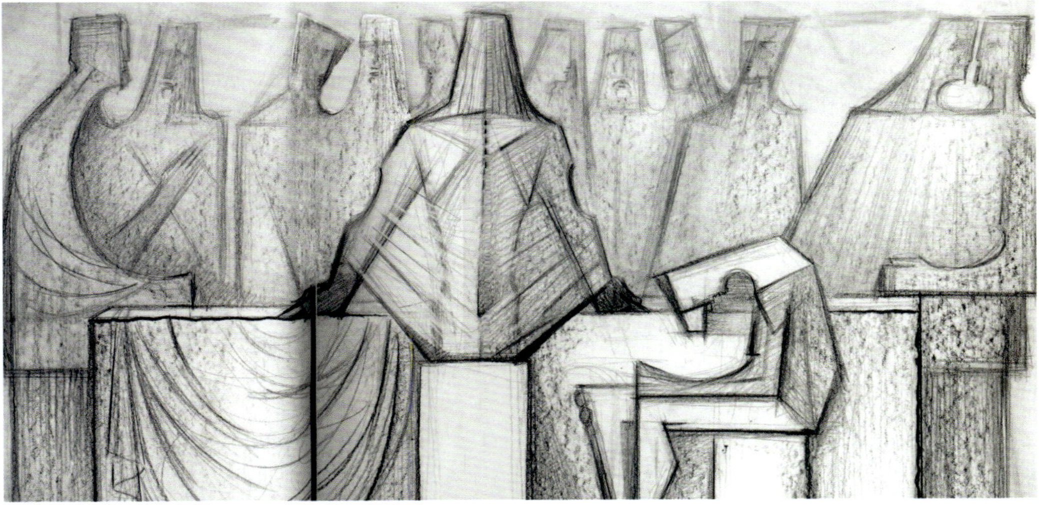

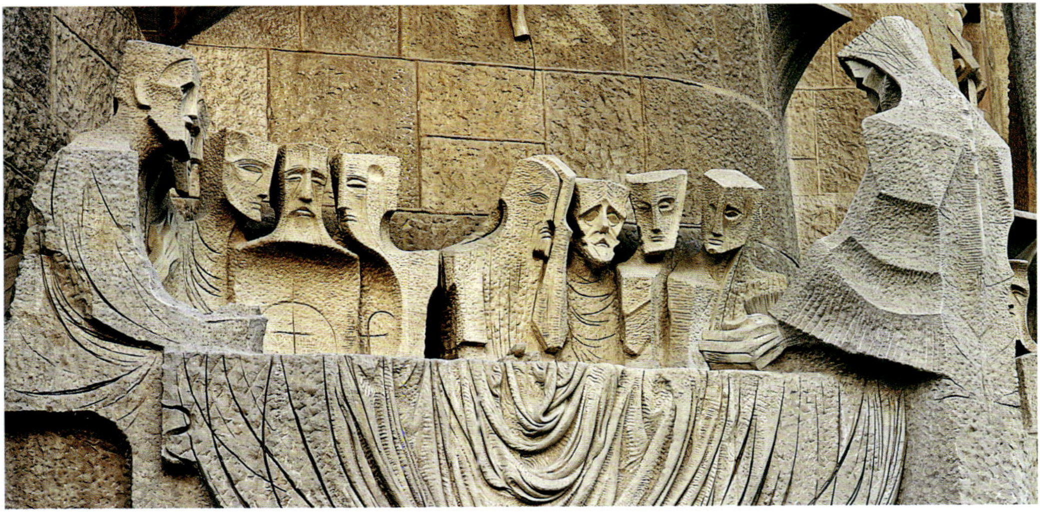

La Última Cena
Dibujo preparatorio y escultura del grupo de la Última Cena
de Jesús con los doce apóstoles.

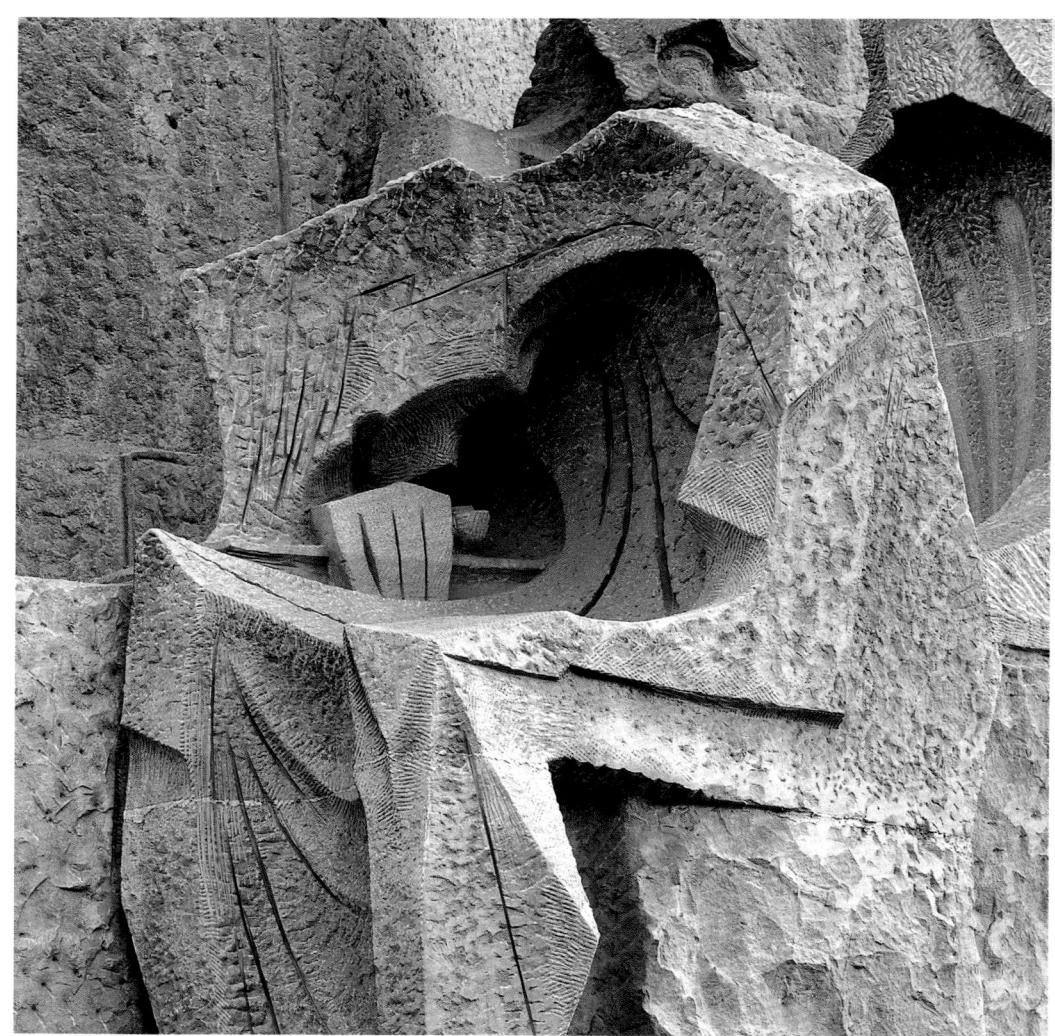

Detalle de la Última Cena
La figura de Juan expresa una profunda tristeza.

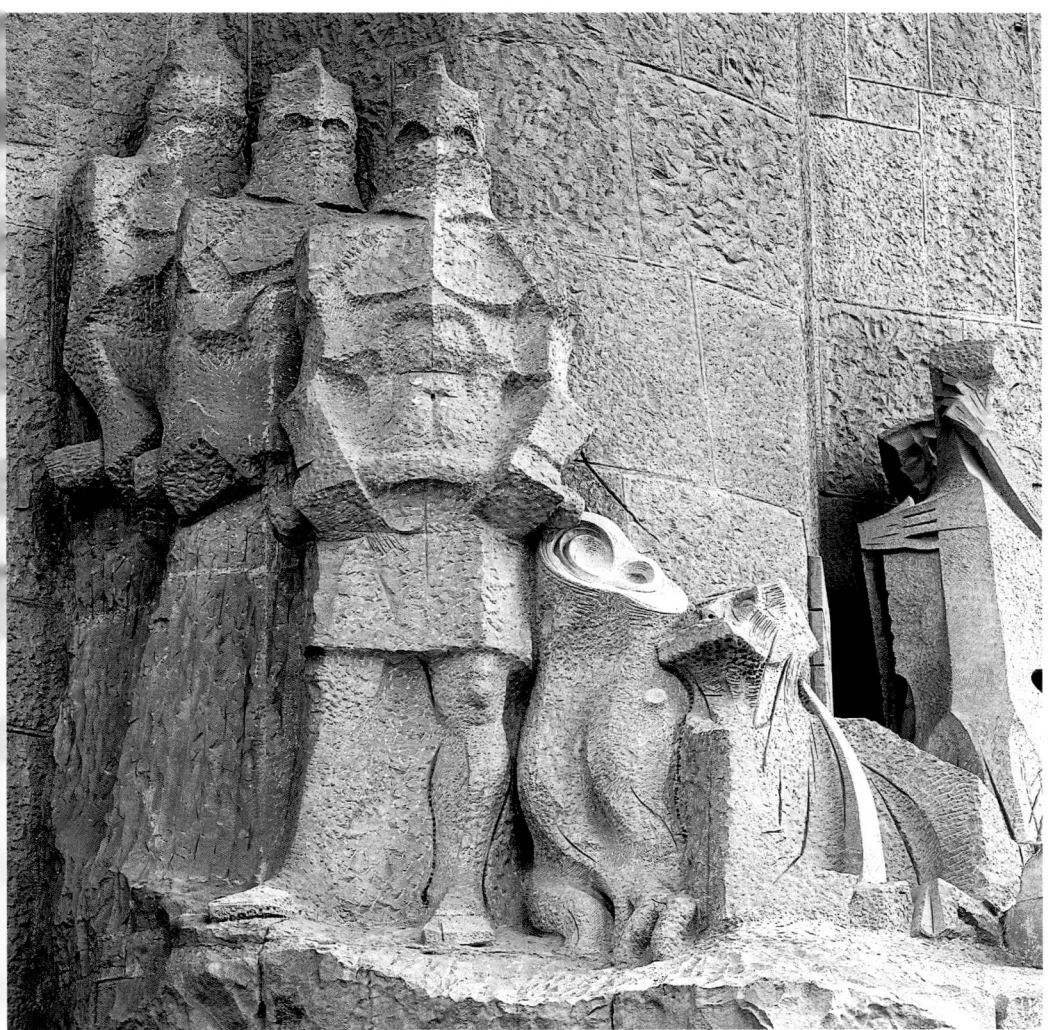

La detención de Jesús
Entre Pedro y los soldados se ve un tronco cortado de olivo
que sugiere en sus vetas la oreja que Pedro le cortó a Malcus.

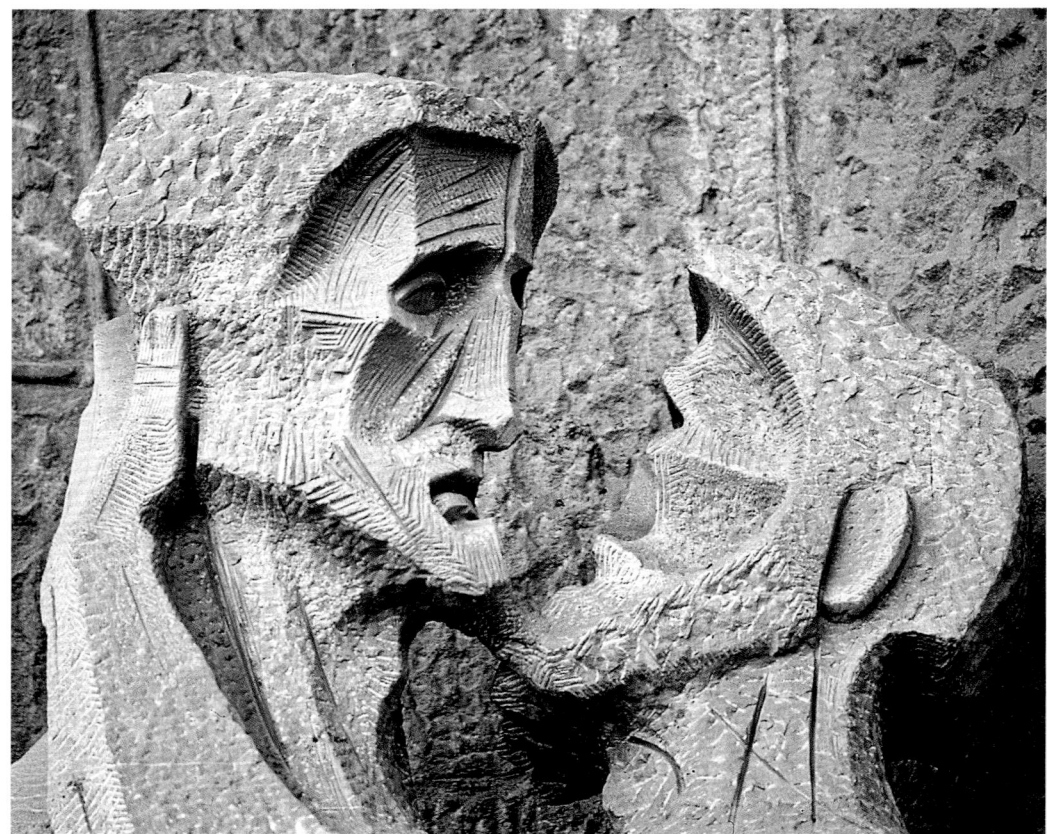

El Beso de Judas
La escultura de Jesús, rígida y distante (arriba), recibe el falso
beso del traidor Judas que actúa instigado por el maligno en
forma de serpiente (foto de la derecha).

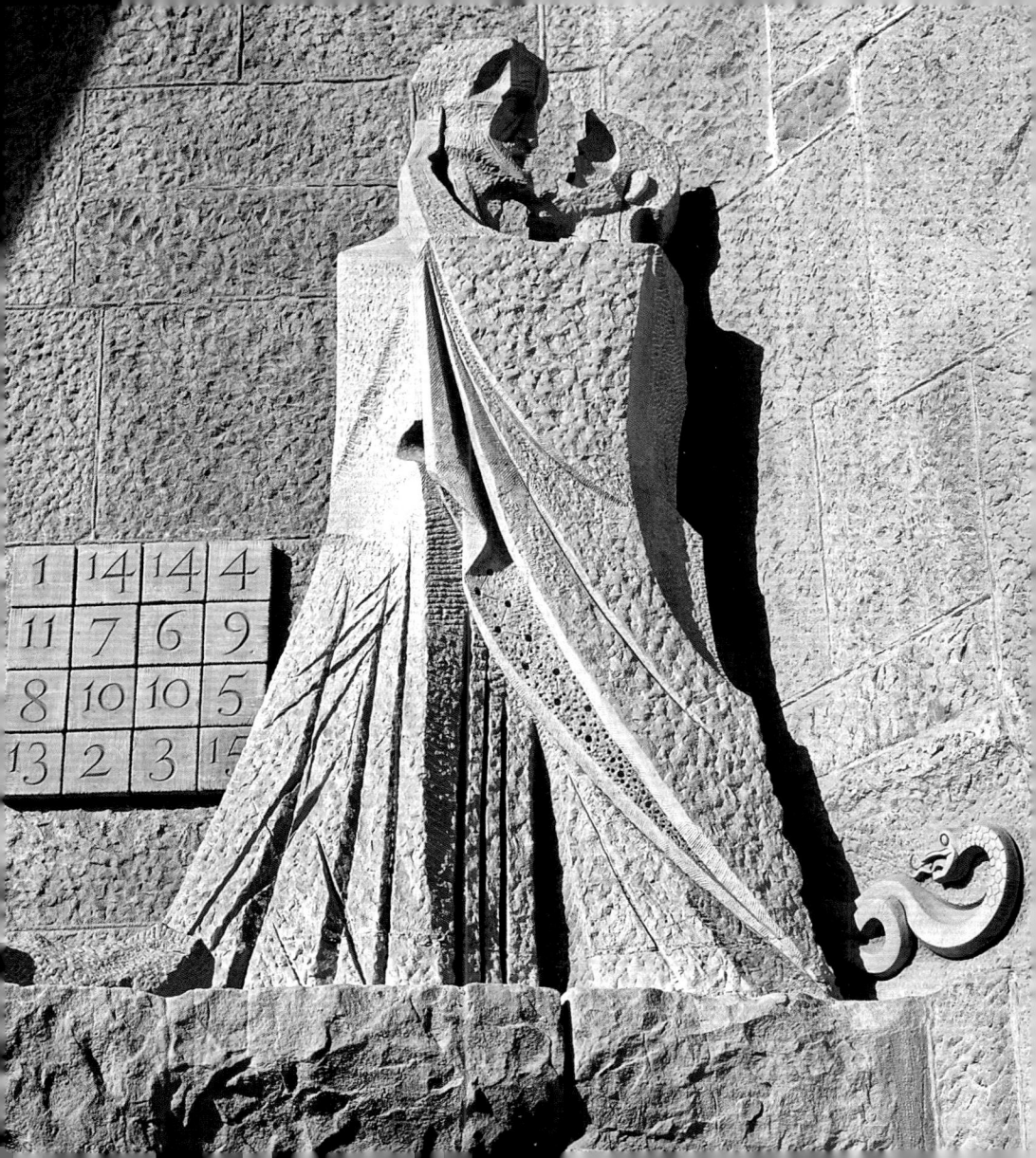

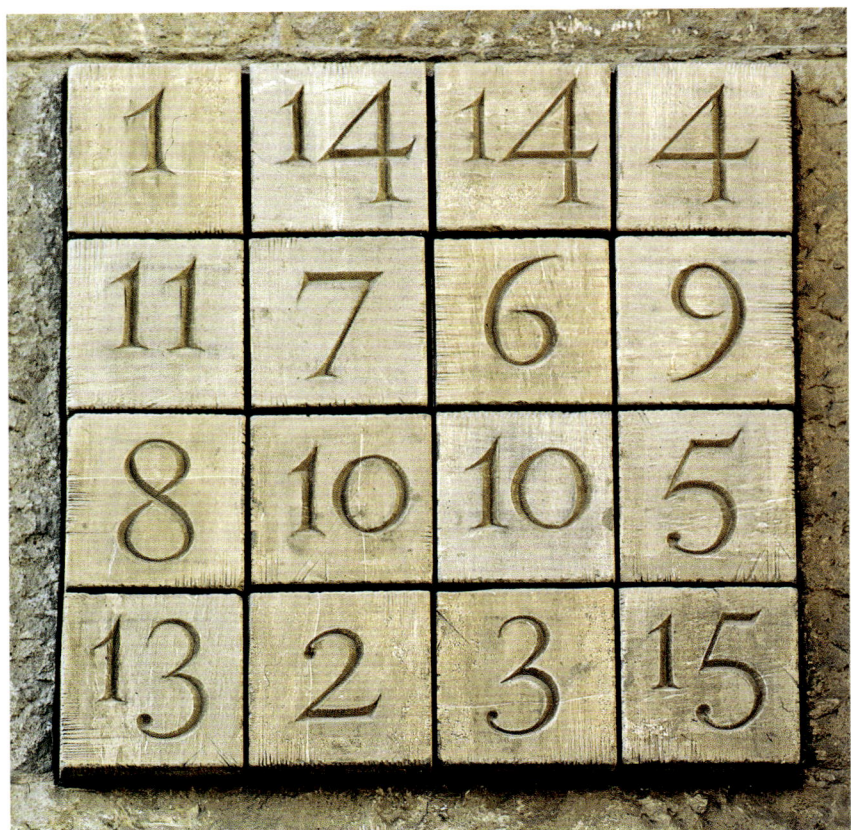

Cuadrado mágico

A diferencia de los cuadrados mágicos
clásicos de 16 cifras, cuyas múltiples
combinaciones sumatorias (columnas filas,
diagonales, cuadrados interiores, etc.)
siempre suman 34, Subirachs eliminó el
16 y el 12 y repitió el 10 y el 14 para que
sumaran 33, la edad de Cristo al morir.

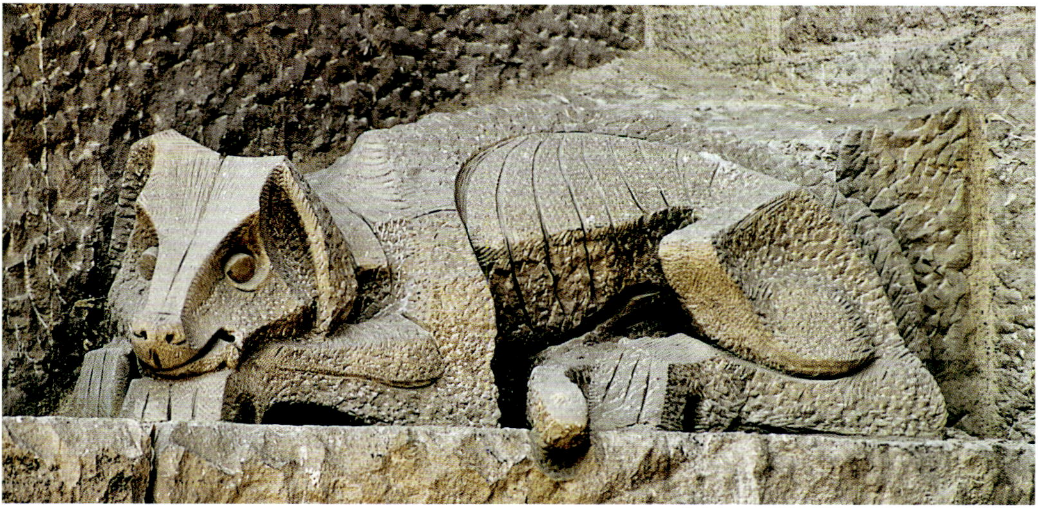

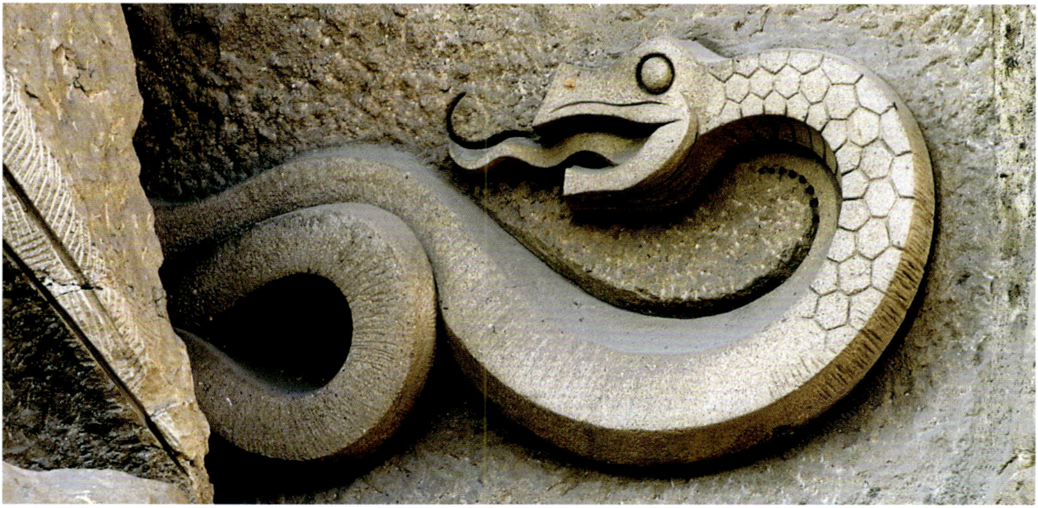

Animales en la fachada
El perro, símbolo de fidelidad, y la serpiente,
símbolo de la tentación y la traición.

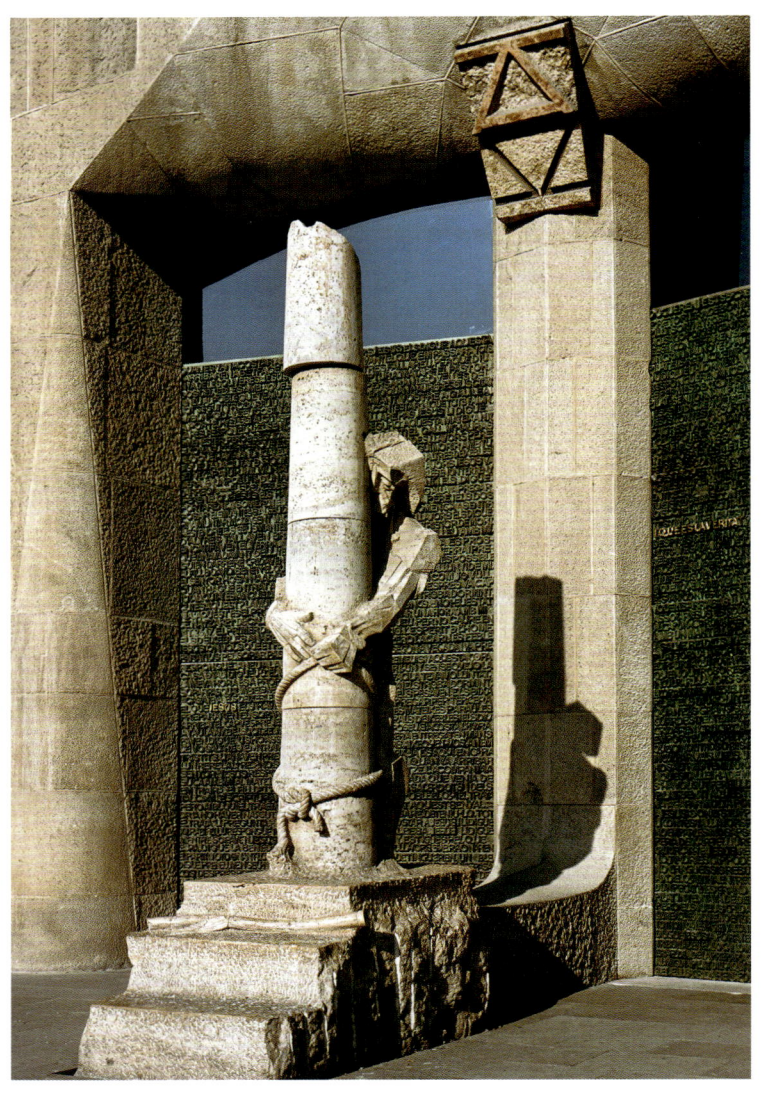

La Flagelación de Cristo

En la escultura de la flagelación, Jesús aparece atado a una columna dividida en cuatro partes que simbolizan los cuatro brazos de la cruz y el desmoronamiento del mundo antiguo. Los tres peldaños que conducen a la columna representan los días de la pasión y muerte que precedieron a la resurrección de Cristo. Es la única escultura que no está situada en la fachada y se encuentra ante el parteluz de la puerta central.

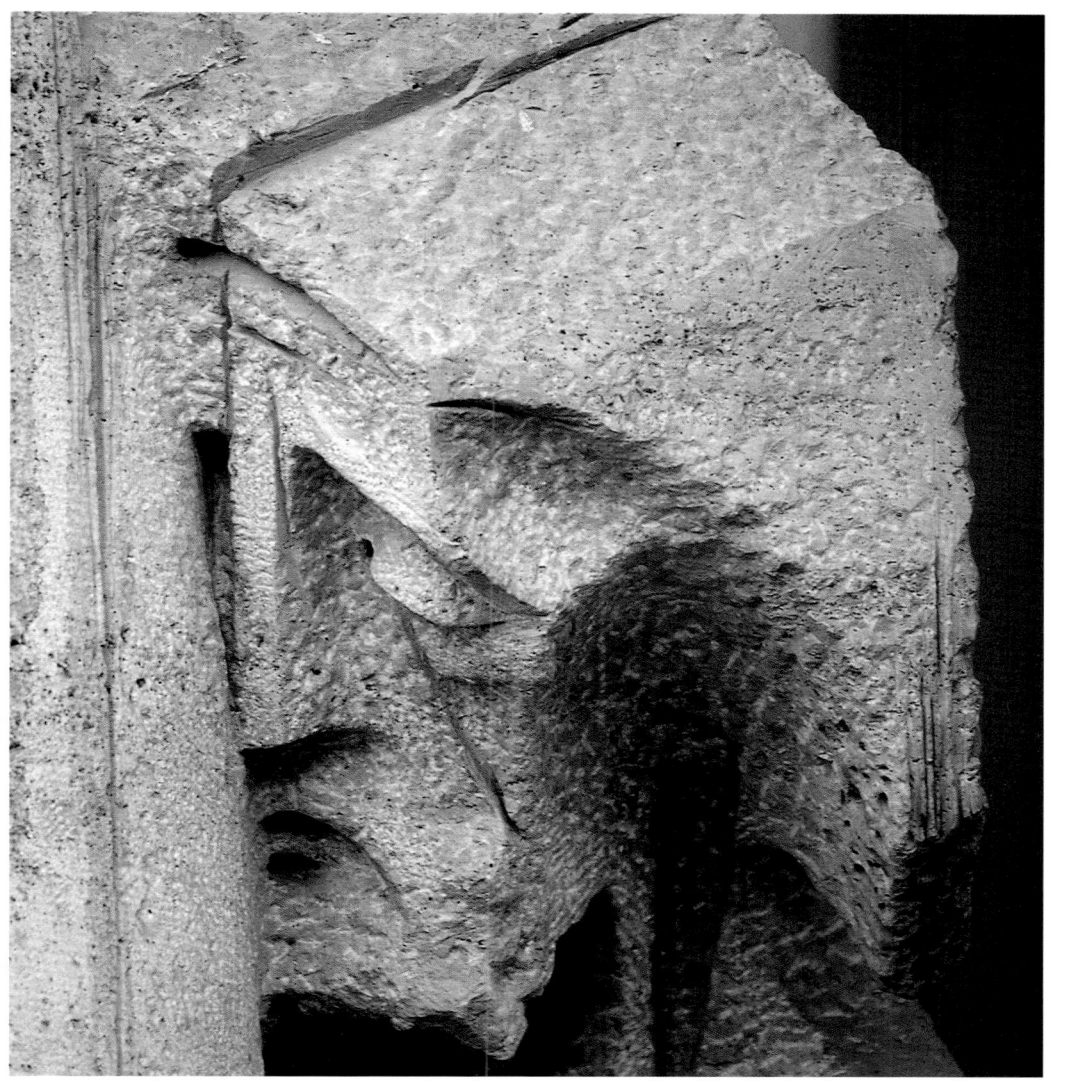

GETSEMANI

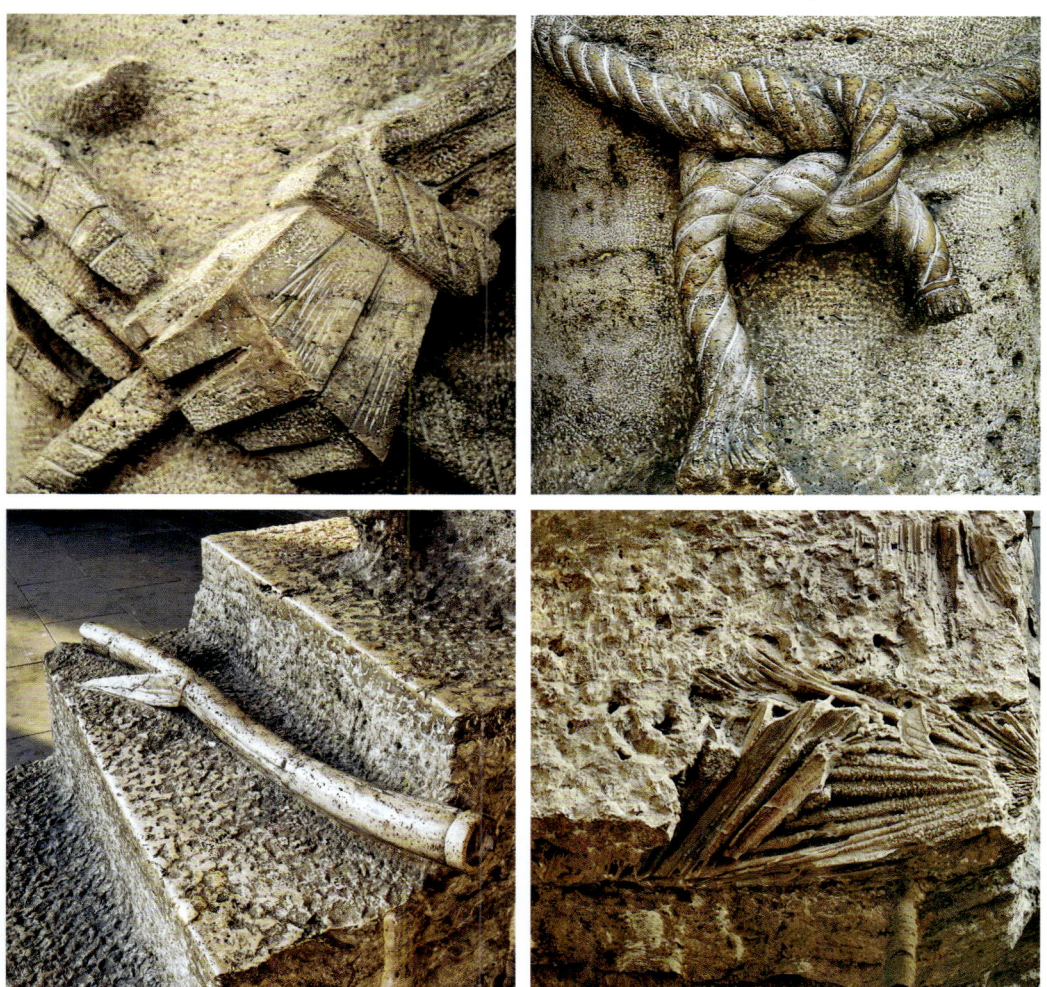

Detalles de la Flagelación

El nudo de la cuerda simboliza el martirio físico, mientras que la caña simboliza el castigo moral. Al desbastar la piedra de travertino apareció un fósil de palmito, una curiosa coincidencia ya que la hoja de palma es símbolo de martirio y resurrección.

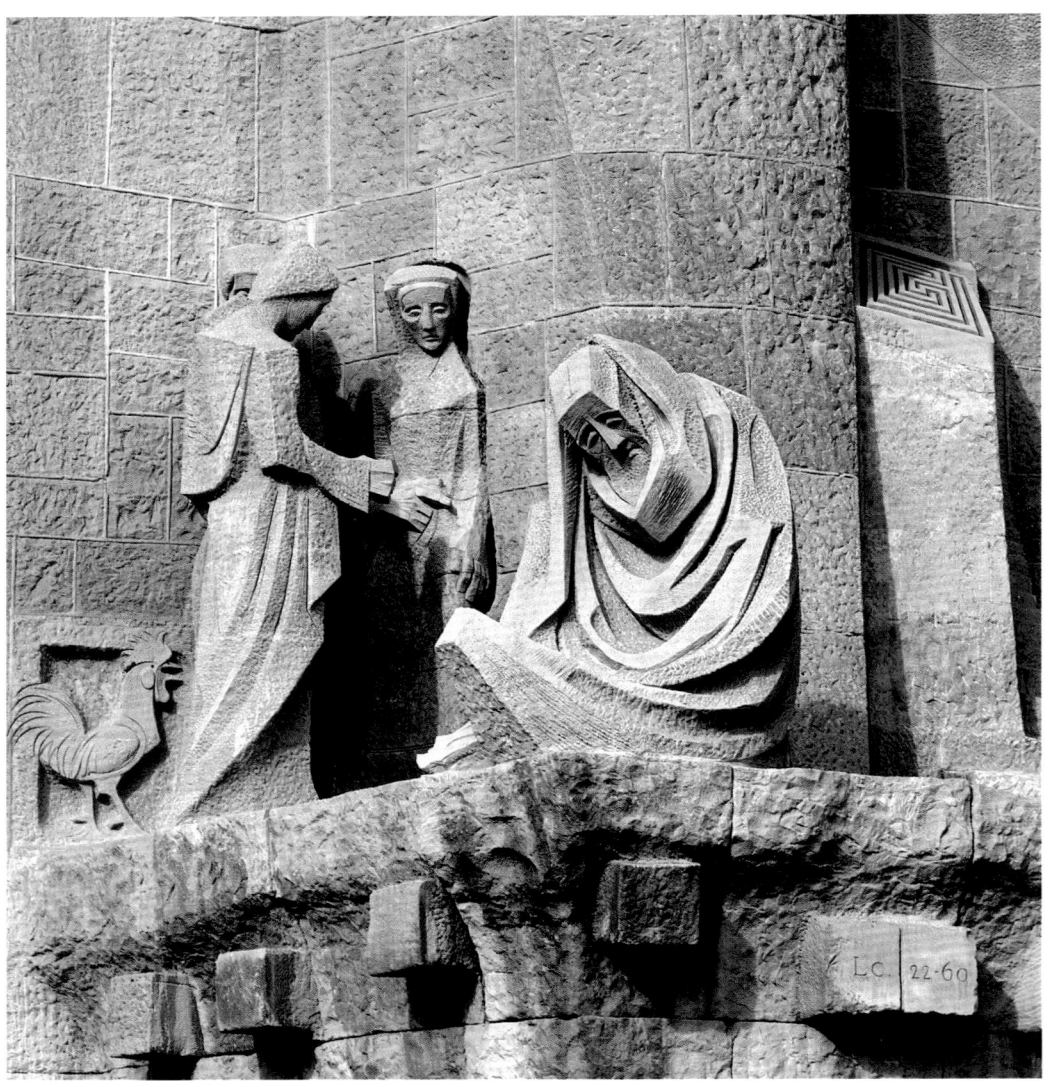

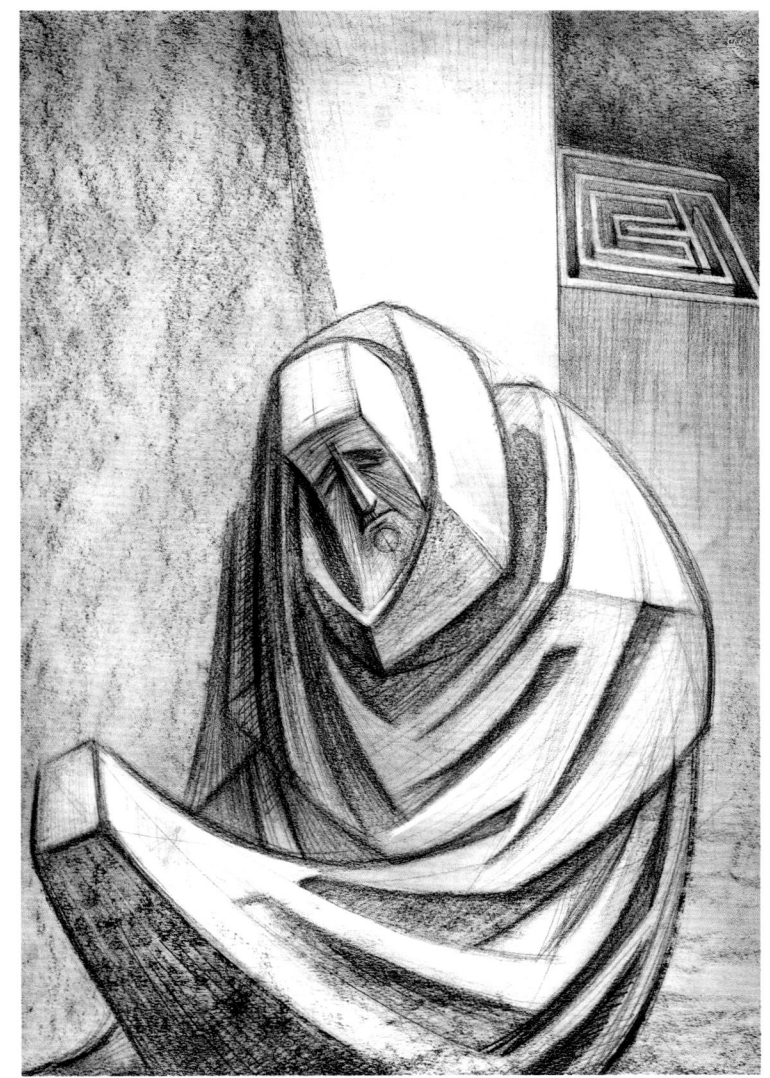

**Las negaciones
de Pedro**
Dibujo original de
Subirachs para la figura
de Pedro y grupo
escultórico
(foto de la izquierda).

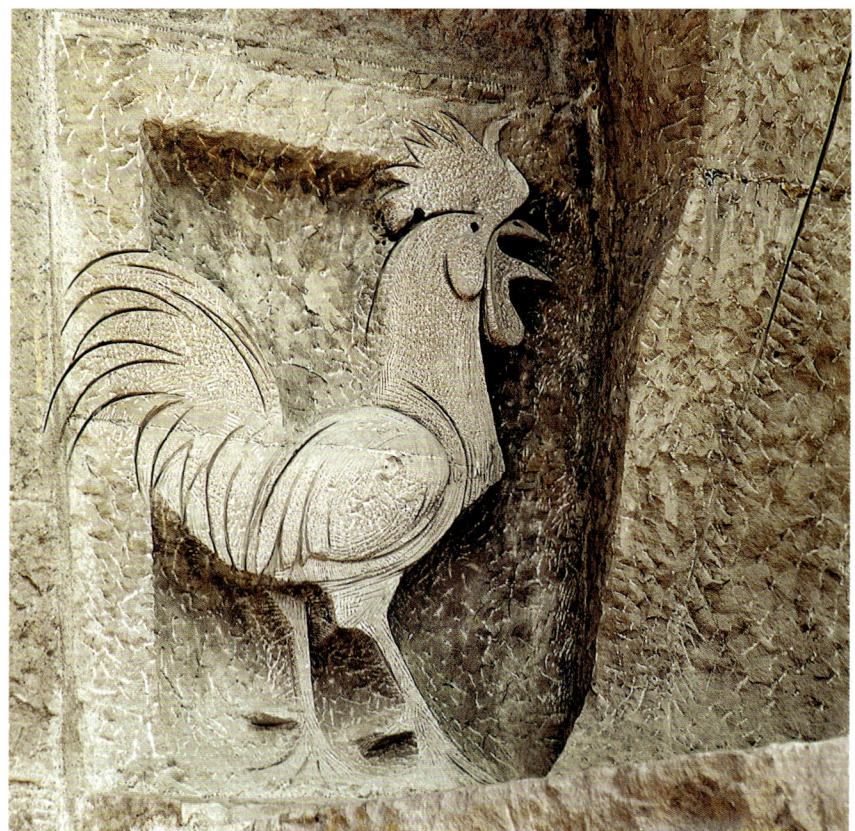

El gallo de la profecía de Jesús
El gallo anuncia la llegada del alba y el cumplimiento de
la profecía que Jesús le hizo a Pedro: «Antes de que cante
el gallo me habrás negado tres veces».

El laberinto
Simboliza el camino que
Jesús recorrió hasta la cruz y,
por extensión, la soledad del
hombre y el inexorable camino
de la vida hacia la muerte.

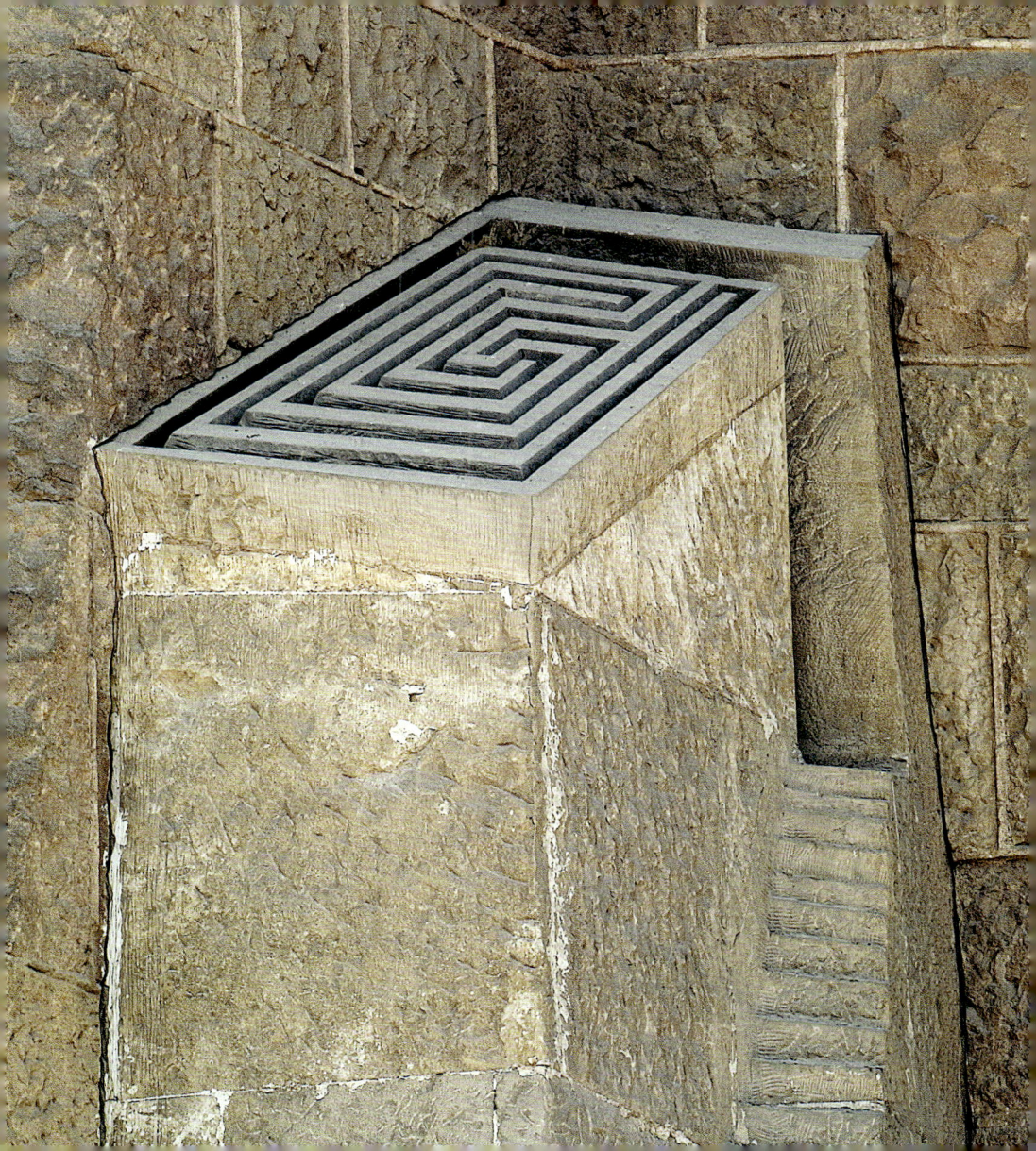

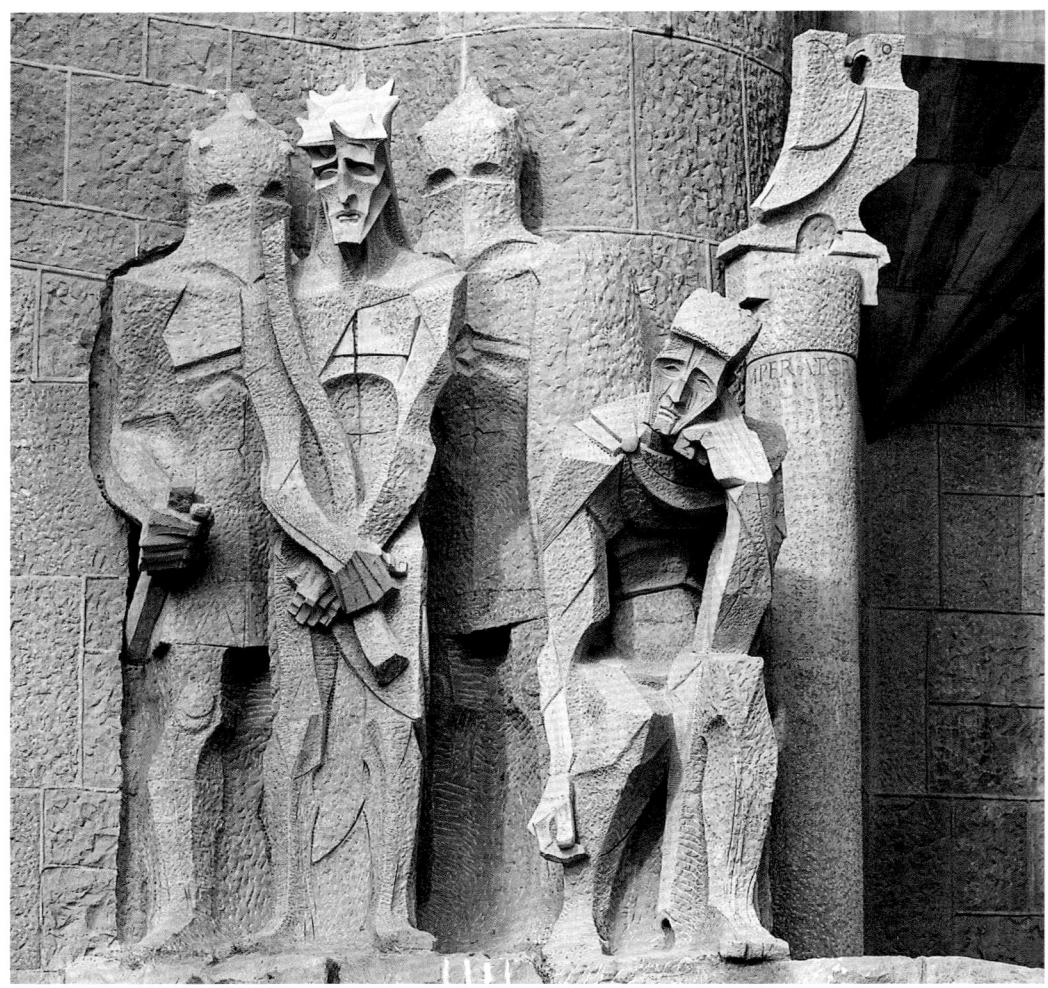

El Ecce Homo
Jesús, con corona de espinas y entre dos soldados, es presentado por Pilatos
ante el pueblo. Una columna sostiene el águila romana y lleva inscrito
el nombre de Tiberio, emperador de Roma en ese momento.

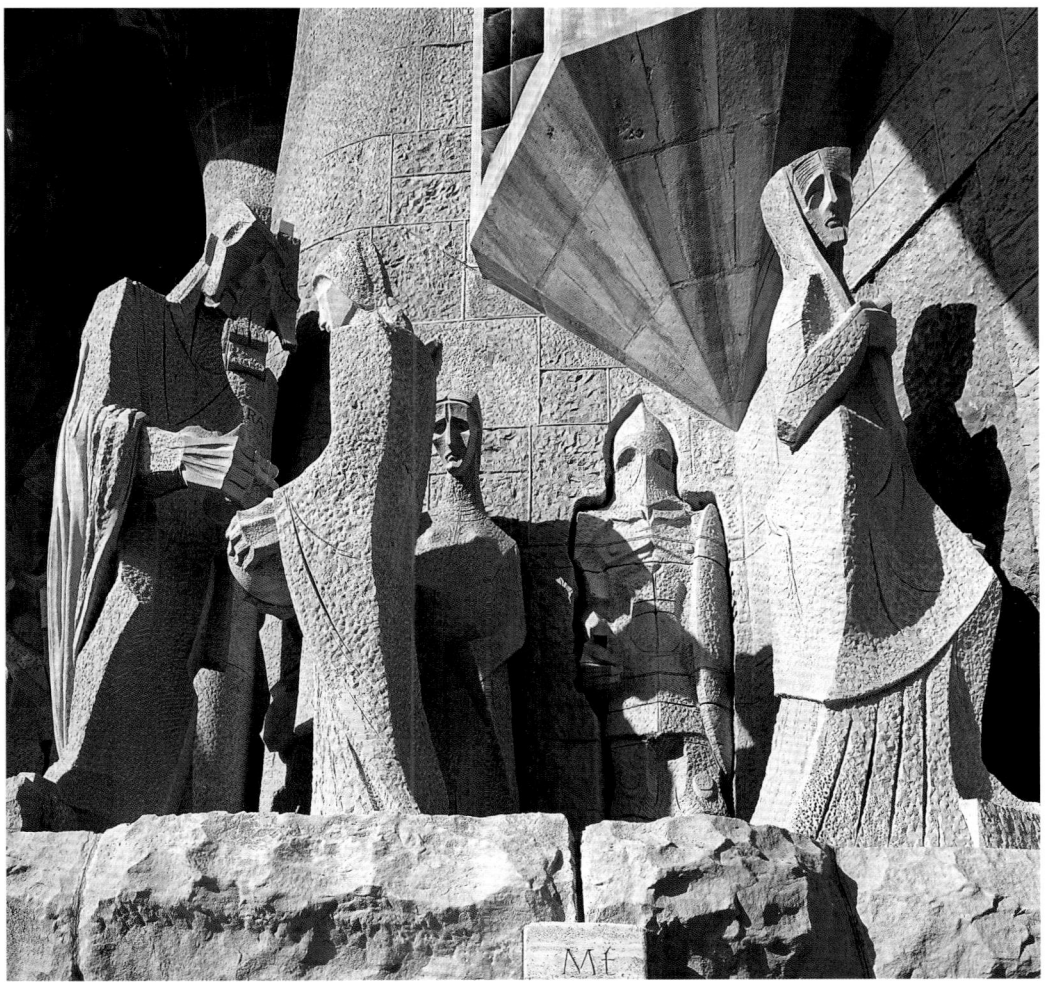

Pilatos se lava las manos

Ante la decisión del pueblo de condenar a muerte a Jesús, según el Evangelio de Mateo, Pilatos tomó agua y se lavó las manos delante de la gente diciendo: «Inocente soy de la sangre de este justo». A la derecha, su mujer, Claudia, le da la espalda en señal de rechazo.

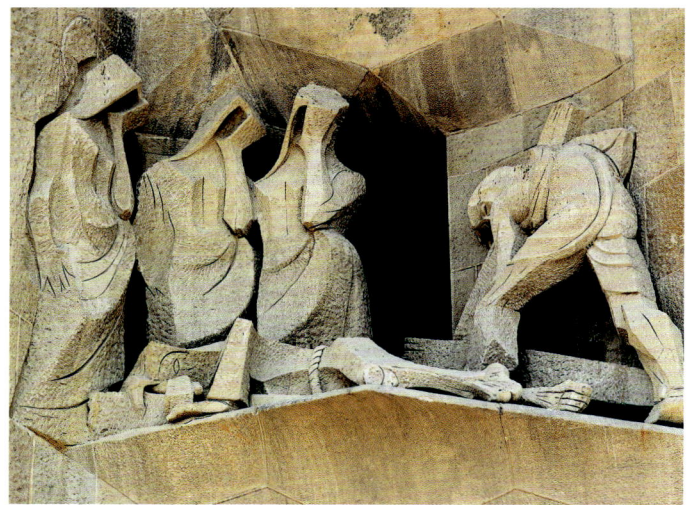

El cirineo

Tras la segunda caída de Jesús, Simón de Cirene ayuda a llevar la cruz hasta el Calvario. En las tres Marías que observan los hechos, se aprecia la tensión dramática y la fuerza expresiva de estas figuras.

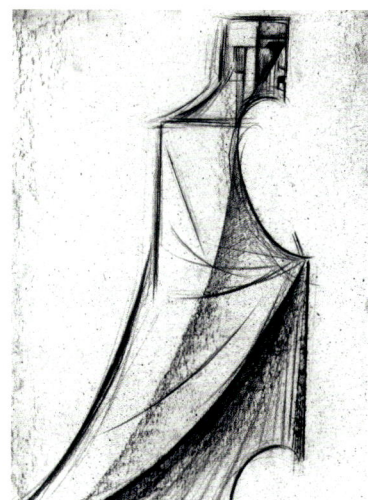

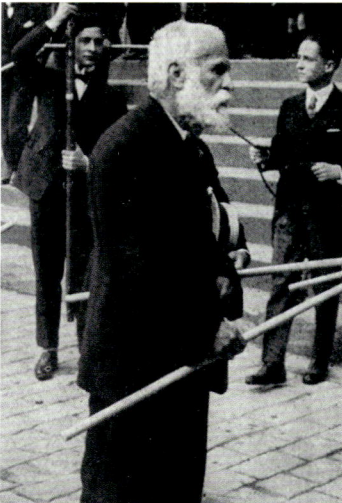

Homenaje a Gaudí

A la izquierda del grupo de la Verónica, la figura del evangelista que toma nota de lo que acontece es un homenaje de Subirachs a Gaudí.

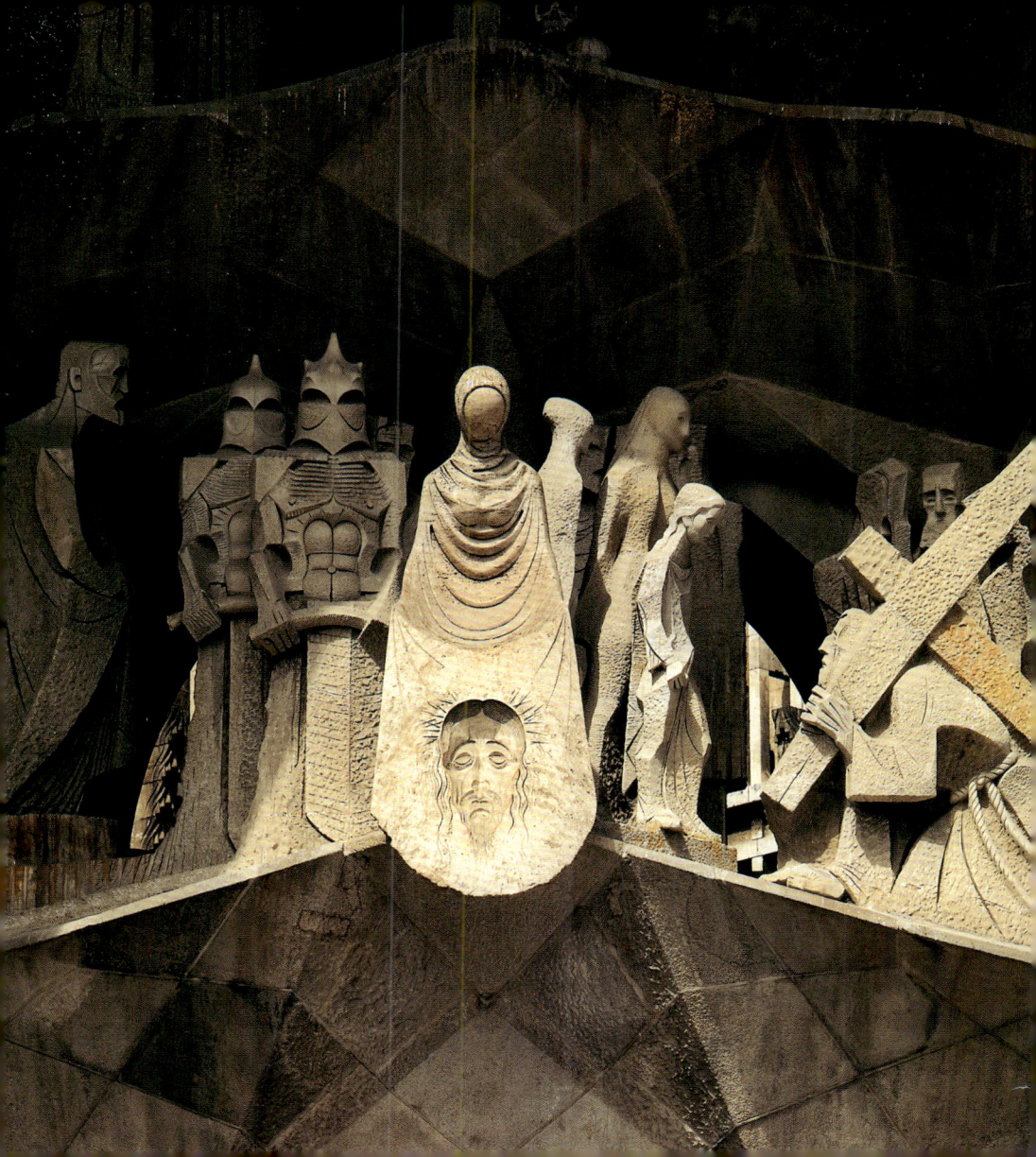

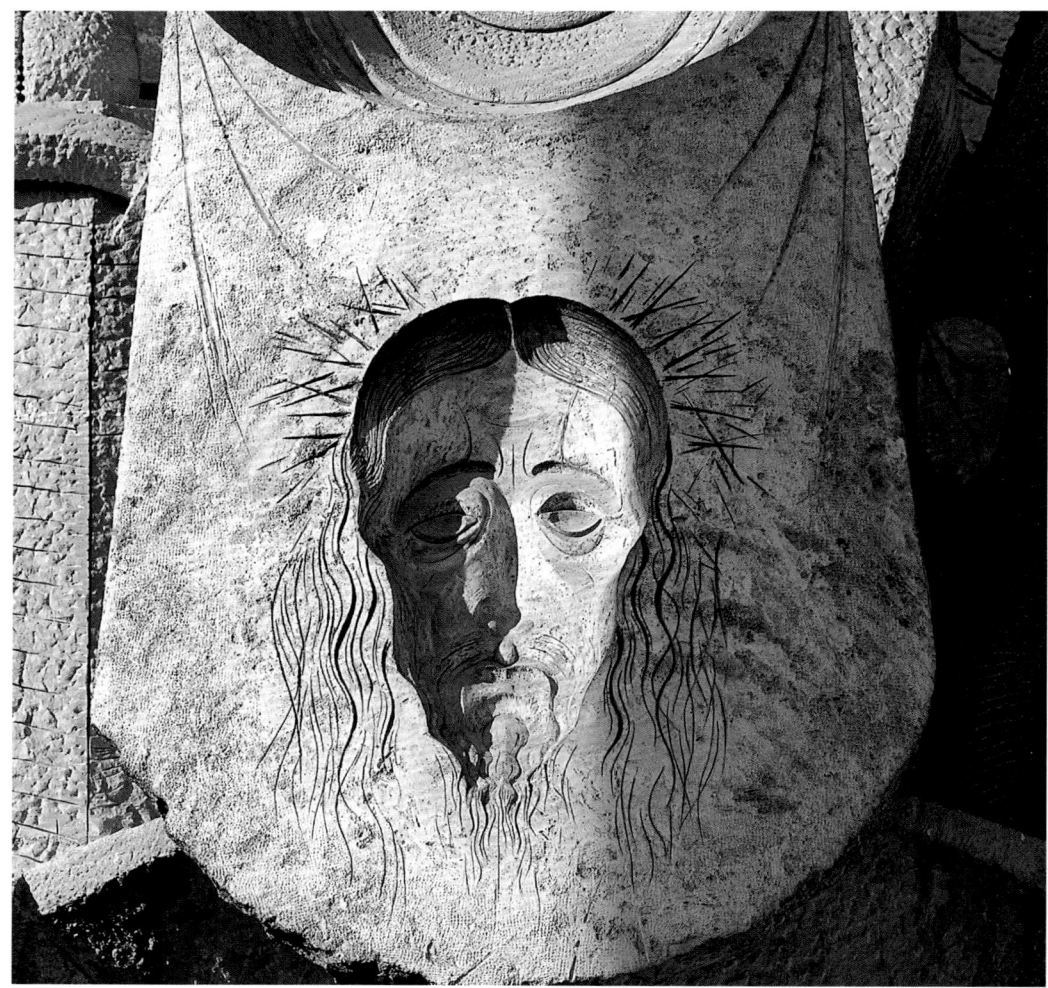

El velo de la Verónica

El rostro de Jesús está esculpido en negativo para sugerir la impronta marcada en el velo. Subirachs considera que el negativo de una figura es como el recuerdo de un personaje que no está pero que ha dejado huella.

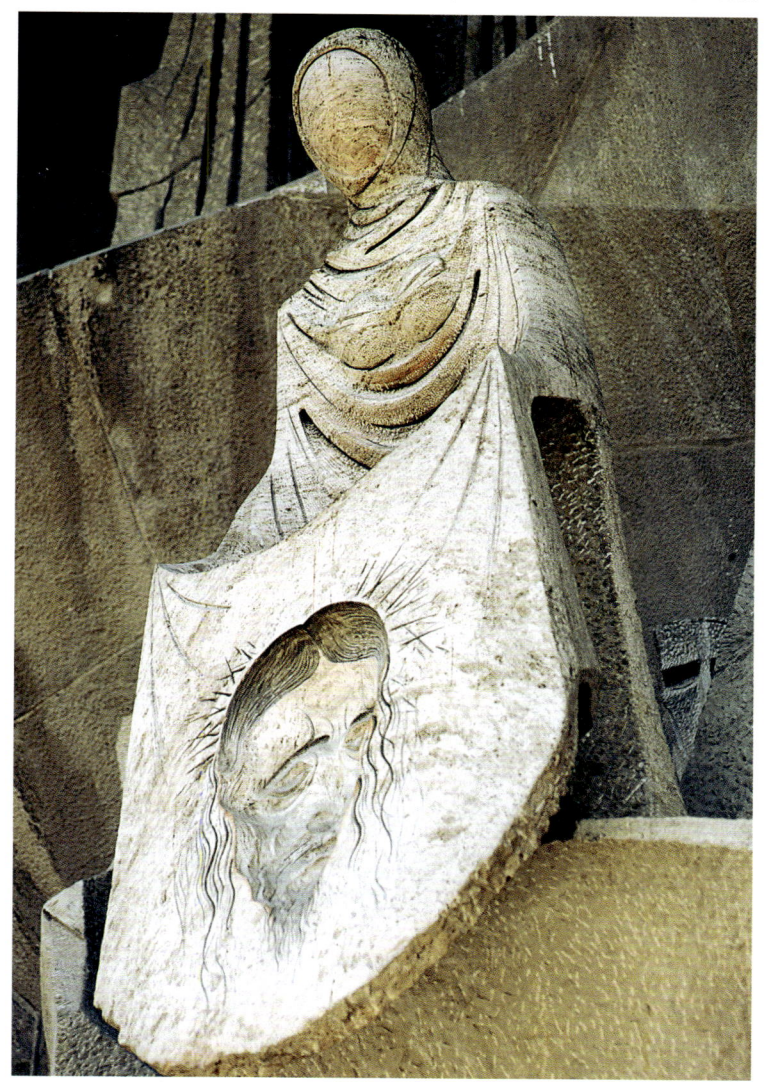

El rostro de la Verónica
La escultura de la Verónica carece de facciones lo que realza el valor de símbolo y leyenda de esta figura que no aparece en los evangelios.

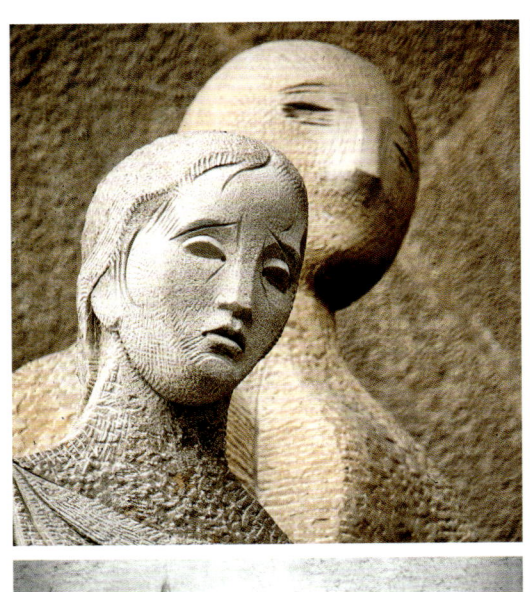
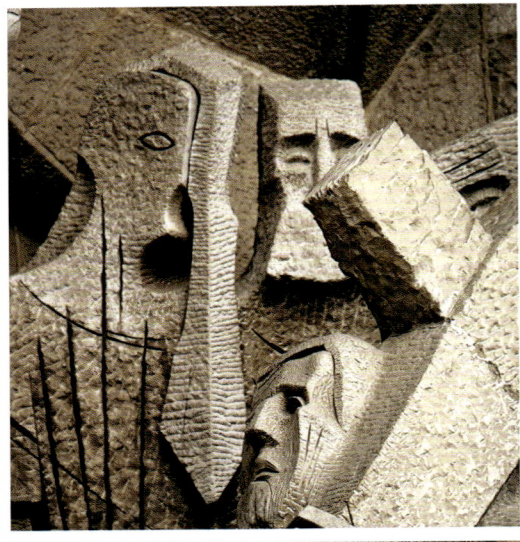
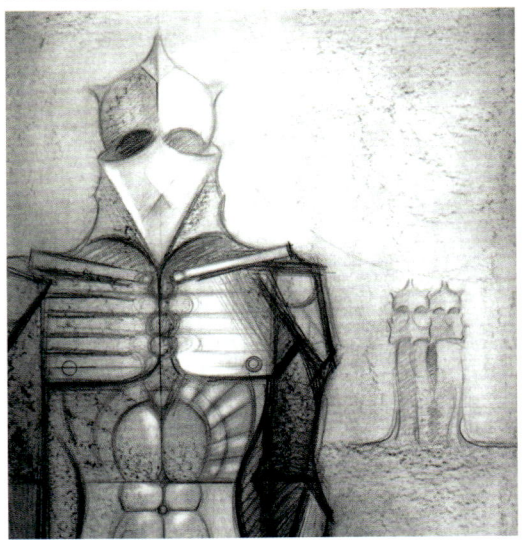
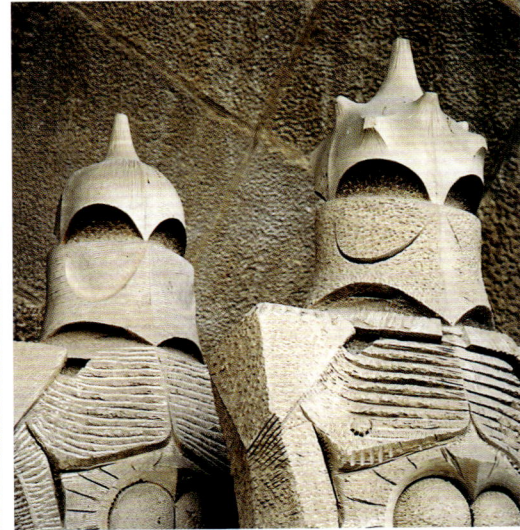

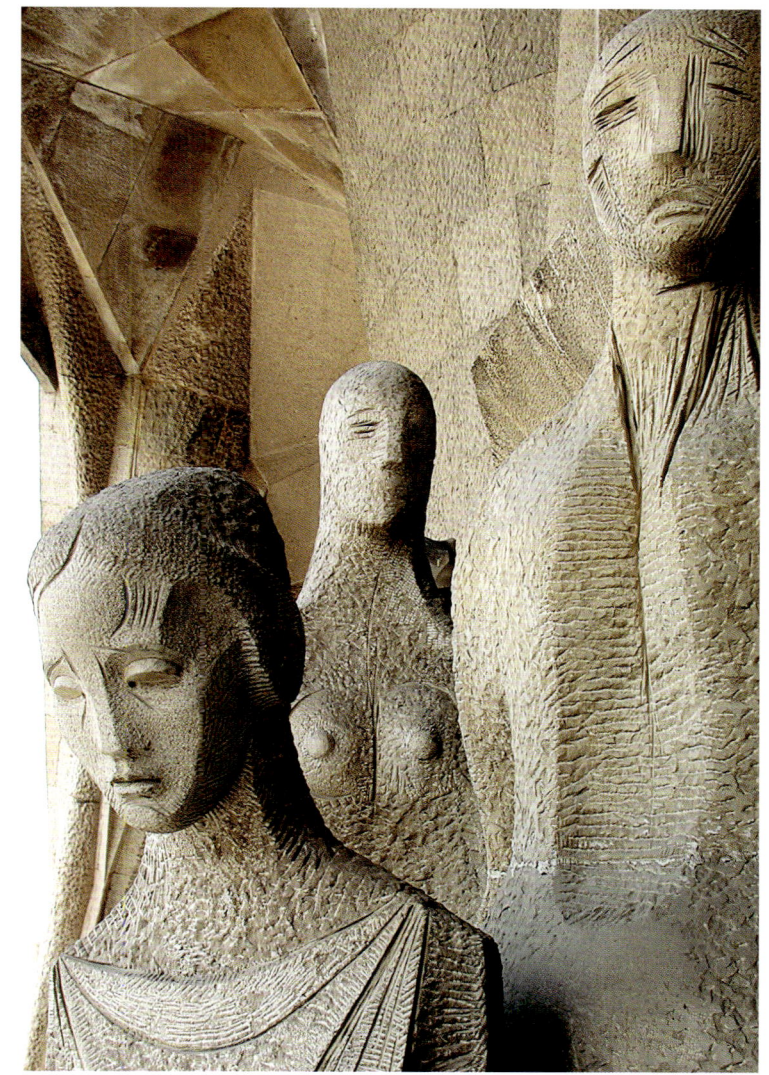

Detalles del grupo de la Verónica
Subirachs se inspiró en las chimeneas de La Pedrera para crear los cascos de los soldados.

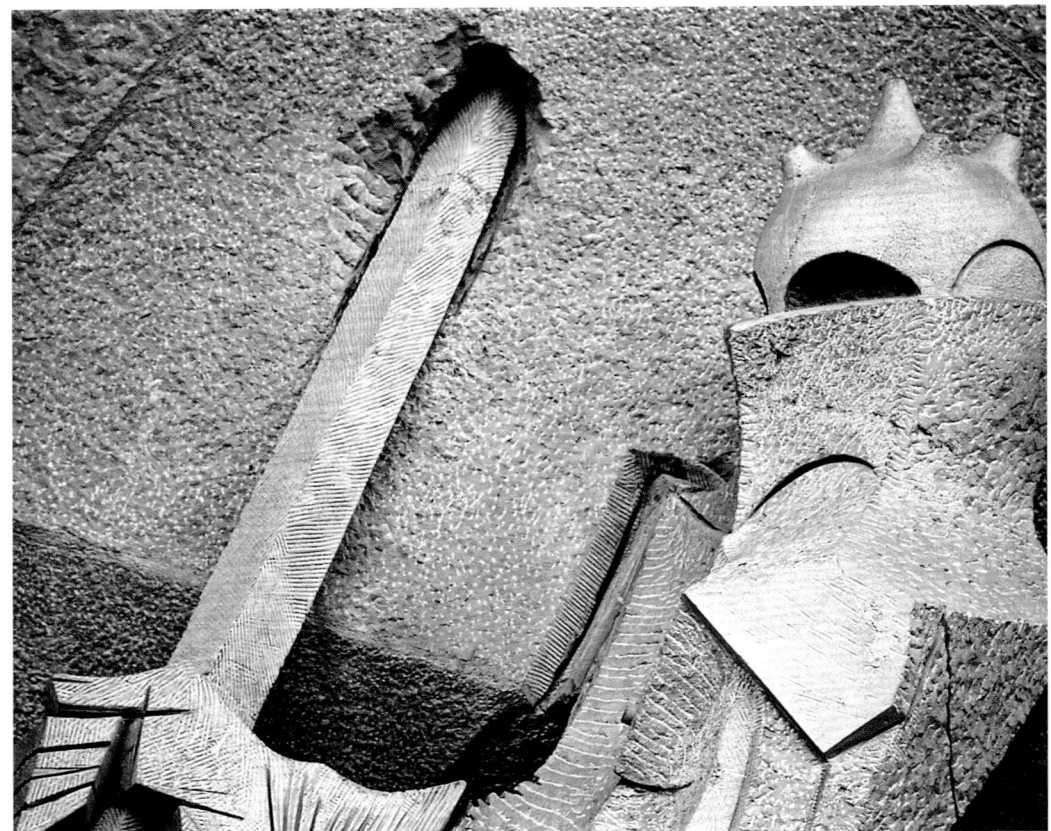

Longino
El soldado Longino, según los evangelios, atravesó
con su lanza el costado de Jesús crucificado
para asegurarse de que había muerto.

Simbolismo del edificio →
En la Sagrada Familia, la lanza atraviesa
la fachada del templo, en un claro
paralelismo entre la Casa de Dios y el
Cuerpo de Dios.

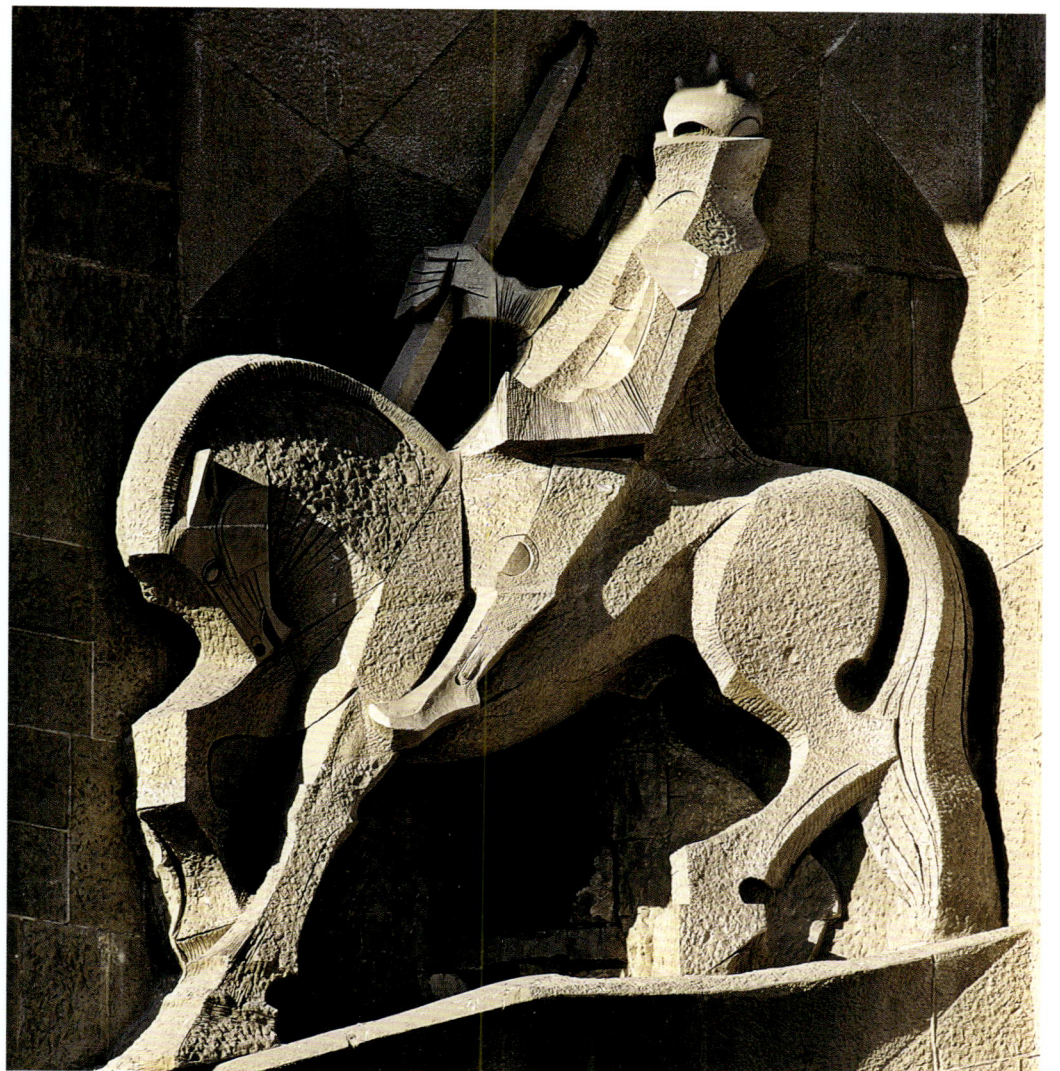

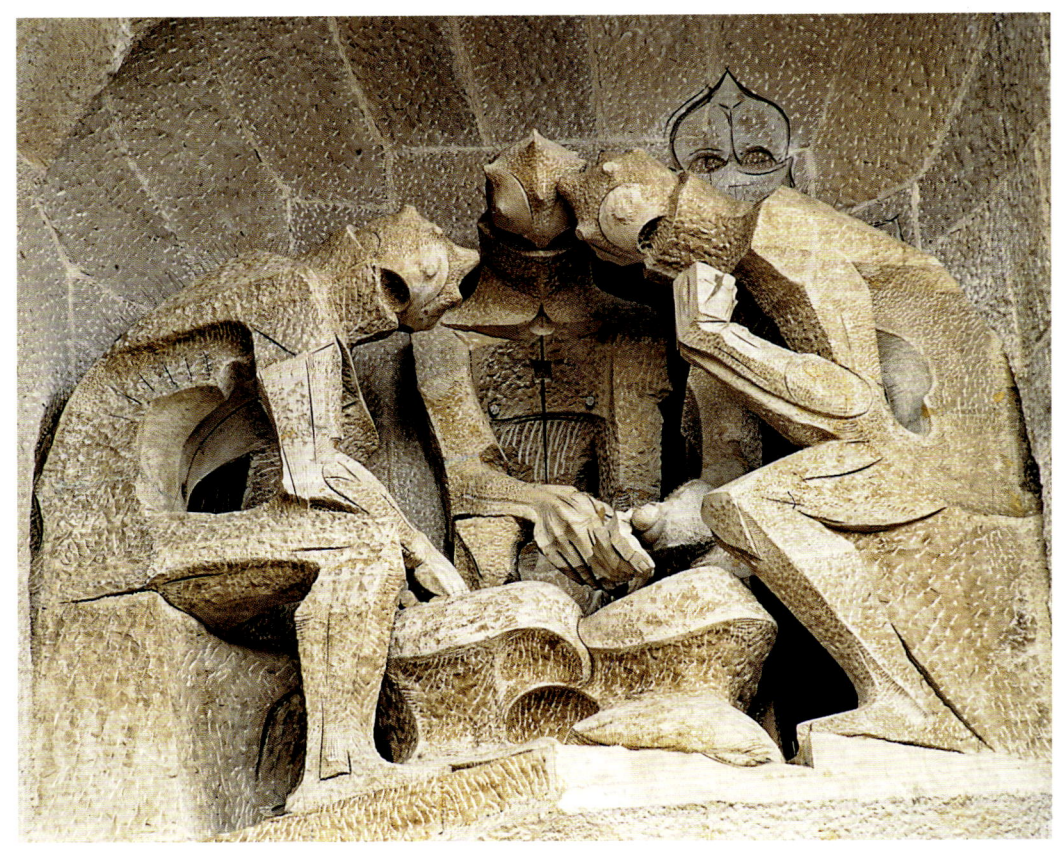

El sorteo de las vestiduras de Jesús
Cuatro soldados, uno insinuado en el muro, echan a suertes,
tal como narran los evangelios, las vestiduras de Jesús.
La mesa sobre la que juegan está inspirada en la forma de las
tabas, un juego de azar muy popular entre los romanos.

La crucifixión →
Es la escultura más grande de la
fachada con 5 metros de altura. Esta
representación rompe con la iconografía
tradicional ya que, sorprendentemente,
nos muestra a un Cristo suspendido de
una cruz horizontal, de forma que su
cuerpo queda abocado al vacío, como si
fuera a desplomarse sobre el espectador.

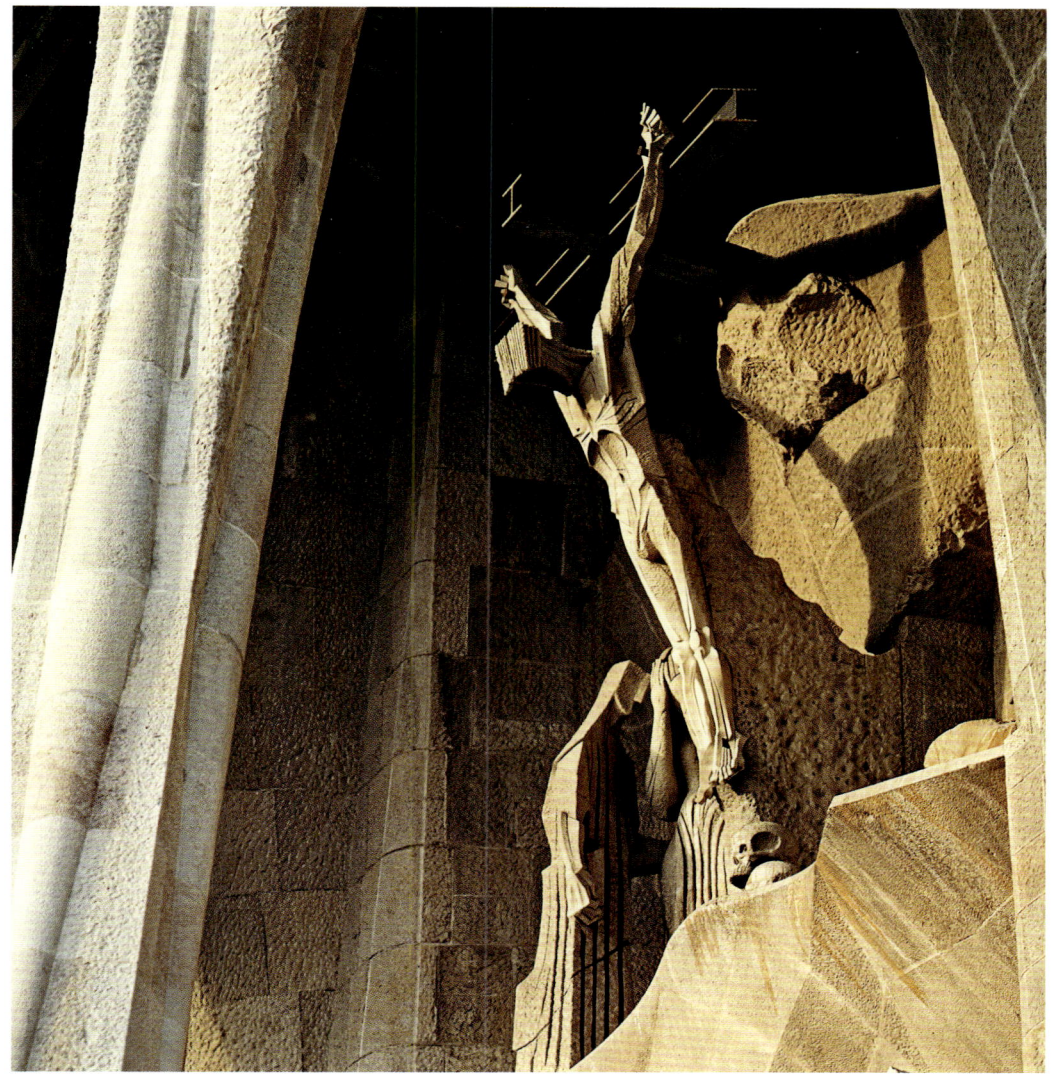

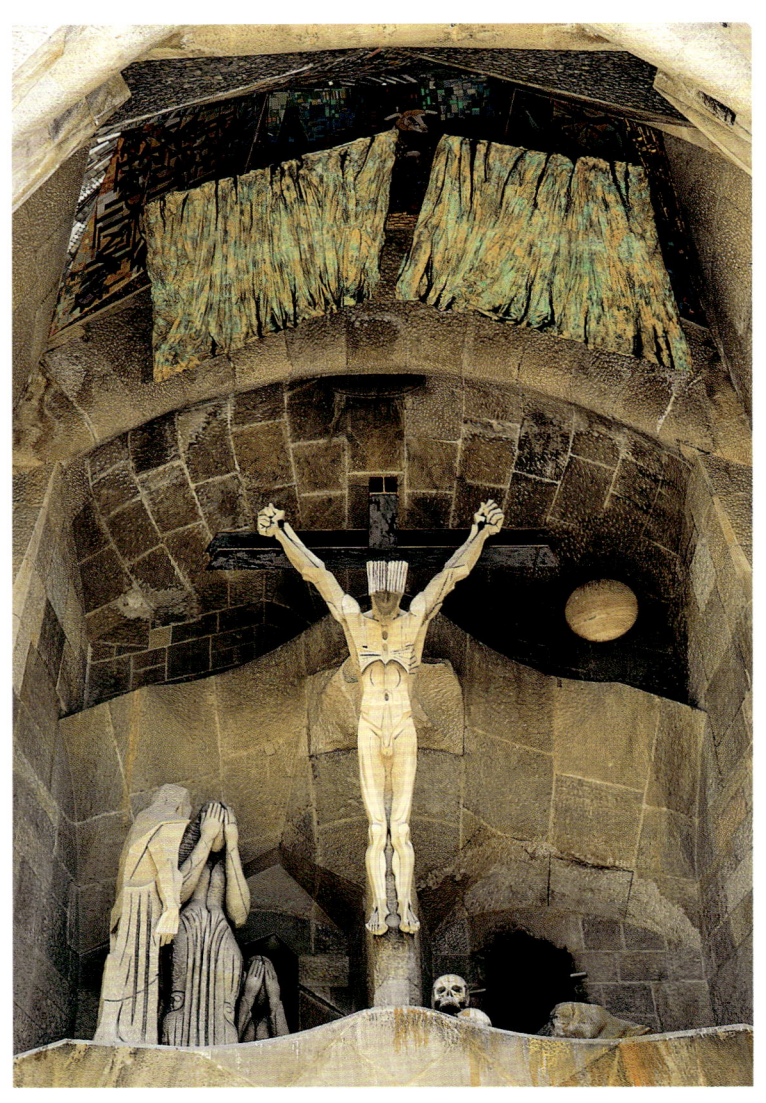

El Gólgota y el velo rasgado del templo

La calavera, situada a los pies de Cristo, es una alusión al Gólgota, el sitio donde tuvo lugar la crucifixión, ya que la palabra hebrea «gólgota» significa, precisamente, lugar de la calavera.

Sobre la cruz, del mosaico con el Cordero Pascual de la cúpula, se descuelga una estructura de bronce a modo de baldaquín. Representa el velo del templo de Jerusalén (una cortina que aislaba la zona donde se guardaba el arca) que, según los evangelios, se desgarró en su centro de arriba a abajo en el instante de la muerte de Jesús.

Abajo, al fondo y a la derecha, el sepulcro abierto ya presagia la resurrección que se representa en un nivel superior.

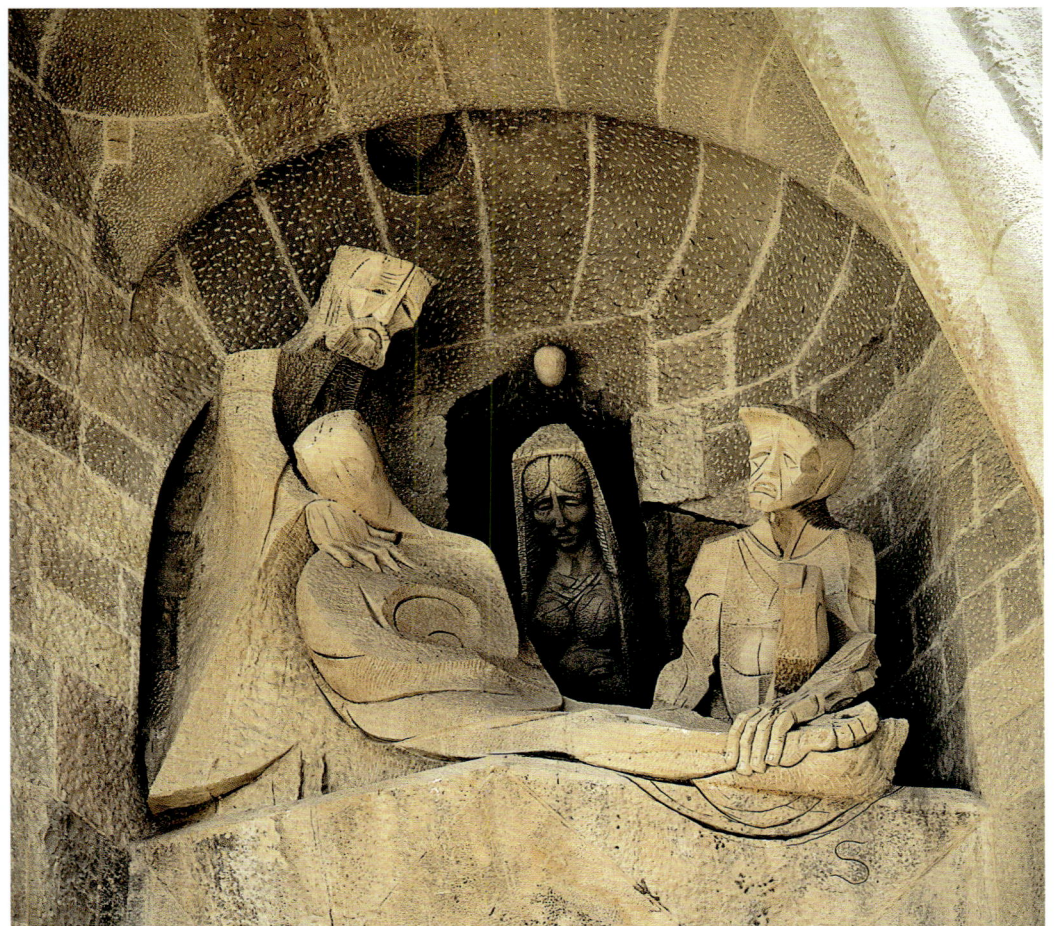

El entierro de Jesús

José de Arimatea sostiene el cuerpo de Jesús mientras
Nicodemo, que tiene una sorprendente semblanza con el
escultor Subirachs, lo unge con mirra y áloe. Tras ellos,
la Virgen observa la escena y sobre su cabeza aparece un
huevo, símbolo de la resurrección de Jesucristo.

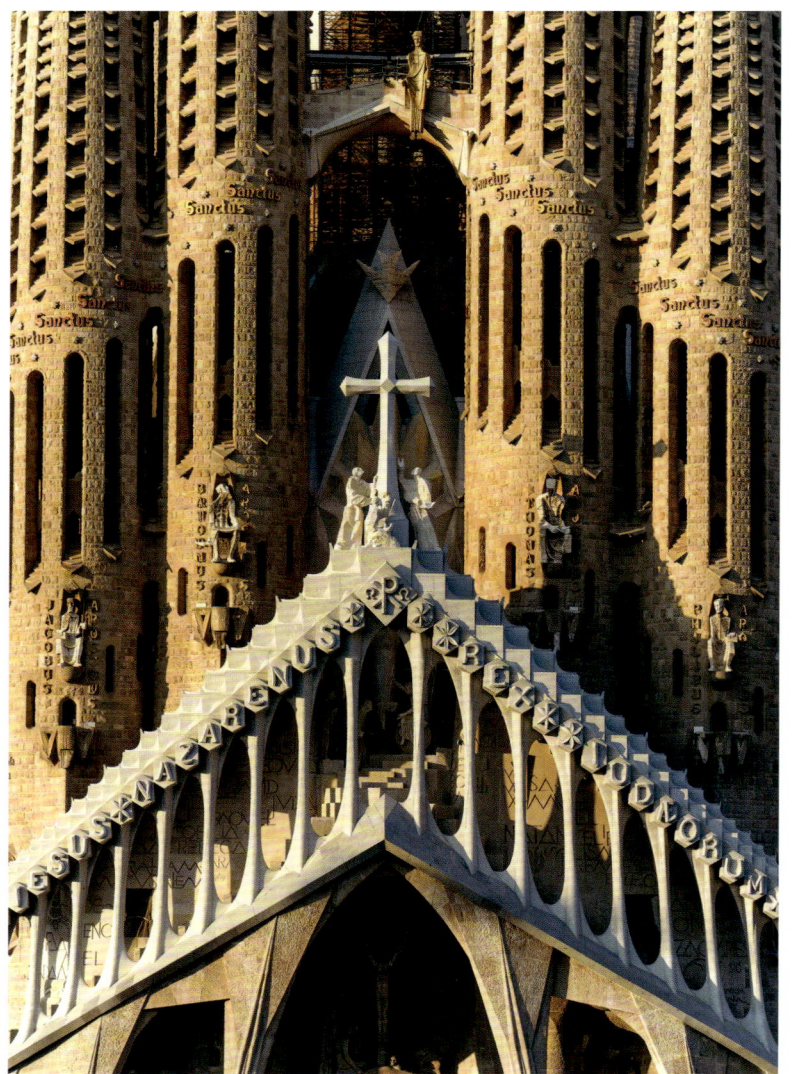

El Sepulcro vacío y La Resurrección

Tras las columnas del frontón se adivinan las imágenes de las Tres Marías ante el Sepulcro vacío y el ángel que les anuncia la resurrección de Jesús. Obra de Francesc Fajula, se instaló en 2018 y con ella se daba por finalizada la fachada de la Pasión.

La Resurrección, por su parte, a diferencia del resto de grupos escultóricos no tiene una representación naturalista, sino que se evoca el tema a través de la luz y el color del gran ventanal elipsoide enmarcado por una forma estrellada. El único elemento figurativo, paradójicamente, es el Espíritu Santo, representado por la paloma situada en la cumbre del frontón que remata el ventanal.

La Ascensión de Cristo

Más arriba de la Resurrección está representada la Ascensión de Jesús, una escultura de bronce de Josep Maria Subirachs situada en el puente que comunica las dos torres centrales de la fachada. Según el Evangelio de Marcos, Jesús, después de resucitar, se apareció a sus discípulos y les dijo: «Id por todo el mundo y anunciad la Buena Nueva a toda criatura. El que crea y sea bautizado será salvo; pero el que no crea será condenado». Después ascendió a los cielos y se sentó a la diestra de Dios Padre.

Si en la fachada del Nacimiento, a la altura del puente, está el ciprés símbolo de vida eterna, en esta fachada es el propio Jesús quien está situado como Pontífice (hacedor de puentes) entre la muerte espiritual (el pecado original) y la salvación a la vida eterna.

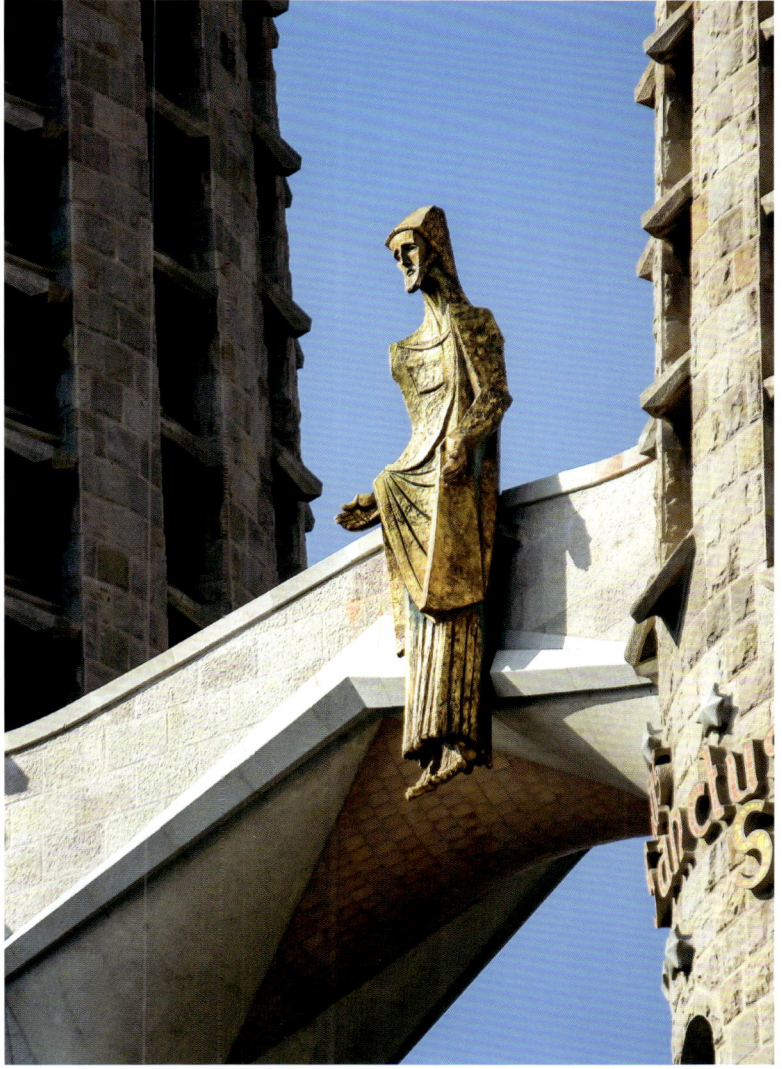

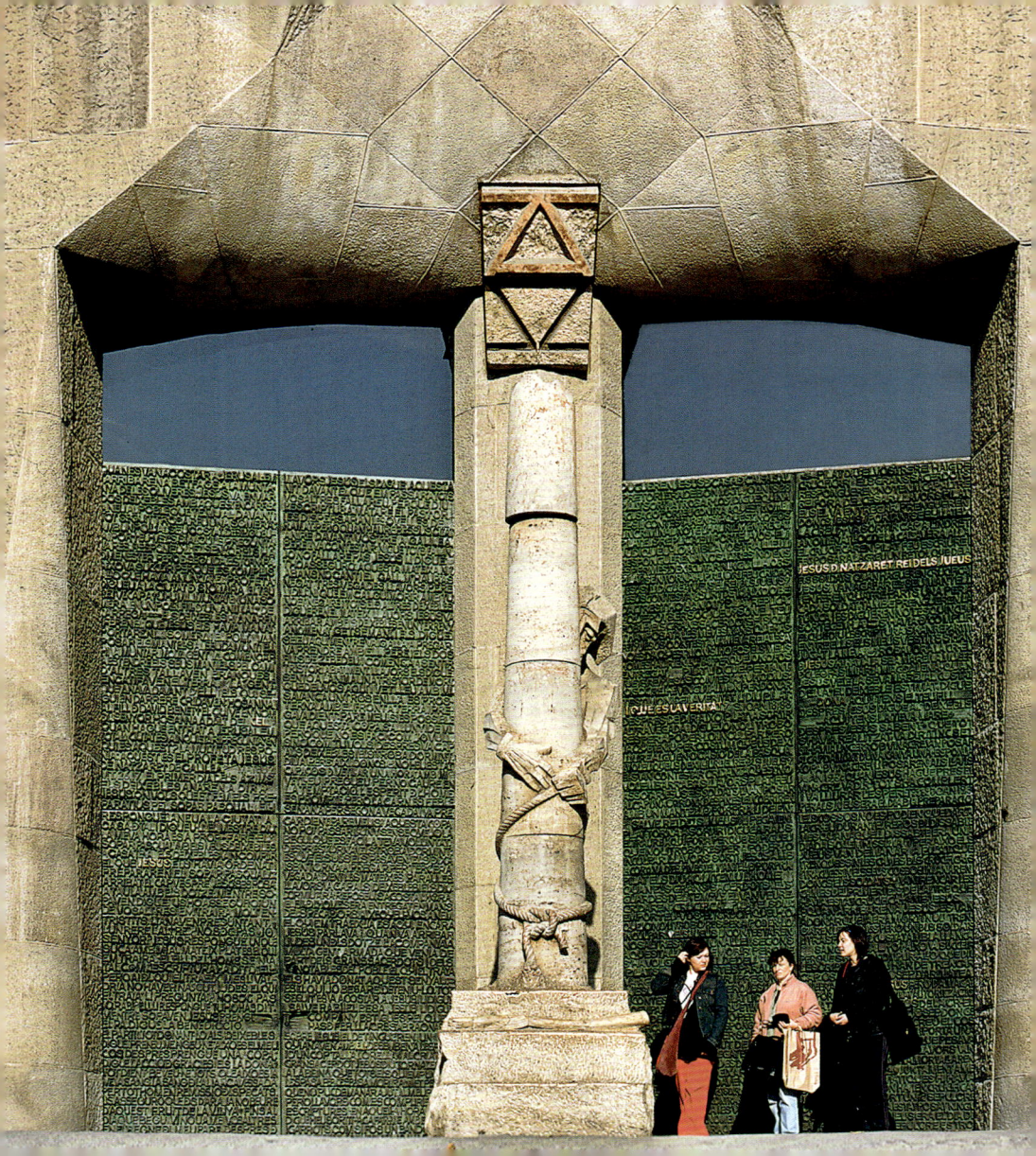

Las puertas de la Pasión

Realizadas en bronce por el escultor Josep Maria Subirachs, son tres: la del Evangelio, en el portal central (el de la Caridad), la de Getsemaní, en el portal de la izquierda (el de la Fe), y la de la Coronación de Espinas, en el portal de la derecha (el de la Esperanza).

La del Evangelio, es doble, dividida por un parteluz con las letras alfa y omega, símbolo de la totalidad, principio y fin, que solo Dios puede abarcar, y en ella se narran los últimos episodios de la vida de Jesús según los evangelios. Para Subirachs, «esta puerta es como un inmenso libro abierto que no distraerá con figuras la soledad que debe tener la figura de Cristo ligado a la columna que se encuentra delante».

La de Getsemaní está dedicada a la oración de Jesús en el huerto, en la que habla con Dios Padre y se confía a su voluntad.

La de la Coronación narra el episodio de la corona de espinas y los sucesos protagonizados por Herodes y Pilatos.

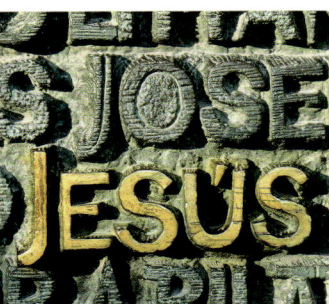 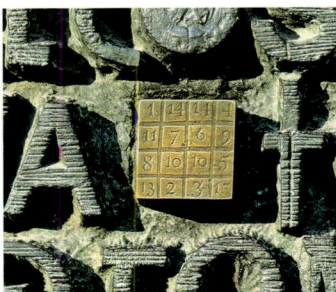 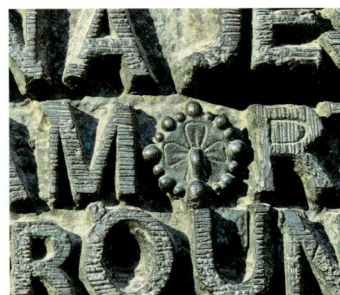

Detalles de la puerta del Evangelio
Algunas de las palabras que narran los últimos momentos de la vida de Cristo, así como algunas imágenes, están pulidas para que destaquen.

← **Puerta del Evangelio**
Como las páginas de un inmenso libro abierto, contiene un magnífico molde tipográfico de 8.500 letras.

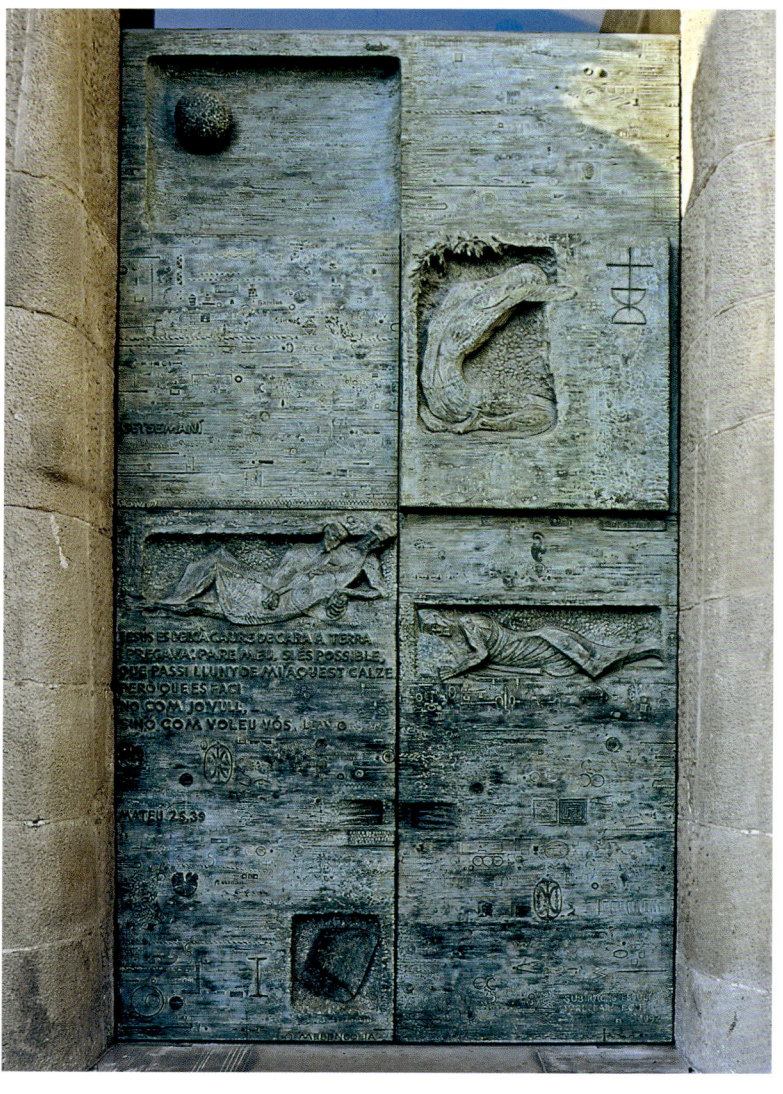

Puerta de Getsemaní

Situada a la izquierda, en el portal de la Fe, escenifica la oración nocturna de Cristo en el huerto de Getsemaní según los evangelios. Bajo la luna llena, Jesús, arrodillado, ora a Dios Padre consciente de los hechos que vendrán simbolizados por una cruz sobre una montaña y un cáliz: «Padre, si quieres, aparta de mí esta copa; pero no se haga mi voluntad, sino la tuya».

Bajo la figura orante, otras tres duermen, porque a pesar de lo que Jesús confió a Pedro, Santiago y Juan: «Mi alma está triste hasta el punto de morir; quedaos aquí y velad conmigo», ni siquiera estos escogidos fueron capaces de acompañarle en su vela y cayeron dormidos, acentuando la situación de soledad de Jesús y su entera disponibilidad para cumplir la voluntad del Padre.

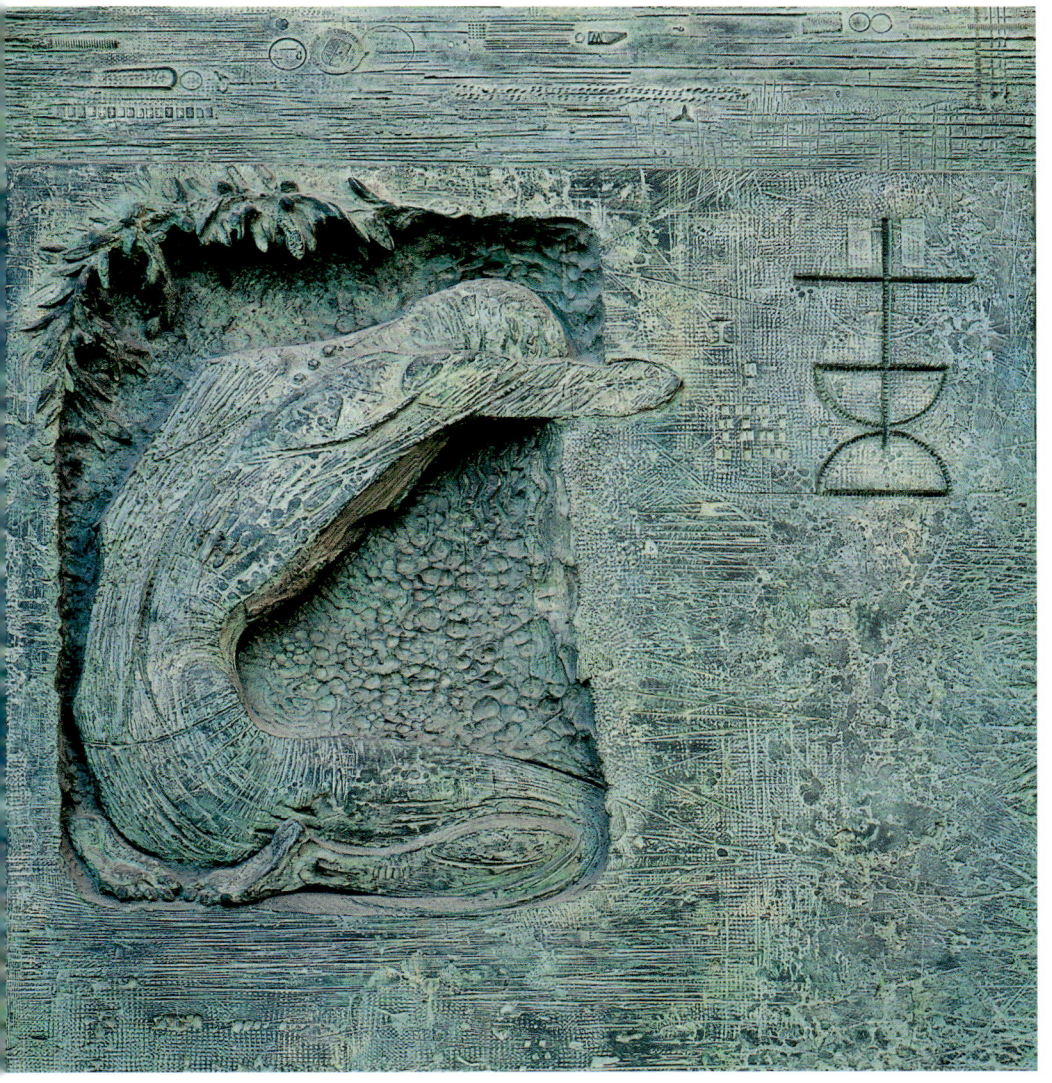

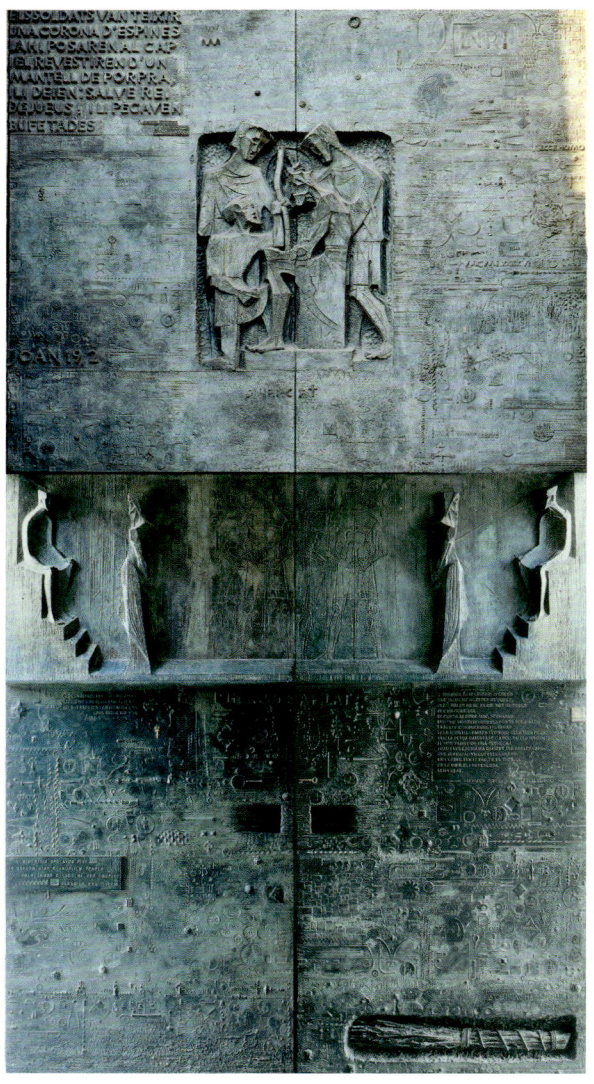

Puerta de la Coronación

Está situada a la derecha, en el portal de la Esperanza. En la franja superior, Jesús, coronado de espinas, recibe una caña como cetro mientras sufre burlas y golpes. En la parte central, como en un juego de espejos, Jesús aparece a la izquierda ante Herodes y a la derecha ante Pilatos, representantes de la justicia humana que abandona al inocente a sabiendas. En la parte inferior (página de la derecha), destacan los textos de Dante Alighieri y de Salvador Espriu, uno de los poetas contemporáneos catalanes más trascendentales.

Fragmento de «La Divina Comedia», de Dante

«Mi deseo debe tener fin
en este maravilloso y angélico templo,
cuyos únicos confines son el amor y la luz».

Paraíso XXVIII 52-51

Fragmento de «La Piel de Toro», de Salvador Espriu

«A veces es necesario y forzoso
que un hombre muera por un pueblo
pero nunca debe morir todo un pueblo
por un solo hombre:
recuerda esto siempre, Sepharad.
Haz que sean posibles los puentes del diálogo
e intenta comprender y amar
los motivos y las diversas lenguas de tus hijos.
Que la lluvia caiga poco a poco en los sembrados
y el aire pase como una una mano abierta
suave y muy benigna sobre los amplios campos.
Que Sepharad viva eternamente
en el orden y en la paz, en el trabajo,
en la difícil y merecida
libertad».

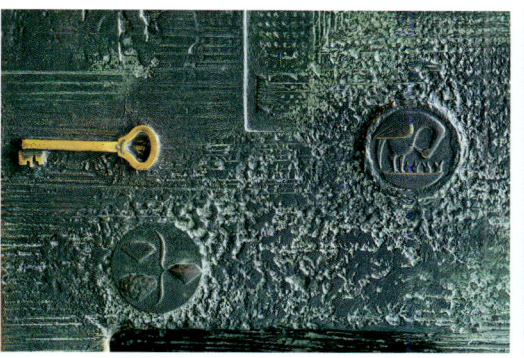
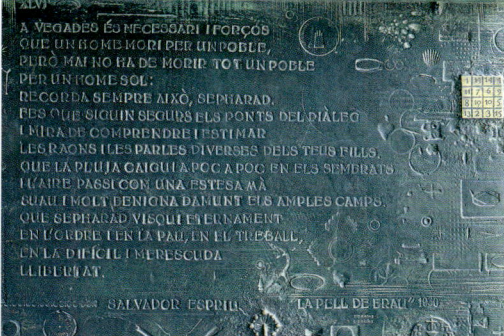
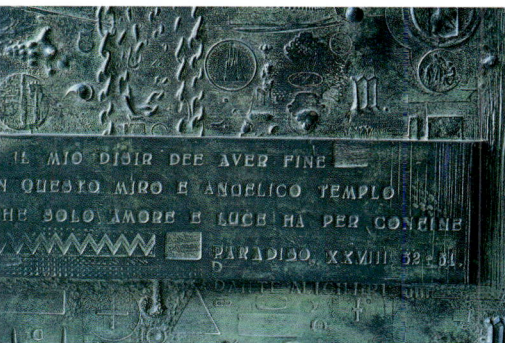
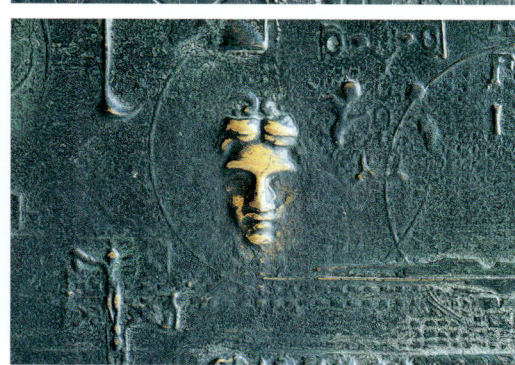
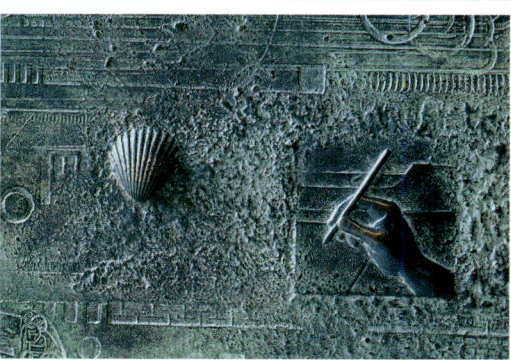
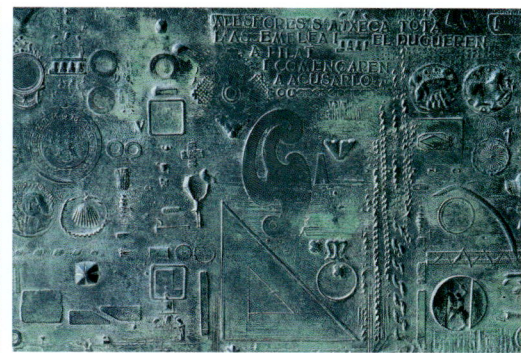

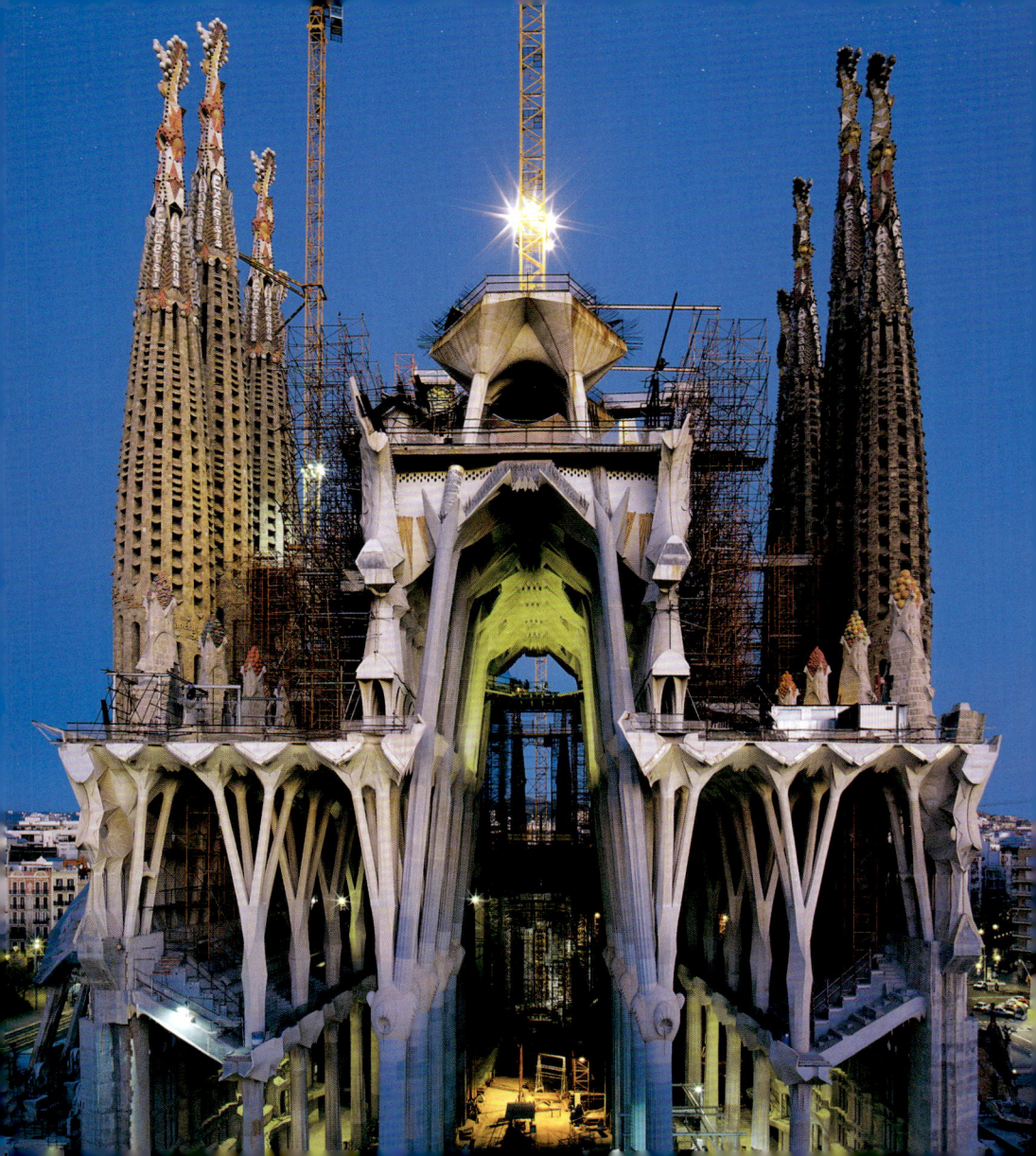

La Basílica de la Sagrada Familia

La fachada de la Gloria

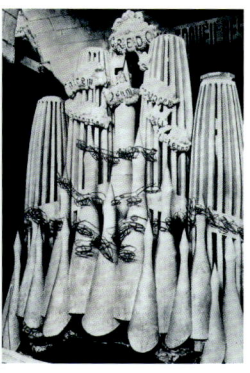

Maqueta de Gaudí
Los filamentos metálicos simulan las nubes que Gaudí proyectó para decorar la fachada de la Gloria.

← **La fachada desnuda**
El templo en 2003 antes del comienzo de las obras en la fachada.

Un amplio puente sobre la calle Mallorca permitirá el acceso a la fachada de la Gloria, la mayor y más espectacular del templo, con sus cuatro torres mucho más altas que las del Nacimiento y la Pasión.

Decía Gaudí que la fachada de la Gloria glosaría las postrimerías: la muerte, el juicio, el infierno y la gloria. En efecto, al llegar al gran pórtico, lo primero que se hallará, en el suelo, es la muerte: «La Muerte está en las sepulturas del pórtico». Y decía también: «En el punto más alto (del pórtico) está Dios Padre; debajo, el gran rosetón del Espíritu Santo, y bajo este, Jesús, con los instrumentos de la pasión, juzgando a los hombres». En otras palabras, esta entrada será también el lugar simbólico donde se desarrolle el juicio por el cual los pecadores habrán de ir al paraíso o al infierno. Precisamente en el subterráneo de este lado del templo, donde ahora está el museo, Gaudí quería hacer una especie de escenografía del antro de condenación de los diversos tipos de pecadores. Por algunas indicaciones suyas, cabe suponer que el Infierno podía ser visto desde el exterior, por ventanas enrejadas, y que sería, estéticamente, una representación en parte expresionista, en parte propia del arte popular.

Desde una cierta distancia, podemos imaginar esta fachada, policromada como las otras, pero con colores más vivos, tal como sugieren algunas pinturas que se conservan. Cinco entradas, más dos en los extremos, darán acceso al interior del templo. Sobre las siete puertas, unas grandes nubes, también coloreadas, son al mismo tiempo enormes lágrimas que penden de lo alto de la fachada, y son seguramente símbolo de expiación ya que el templo es expiatorio. Por encima se verán las torres, más altas que las construidas hasta ahora, y, más altas aún que ellas, las cúpulas de los cuatro evangelistas san Mateo, san Marcos, san Lucas y san Juan, que, de hecho, surgirán de la cubierta del templo. En el centro de estas cuatro cúpulas estará la de Jesucristo, que alcanzará la impresionante altura de 170 metros; y más al fondo, sobre el ábside, la de la Virgen, algo menos alta.

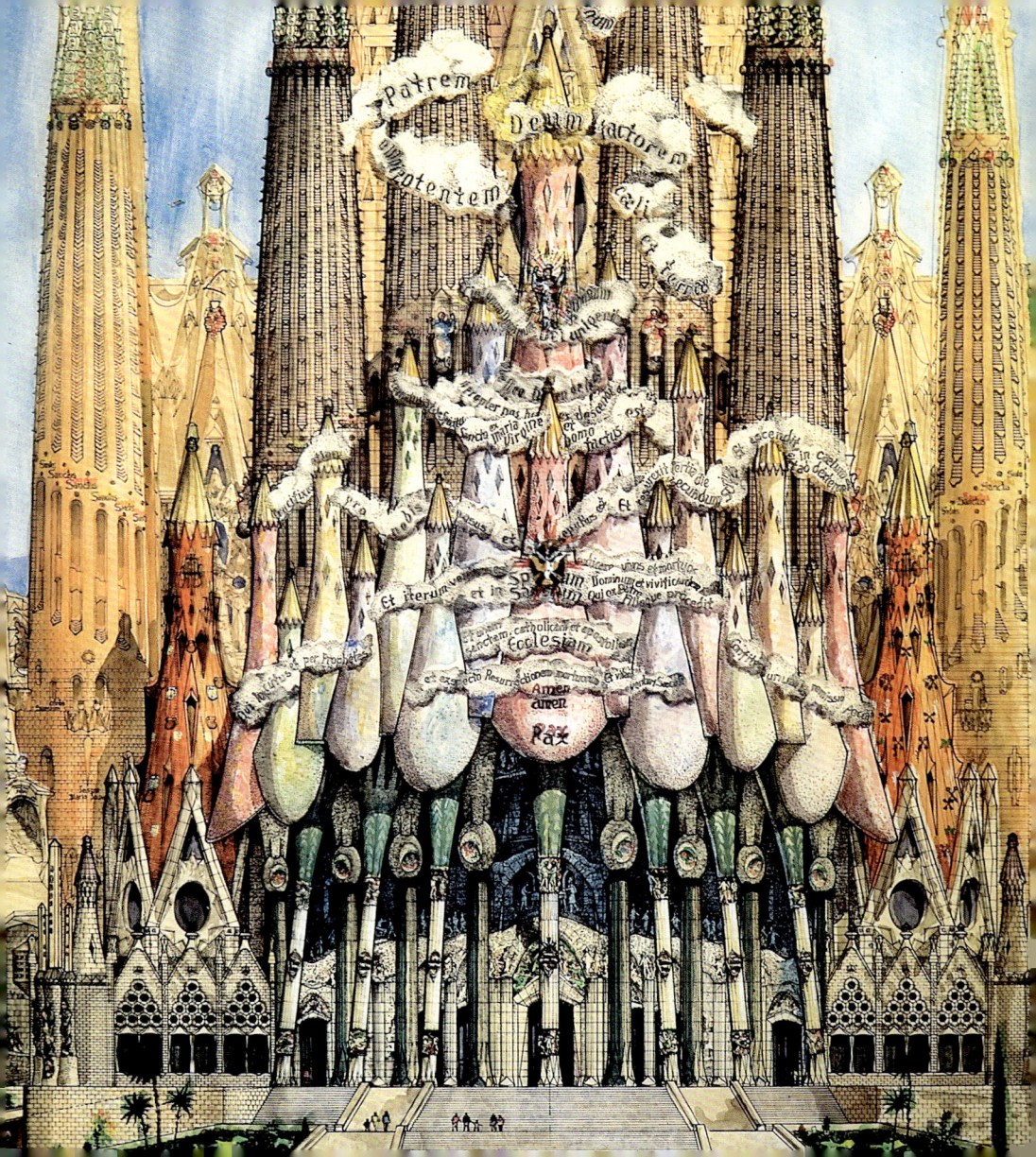

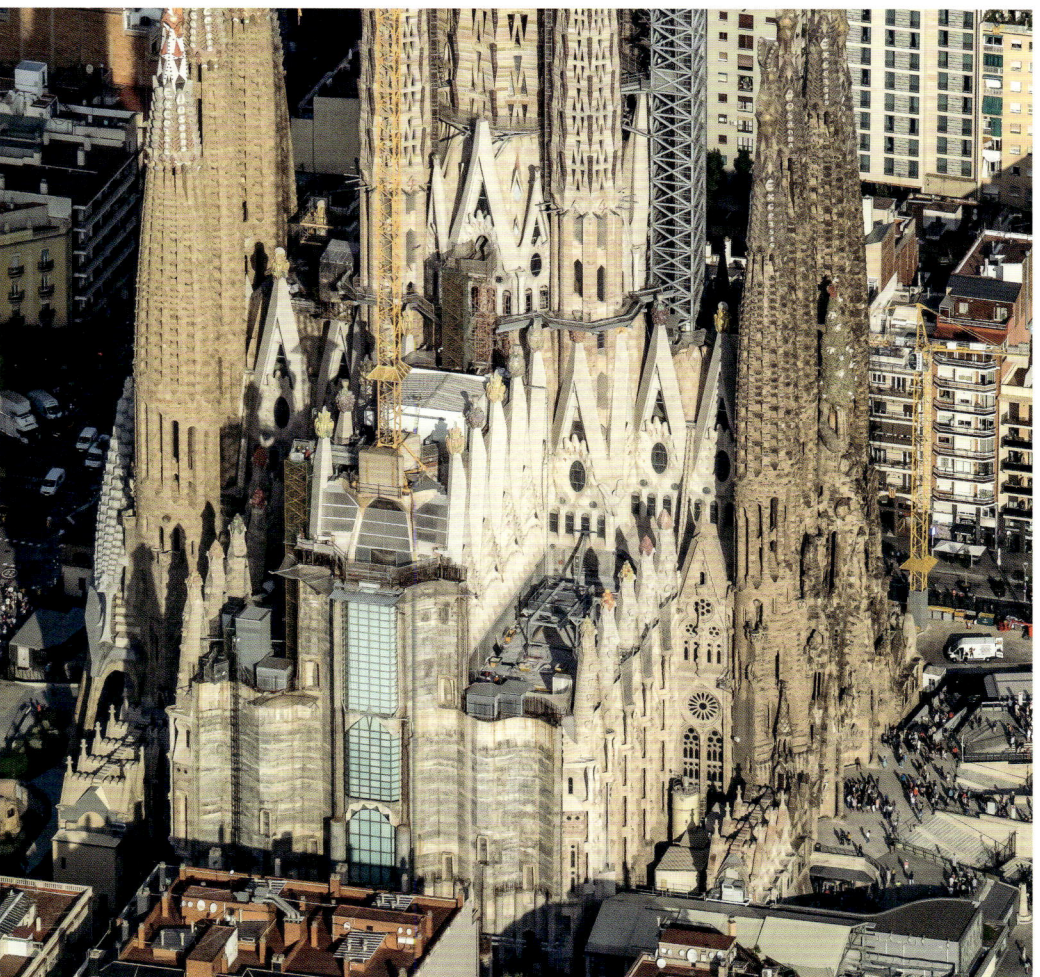

← **La fachada principal**

Según el dibujo de Francesc Berenguer será la mayor y más monumental de las tres, no solo por su altura sino también porque contará con cinco portales.

Fachada de la Gloria

En 2010, para la visita del papa Benedicto XVI, se cubrió de forma provisional con un gran vitral en el portal central.

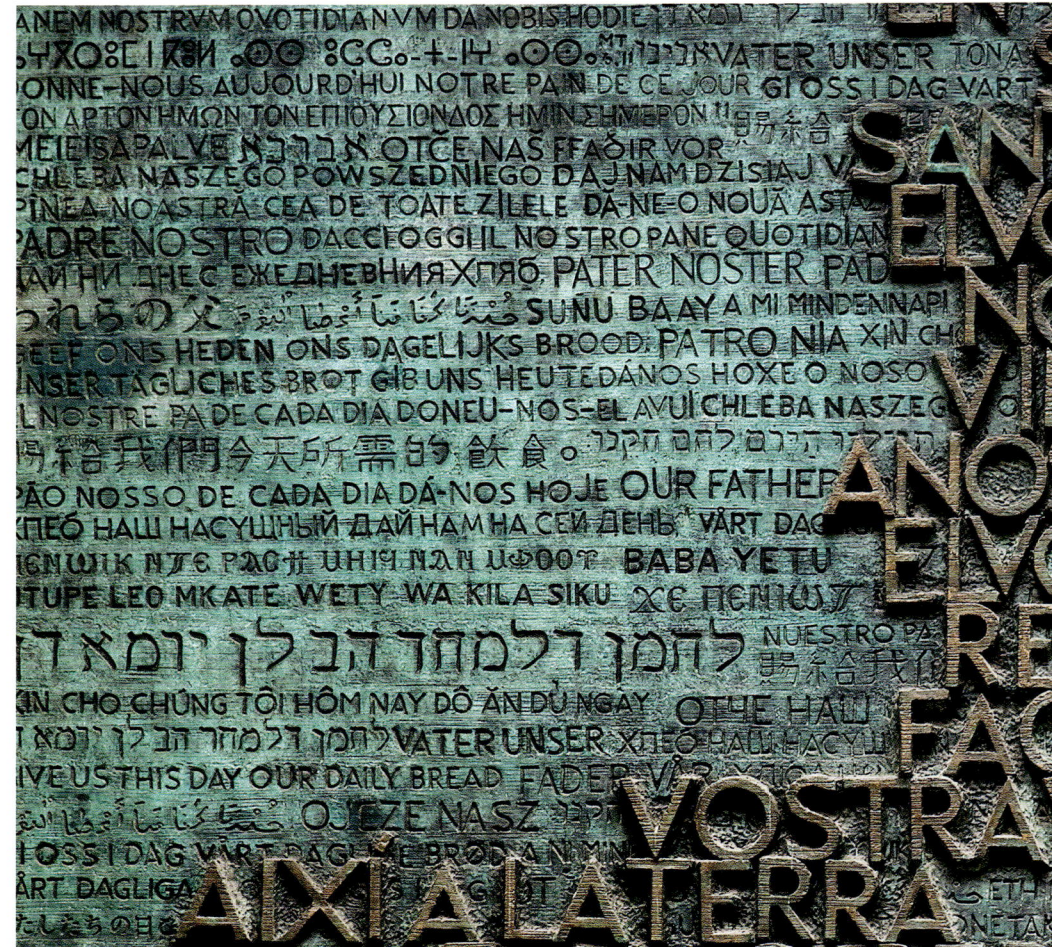

La puerta de la Eucaristía

Es la única colocada hasta ahora y está situada en el portal central
de la fachada. Realizada por Subirachs, es de doble hoja y sigue
el programa simbólico expresado por Gaudí para esta fachada, en
la que quería que apareciese la oración del Padrenuestro.

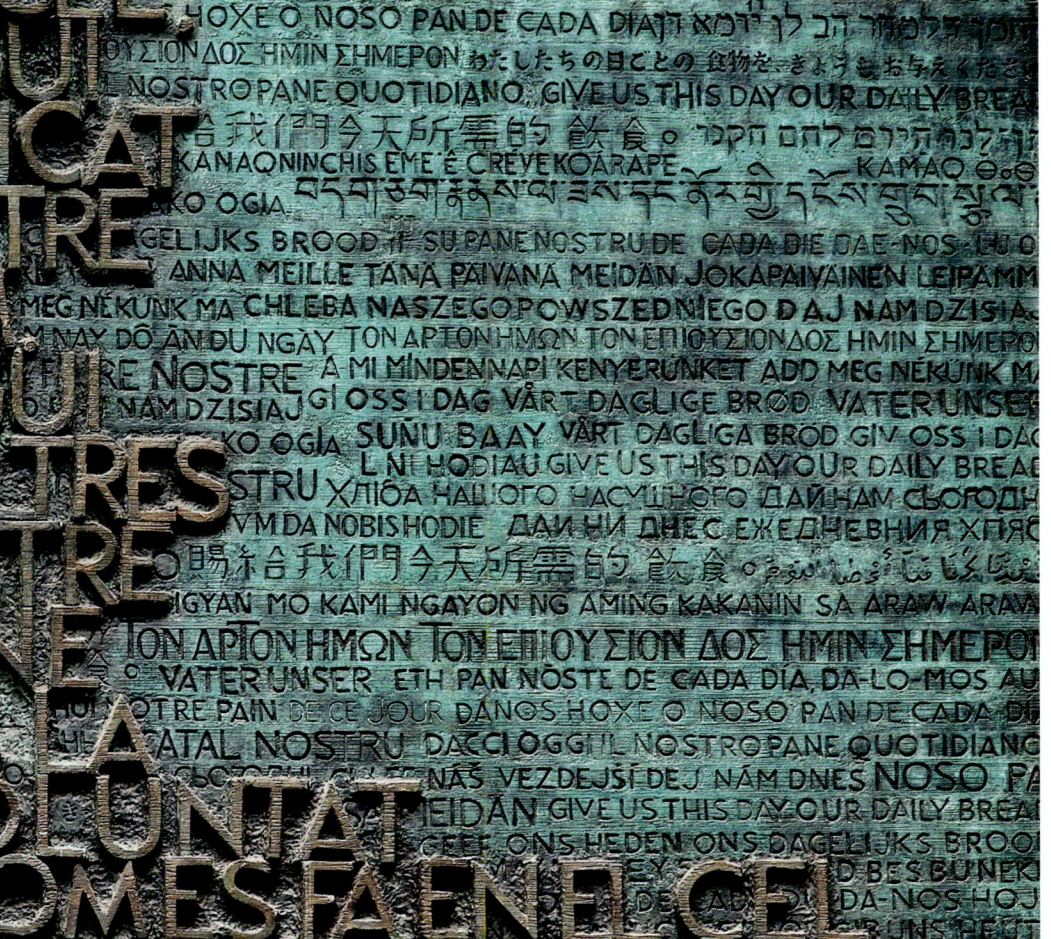

El Padrenuestro
Subirachs sitúa en el centro de la puerta la oración en catalán
con letras pulidas y de gran formato, que resaltan sobre una
textura de la misma oración escrita en otros 49 idiomas en
letras más pequeñas.

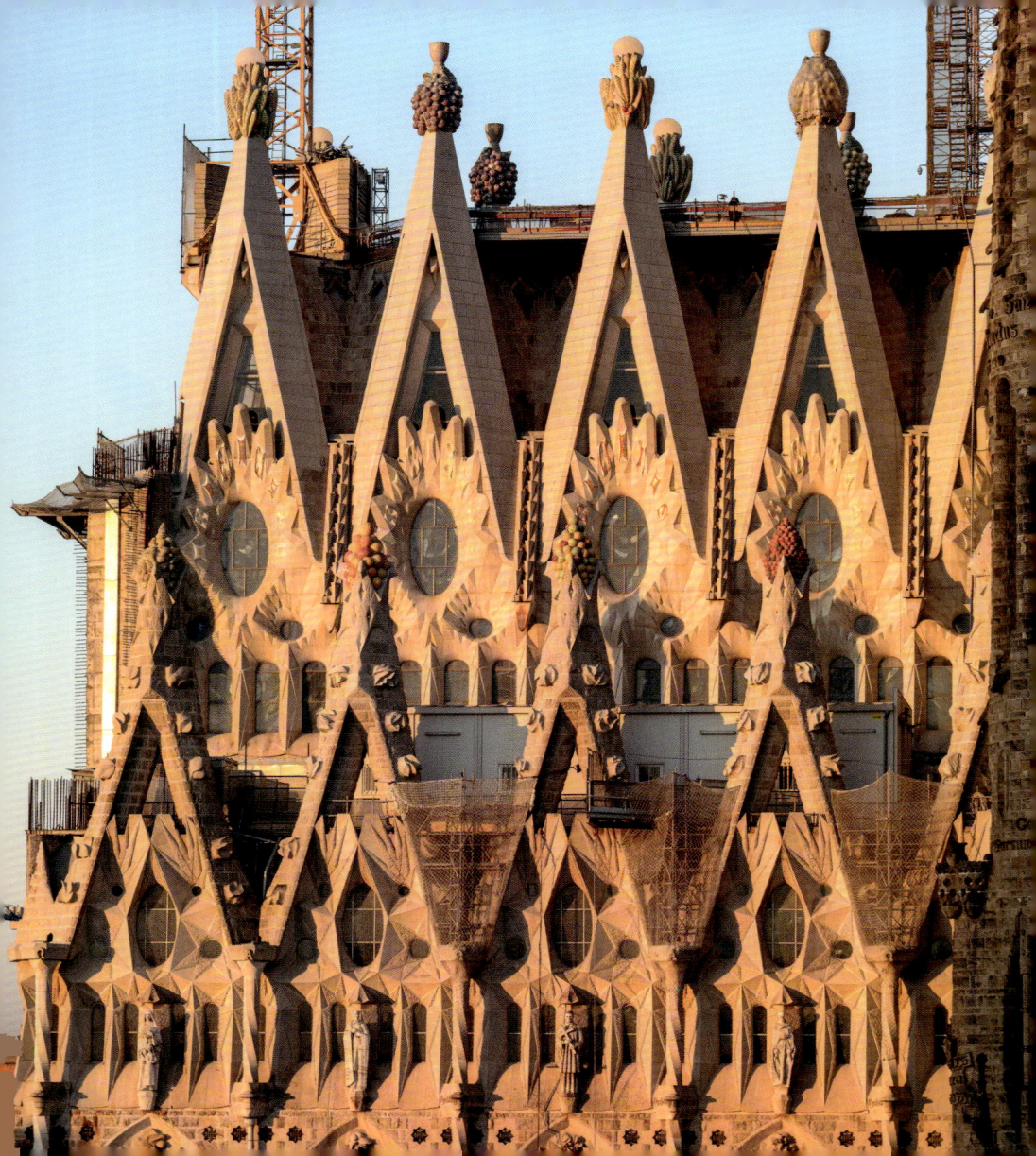

La Basílica de la Sagrada Familia

Los muros de las naves

Gracias al sistema de columnas arborescentes del interior de las naves, Gaudí consiguió liberar estos muros del peso de las cubiertas y abrir en ellos grandes aberturas con ventanales recubiertos de vitrales que permiten la entrada de una enorme cantidad de luz en el interior de la basílica.

Los muros de las naves laterales están compuestos por seis tramos en cada lado. Cada uno de los tramos acaba en un frontón rematado por unas cestas con frutas obra del escultor Etsuro Sotoo y alcanzan una altura de 34 metros. Esta misma solución se repite en los muros de las naves centrales, aunque aquí alcanzan los 70 metros de altura y los frontones están coronados por los símbolos de la eucaristía.

Los ventanales
A lo largo de los 43 años que Gaudí trabajó en el templo fue encontrando nuevas soluciones tanto constructivas como formales. Los diseños del arquitecto para los ventanales muestran esta evolución: desde las formas puramente neogóticas de los ventanales inferiores pasando por un estilo más personal en la abertura central de forma elíptica de los frontones de las naves laterales, hasta llegar a la solución de los ventanales de las naves centrales que remiten a las formas estrelladas de las bóvedas de las naves.

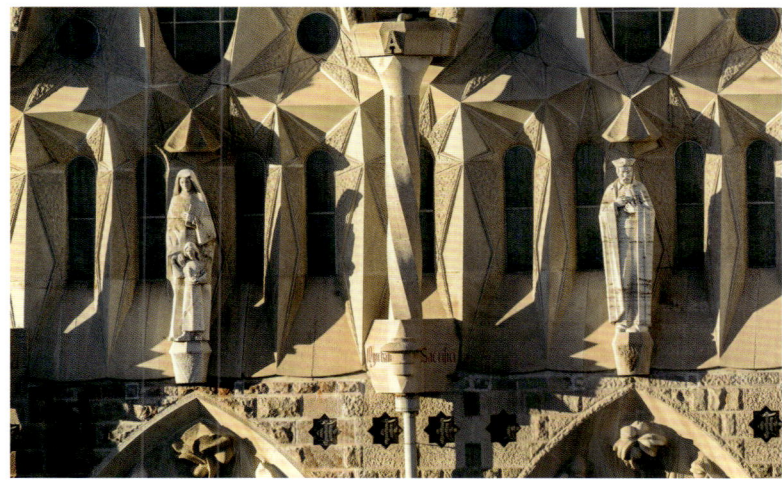

Los santos fundadores
En cada tramo de los muros de las naves laterales, entre los ventanales neogóticos y el frontón, Gaudí, igual que en los muros del ábside, sitúa a los fundadores de las principales órdenes religiosas.

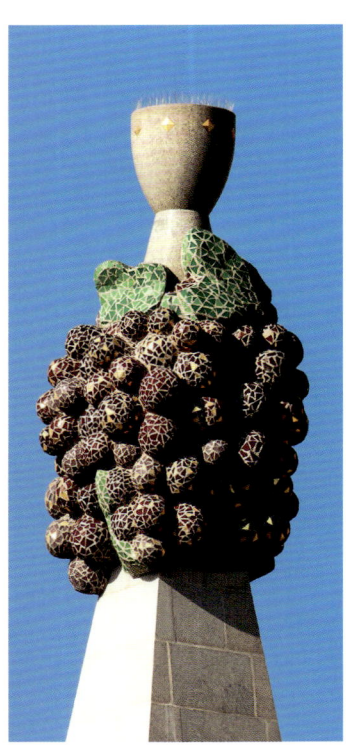
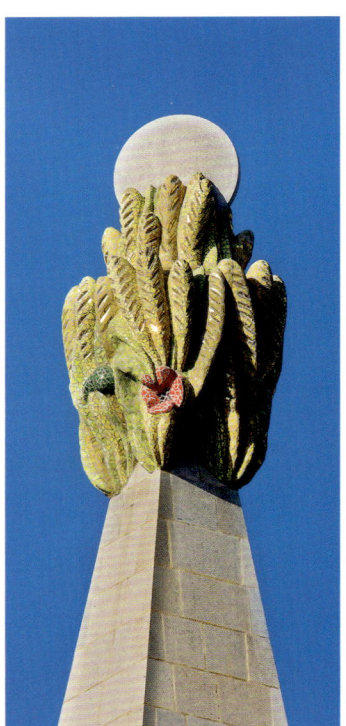
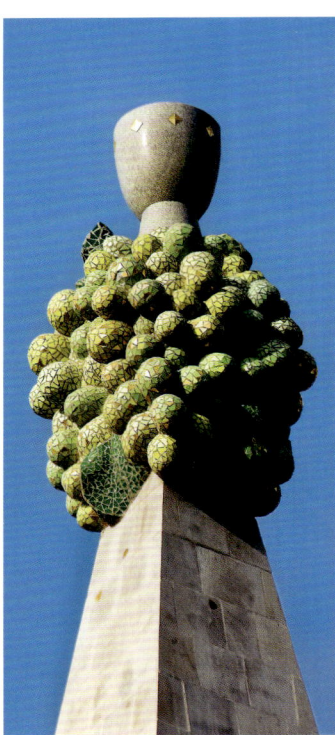

Pináculos de las naves centrales

Realizadas por Etsuro Sotoo, las esculturas que culminan los pináculos están dedicadas a los símbolos eucarísticos: las espigas de trigo con la forma de la hostia de pan ácimo y los racimos de uva con el cáliz que contiene el vino. Ambos elementos se consagran en la misa durante la eucaristía donde se produce su transustanciación en el cuerpo y la sangre de Cristo respectivamente.

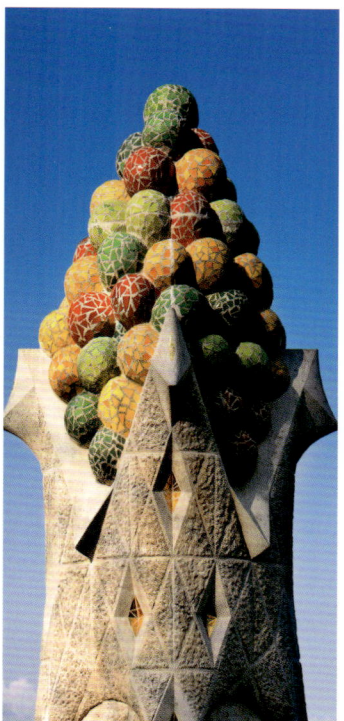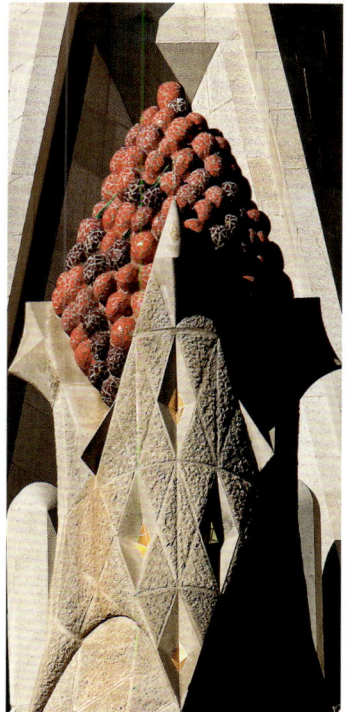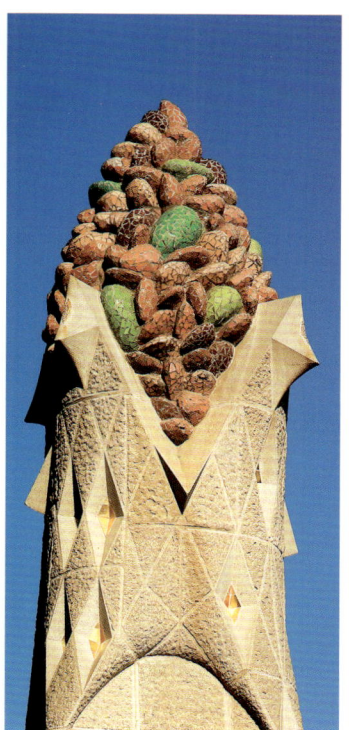

Pináculos de las naves laterales

También realizados por el escultor Etsuro Sotoo, son cestas de frutas recubiertas de *trencadís* cerámico. Están ordenadas según el curso del año: en la fachada del Nacimiento, las de primavera y verano (melocotones, higos, ciruelas…); en la de la Pasión, las de otoño e invierno (castañas, naranjas, granadas…). Como son doce pináculos se relacionan con el árbol de la vida que aparece en el libro de las Revelaciones o Apocalipsis, escrito por san Juan: «Después me mostró un río limpio de agua de vida, resplandeciente como cristal, que salía del trono de Dios y del Cordero. De un lado y del otro del río, el árbol de la vida, que lleva doce frutos, dando cada mes su fruto» (Apocalipsis 22:1-2).

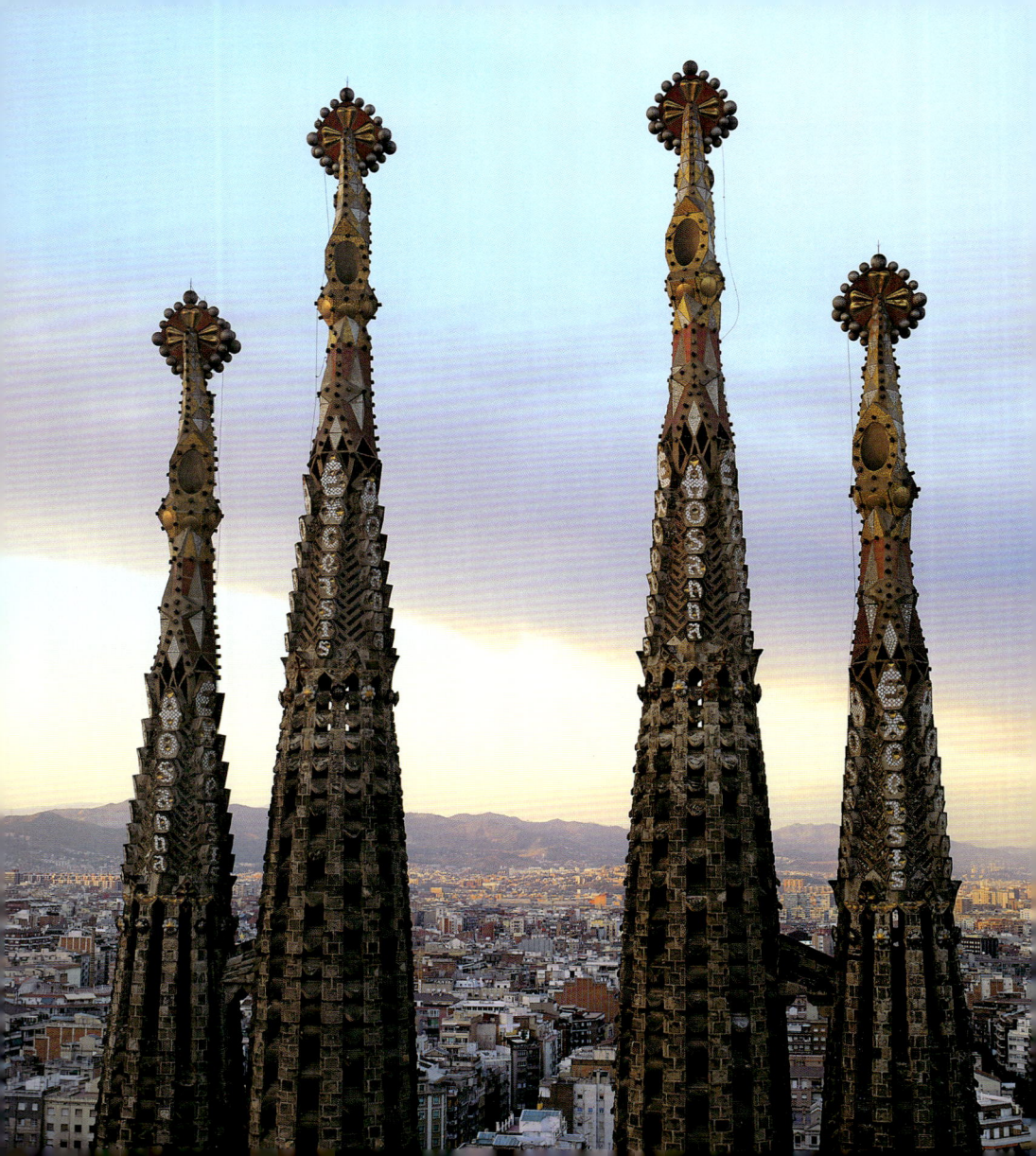

La Basílica de la Sagrada Familia

Las torres

El día 30 de noviembre de 1925 se coronó la torre de San Bernabé, primera de la izquierda de la fachada del Nacimiento. Fue la única que Gaudí pudo ver terminada, ya que murió a los pocos meses. Después de tantos trabajos, dificultades y esperas, su satisfacción debió ser muy grande, pues podía comprobar el atractivo de aquella obra tan elaborada, y enseñar, por fin, a sus paisanos, una muestra definitiva de su iglesia, a partir de la cual, además, podían hacerse una idea de lo que sería la totalidad cuando estuviese acabada.

Las torres son tan sorprendentes por dentro como por fuera. Para visitarlas se pueden usar las escaleras o el ascensor, o combinar ambas formas de acceso. En la parte más baja de las torres hay sendas escaleras de caracol casi sin barandilla por ser muy empinadas, y que ruedan en espiral en torno a un hueco muy estrecho, de manera que quien sube por ellas tiene la sensación de rodar sobre sí mismo. El efecto óptico de estas escaleras, de abajo arriba o de arriba abajo es uno de los más inolvidables de la visita. Además, las escaleras de unas torres giran en un sentido y las gemelas en sentido contrario, lo que aumenta la riqueza de sensaciones.

Cuando se llega a lo alto de la torre cuadrangular, es posible pasar de una torre a la vecina, con lo que se constituye una especie de extraordinario laberinto vertical. En el interior de una de las cuatro torres está instalado un ascensor, que permite subir desde el suelo hasta el lugar donde empieza la zona de los muros con persiana. Aquí las escaleras se apoyan en los muros exteriores. En la parte alta, se colocarán las campanas en la última fase de la construcción del templo. Por otra parte, en el interior de la zona de base cuadrada y de la fachada correspondiente, corren varias

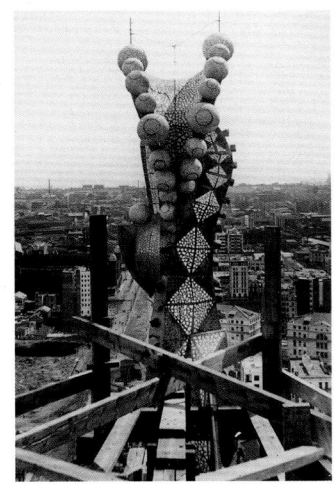

Pináculo de la primera torre
La primera torre acabada está dedicada a San Bernabé. Se culminó en 1925 y fue la única que Gaudí vio en vida.

← **Fachada del Nacimiento**
Gaudí veía las torres como lanzas que unían la tierra con el cielo.

galerías superpuestas que pueden verse por el lado interior del templo: son las galerías que ocuparán en parte los fieles durante los oficios.

Una de las pasiones de Gaudí fue la música, como se comprueba en muchos detalles de los edificios que construyó. Hablando de las campanas de la Sagrada Familia, dijo (según Cèsar Martinell) que habría campanas de tres clases: las ordinarias; las afinadas según las notas mi, sol, do, que son los tonos más fáciles de obtener en campanas de este tipo y las tubulares, que, o bien sonarán por percusión, o mediante aire inyectado. Estas últimas, contendrán todas las notas y se podrán tocar como un piano o un armonio.

Hacia 1915 Gaudí hizo muchas pruebas con diversos tipos de campanas. Se había hecho traer del extranjero varios libros sobre el tema, aunque, como era común en él, prefería construirlas a partir de la experiencia que iba adquiriendo con los ensayos hasta llegar a conocer a fondo los instrumentos y los sonidos. El Teatro del Liceo le prestó varios instrumentos, como un armonio, un violín y otros, y llevaba una libreta con notas y dibujos sobre los estudios que hacía.

Entre sus numerosas observaciones se encuentran las siguientes: cuando el tiempo es húmedo se oyen menos las campanadas, a pesar de que, según la Física, la humedad es buena conductora del sonido. Las campanas, cuanto más viejas mejor suenan, y cada vez mejor, hasta el día anterior a agrietarse, que es cuando dan su mejor sonido. La melancolía del sonido de las campanas a la hora de la puesta del sol proviene de la armonía entre el día que muere y la voz del bronce, que se hace más expresiva cuanto más cerca está de su fin.

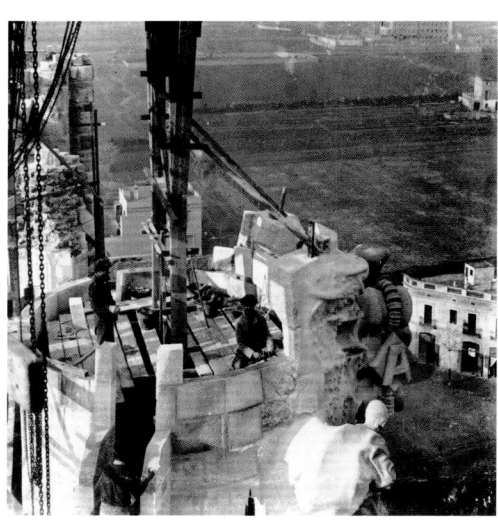

Ganando altura
Las torres de la fachada del Nacimiento en construcción.

Cuando se terminó la primera torre, el relojero que cuidaba del mantenimiento de los tres relojes de la Sagrada Familia, exclamó: «¡Ya he visto la torre terminada! ¡*Fa goig*!». A Gaudí le encantó aquella opinión porque provenía de un hombre sencillo que celebraba la terminación de lo que quizá ya no esperaba ver en vida, y porque la expresión, tan catalana, *fa goig*, resume como pocas la sorpresa y el gozo que una cosa produce, tanto si es una mesa preparada para un banquete, como una persona guapa o una obra de arte como esta.

En los años siguientes el arquitecto Sugrañes, sucesor de Gaudí al frente de las obras del templo, terminó las otras tres torres; posteriormente se hicieron, casi iguales a las primeras, las cuatro de la fachada de la Pasión, terminadas en 1977, y aún se tardará varios años en construir las cuatro de la Gloria, bastante más altas que las anteriores.

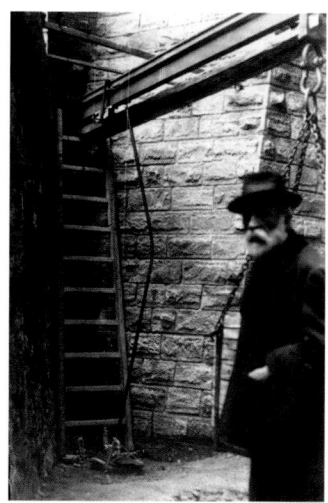

Gaudí en las torres
El arquitecto supervisando una prueba de resistencia de materiales para el templo.

Las torres están dedicadas a los doce apóstoles y, en concreto, las cuatro más antiguas —de 94 metros de altura las exteriores y 107 las interiores— llevan adosados los nombres y las figuras correspondientes de los apóstoles Bernabé, Simón, Judas Tadeo y Matías, todos ellos sentados sobre peanas, y la inscripción *Sursum corda* (Arriba los corazones, en latín). Matías fue escogido tras la muerte de Jesús en substitución de Judas Iscariote.

Llama la atención el hecho inusitado de que las torres sean de planta cuadrada en la base y, a partir de lo alto de la fachada (a un cuarto de la altura total) de planta circular. Hay muchas torres de iglesia de planta cuadrada y muy pocas de planta circular, pero ninguna que tenga una parte de cada manera. Sin embargo, el salón central del palacio Güell, también en Barcelona, tiene la base cuadrada y, encima, una elevada cúpula de forma parabólica que sobresale, sorprendentemente, del edificio. En el templo de la Sagrada Familia, el cuerpo cuadrado se transforma, mediante trucos ingeniosos, justo donde se ubica la figura de cada apóstol, en cuerpo en forma de tubo. Gaudí no explicó claramente el porqué del cambio del cuadrado por el círculo, y los comentaristas se limitan a decir que fue un cambio sumamente acertado desde el punto de vista estético, lo cual es muy cierto.

En la parte inferior, estas cuatro torres cuadradas tienen las superficies toscamente labradas. En la parte siguiente, presentan en el exterior altas columnas, en posición de ritmo ascendente, y más arriba, una combinación de muros y de planos intercalados en forma de persianas, que les confieren su característico aspecto. La función de estos planos inclinados consiste en enviar hacia el suelo y hacia la ciudad a sus pies, el sonido de las campanas ubicadas en el interior de las torres.

Hasta aquí la totalidad de las torres carece de otro color que el de la piedra natural. No obstante, el hecho de estar unidas las torres campanarios de dos en dos, permite que entre ellas se produzcan acusadas sombras alargadas que hacen resaltar sus respectivos volúmenes, lo claro sobre lo oscuro, que es uno de los efectos más buscados por Gaudí en todas sus grandes obras.

En lo alto, los pináculos están formados por superficies lisas o ésfericas, maravillosamente complejas, variadas y vivas. Se trata de unos terminales de 25 metros de altura y son una fiesta de colores, de formas, de materiales, de símbolos y de originalidad. Con ellos, Gaudí se adentra en la escultura moderna a partir de la liturgia. En efecto, estos terminales representan a los obispos, es decir, a los sucesores de los apóstoles, y por ello son su culminación y tienen sus atributos: el anillo, el báculo, la mitra y la cruz. Si los miramos a partir de su base, se ven, primero, las palabras *Hosanna* y *Excelsis*, enmarcadas en hexágonos. Sobre estos hay unas formas geométricas realizadas con mosaico veneciano de plata y oro sobre fondo rojo.

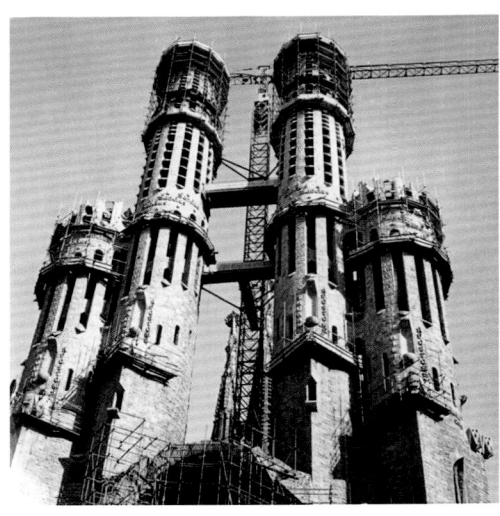

Fachada de la Pasión
Las torres de la fachada de la Pasión hacia 1973. No se acabarían hasta 1977.

En lo más alto, está la mitra o gorro, abierto por la mitad, formando la cúspide una especie de flor, más visible si se mira de lado. En cada una de las dos caras en abanico está la cruz coloreada. Cada cara tiene quince bolas blancas, tres grandes y doce pequeñas. Más abajo, un tronco de pirámide triangular simula el báculo curvo, poco visible. El anillo está debajo. Y, en fin, en las bocas redondas del cuerpo hexaédrico hay unos huecos que, cuando se termine el templo, estarán dotados de reflectores, que iluminarán de arriba a abajo las torres y la fachada. Los pináculos resultan así espectaculares y visibles desde muy lejos por sus colores y brillos.

A Gaudí no le gustaba que los edificios terminasen en pararrayos y objetos metálicos: «Los terminales de los edificios con pequeños elementos metálicos, como cruces, veletas, etcétera, son como la calva que tiene un solo pelo en medio», decía humorísticamente.

Por cierto que en una ocasión en que Gaudí subió a una de las torres en construcción, estuvo a punto de caer al vacío, por lo que desde entonces, le sustituyeron en las tareas de mayor peligro los arquitectos Rubió y Sugrañes, más jóvenes. Gaudí siempre creyó que le había salvado san Antonio de Padua, su patrón. Aunque el arquitecto también celebraba la fiesta de otro Antonio, el famoso abad y ermitaño del desierto, que con el tiempo le iba interesando más a Gaudí por su vida de soledad y de sacrificios.

Esbeltez de formas
La luz del crepúsculo aumenta la esbeltez de las formas ahusadas de las torres cuando la basílica aún estaba por cubrir y no se había iniciado la construcción de las torres centrales.

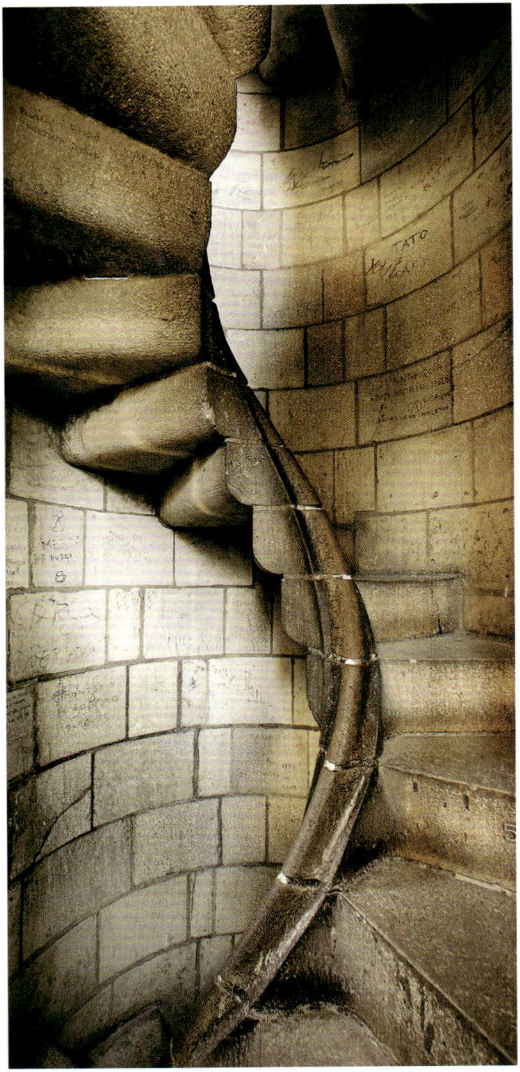

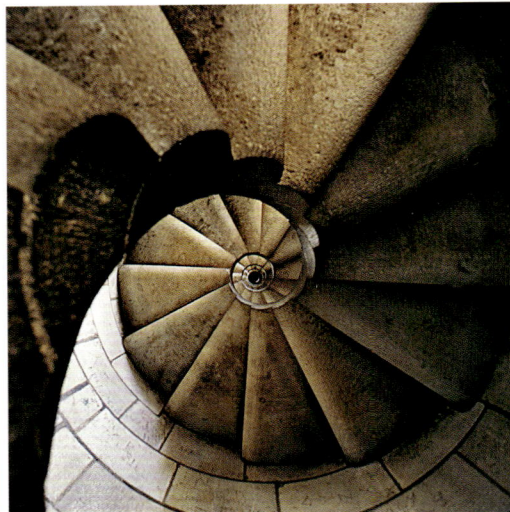

Escaleras de caracol

Las escaleras de caracol del interior de las torres giran helicoidalmente generando una vertiginosa sensación de movimiento.

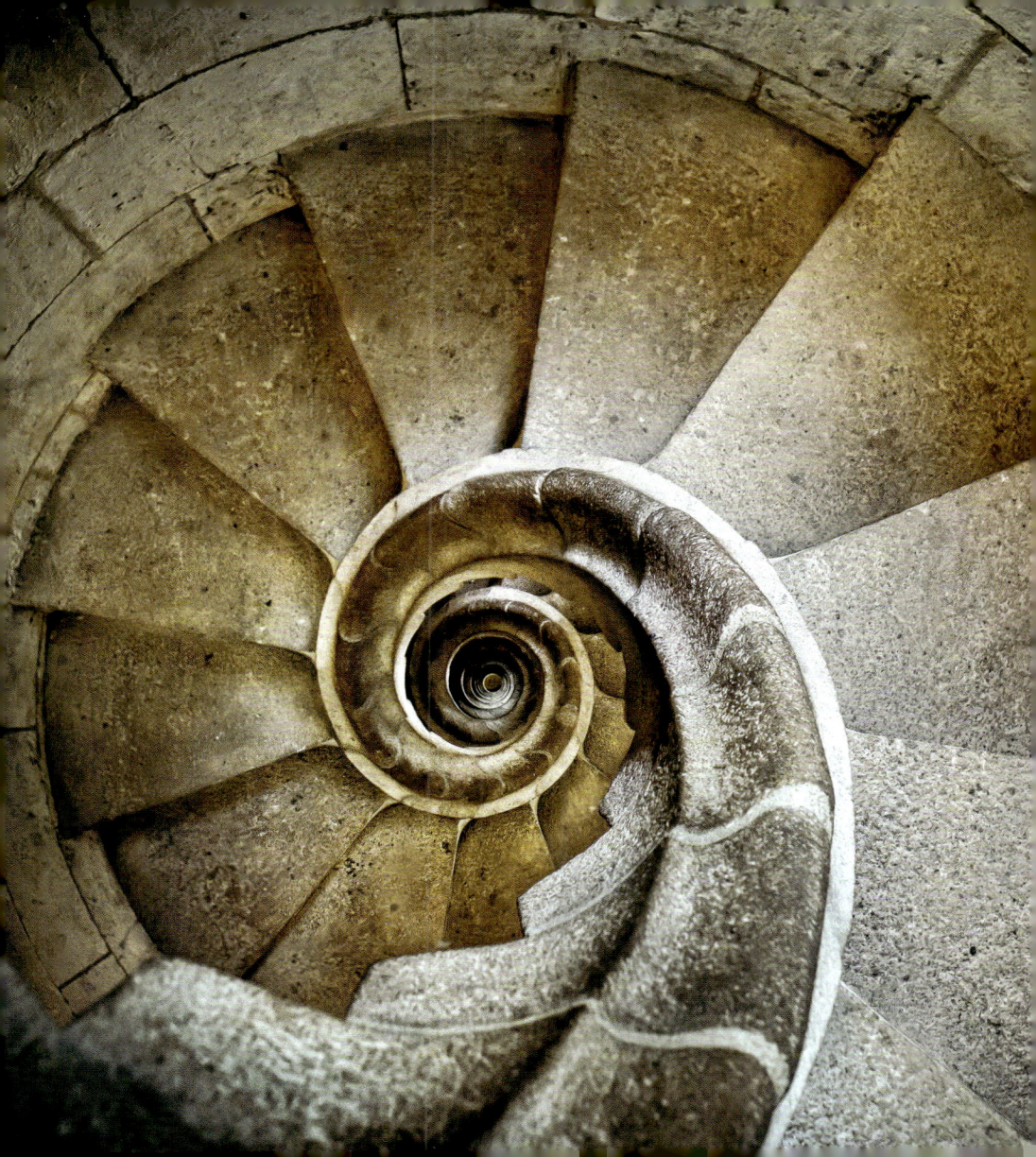

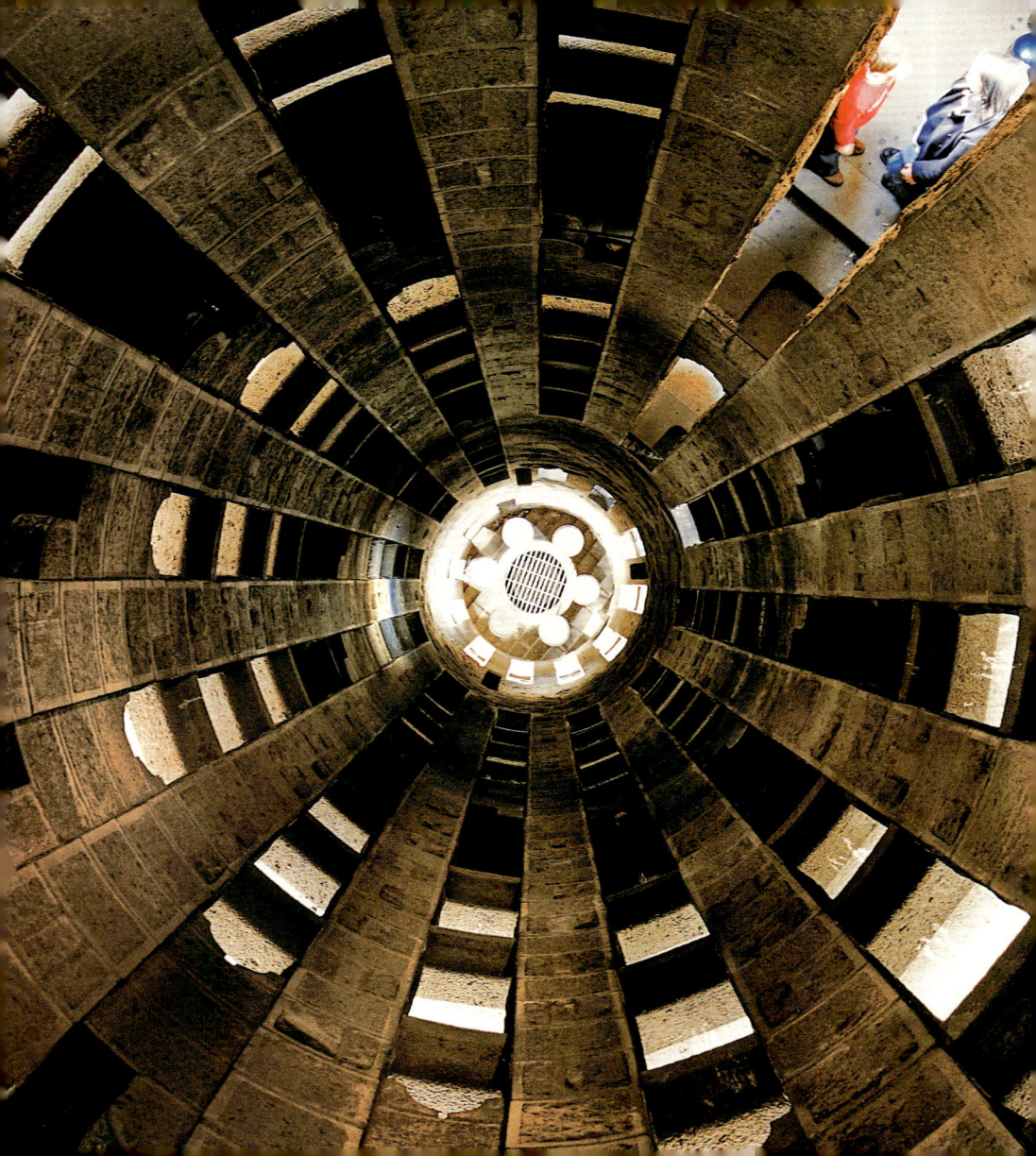

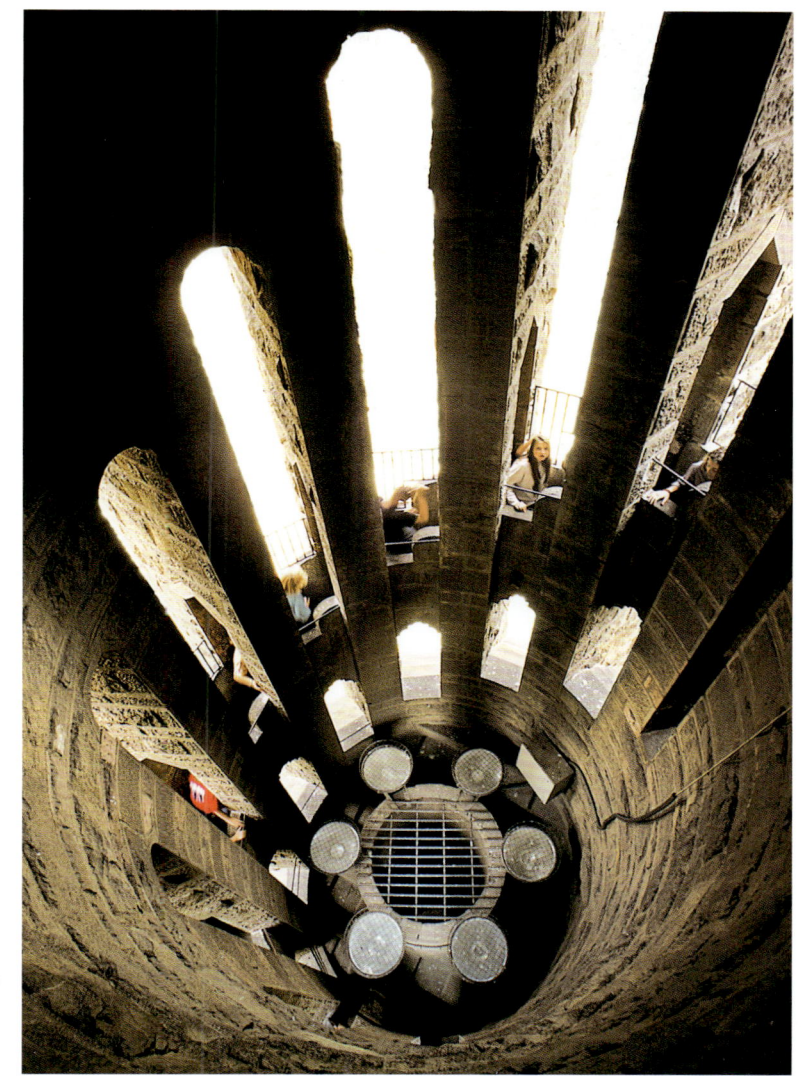

Interior de las torres
Vista de las ventanas
que ascienden helicoi-
dalmente siguiendo
el movimiento de las
escaleras.

Las doce torres dedi-
cadas a los apóstoles
(cuatro en cada fachada)
son campanarios que
en su interior (foto de
la izquierda) llevarán
campanas tubulares.

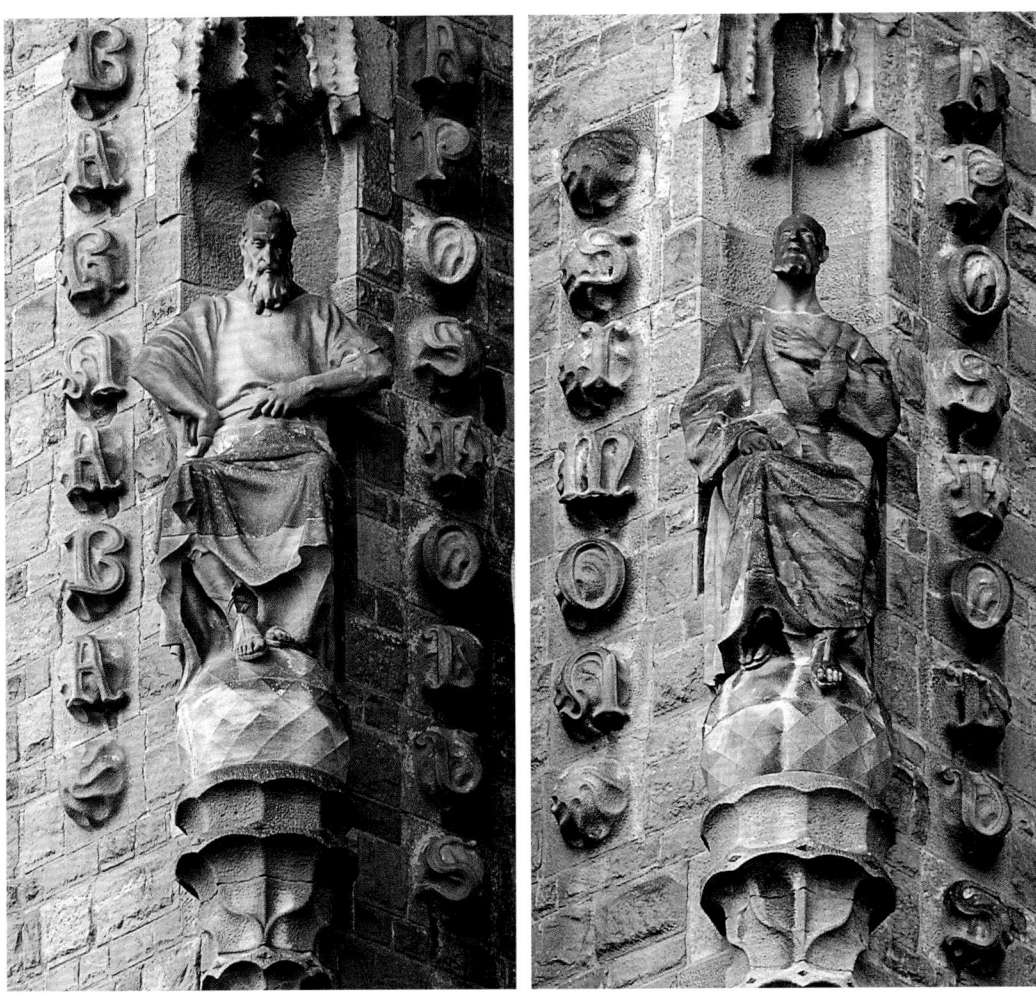

Las esculturas de los apóstoles de la fachada del Nacimiento
Fueron realizadas por Llorenç Matamala según diseño de Gaudí,
y son, de izquierda a derecha, Bernabé, Simón, Judas Tadeo y Matías.

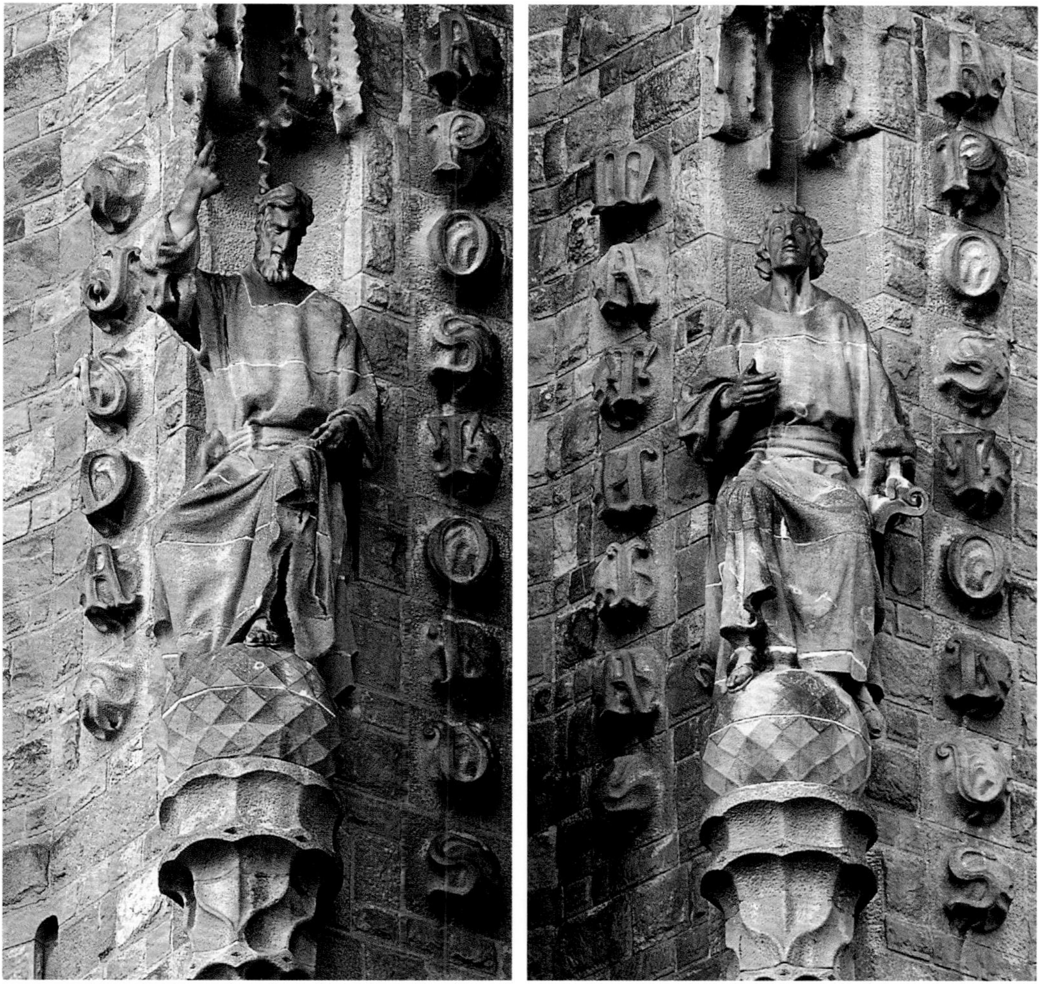

Situación de los apóstoles
Se encuentran a la altura en la que las torres pasan de tener sección
cuadrada a circular y al lado tienen grabado su nombre en latín.

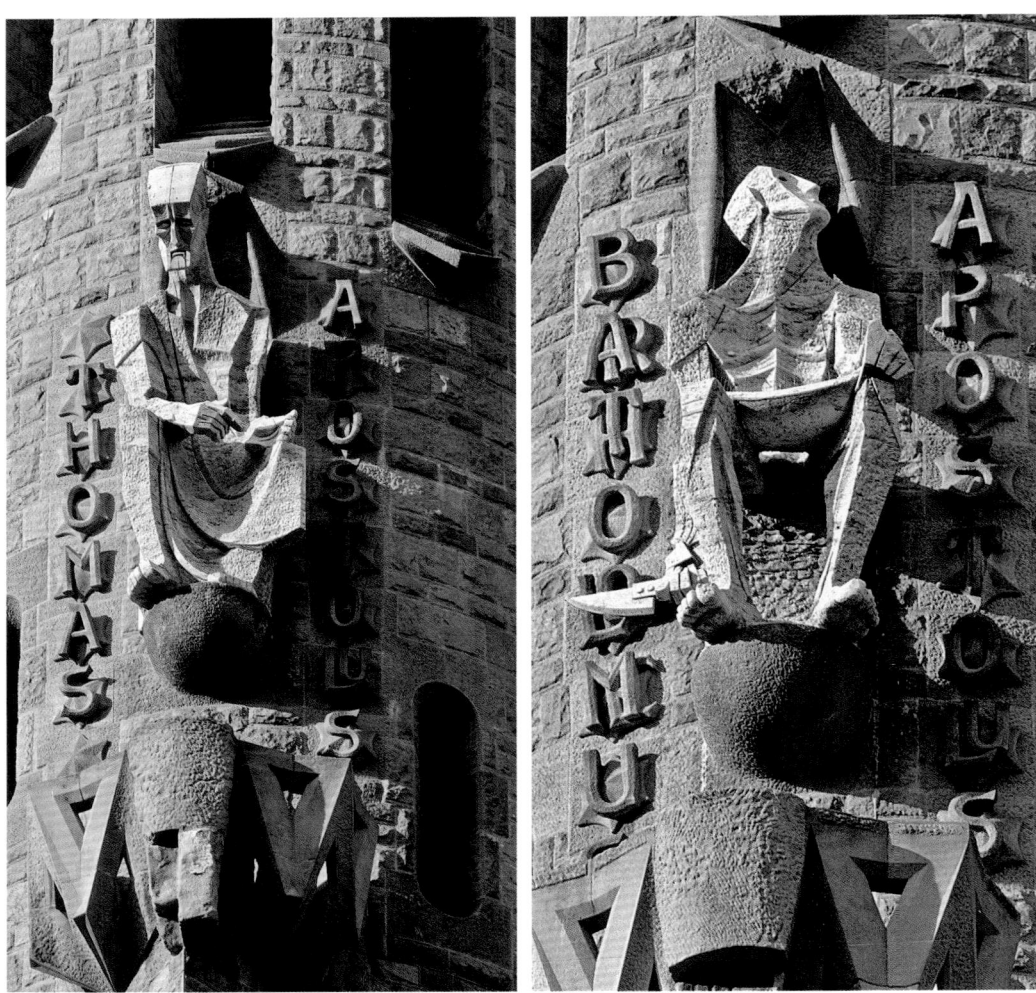

Las esculturas de los apóstoles de la fachada de la Pasión
Han sido realizadas por J. M. Subirachs, y son, de izquierda a derecha,
Tomás, Bartolomé, Santiago el Menor y Felipe.

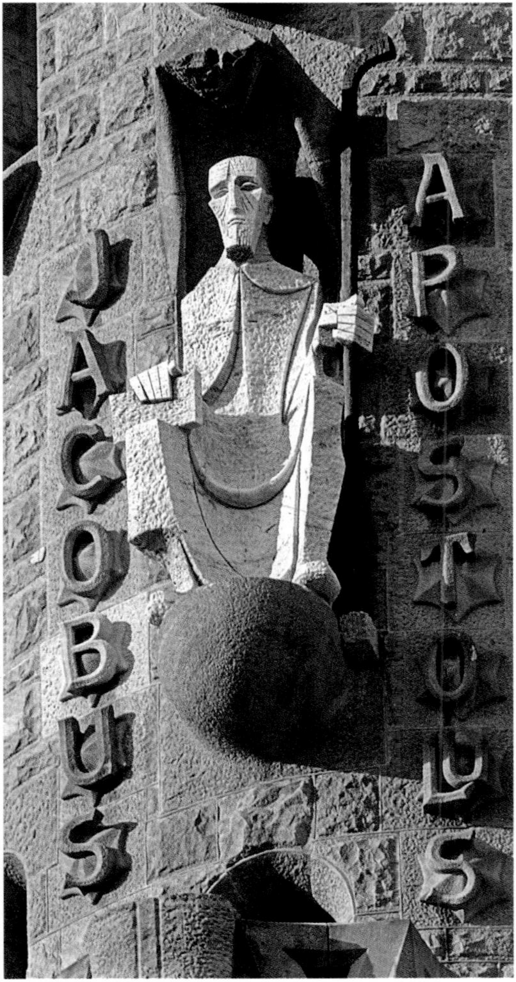
JACOBUS
APOSTOLUS

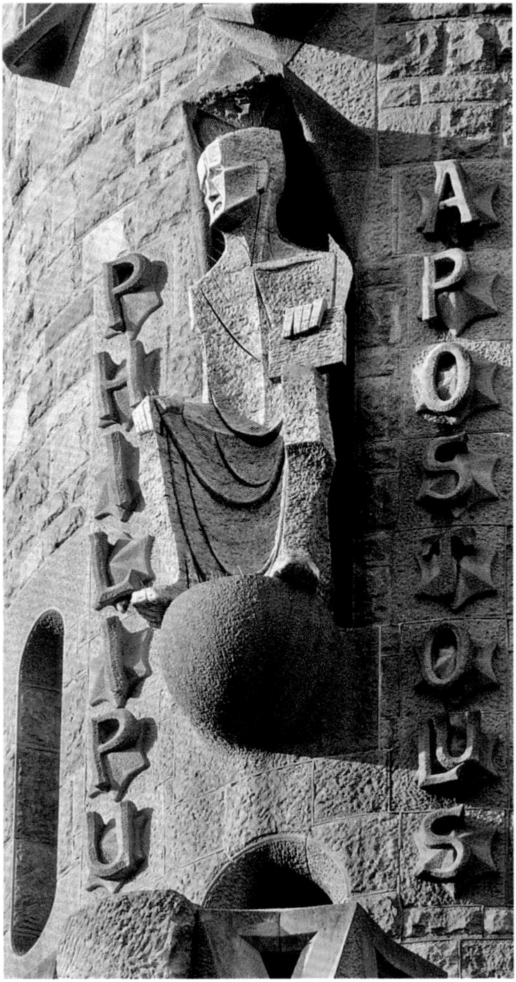
PHILIPPU
APOSTOLUS

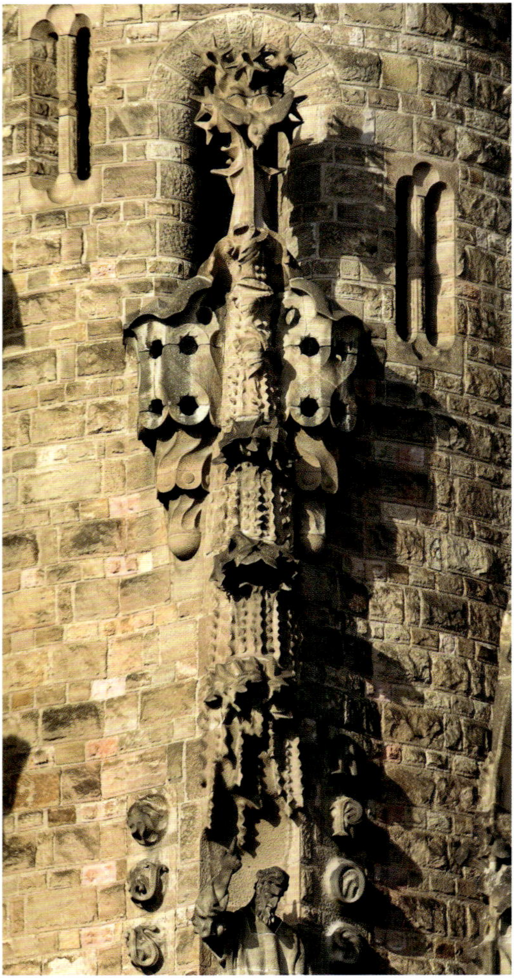

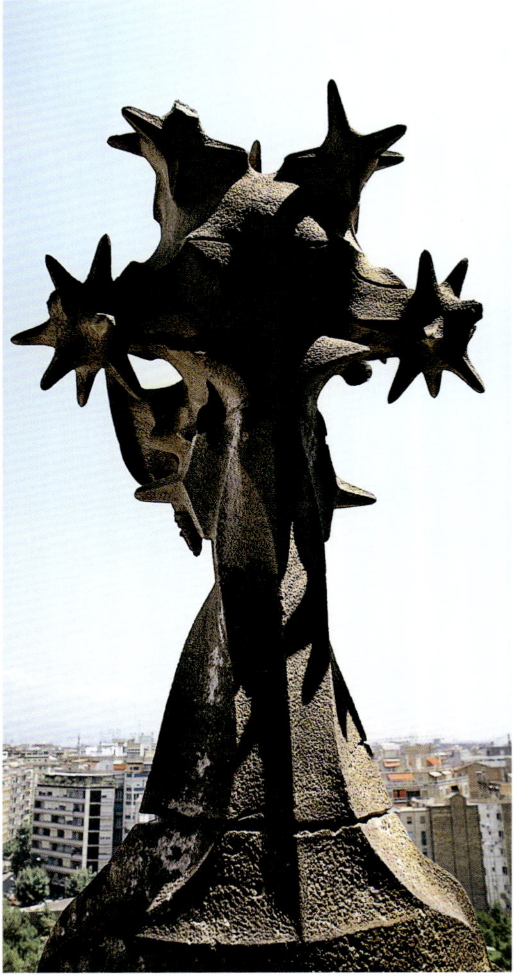

Cuerpos celestes

Sobre las figuras de los apóstoles de la fachada del Nacimiento, un conjunto escultórico con apariencia de fuego artificial ascendente estalla en una expresiva constelación de estrellas como símbolo del gozo de divulgar la Buena Nueva, tarea encomendada por Jesús a los apóstoles.

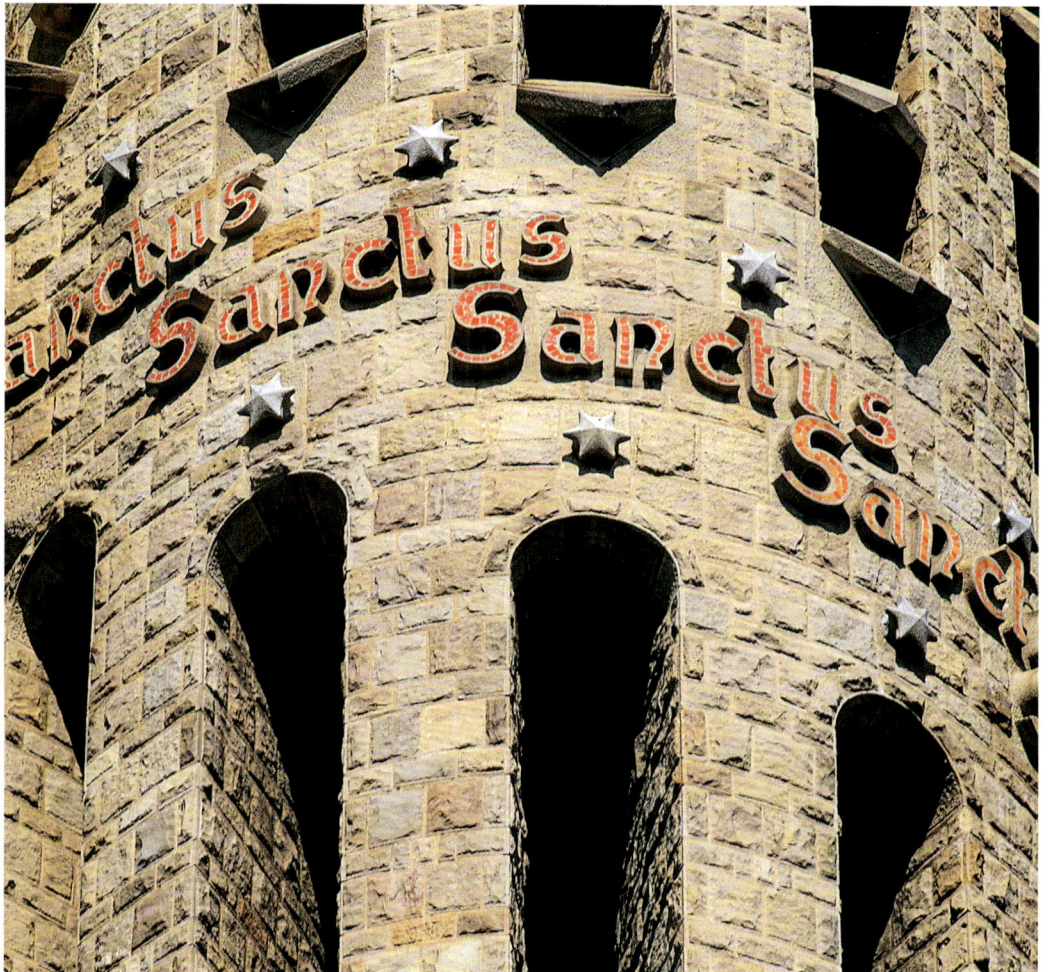

El trisagio

Esta oración, llamada así en honor de la Santísima Trinidad porque repite tres veces *Sanctus* (Santo), está inscrita en las torres helicoidalmente (tres veces para cada persona de la Trinidad) con letras decoradas con *trencadís* rodeadas de estrellas que acentúan su carácter celestial.

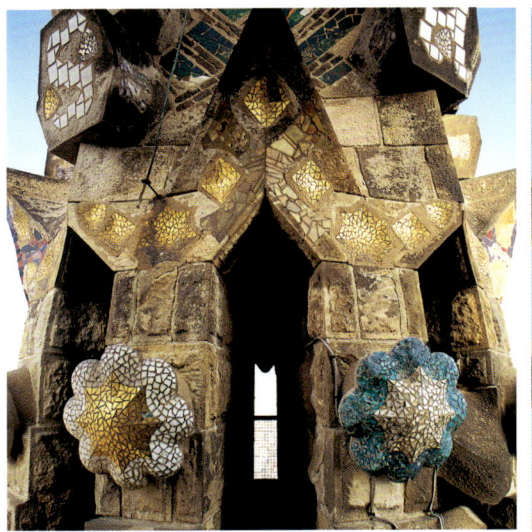

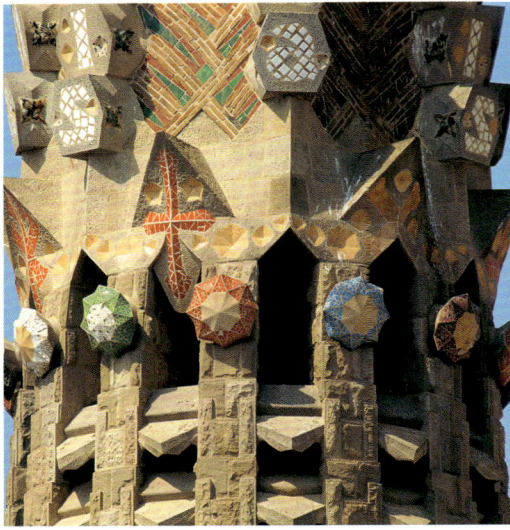

Los pináculos o donde empieza el color

En contraste con la sobriedad de la piedra de las paredes, el color aparece donde empiezan los pináculos, que tienen 25 metros de altura. Gaudí escogió piezas de mosaico veneciano provenientes de la isla de Murano para que las diferentes tonalidades destacasen de forma evidente incluso desde la lejanía. Además, y con el fin de señalar el final del cuerpo del campanario y el inicio del pináculo, el arquitecto situó doce florones de distintos colores.

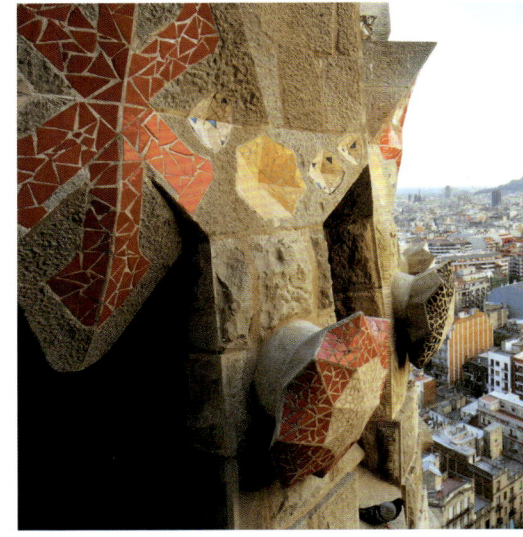

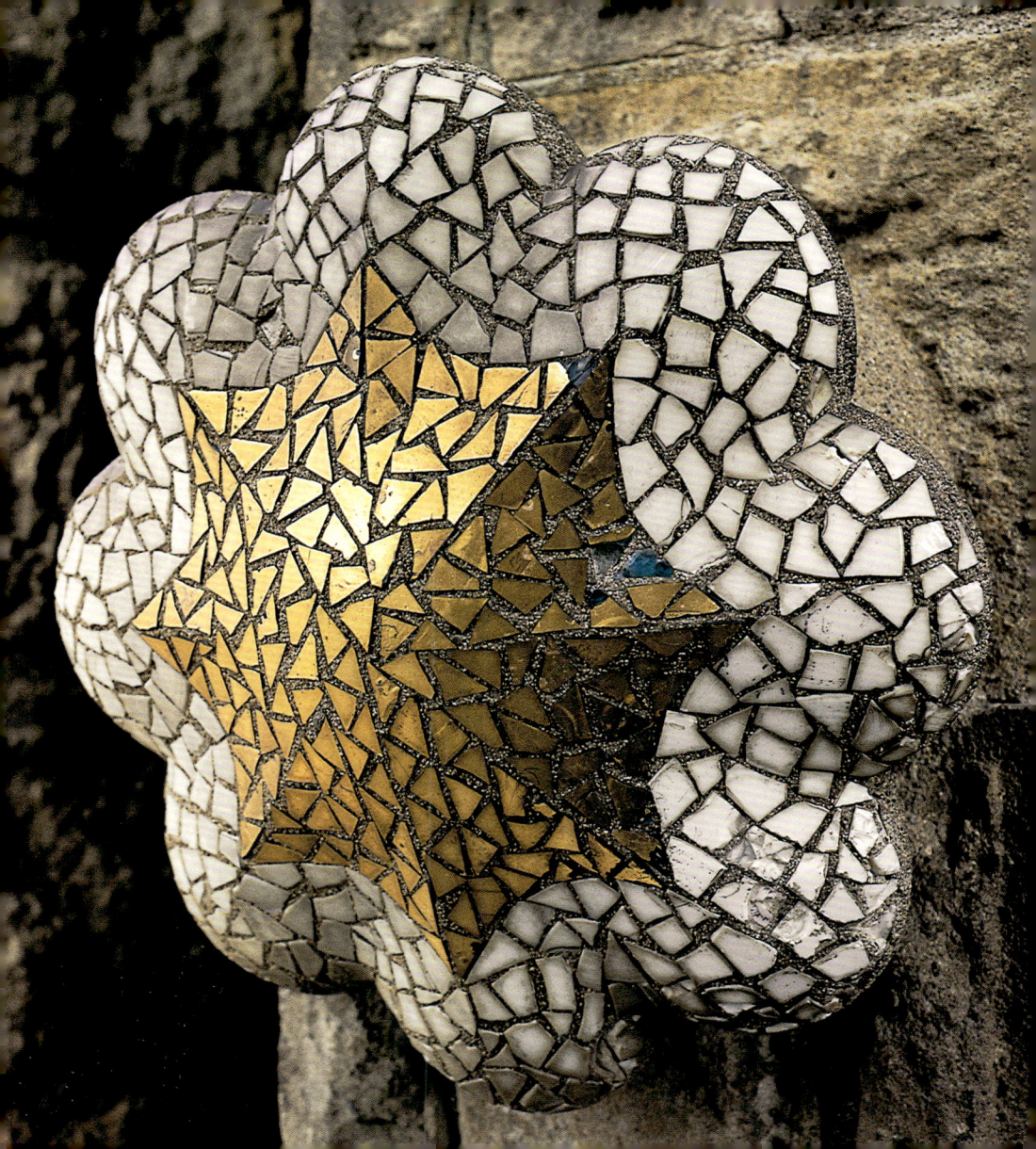

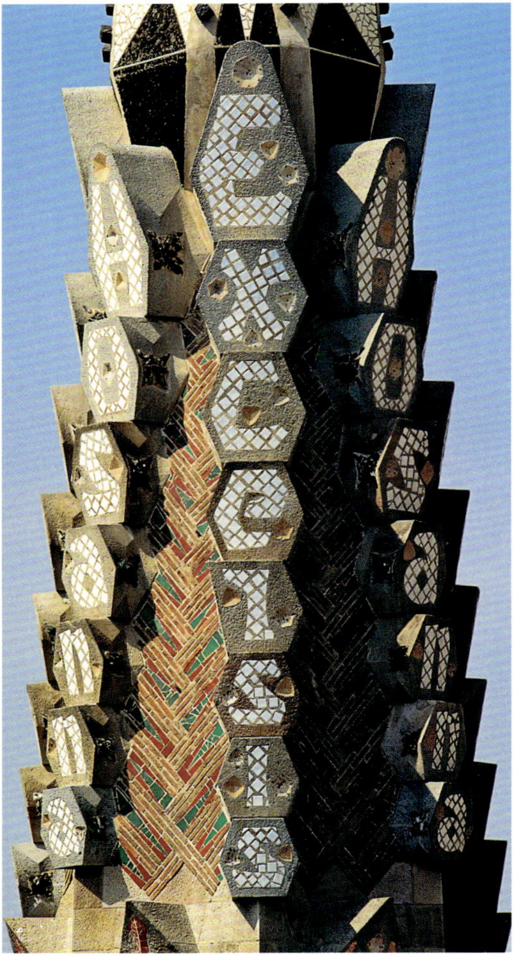

¡Alegría en las Alturas!

Sobre los doce florones, Gaudí situó en parejas las palabras «hosanna» y «excelsis», que en latín significan «Alegría en el cielo» o «Alegría en las alturas», que también forman parte de la oración del trisagio.

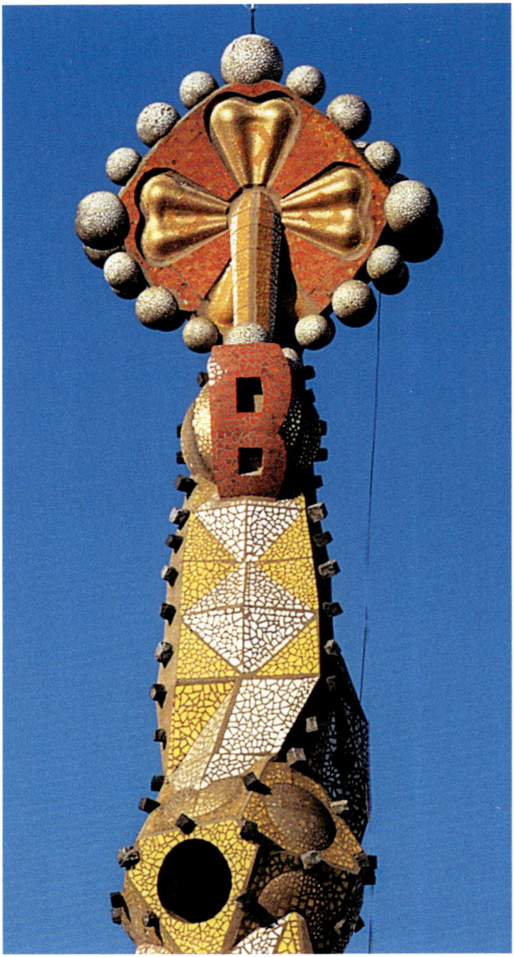

Los pináculos están dedicados a los obispos

Como sucesores de los apóstoles, la cumbre de los pináculos está formada por las enseñas de los obispos: el anillo, el báculo, la mitra y la cruz. En la base de la mitra, Gaudí colocó la inicial del nombre del apóstol al que está dedicada la torre.

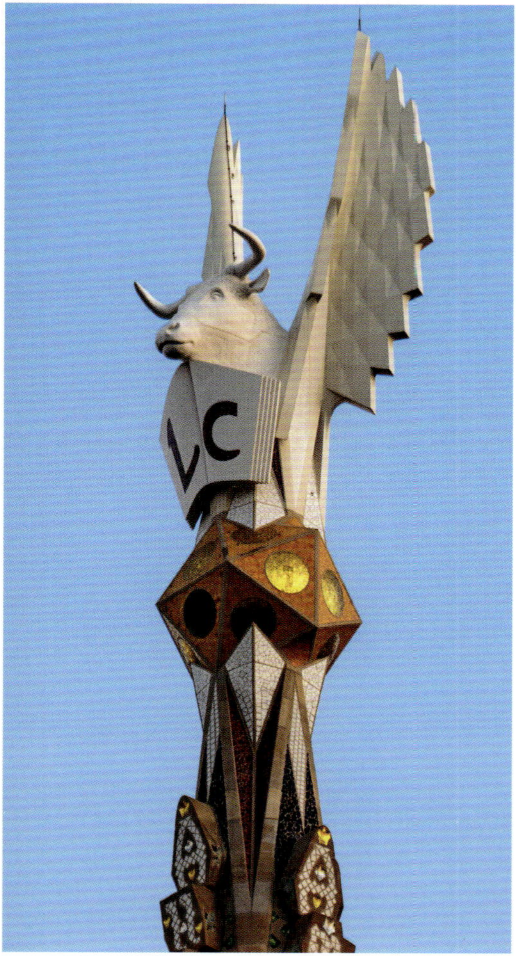

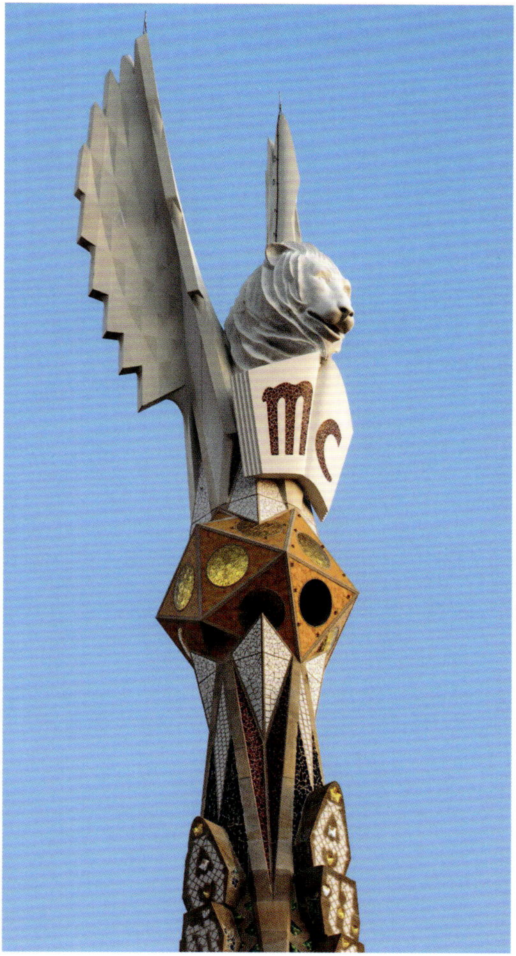

Las torres de los evangelistas

Mientras que las torres de las fachadas son campanarios, sobre el crucero del templo se alzan cinco torres cimborrios. La del centro, estará dedicada a Jesús y rematada con una cruz de cuatro brazos. Otras cuatro la rodean y están dedicadas a los evangelistas y rematadas con su símbolo.

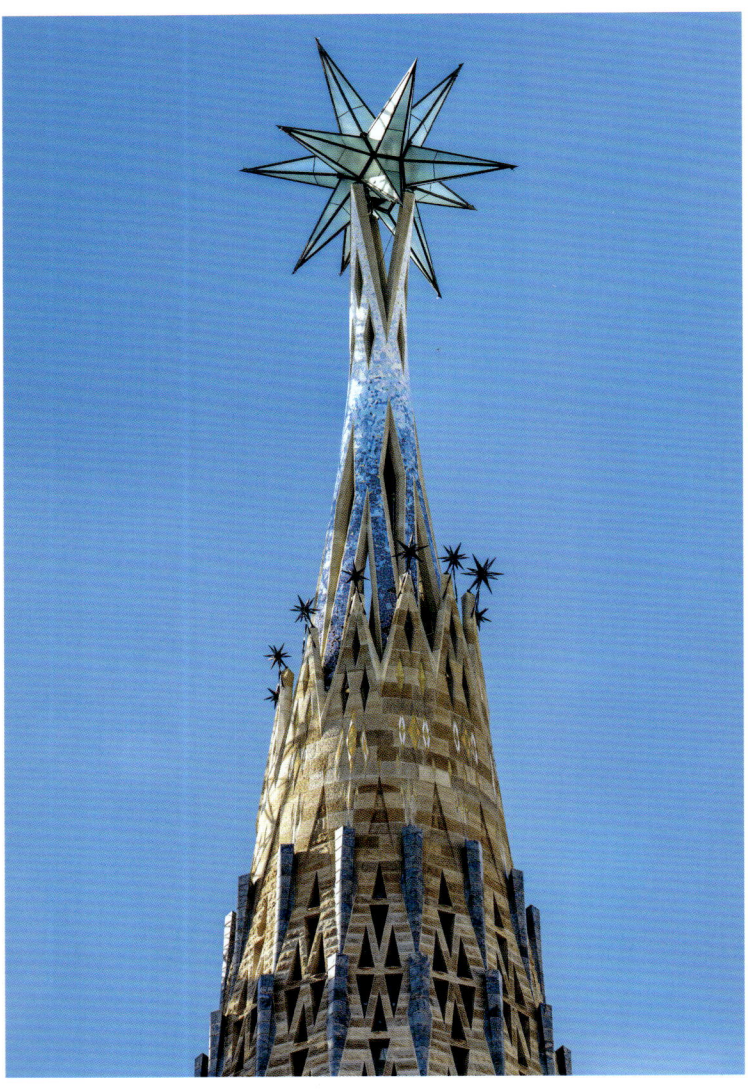

La torre de María

Situada sobre
el ábside, se inauguró
el 8 de diciembre
—día de la Inmaculada
Concepción— de 2021.
Mide 138 m de altura y
está coronada por una
estrella de doce puntas
que simboliza la pureza
de María.

El tetramorfos →

Las torres de los cuatro
evangelistas rodean a
la de Jesús y alcanzan
los 135 m de altura. Sus
terminales son similares
a las de los campanarios:
tienen los escudos
hexagonales pero con
las alabanzas «Amén»
y «Aleluya»; encima, la
figura geométrica, que en
este caso es un icosaedro;
y como remate, la
figura correspondiente
al tetramorfos con
el libro y las alas: un
león (Marcos), un buey
(Lucas), un águila (Juan)
y un hombre (Mateo).

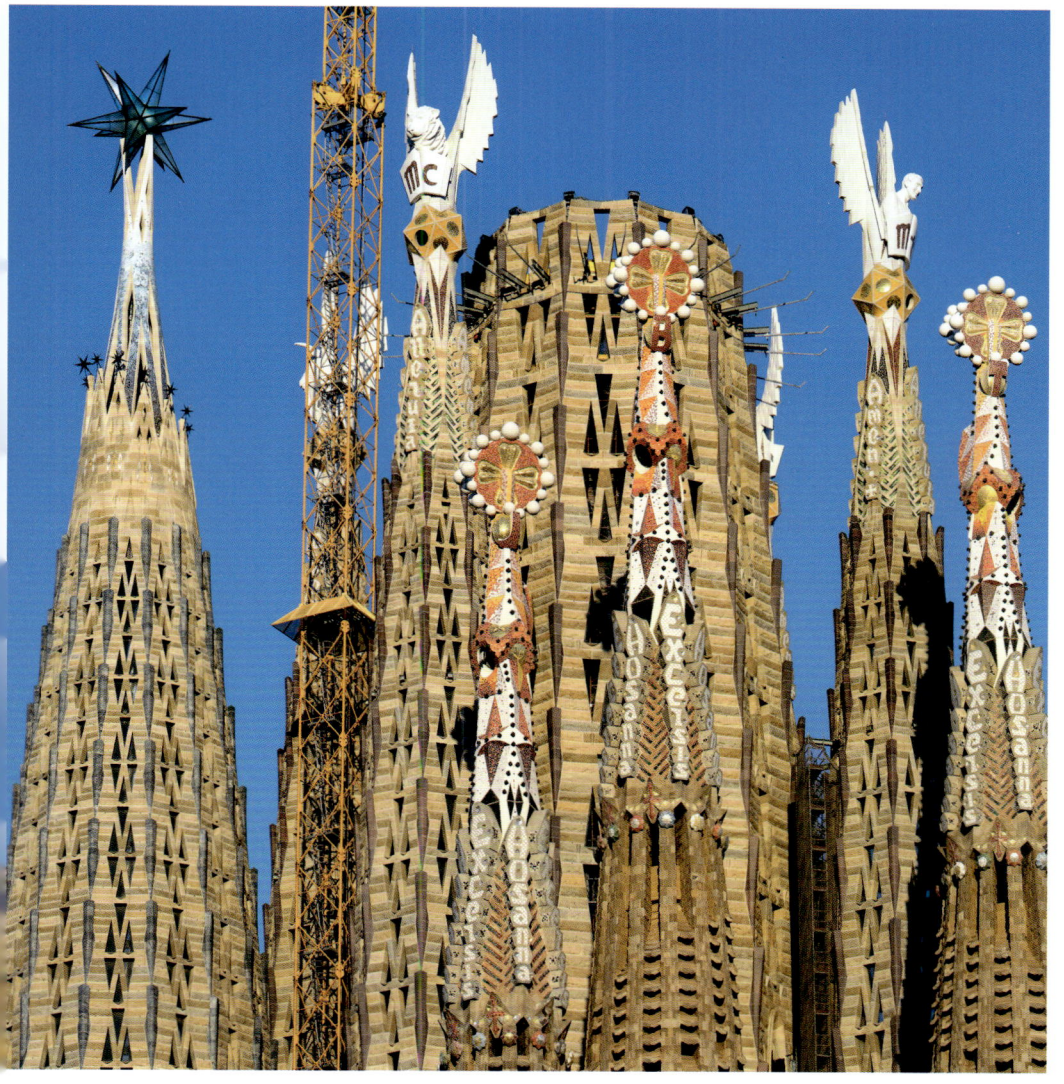

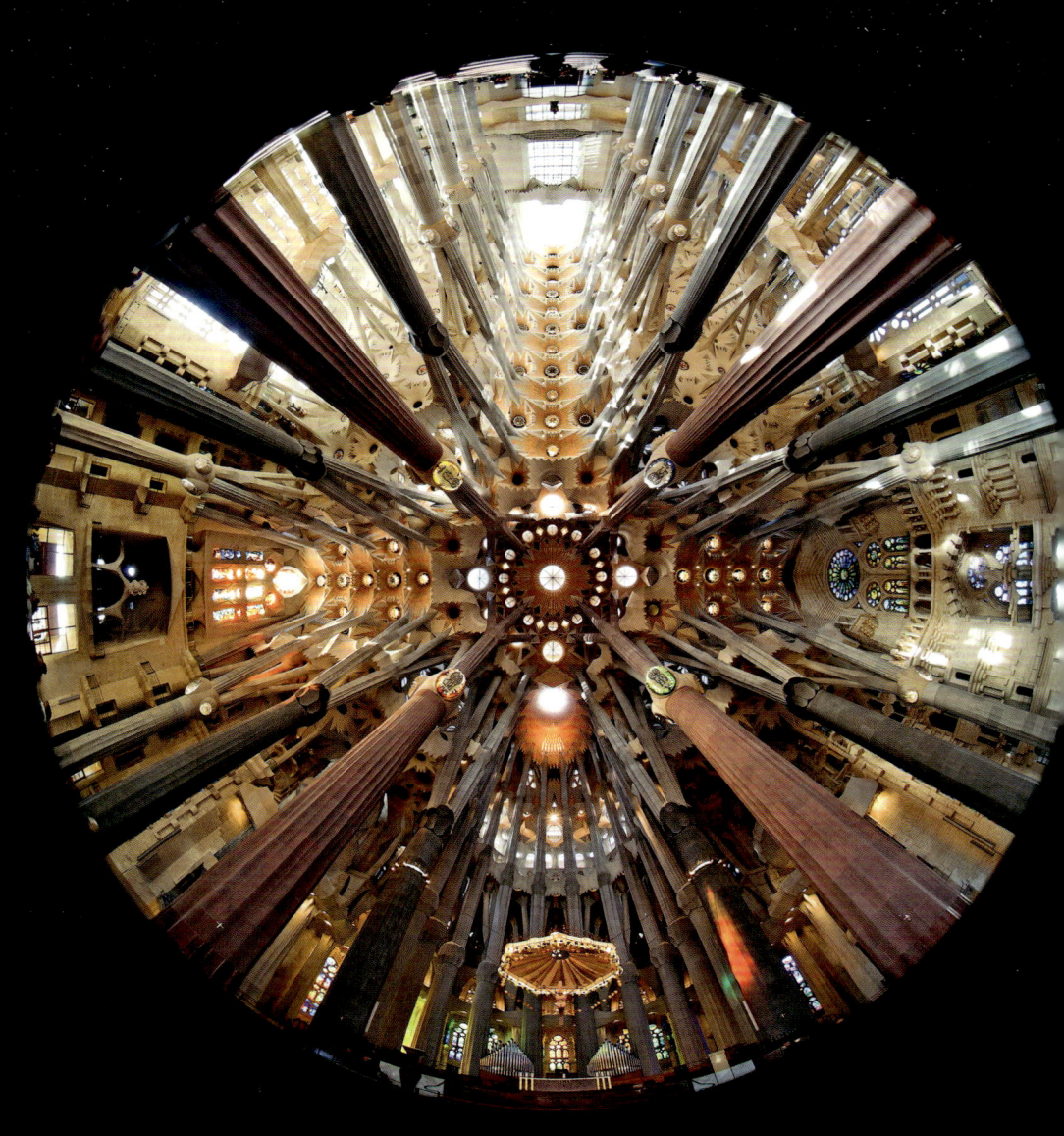

El interior del templo

Los espectaculares volúmenes exteriores están en consonancia con los interiores. El templo es una basílica de cinco naves —la central más alta—, a las que corresponden cinco puertas de la fachada de la Gloria.

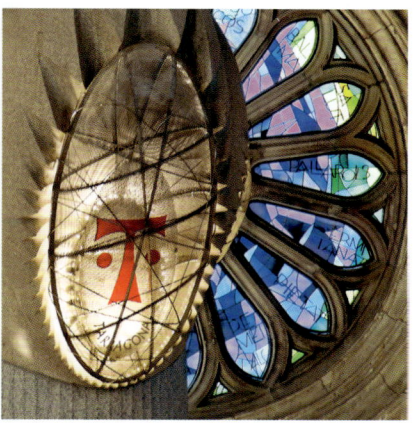

Tarragona
El 11 de diciembre de 1921 se puso la primera piedra de la nave del templo en la base de la columna dedicada a Tarragona.

Bóvedas de la basílica
La cruz latina de la planta se dibuja perfectamente en las alturas de las bóvedas.

Al fondo de la nave central se encuentra el altar mayor, cubierto por un baldaquín y rodeado por el ábside horadado de vidrieras. Si las fachadas tienen, como se ha visto, una múltiple simbología, lo mismo puede decirse del interior del templo, ya que cada puerta, cada columna, casi cada espacio tiene su referencia concreta o simbólica —a las diócesis catalanas y archidiócesis españolas, a cada Iglesia de la América hispana, a los apóstoles, a los grandes fundadores de órdenes, a destacados santos, a las virtudes teologales, a los sacramentos, etcétera—, para que sirva de recordatorio y también de localización.

Las columnas, de pórfido, basalto, granito y piedra de Montjuïc se alzan hasta diferentes alturas y, a partir del capitel o, mejor, nudo, se ramifican en direcciones y alturas diversas con el fin de que cada columna soporte en varios puntos la cubierta. Ésta se sostiene, tramo a tramo, sobre cada ramificación de la columna, por lo que se puede prescindir de los arbotantes exteriores, necesarios en las construcciones góticas, para impedir que el peso se fuese hacia los lados. Este espacio se ha construido —a partir de los dibujos y maquetas de Gaudí— gracias a las nuevas tecnologías de cálculo y a los dibujos por ordenador a cargo de la Oficina Técnica del Templo y de las universidades de Victoria (Nueva Zelanda), Deakin y Royal Melbourne Institute of Technology (Australia) y la Universitat Politècnica de Catalunya. El conjunto estructural, como quería Gaudí, se parece a un bosque, simbólico y casi real, con la cubierta encima, de piedra y bien equilibrada. Nos hallamos ante un prodigio del arte gaudiniano y de la técnica más sofisticada.

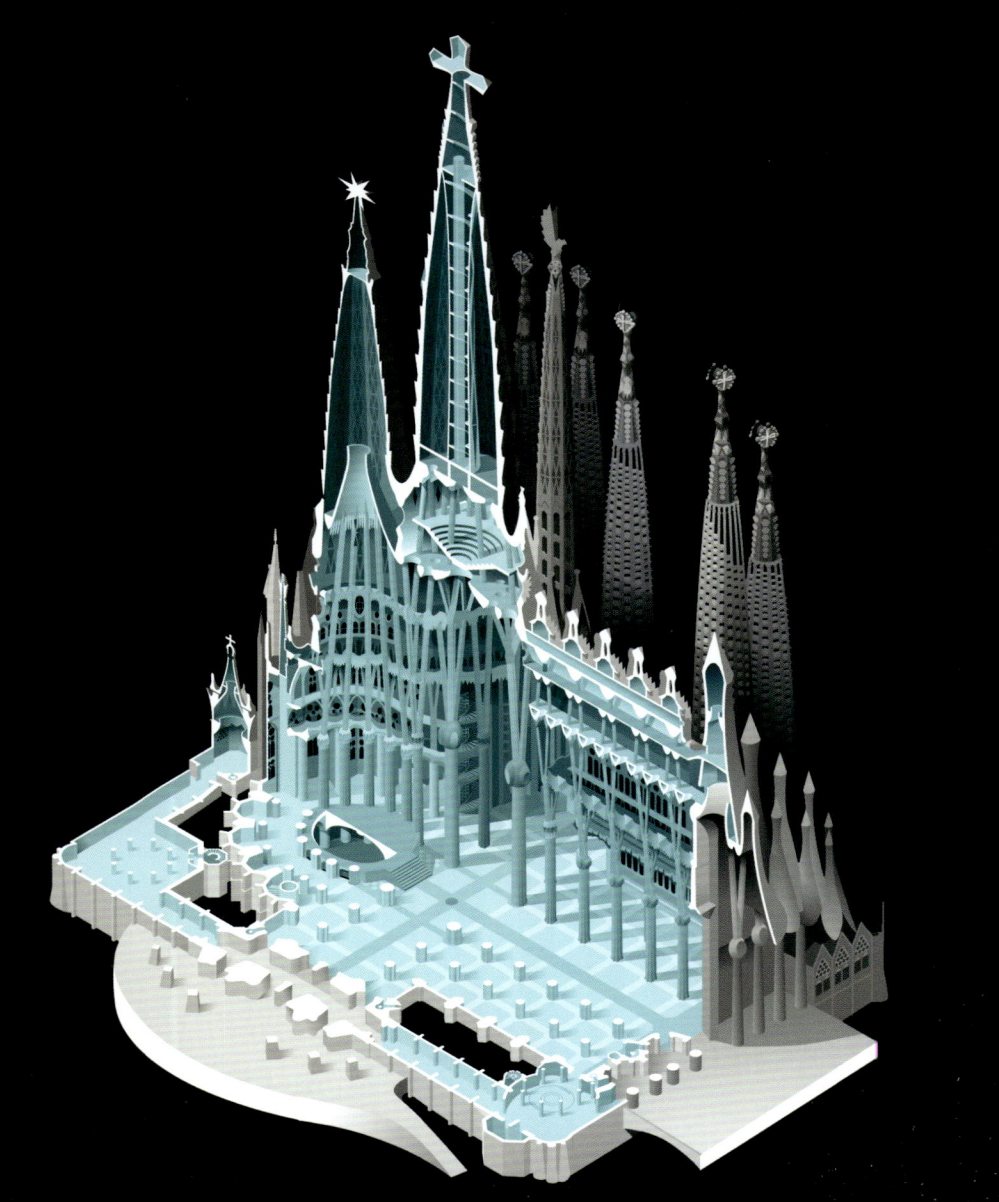

Para terminar volvamos a la fachada del Nacimiento, pero en su lado interior, construido por Gaudí. Aquí pueden verse los diferentes niveles del interior del templo a los que se tiene acceso por las escaleras. Por ejemplo, los pisos de las galerías llamadas «cantorías» destinadas a los cantores protegidos por barandillas y de cara hacia el altar. En las grandes festividades, como sucedió el día de la consagración del templo como basílica a cargo del papa Benedicto XVI, se reúnen en el templo —como quería Gaudí con su desbordante imaginación esperanzada— docenas de sacerdotes y miles de cantores y de fieles.

Aunque el arco, el rosetón y los ventanales son de clara procedencia gótica, aquí Gaudí introduce nuevos volúmenes y formas, como puede verse en los balcones, pisos, entradas de pasadizos o cubos sobre columnitas, donde predomina la geometría que anuncia las estilizaciones geométricas de los pináculos de las torres.

Finalmente, conviene tener presente que Gaudí, desde su juventud elegante hasta su senectud despierta pero penosa, pasando por su etapa de tensa madurez, tuvo, en la Sagrada Familia, muchos peones y obreros, muchos capataces y artesanos a sus órdenes, que supo preparar e integrar con maestría, así como calculistas, ingenieros, fotógrafos y escultores, que trabajaron en una obra tan compleja como innovadora.

Le ayudaron, como arquitectos, Berenguer, Rubió, Jujol, Canaleta y Ràfols y, en la última etapa, Sugrañes y Quintana; éstos dos últimos prosiguieron después de su muerte, en 1926, hasta la terminación de las torres de la fachada del Nacimiento. Terminada la Guerra Civil, prosiguieron en la dirección Francesc Quintana, Isidre Puig i Boada y Lluís Bonet i Garí con la ayuda de Bergós, Martinell y Dapena, y, en las últimas décadas, Francesc Cardoner y Jordi Bonet i Armengol, quien dirigió las obras desde 1985 hasta 2012, con un equipo en el que figuraban Carles Buxadé, Joan Margarit, Jordi Faulí i Oller, Josep Gómez Serrano, Mark Burry y Jordi Coll i Grifoll. Desde 2012 el director de obras es Jordi Faulí i Oller.

← **Sección longitudinal**
Sobre la planta de cruz latina, de cinco naves desde la entrada de la Gloria hasta el altar mayor y de tres en el transepto (desde la fachada de la Pasión a la del Nacimiento), se alza una estructura de columnas arbóreas que permite una altura en las torres cimborrios jamás imaginada para un templo.

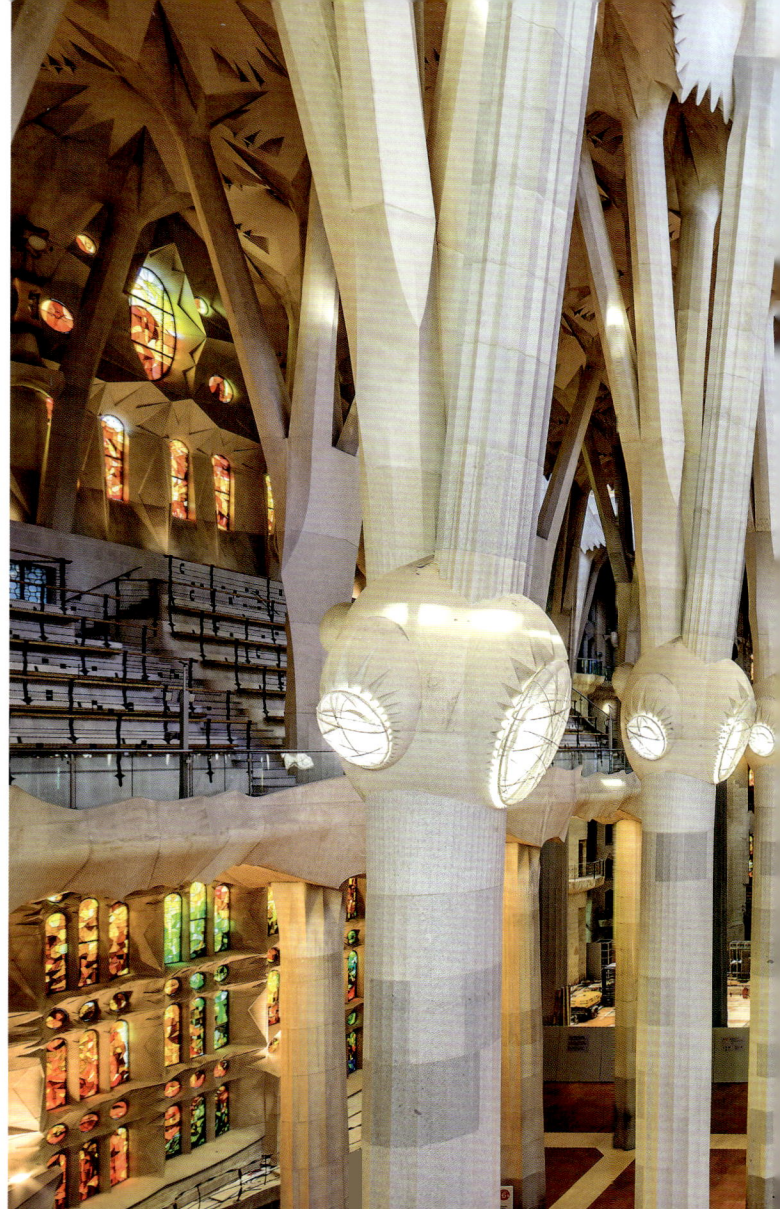

La nave central desde la fachada de la Gloria

El templo tiene planta de cruz latina, con cinco naves de 90 metros de longitud; la nave central tiene un ancho de 15 metros, y 7,5 las laterales, haciendo un total de 45 metros; La altura es de 45 metros en las bóvedas de la nave central y 30 en las laterales.

Gaudí quiso que el templo se sostuviera sobre un sistema de columnas que imitaran la forma y la estructura del árbol. En este sentido, las naves son como un bosque en el que las columnas son troncos ramificados y las bóvedas el follaje a través del cual penetran los rayos del sol.

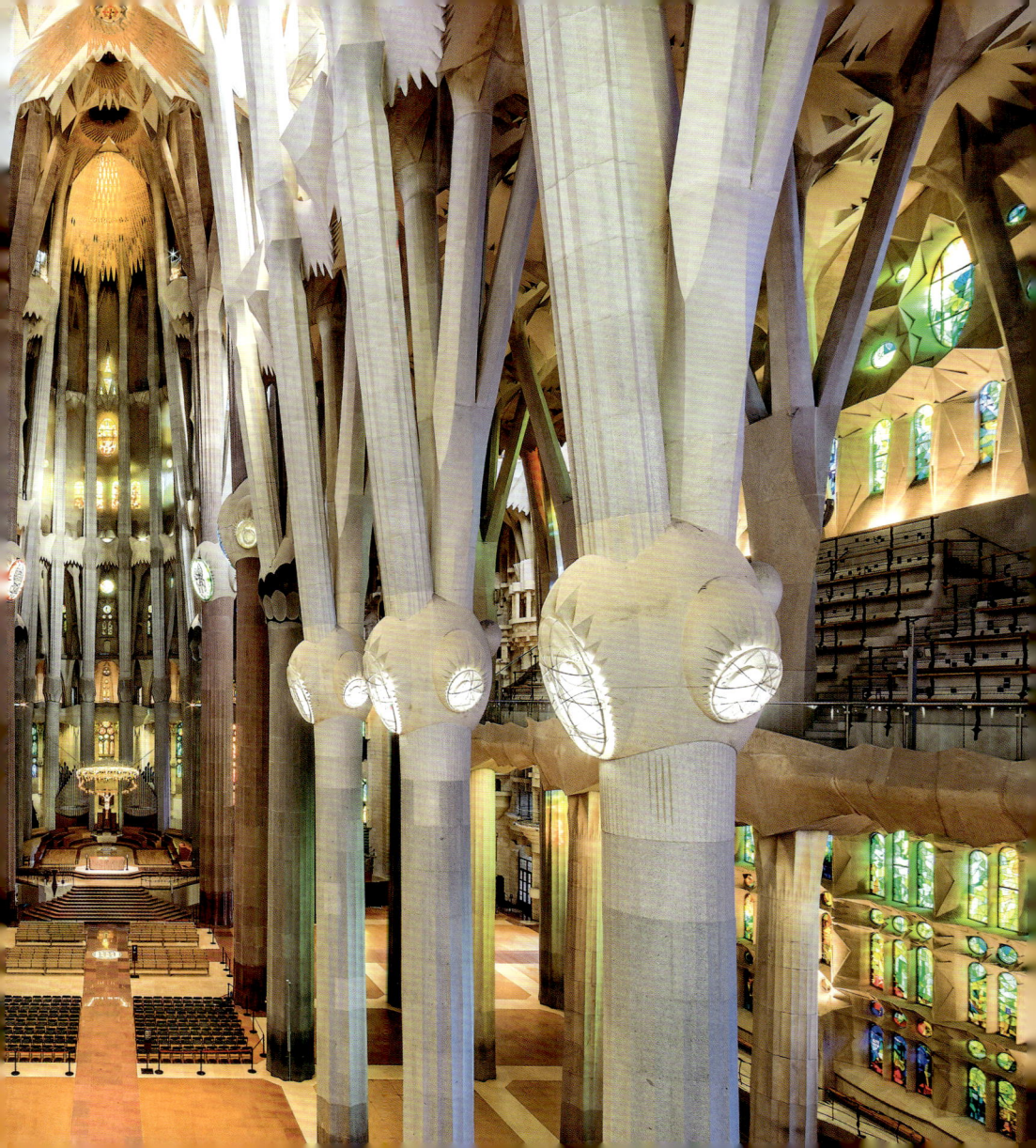

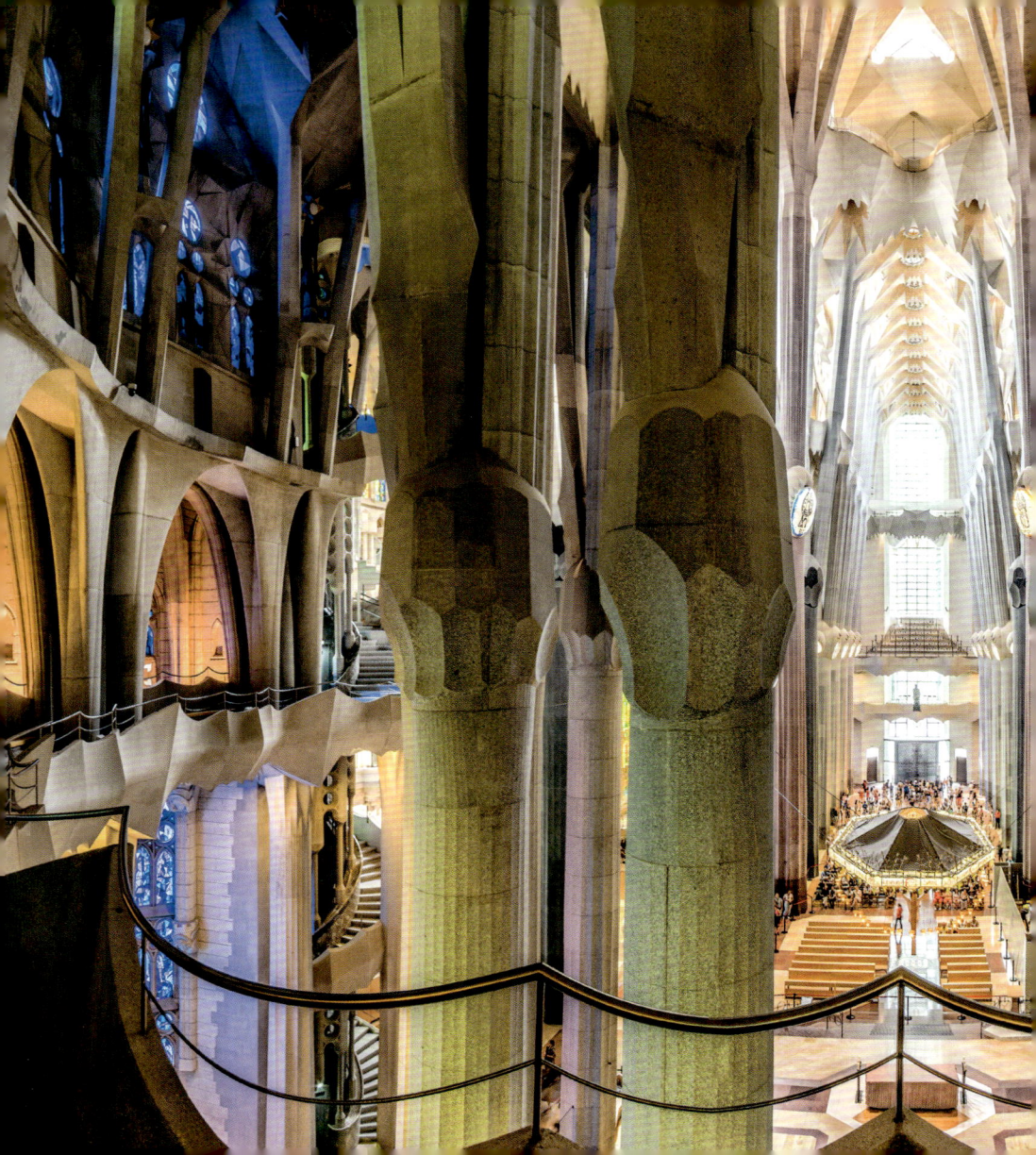

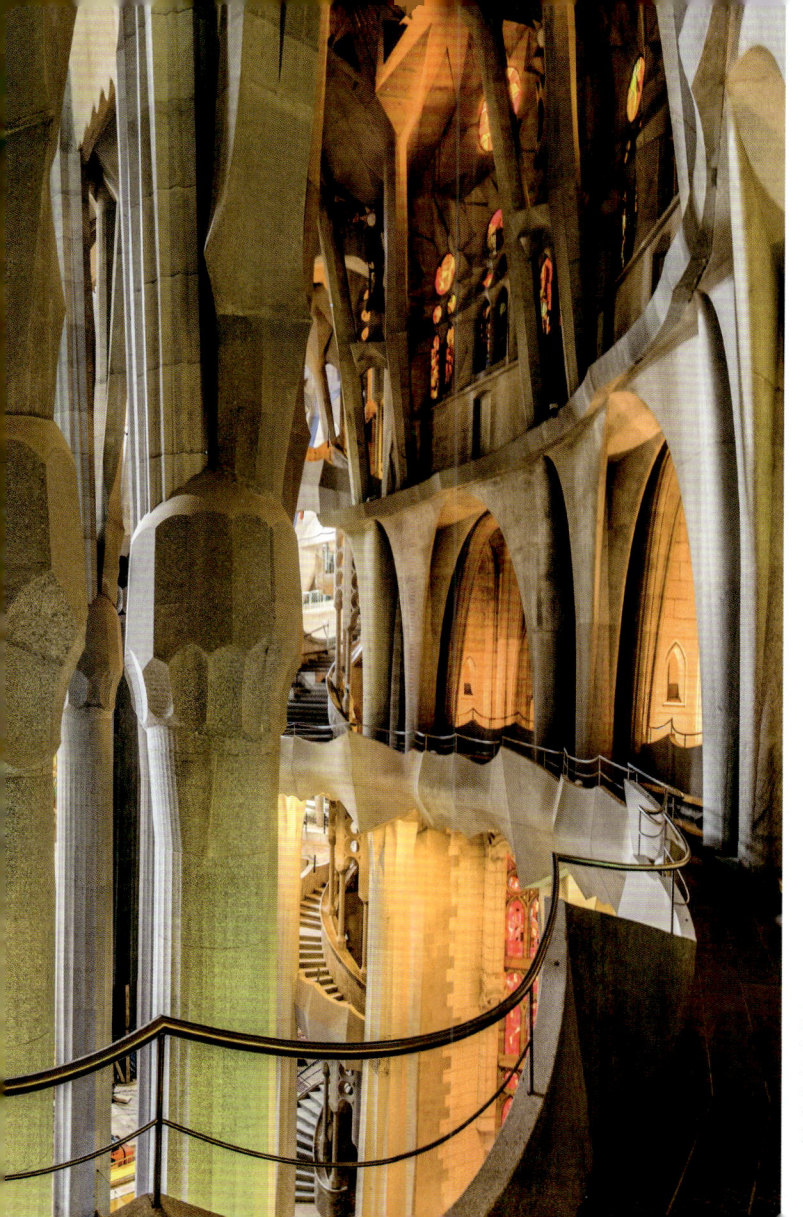

**La nave central
desde el ábside**
Con el baldaquín del altar
mayor en primer término,
al fondo destaca la luminosa
entrada de la fachada
principal, la de la Gloria.

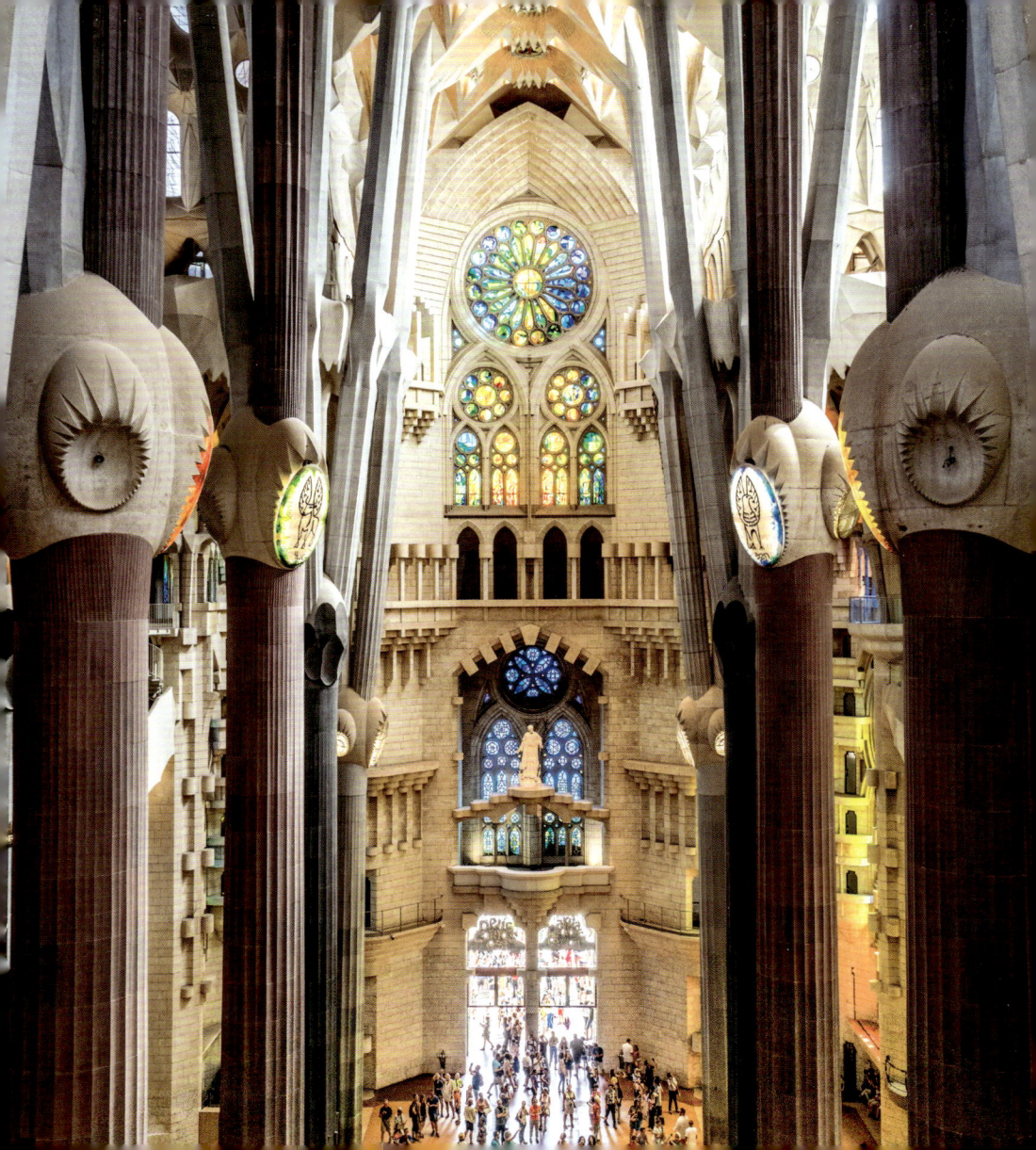

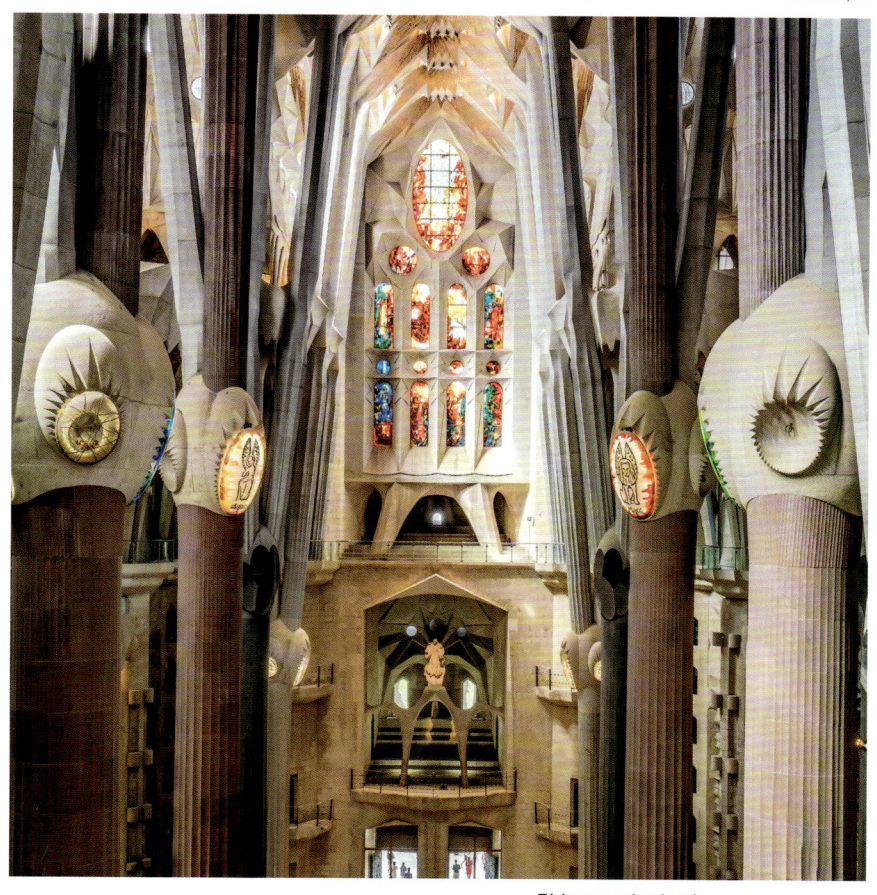

**El transepto desde
la fachada del Nacimiento**

El transepto es de tres naves y tiene
60 metros de longitud. Son los brazos
de la cruz latina de la planta y va desde
la fachada de la Pasión (arriba) hasta la
fachada del Nacimiento (en la página
de la izquierda).

← **El transepto desde
la fachada de la Pasión**

Su anchura es de 30 metros y alcanza
los 60 metros de altura.

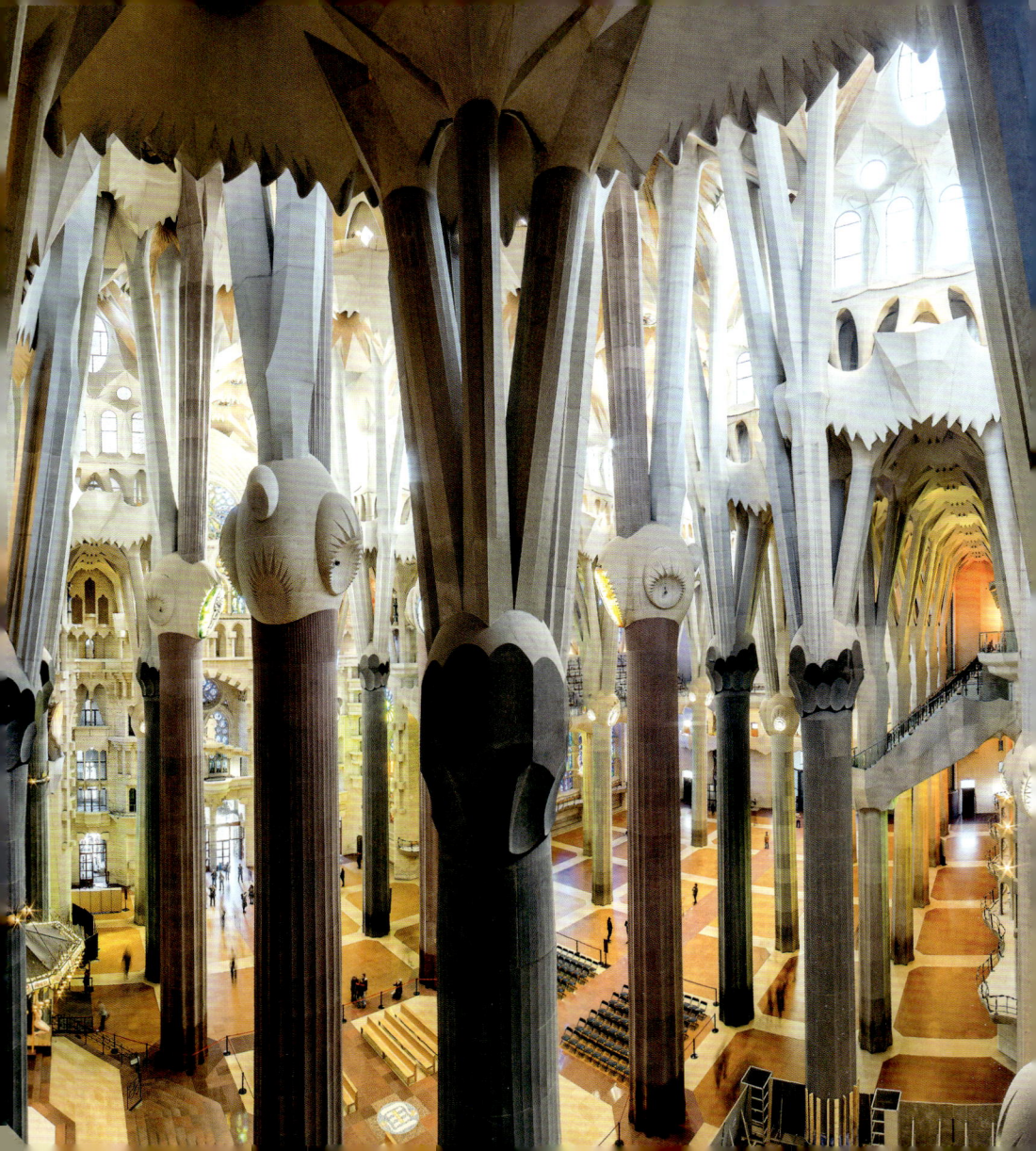

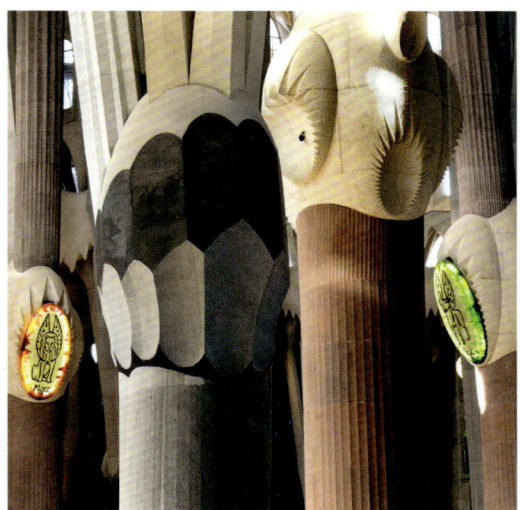

Cuatro tipos de columnas

Las columnas están hechas con materiales de distinta resistencia. Las más gruesas y sólidas son de pórfido rojizo, que sostienen la torre de Jesús; las oscuras, segundas en aguante, de basalto y sostienen las torres de los evangelistas; las claras, de granito, las de la nave central; y por último, las columnas que hay bajo las cantorías son de piedra de Montjuïc, el material menos resistente. Estas columnas se bifurcan a la altura del capitel —de forma elipsoide—, y se vuelven a ramificar a mayor altura, por lo que ciertamente semejan árboles.

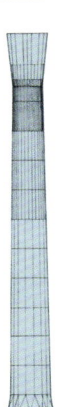
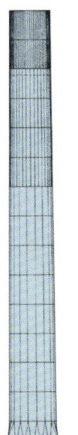
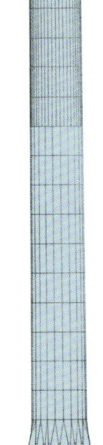
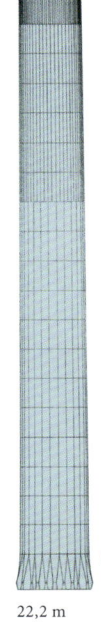
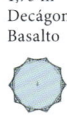

Altura	11,1 m	14,8 m	18,5 m	22,2 m
Diámetro	1,05 m	1,4 m	1,75 m	2,1 m
Base	Hexágono	Octógono	Decágono	Dodecágono
Material	Piedra de Montjuïc	Granito	Basalto	Pórfido

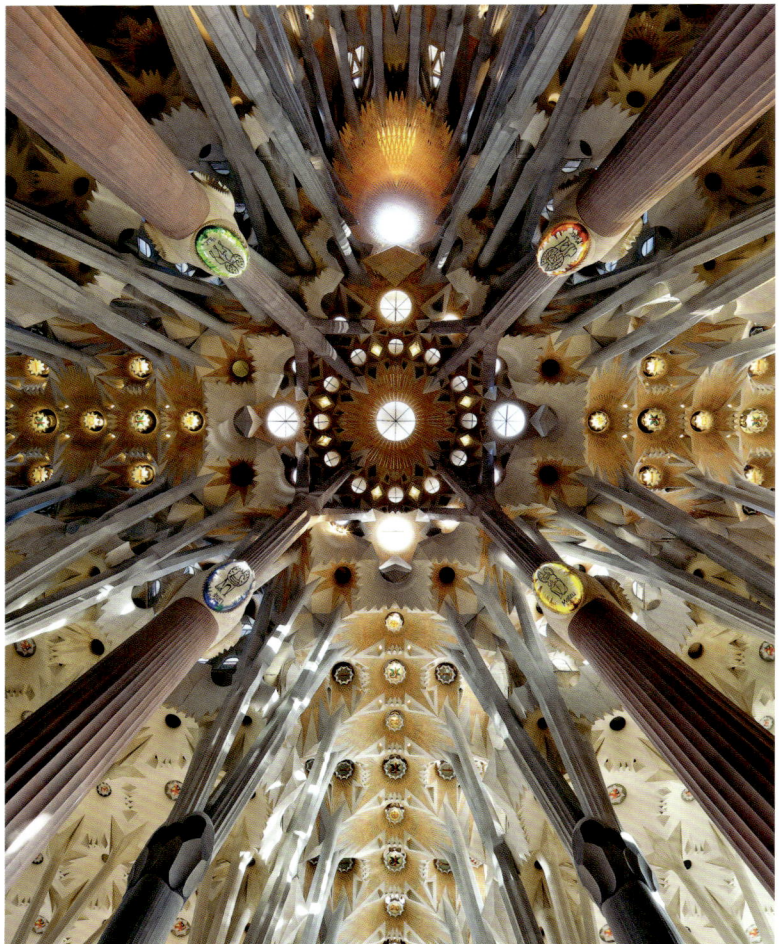

La bóveda del crucero
La cúpula del crucero representa el trono de Dios y del Cordero,
compuesto por un tragaluz central de forma hiperboloidal.
Está soportada por las cuatro columnas de pórfido con
los símbolos de los evangelistas en el nudo-capitel.

Detalle de la bóveda del crucero →
Sobre esta bóveda se alzará la torre de
Jesucristo, de 172,5 metros de altura.

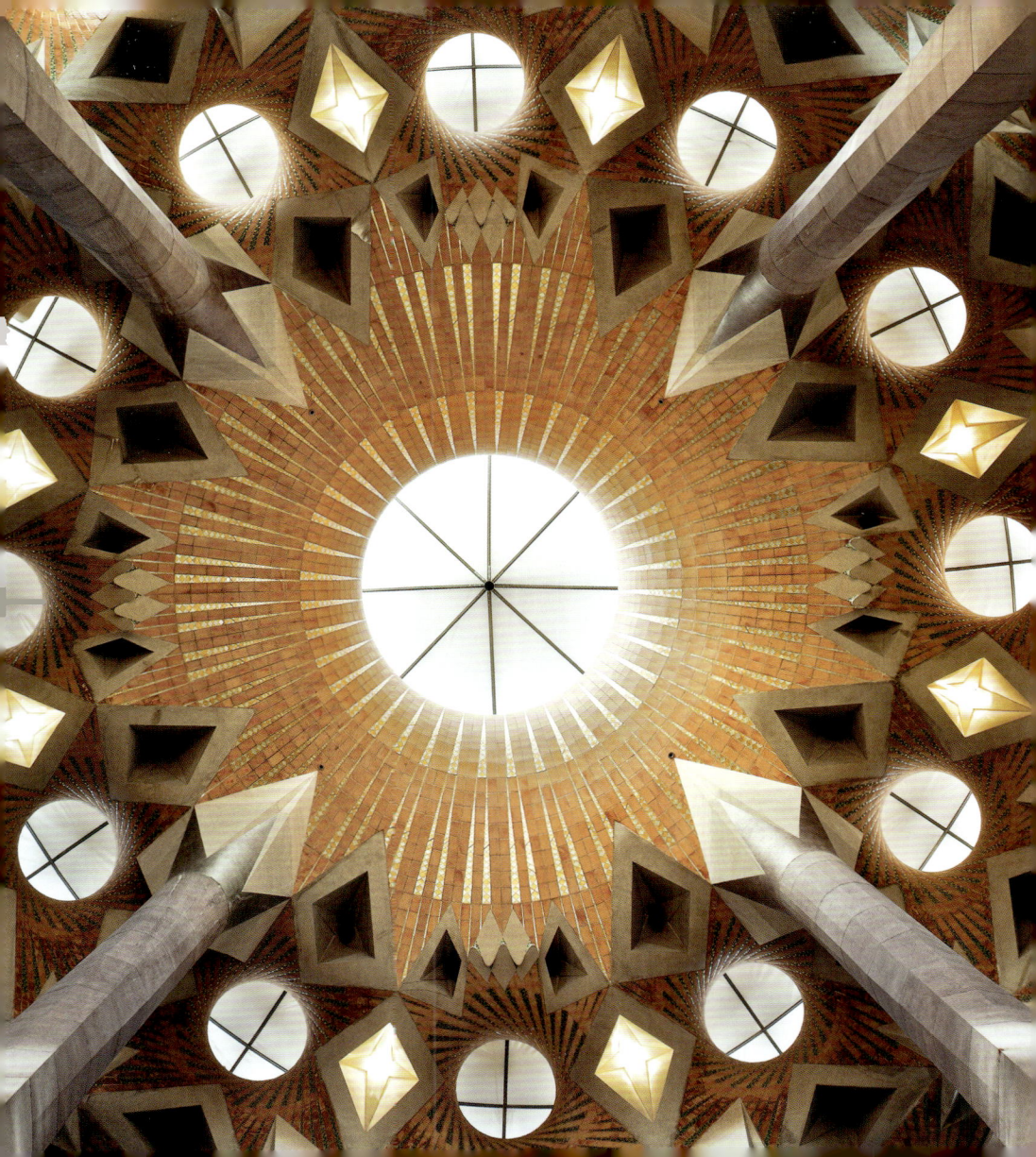

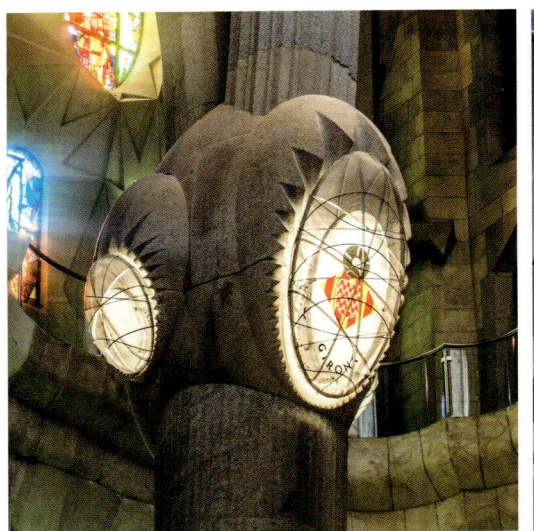
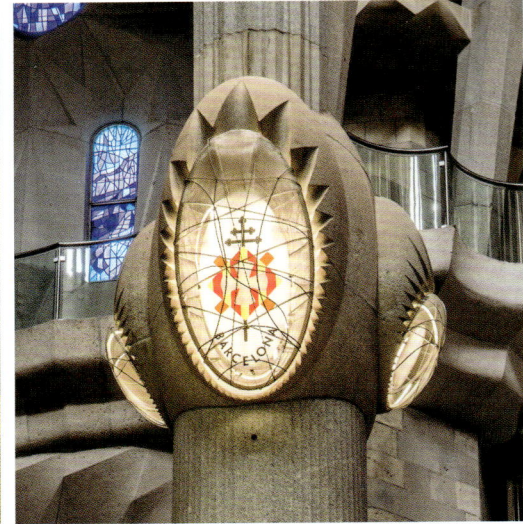
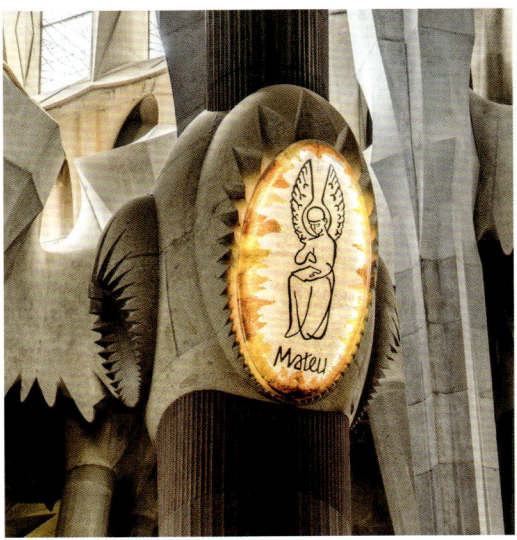
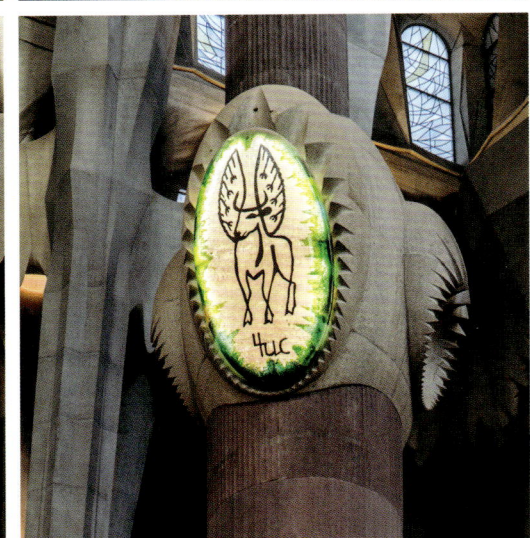

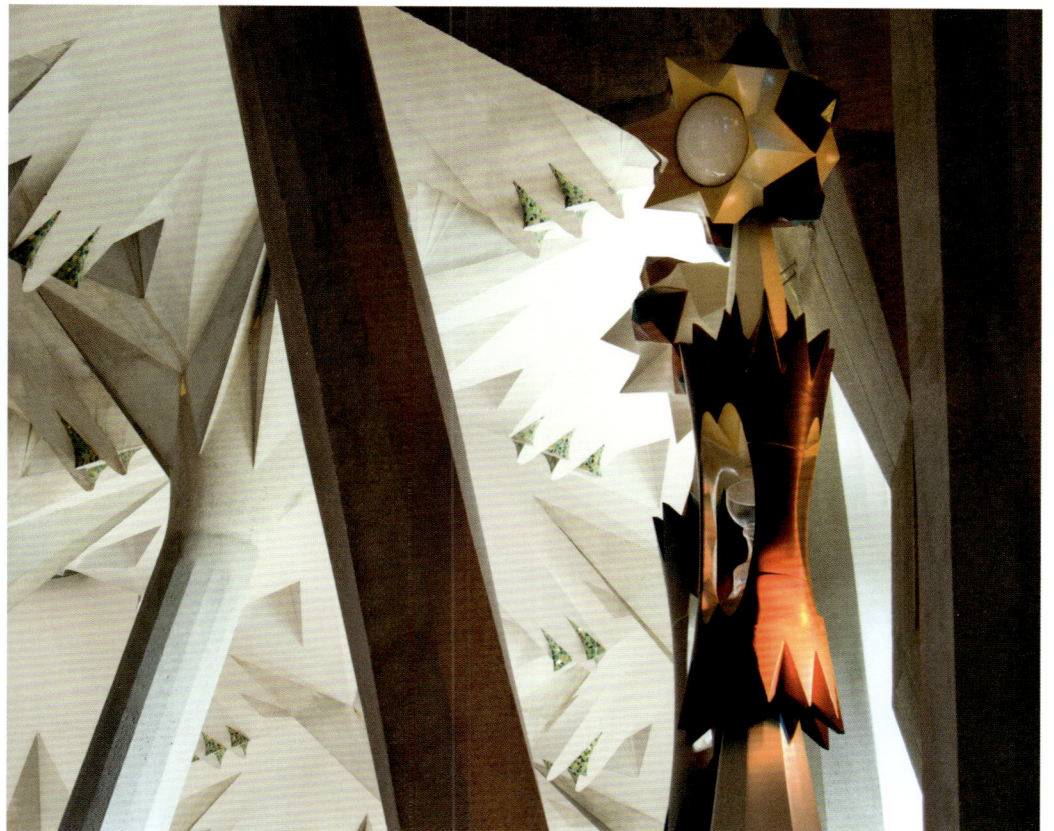

Las custodias de las cantorías
Sobre las cantorías se encuentran veinticuatro custodias de
cerámica policromada, obra de los ceramistas Jordi Aguadé
y Antoni Cumella.

← **La luz artificial**
Desde los nudos de las columnas, focos de perfil
hiperboloide iluminan el templo. Están dedicados a los
evangelistas, a los apóstoles o a las diócesis arzobispales.

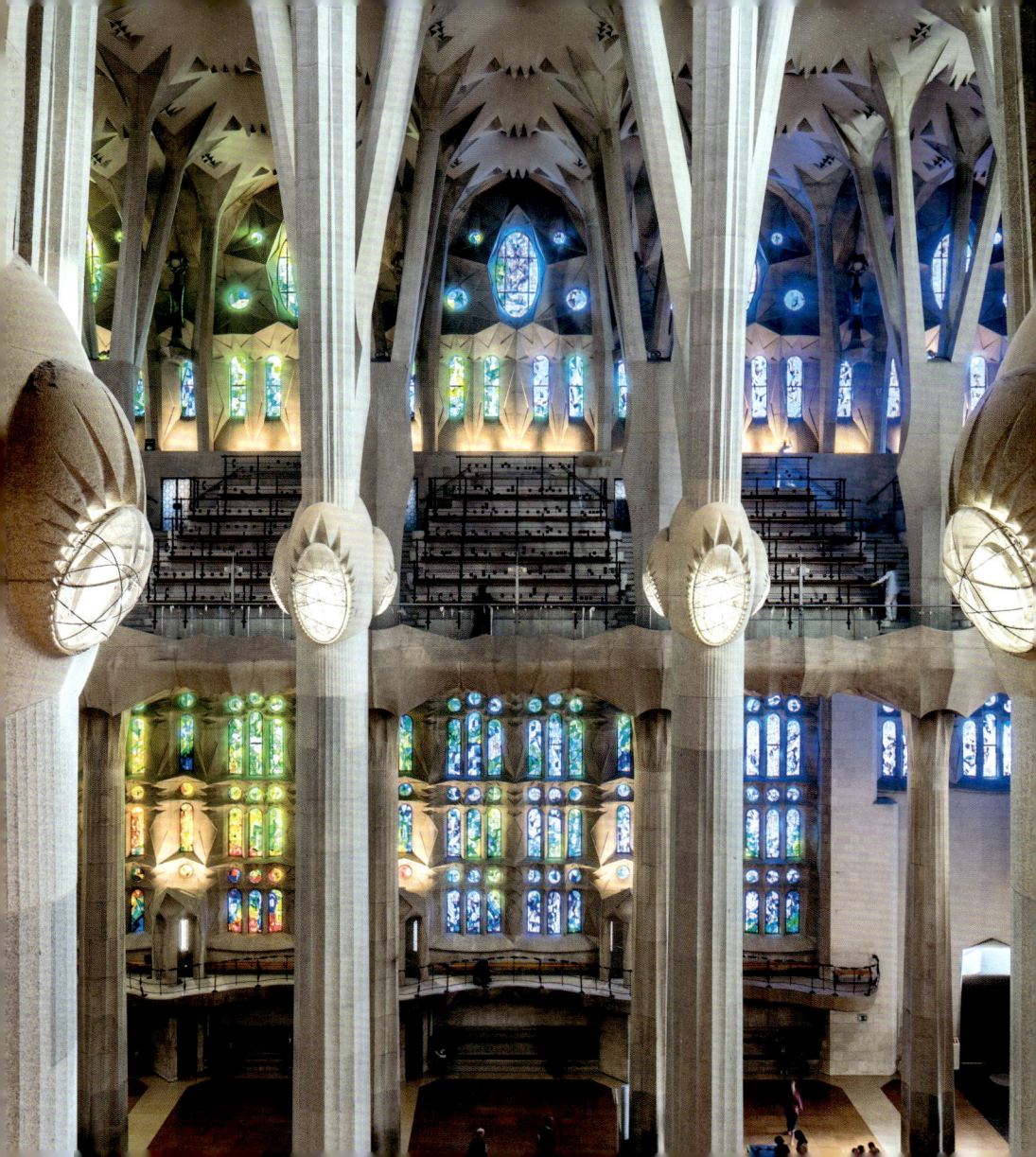

Las soluciones para el interior de las naves

Después de pasar por diversas soluciones, en 1923 Gaudí encontró la definitiva para las naves y cubiertas del templo y la plasmó en dibujos y maquetas de yeso a escala 1:10 y 1:25. Estas maquetas —destruidas en parte durante la Guerra Civil y reconstruidas con rigor arqueológico por sus colaboradores de entonces— han permitido a un equipo multidisciplinar de arquitectos, ingenieros y calculistas acabar las naves y las cubiertas siguiendo los principios de la geometría reglada que Gaudí aplicó en su solución definitiva.

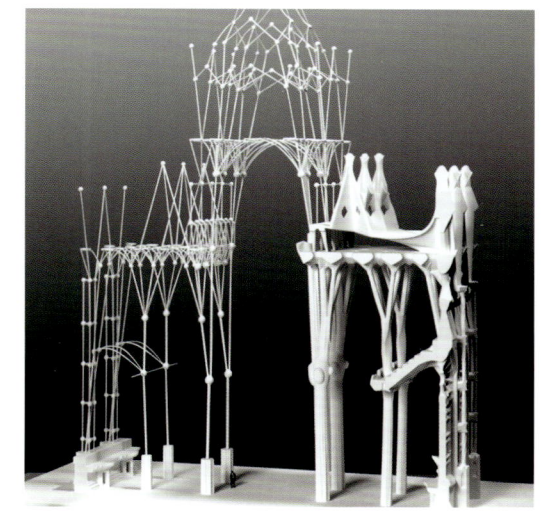

← **Las cantorías**
Las cantorías están ubicadas como graderías sobre las naves laterales. En sus barandillas, se encuentran partituras de himnos litúrgicos de todo el año.

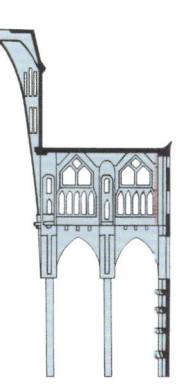
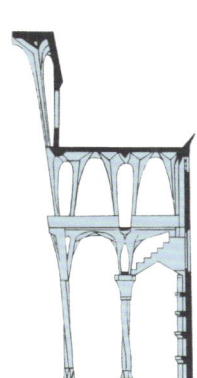
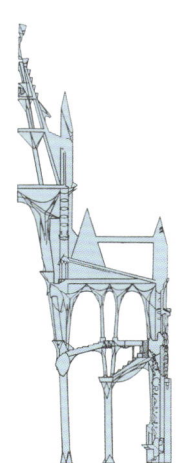
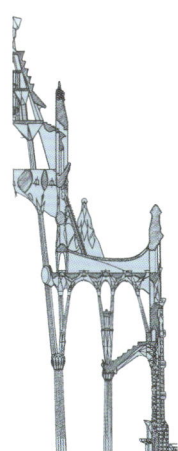

1890, neogótica   1910, parabólica   1918, arborescente   1923, definitiva

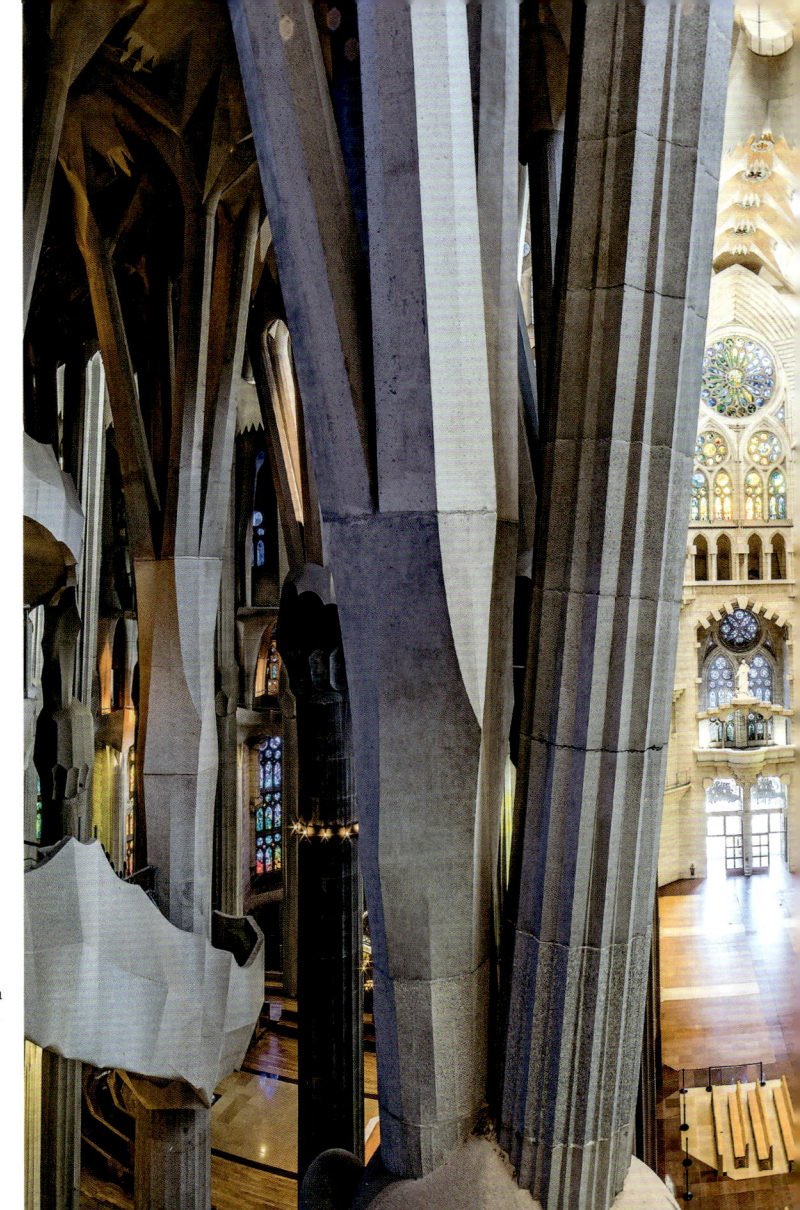

La intimidad del bosque

Según Gaudí: «La intimidad con la amplitud es la del bosque, que será el templo de la Sagrada Familia». La sensación de recogimiento y de vastedad a un tiempo que transmite el interior del templo es uno más de los logros del genial arquitecto.

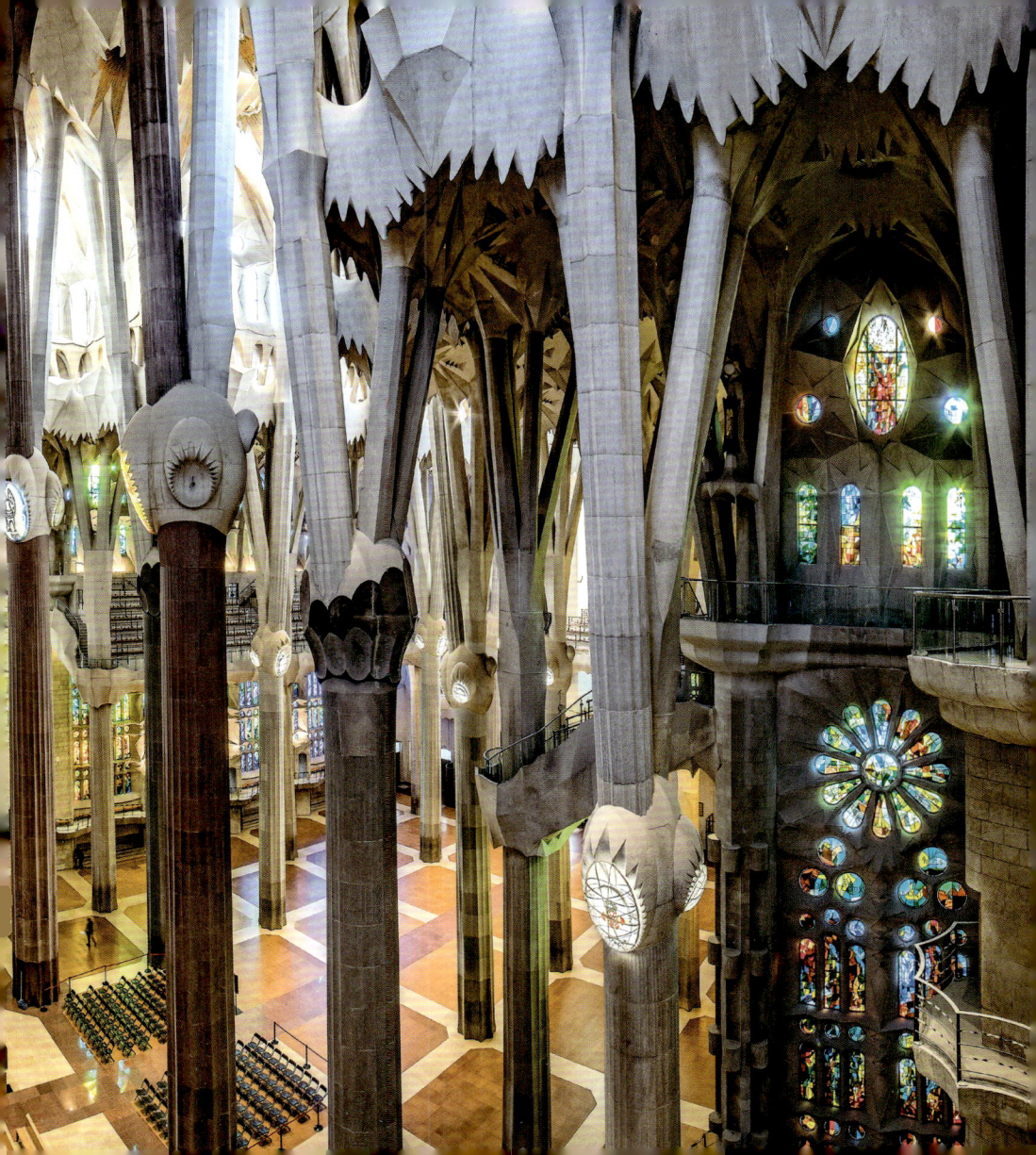

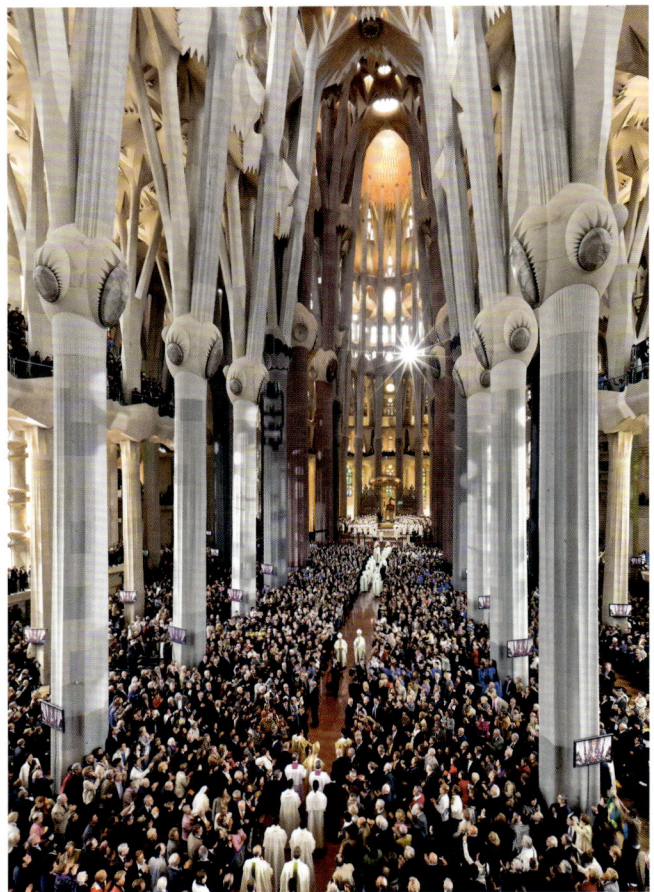

El templo se convierte en basílica

Después de cubrir las naves del templo, instalar los vitrales y colocar el órgano y el altar mayor con su baldaquín, el 7 de noviembre de 2010, en una solemne ceremonia a la que asistieron miles de fieles en directo y millones a través de la televisión, el papa Benedicto XVI consagró el templo y lo elevó a la condición de basílica, otorgándole con ello el derecho a lucir en el altar mayor el canópeo y el tintinábulo.

El baldaquino del altar →

Realizado en metal, tiene forma de heptágono del que cuelgan racimos de uva (en vidrio), y del que crecen espigas (en madera blanca), símbolos de la eucaristía. Del baldaquino pende la figura de Cristo crucificado de 1,90 m, obra de Francesc Fajula, esculpido según un diseño que realizó Gaudí para el oratorio de la Casa Batlló, realizado en aquel entonces por Carles Mani.

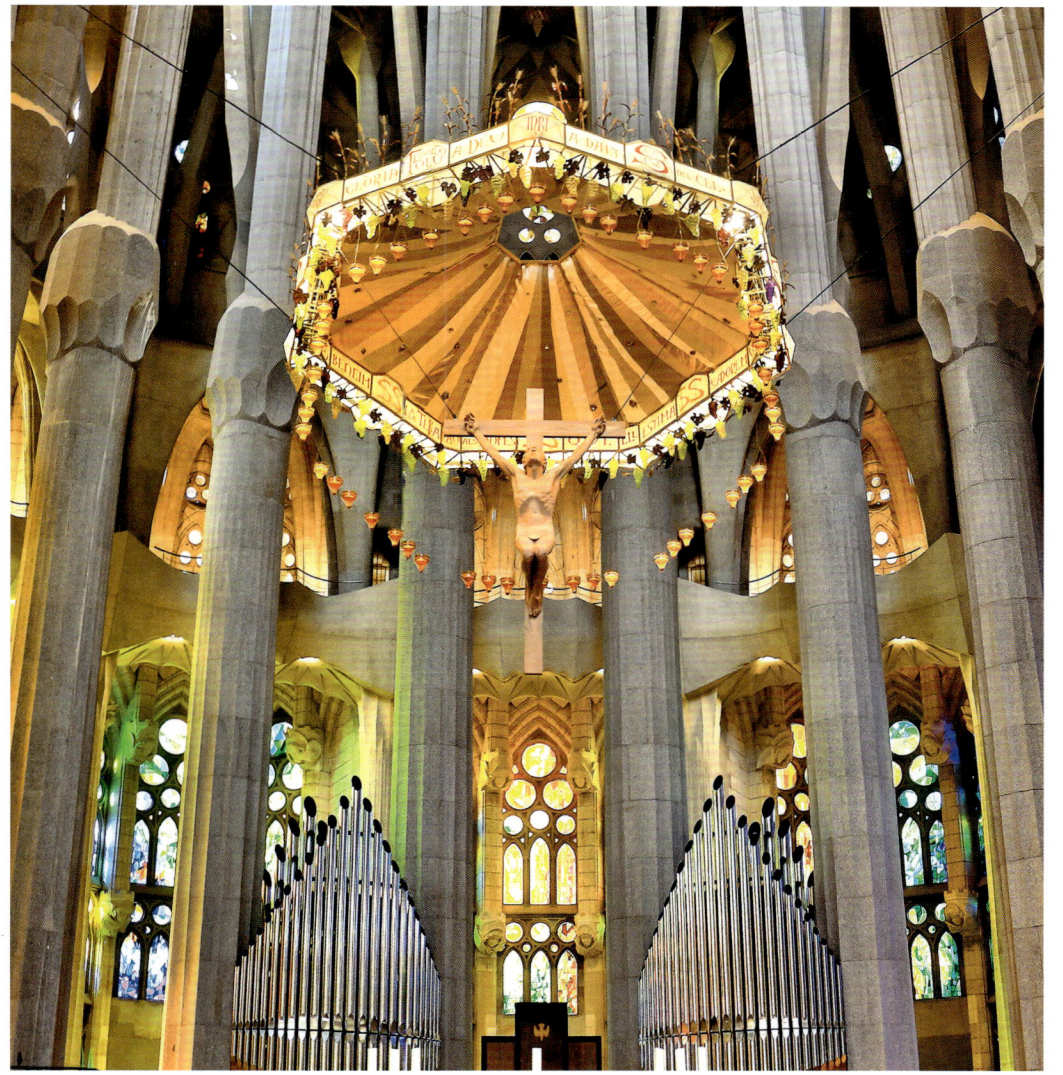

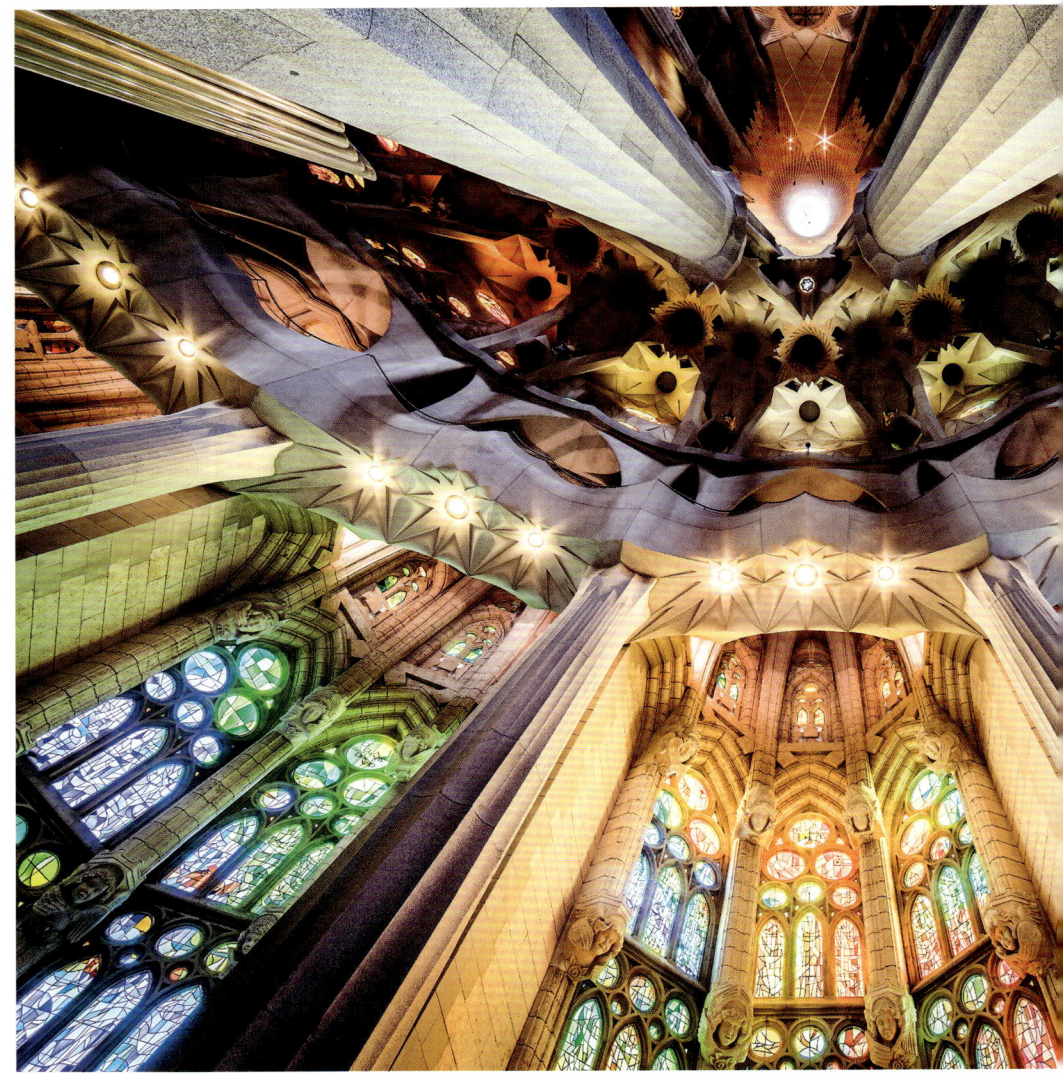

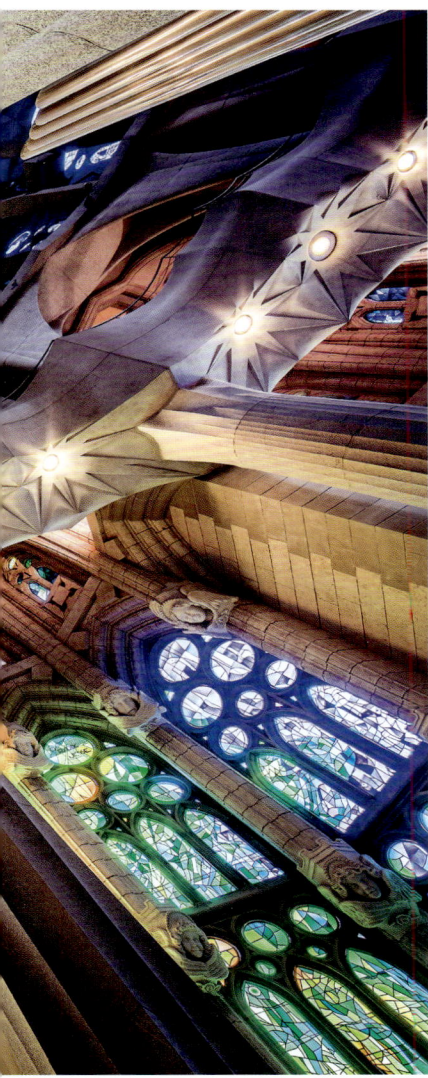

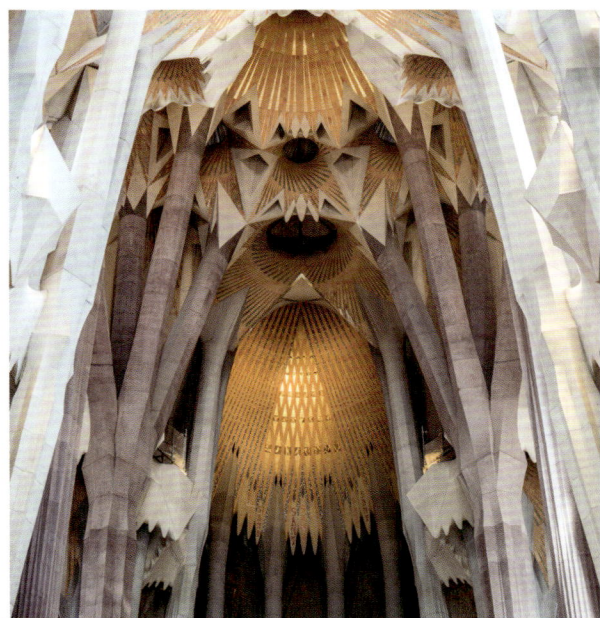

La cúpula del ábside
Es un hiperboloide de 17,5 metros de diámetro revestido con un mosaico dorado que representa las vestiduras de Dios cubriendo la bóveda celeste, obra del ceramista Jordi Aguadé. Sobre ella se alzará la torre de María, de 130 metros de altura.

Las cubiertas del ábside
Marcadas por la planta semicircular, también presentan, como las del resto de las naves, hiperboloides con forma de estrella.

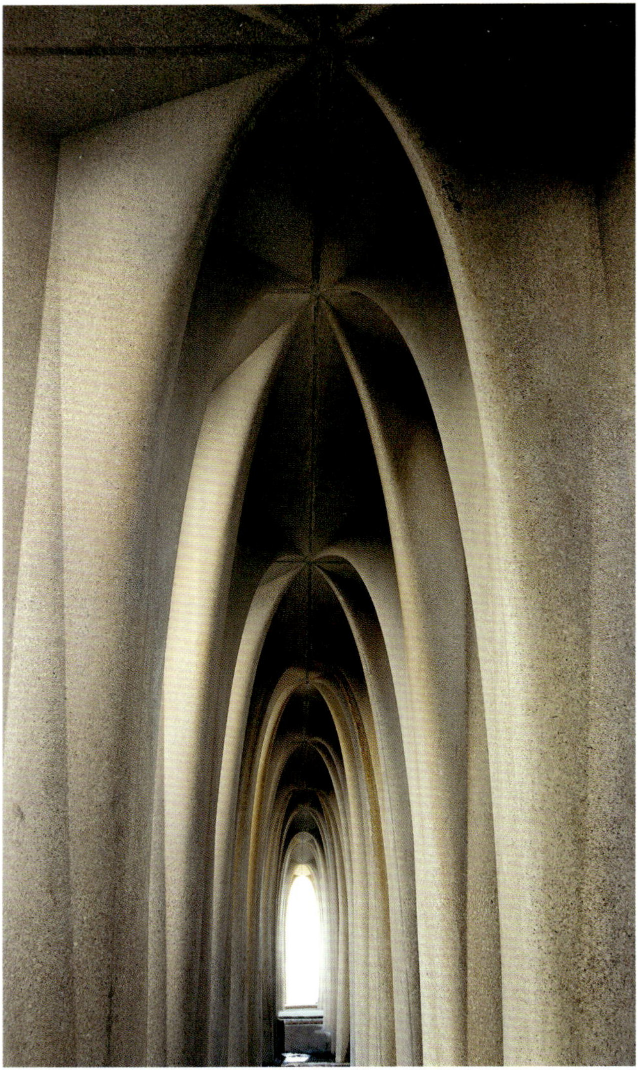

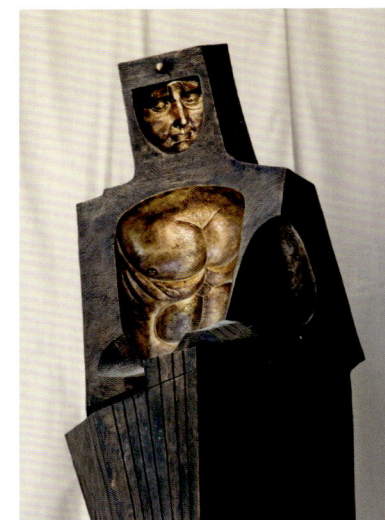

Sant Jordi
Josep Maria Subirachs realizó la
escultura del patrón de Cataluña.
Situada en el interior de la fachada de la
Gloria, preside el interior de la basílica
(foto de la derecha).

Los triforios
Para garantizar la correcta circulación
por el interior de la basílica, Gaudí
realizó a distintas alturas triforios que
circundan el perímetro del templo
y a los que se accede por escaleras
de caracol, dos en el ábsis y dos en la
fachada de la Gloria.

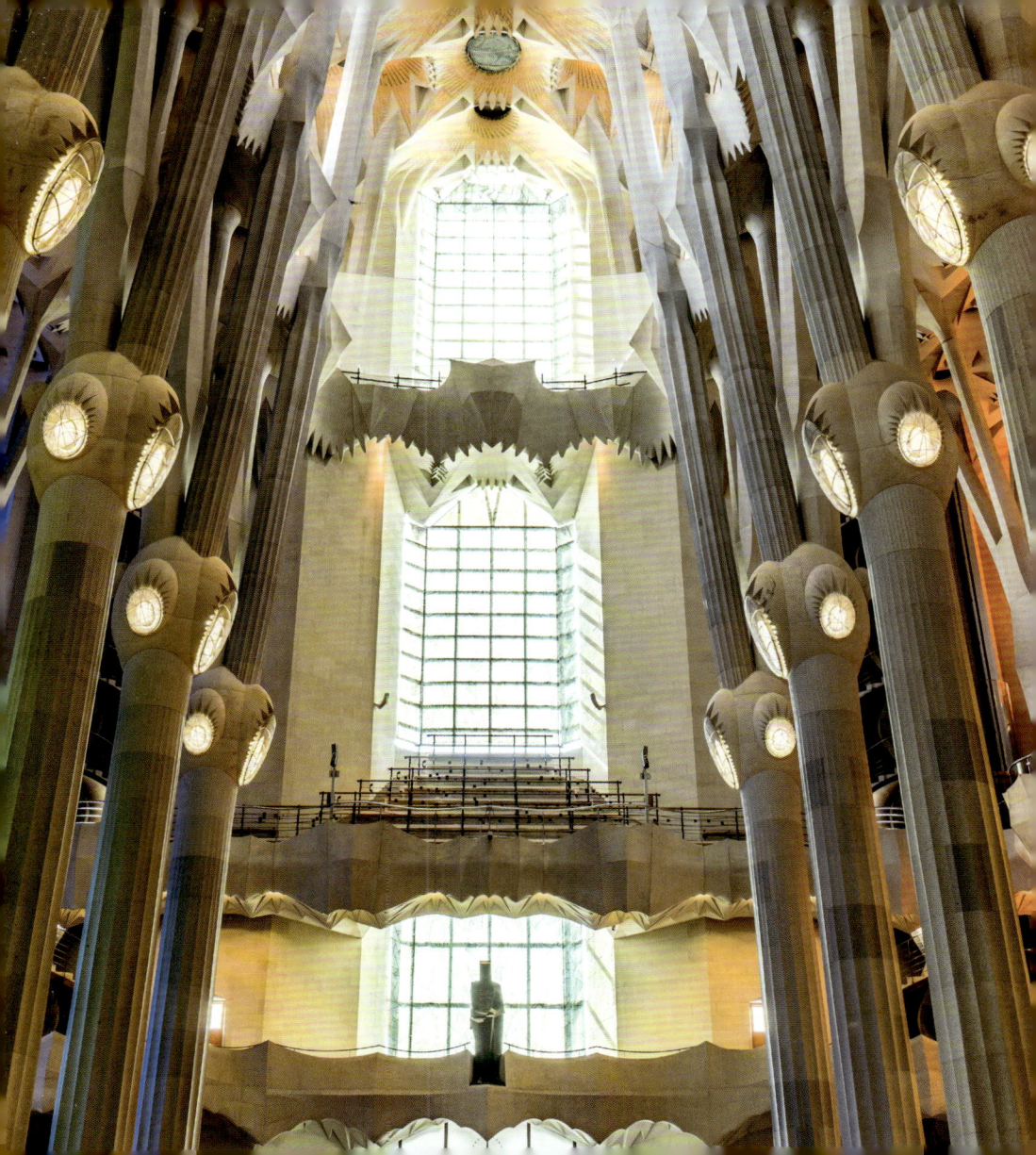

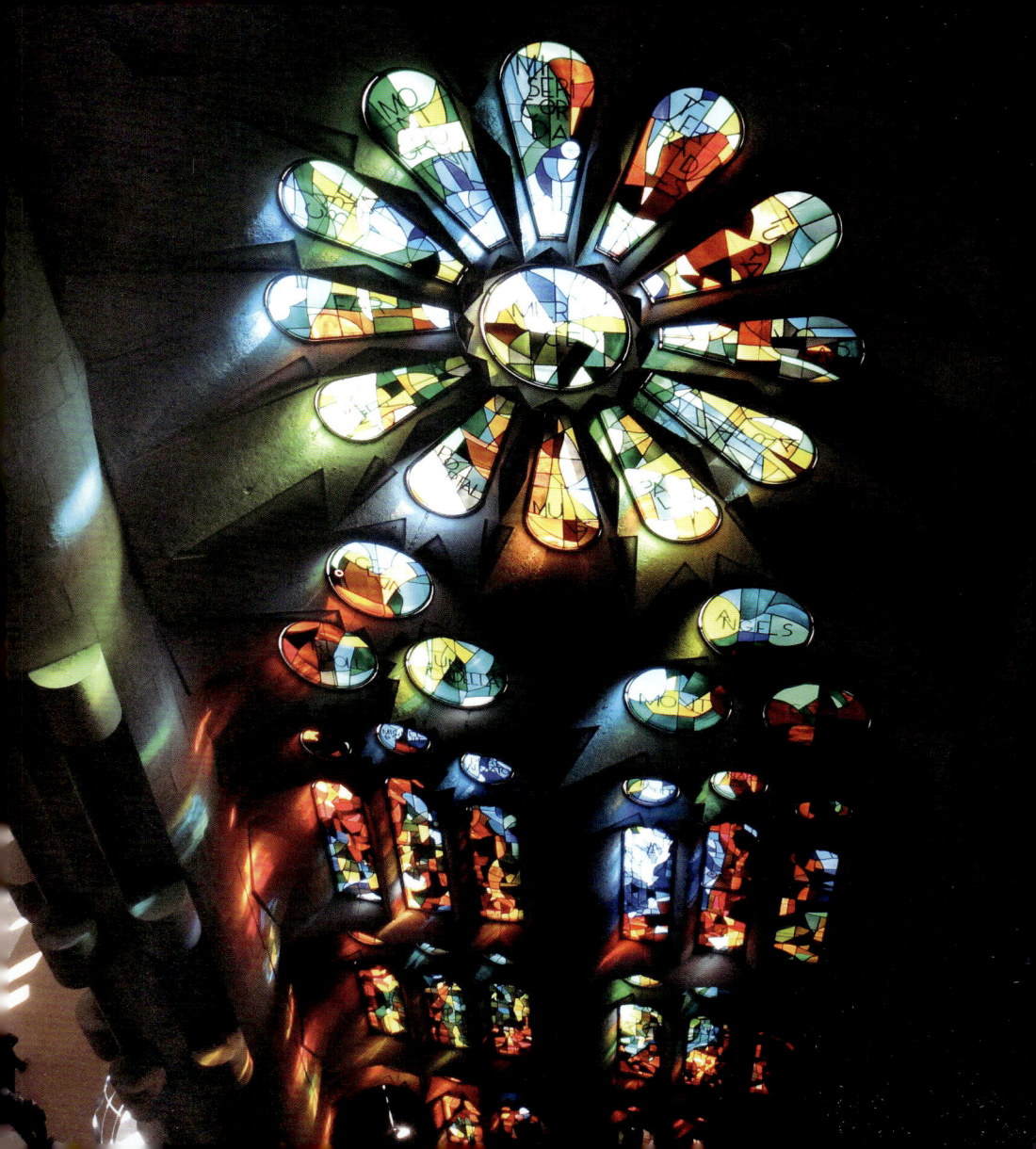

Los vitrales

Desde el año 1999, el artista Joan Vila-Grau es el encargado de llevar a cabo la realización de la totalidad de los vitrales de la Sagrada Familia. Después de meses dedicado al estudio del concepto y la función de los vitrales en la obra de Gaudí, el propósito de Vila-Grau ha sido el de desarrollar una auténtica sinfonía de color y de luz para crear el ambiente casi sobrenatural que se vive en el interior del templo.

De esta manera, y con un estilo personal (en el que no mezcla los tonos cálidos y fríos que caracteriza los vitrales medievales), Vila-Grau ha conseguido hacer realidad las palabras de Gaudí: «El templo de la Sagrada Familia será luminoso… Será el templo de la luz armoniosa».

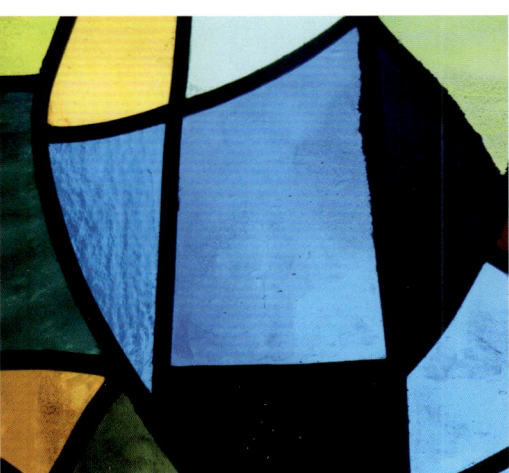 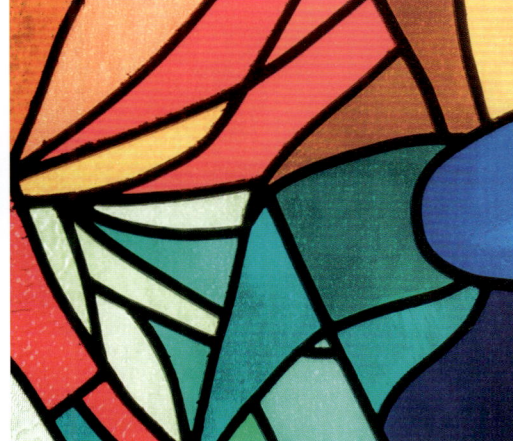

Formas abstractas
Vila-Grau crea una retícula de plomo combinando líneas rectas y curvas para obtener composiciones llenas de dinamismo.

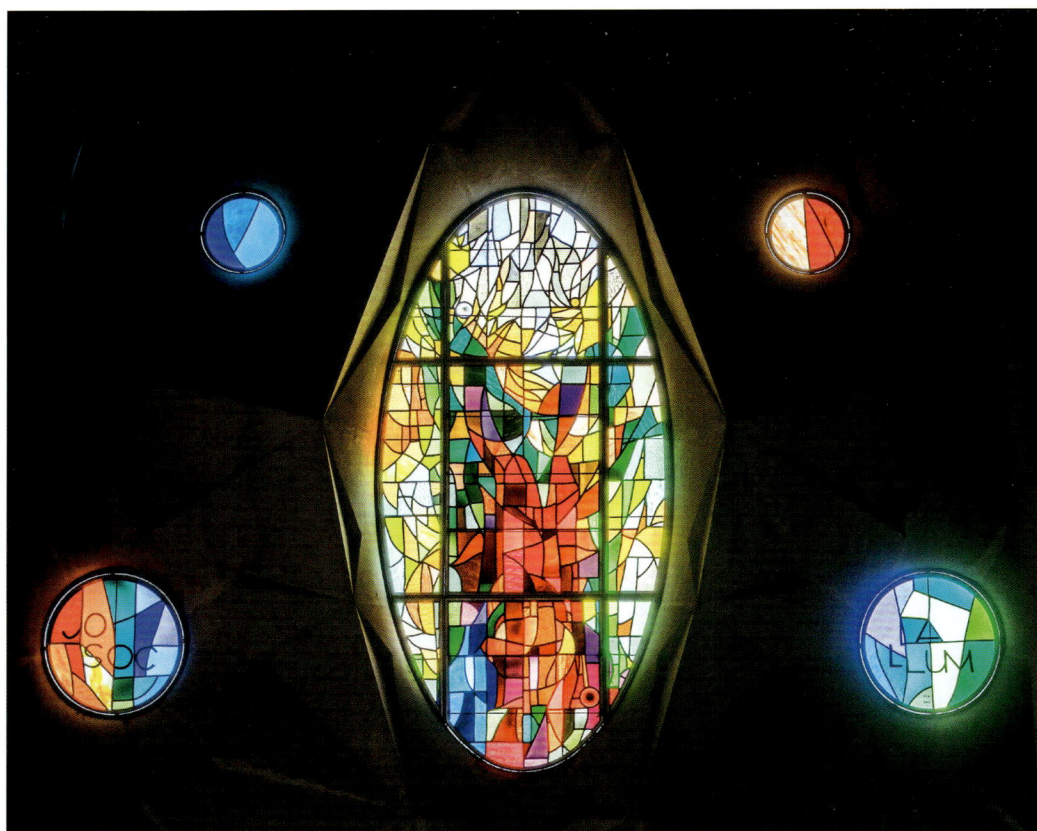

Los vitrales del transepto de la fachada de la Pasión
Siguiendo las indicaciones de Gaudí, están dedicados a la
Resurrección, el central (página de la derecha), la Luz, el de
mediodía (foto superior) y al Agua, el del norte.

La Resurrección →
Fue el primero de los vitrales
colocados en el templo. Este gran
elipsoide, con su deslumbrante
estallido de luz, sugiere el triunfo
de la vida sobre la muerte.

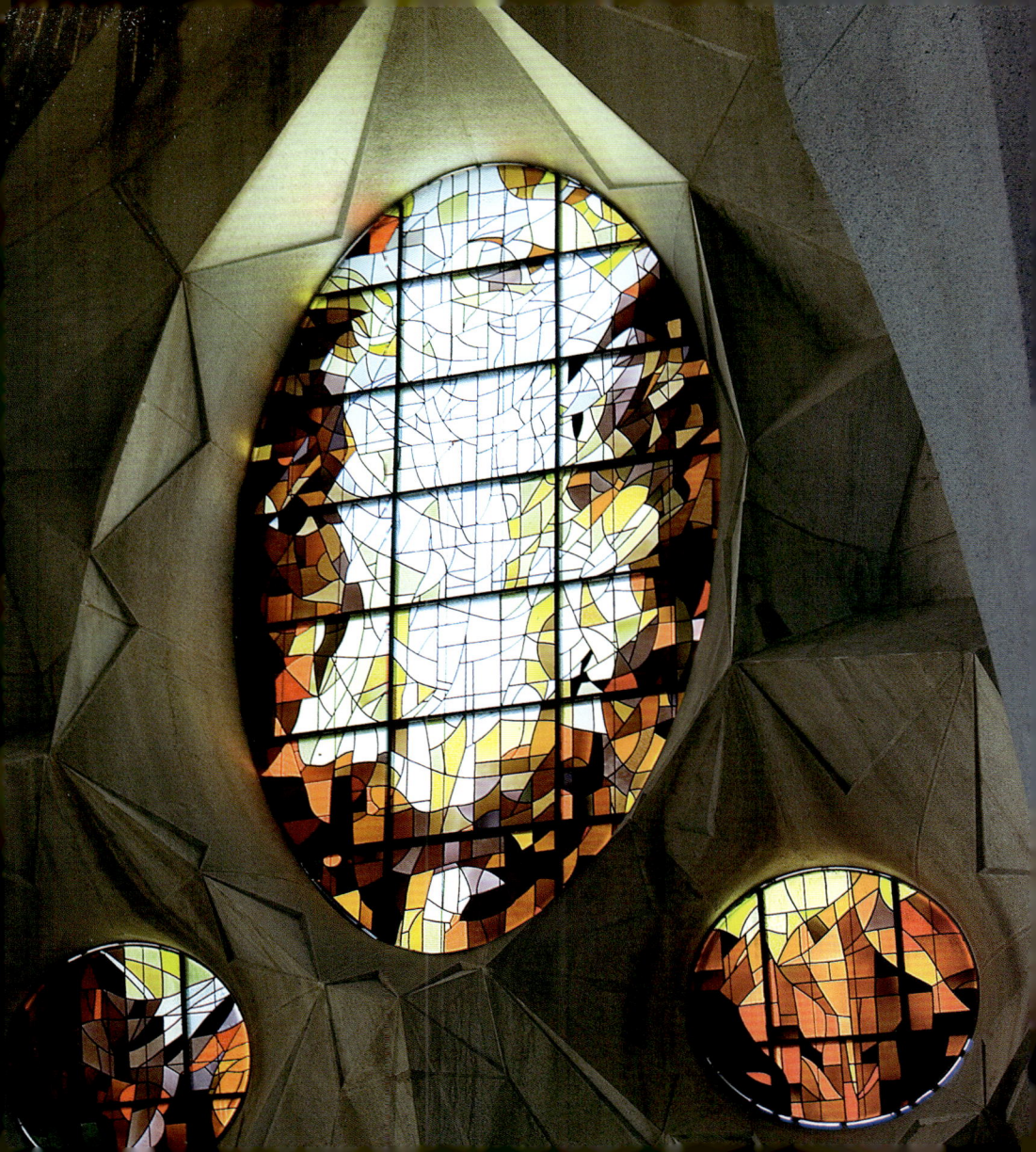

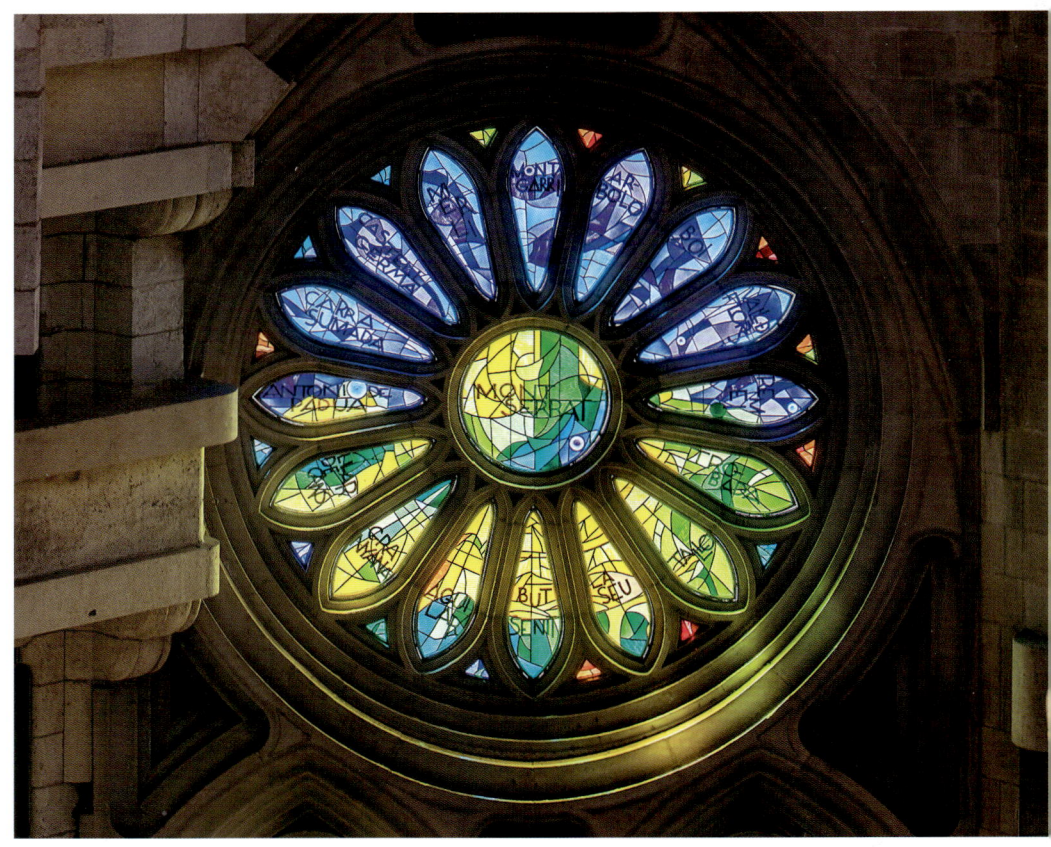

Los vitrales del transepto de la fachada del Nacimiento
Están dedicados al Nacimiento, el central (foto de la derecha),
a la Vida, el de mediodía (foto superior) y a la Pobreza, el del
norte.

El Nacimiento →
A diferencia del vitral de
la Resurrección, las formas
geométricas de esta fachada
interior todavía son neogóticas,
como se observa en el rosetón
circular y los ventanales ojivales.

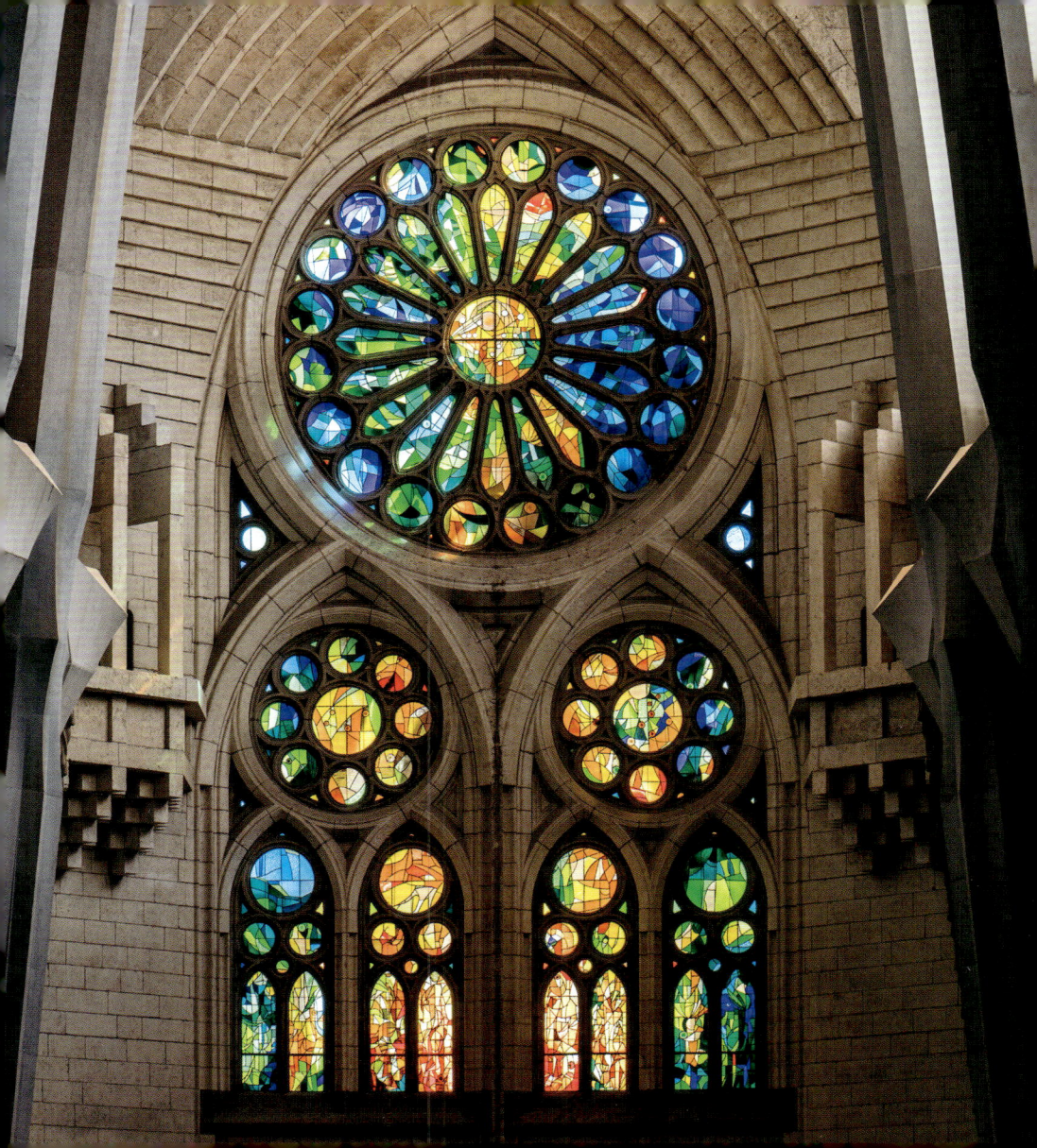

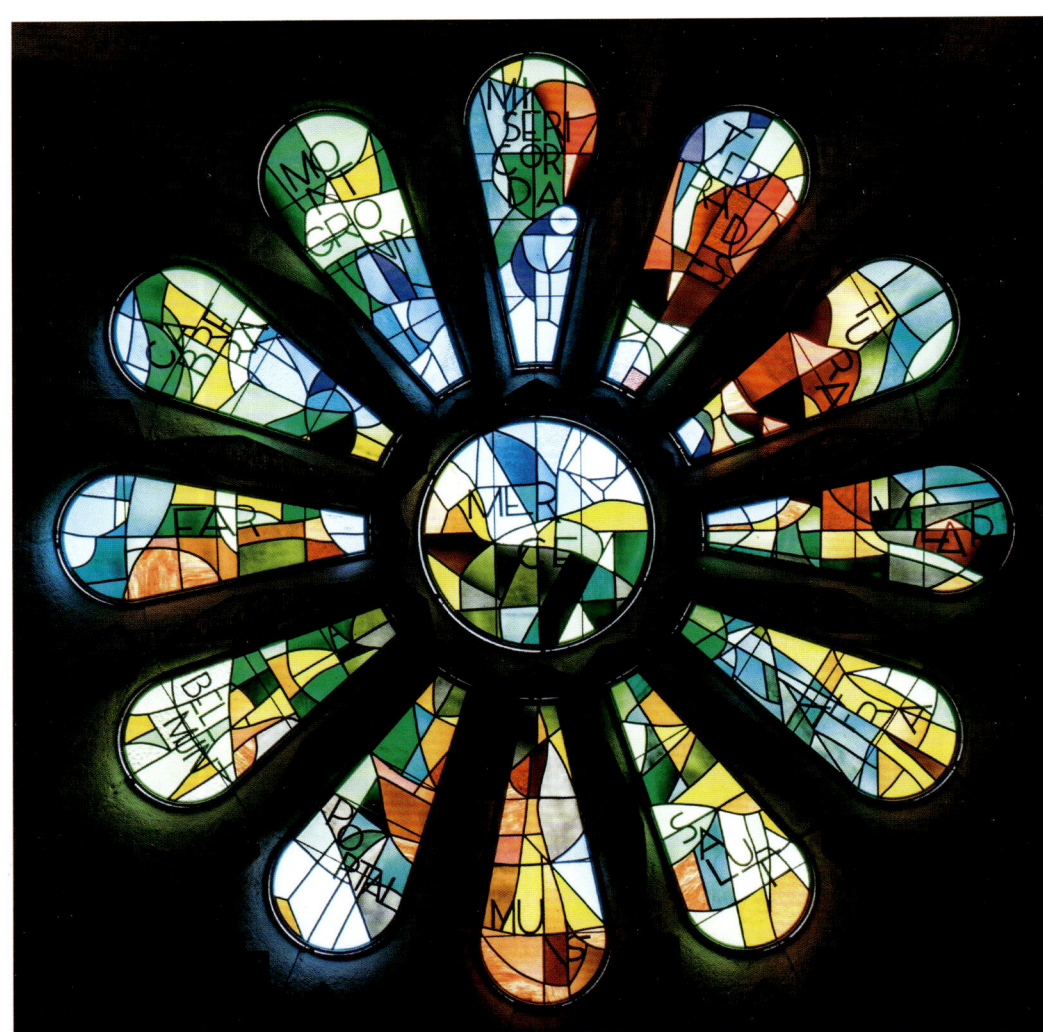

«Yo soy la Luz»
Rosetón inferior del vitral de la Luz, en la fachada de la Pasión.

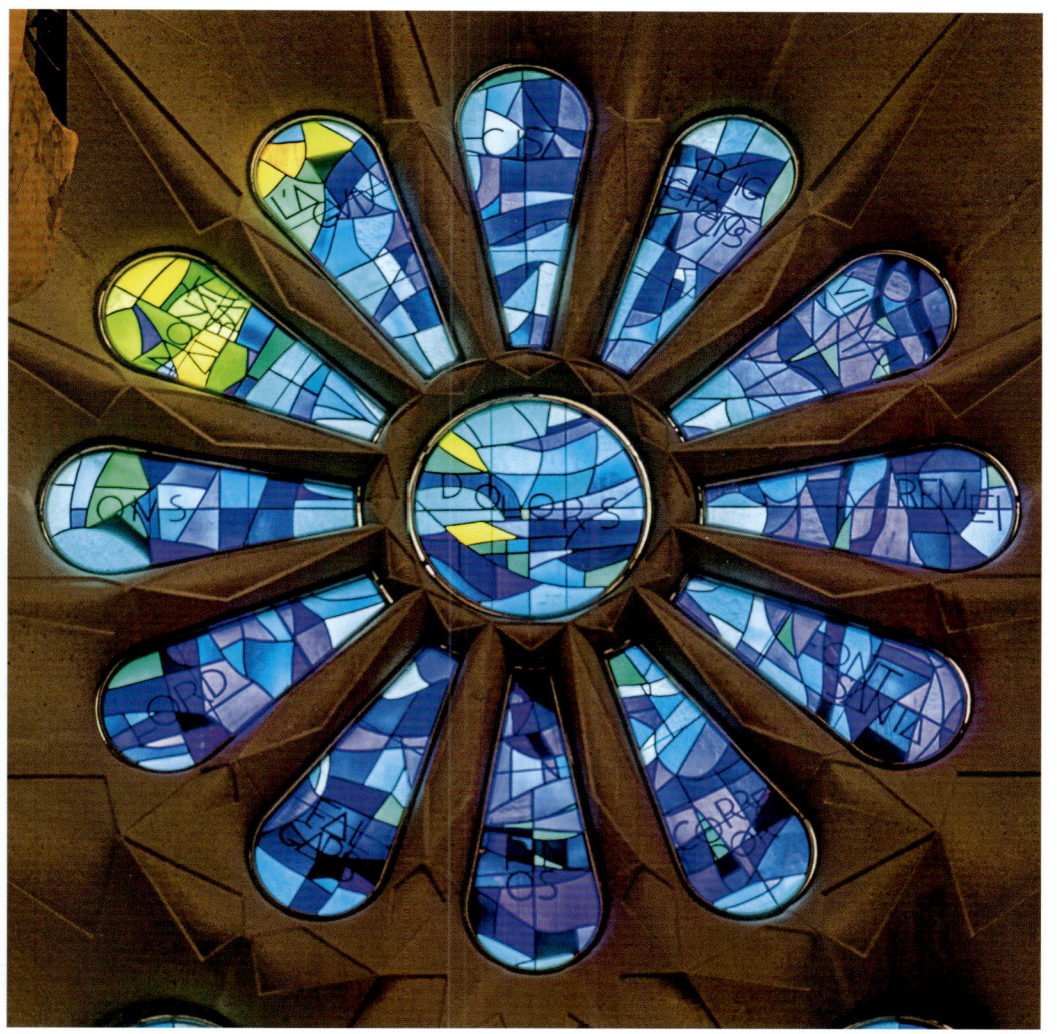

«Yo soy el Agua de Vida»
Rosetón inferior del vitral del Agua, en la fachada de la Pasión.

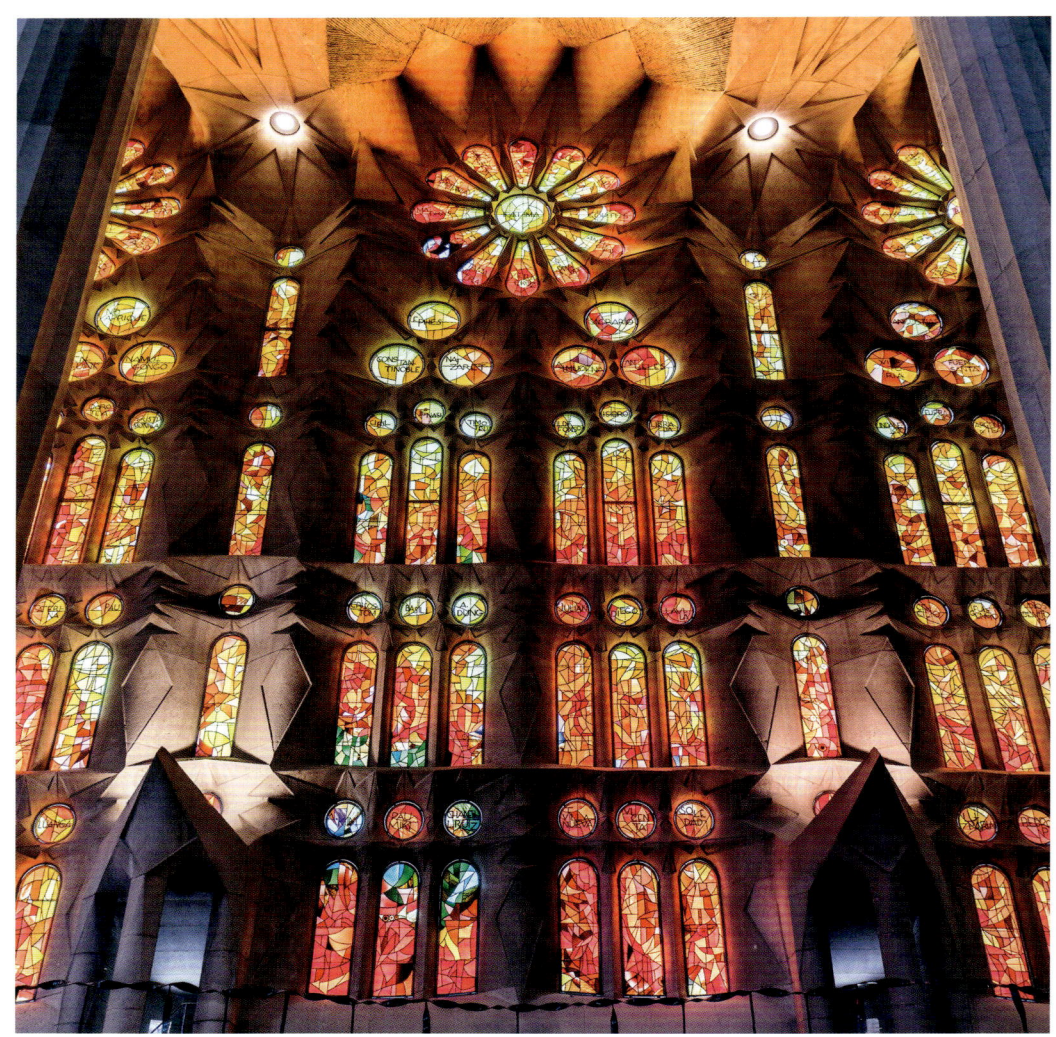

Vitrales de los muros de la Pasión
Los colores cálidos son los protagonistas de estos vitrales.

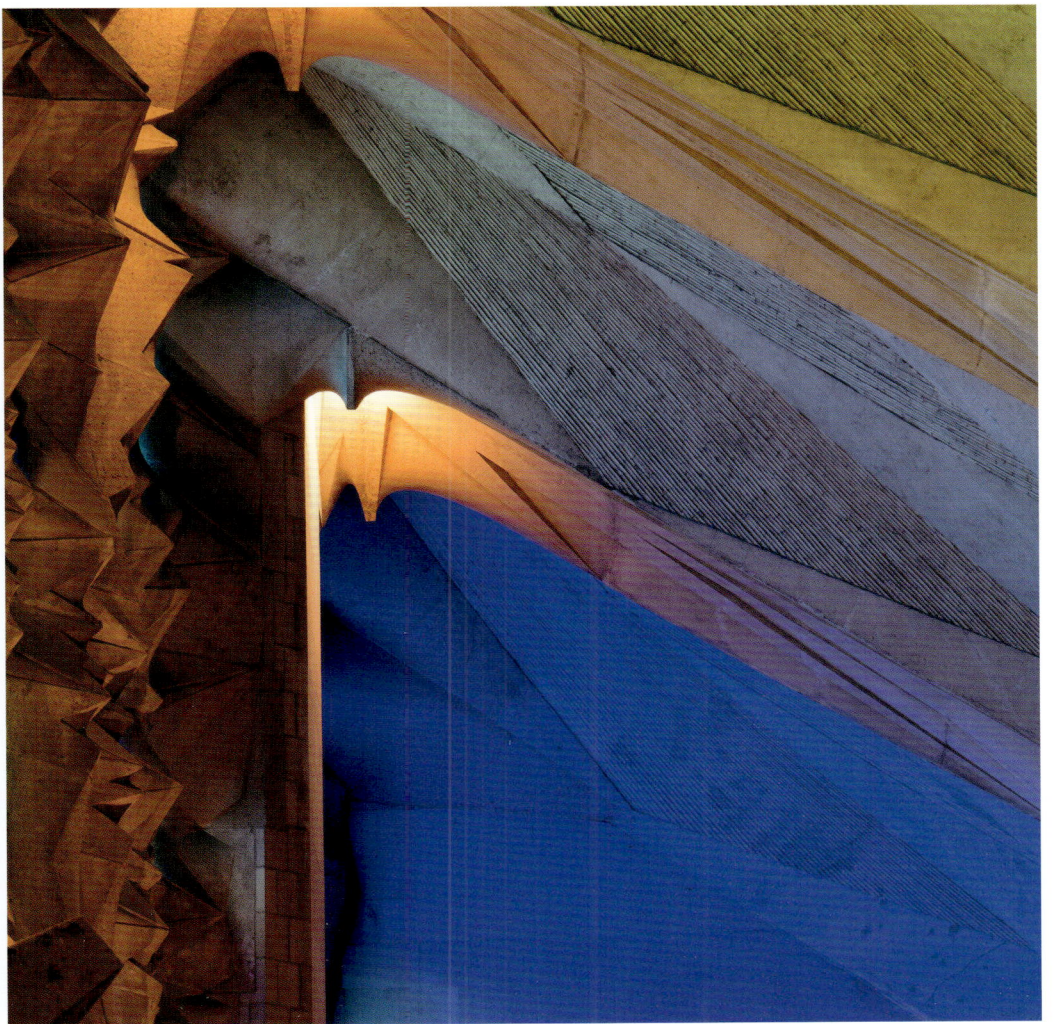

Luz y sombra
Gaudí dijo: «La armonía, o sea el equilibrio, necesita contraste;
luz y sombra; continuidad, discontinuidad.. ».

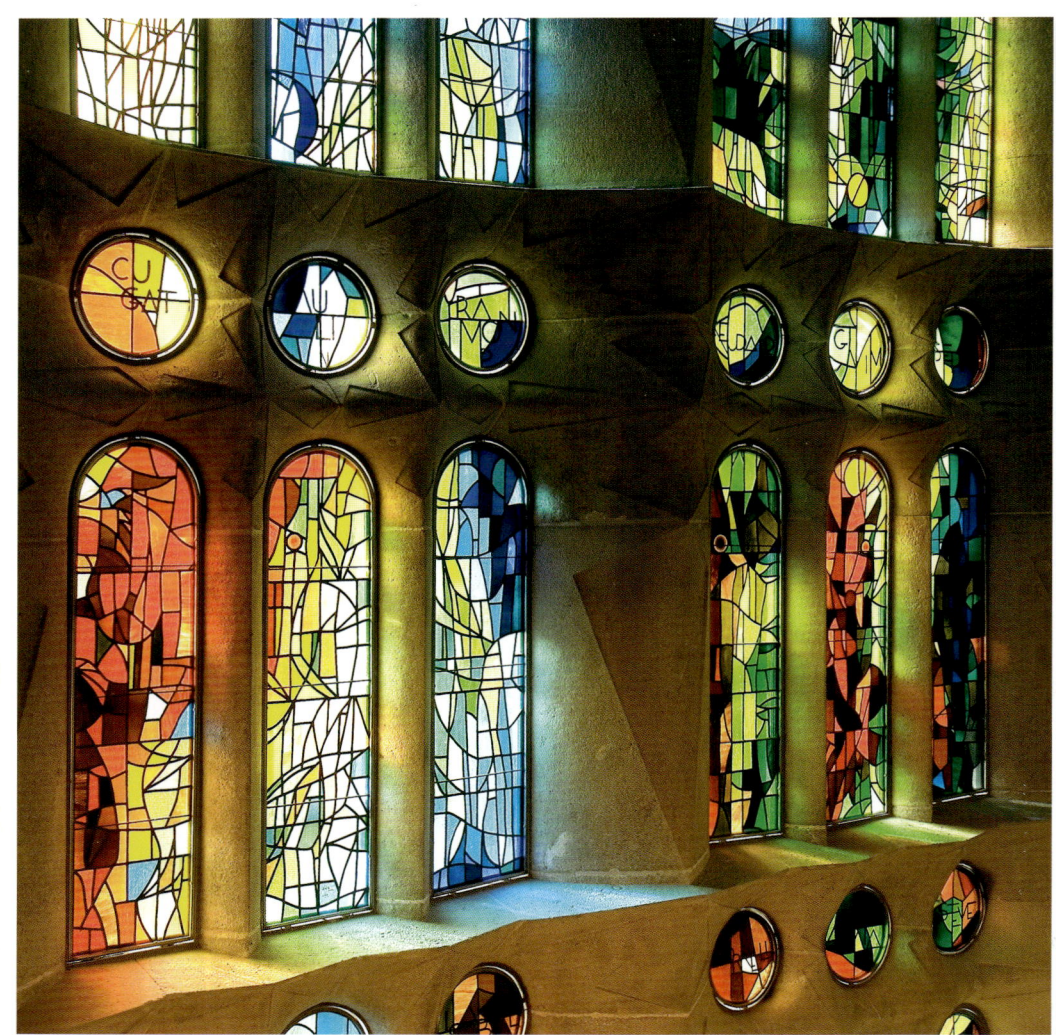

La arquitectura y la luz
Según Gaudí, «La arquitectura es la ordenación de la luz».

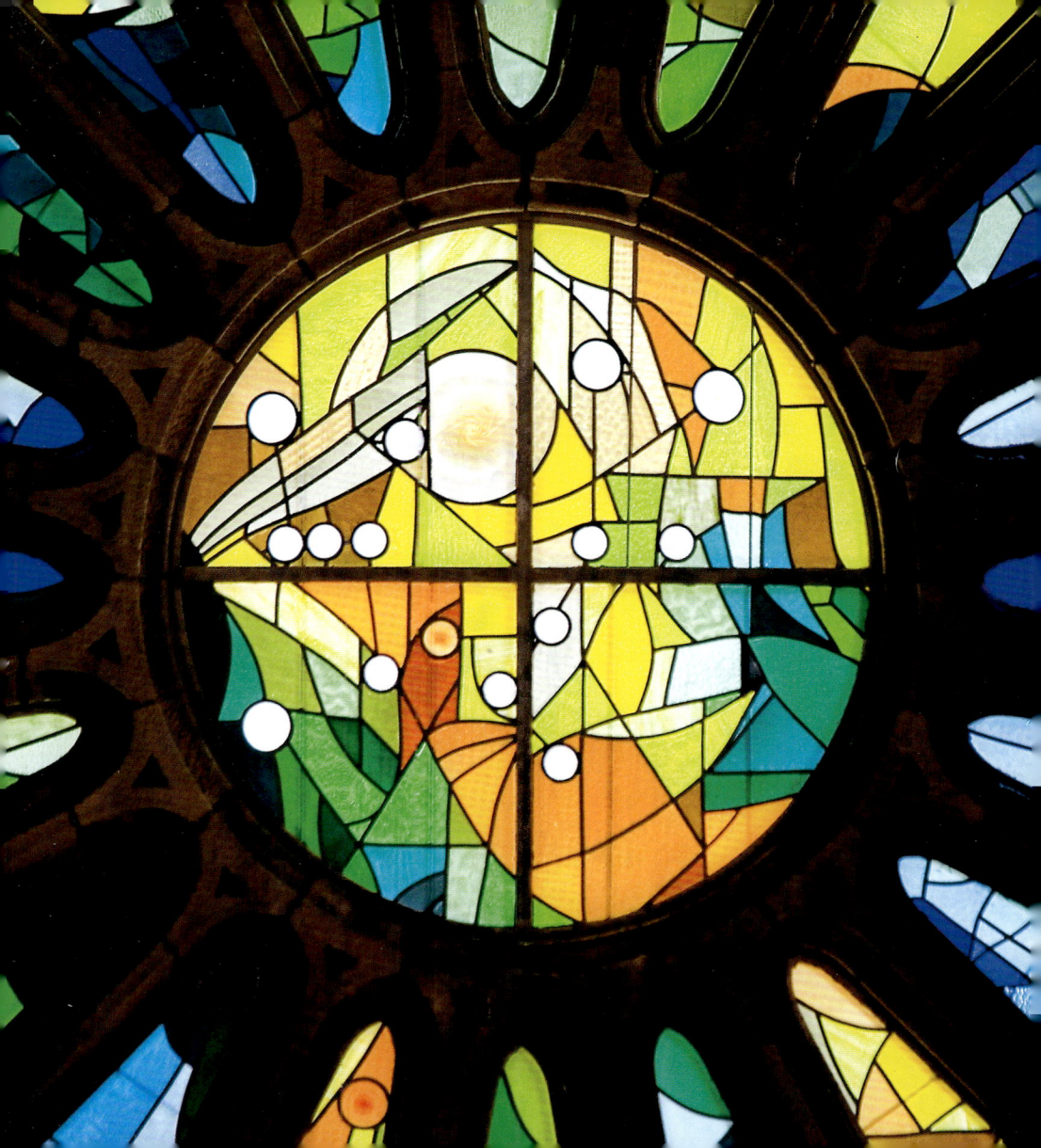

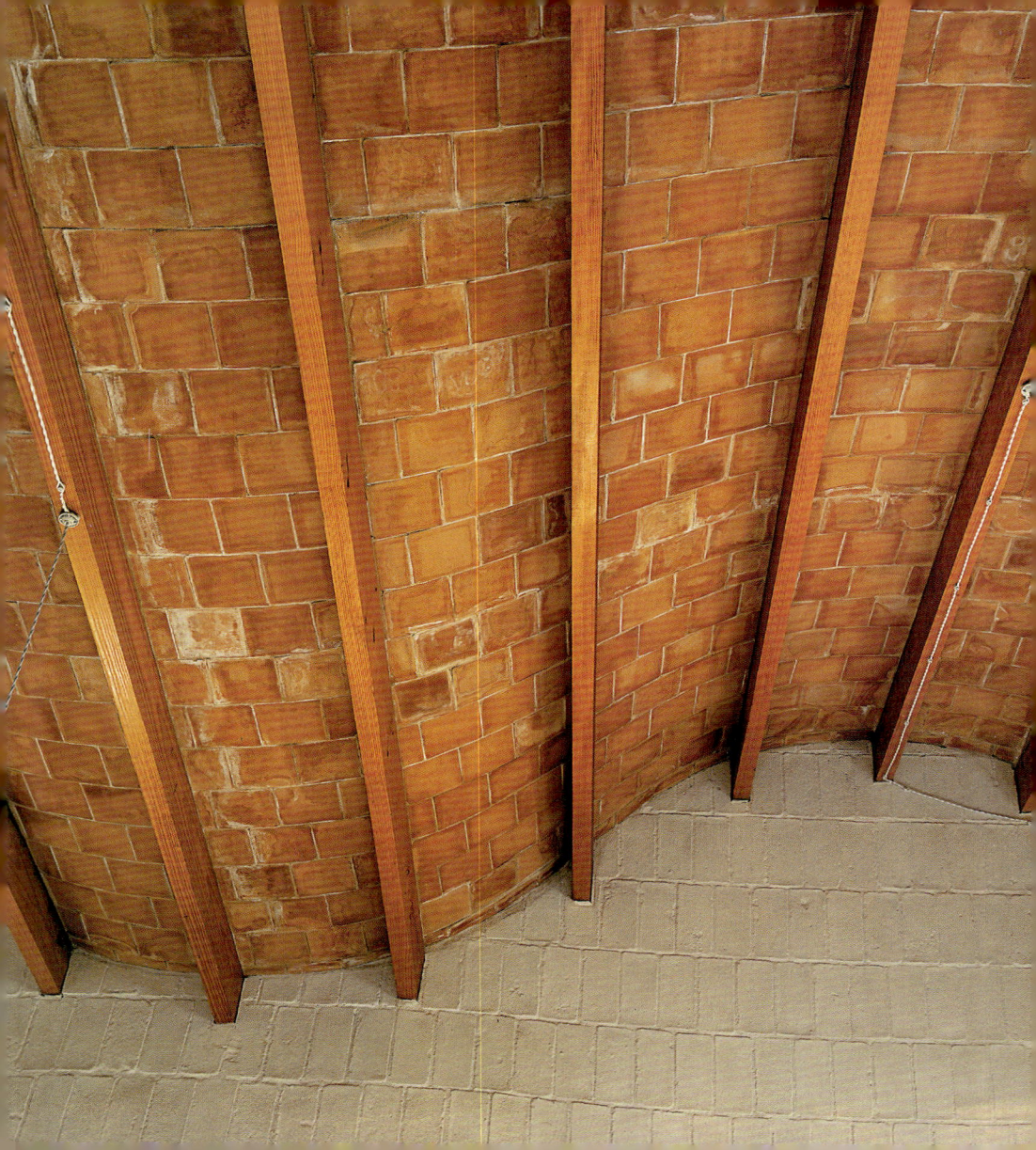

Las escuelas

Como un enano al lado de un gigante, el edificio de las escuelas apenas destaca junto a la basílica de la Sagrada Familia. Y, como sucede con tales proximidades y convivencias, no han faltado quienes —como Le Corbusier— han considerado más genial el humilde pabellón que el rascacielos místico. Hecho con simples ladrillos, casi sin adornos, está dotado de un movimiento maravilloso en la cubierta más compleja y sencilla que nunca se haya visto en forma de oleaje contrapuesto y vacilante. Y solo, y nada menos, para una escuela.

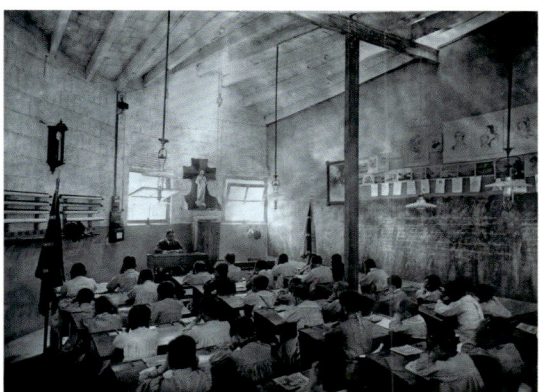

Una clase en las escuelas
Gaudí estaba convencido de la renovación moral de la humanidad a través de la educación.

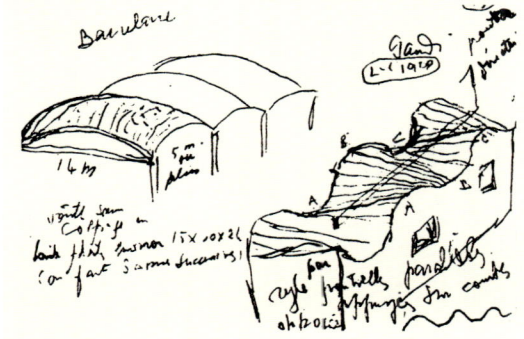

Le Corbusier
En 1928, el famoso arquitecto racionalista realizó una visita a Barcelona y quedó tan impresionado por las soluciones constructivas de las escuelas que realizó este dibujo.

← **Aplicación de las superficies regladas**
Detalle del interior de la cubierta ondulante.

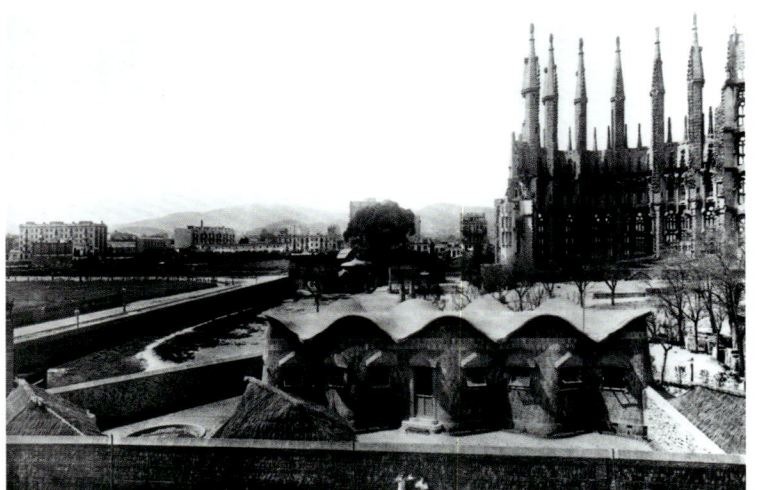

Gaudí mecenas de la educación

En 1909, Gaudí construye y financia de su propio bolsillo las escuelas para los hijos de los trabajadores del templo. Bajo su aparente sencillez esconde una extraordinaria solidez estructural que se basa en la aplicación de superficies regladas, en este caso conoides, para conseguir un diseño económico y rápido de hacer que proporciona la máxima resistencia con el mínimo de material.

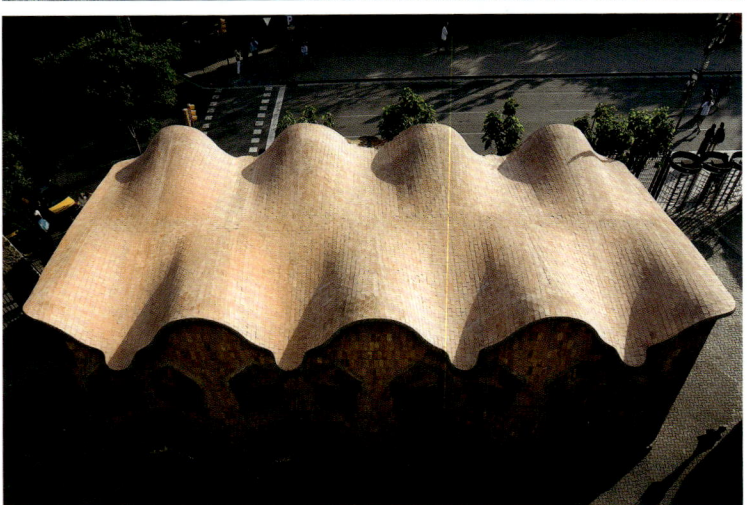

Las escuelas reconstruidas
Devastadas durante la Guerra Civil, se han restaurado y trasladado a su ubicación actual.

A los pies de un gigante →
Entrada a las escuelas bajo la fachada de la Pasión.

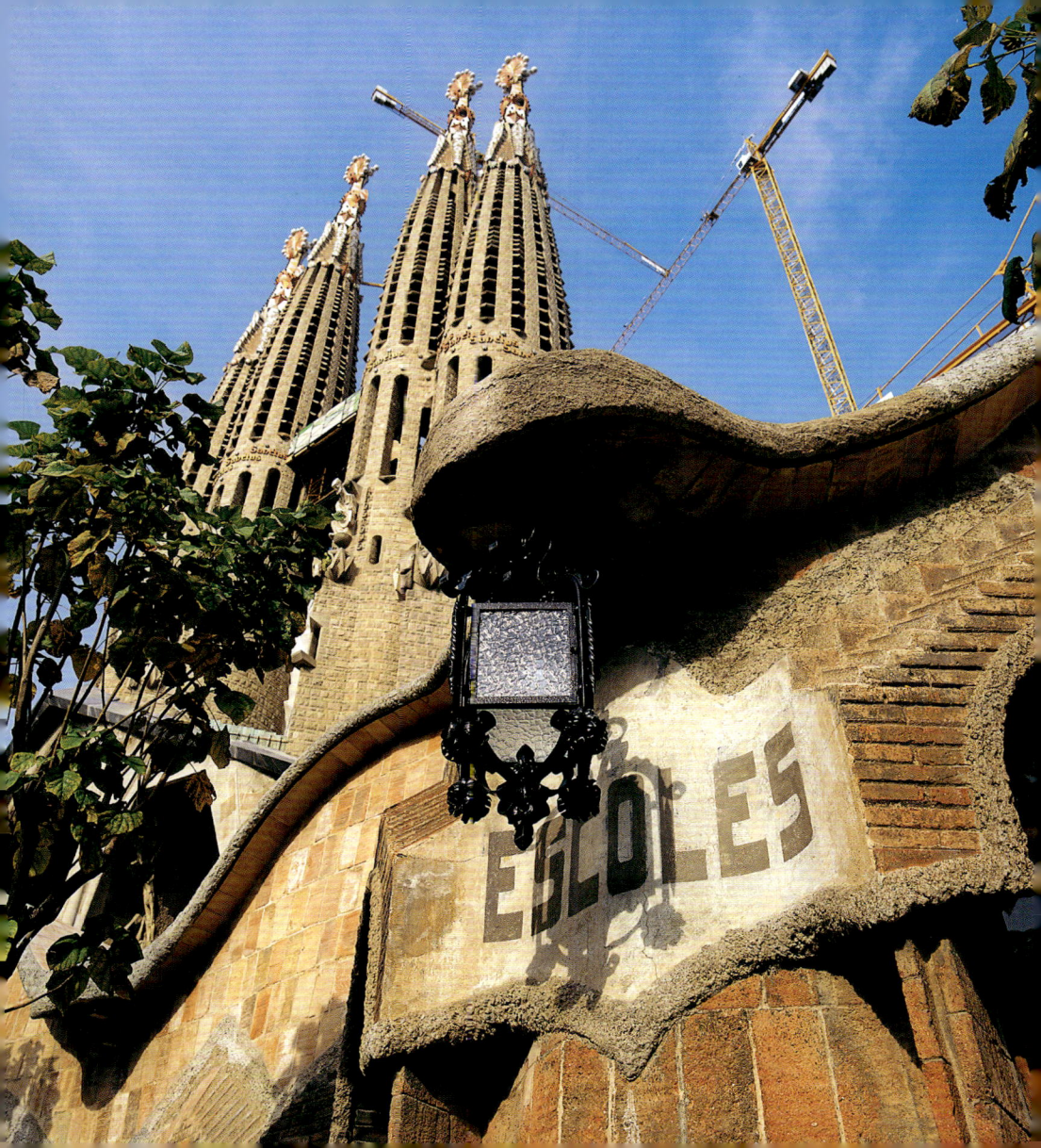

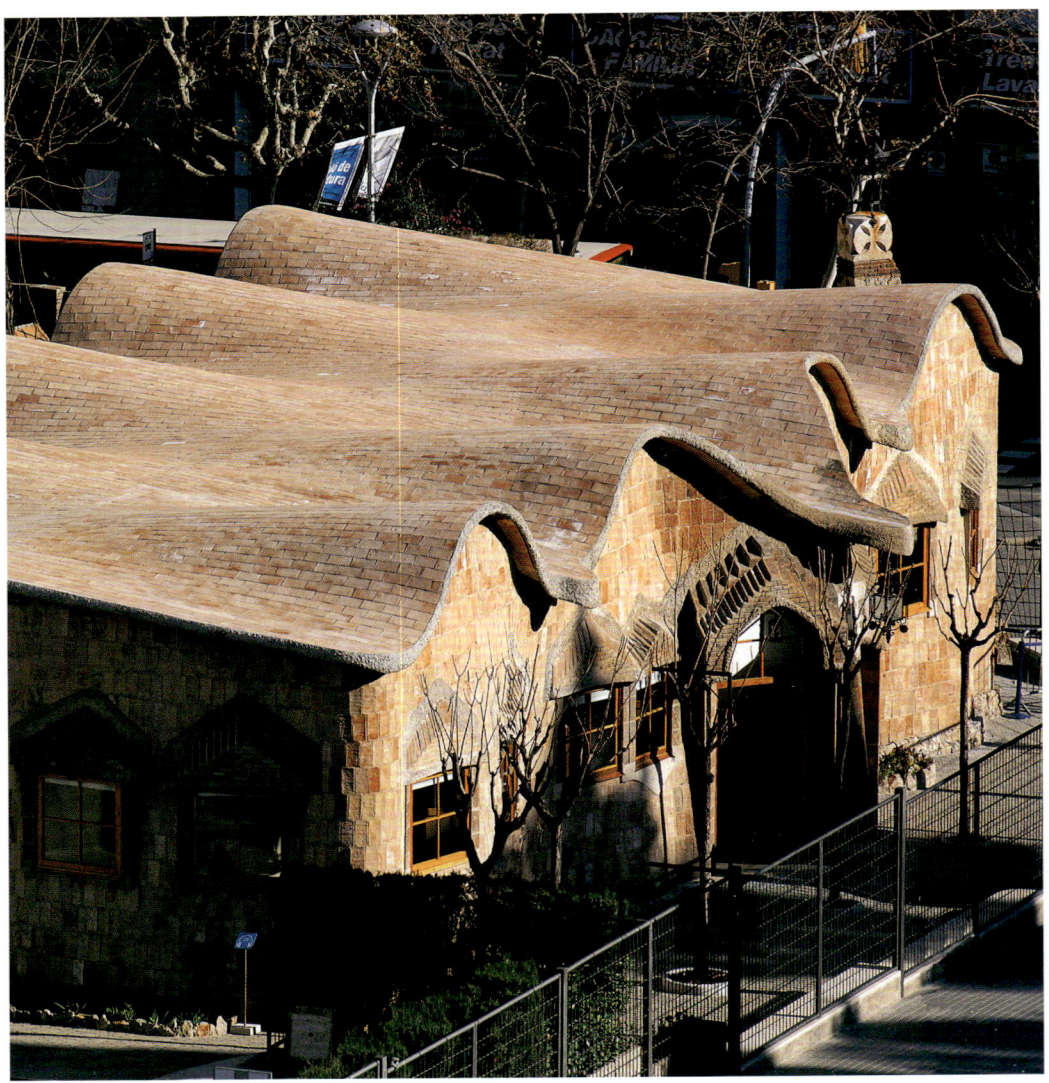

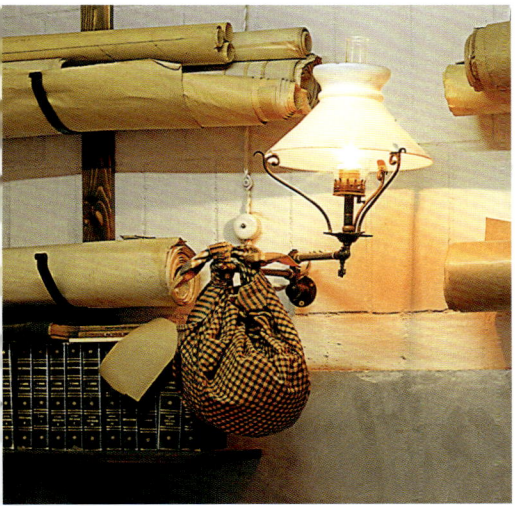

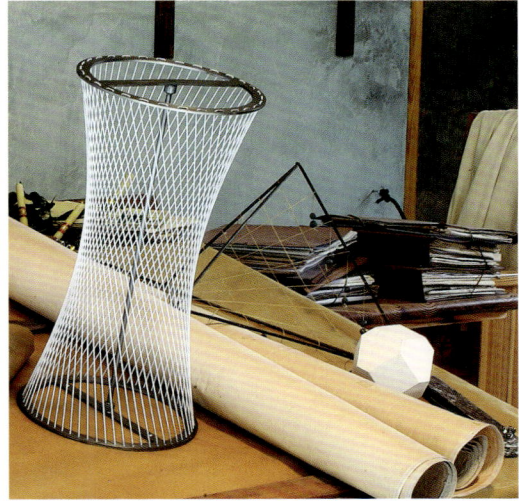

Las escuelas en la actualidad

El edificio de las escuelas acoge una exposición permanente con una reproducción del taller de Gaudí, la recreación de un aula de la época y diversos modelos y maquetas que se han utilizado o se utilizan en la construcción del templo así como diversos interactivos que explican las aplicaciones de las superficies regladas en la obra de Gaudí.

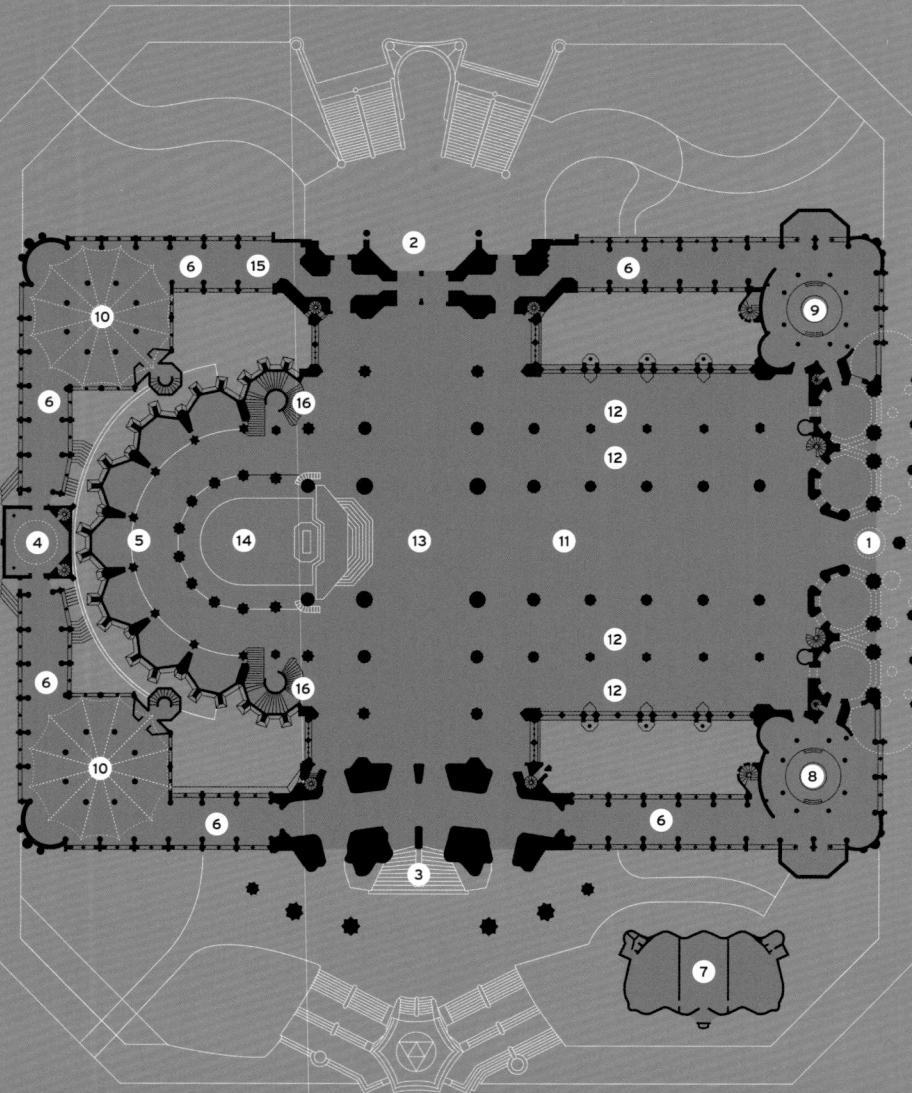

CARRER DE LA MARINA

CARRER DE PROVENÇA

CARRER DE SARDENYA

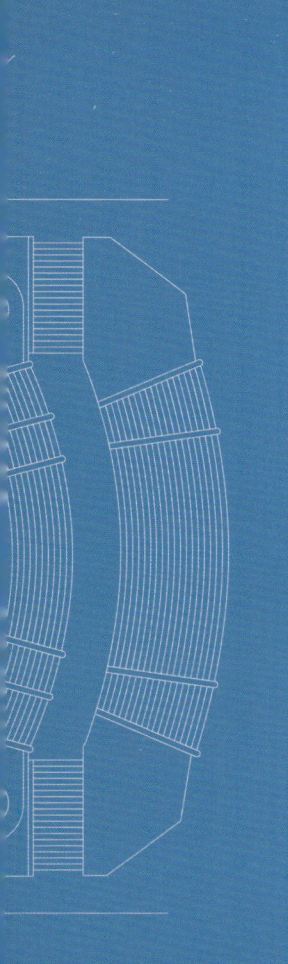

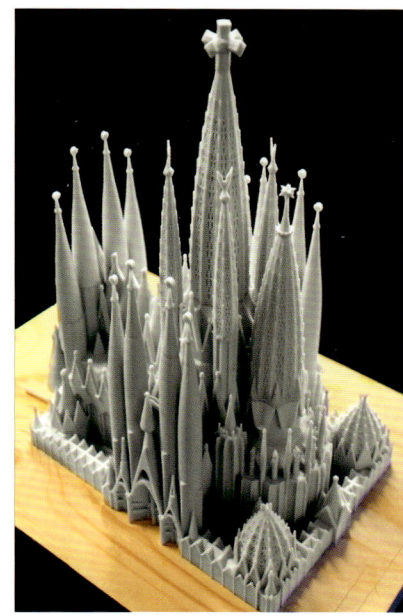

Maqueta de la basílica
En el museo de la Sagrada Familia puede verse una maqueta completa de como será el templo cuando esté finalizado.

**PLANTA DE LA BASÍLICA
DE LA SAGRADA FAMILIA**

1 FACHADA DE LA GLORIA
2 FACHADA DEL NACIMIENTO
3 FACHADA DE LA PASIÓN
4 CAPILLA Y PUERTA DE LA ASUNCIÓN
5 ÁBSIDE
6 CLAUSTRO
7 ESCUELAS
8 BAPTISTERIO
9 CAPILLA DE LA PENITENCIA
10 SACRISTÍAS
11 NAVE CENTRAL
12 NAVES LATERALES
13 TRANSEPTO
14 ALTAR MAYOR
15 CAPILLA DEL ROSARIO
16 ESCALERAS DE ACCESO A LA CRIPTA

Edición
Triangle Postals S.L.

Texto
© Josep Maria Carandell

Texto complementario
© Josep Liz

Fotografías
© Pere Vivas
© Ricard Pla (p. 177, 221, 234)
© Biel Puig (p. 53a, 223, 239, 246)
© Edu Viza / Basílica de la Sagrada Família (p. 230)

Fotografías de archivo
© Junta Constructora del Temple Expiatori de la Sagrada Família
© Arxiu Mas (p. 190, 249)
© Fundació Catalunya-La Pedrera (p. 227)
© Càtedra Gaudí (p. 66, 67, 84, 85)
© Ricard Opisso, VEGAP, Barcelona 2017 (p. 11)
© Joaquim Mir, Colección Carmen Thyssen-Bornemisza
en depósito en el Museu Nacional d'Art de Catalunya (p. 8)

Dibujos
© Junta Constructora del Temple Expiatori de la Sagrada Família
(p. 221, 227)
© David Martínez (p. 212)

Diseño
Joan Colomer

Impresión
Gráficas Gongraf
10 / 2025
Impreso en Barcelona

Depósito Legal
Me 14-2023

ISBN
978-84-8478-510-1

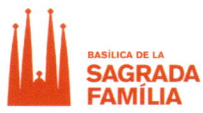

**JUNTA CONSTRUCTORA DEL TEMPLE
EXPIATORI DE LA SAGRADA FAMÍLIA**

Mallorca, 401
08013 Barcelona
Tel +34 93 208 04 14
www.sagradafamilia.org
informacio@sagradafamilia.org

Triangle‣Books

Pere Tudurí, 8
07710 Sant Lluís, Menorca
Tel +34 971 15 04 51
www.triangle.cat